法学教育研究

Legal Education Research

2019

第二十六卷　杨宗科 主编

法律出版社
LAW PRESS·CHINA

理论探讨

新时代中国特色社会主义法治人才培养的立德要求及道德教育供给　张师伟 / 3

近年中国法学研究的热点与难点
——以国家社会科学基金年度项目中法学重点项目为中心　陈　玺　谢　阳 / 26

我国法学教育研究的热点主题与前沿趋势
——基于知识图谱的可视化分析　戴　妍 / 48

我国法学教育对“像律师那样思考”的认识误区与矫正路径　孙　跃 / 69

证书的交易：民国律师制度的变革与上海法学教育的附生（1912～1937年）　沈　伟 / 86

教学研究

本科教学质量保障的突出问题及优化路径
周海涛　胡万山 / 125

论基于能力本位的法学本科课程体系构建　杜健荣 / 137

互联网技术融入法学教材的内在需求、挑战与制度保障
荣振华 / 151

论“互联网＋”背景下法科学生案例检索能力的习得
谢　晓 / 168

法学专业大学生的学习适应研究
——以H校2007~2015届法学专业优秀毕业生为例　何树彬 / 203
以基础能力提升为导向的法学本科参与式教学改革研究　谭贵华 / 220
卓越航空法治人才“精准”培养的探索与实践　郝秀辉　郭倩男 / 233
公安应用型人才培养中默会知识转移机制构建
——以某部属公安院校“双千计划”为视角　武西锋 / 252
从边缘走向中心:法学院中的犯罪学本科教学　刘　涛 / 274
论校外导师介入法学研究生培养模式的问题及梳理
陈　伟　黄梦圆 / 295
劳动法方向研究生培养模式改革与创新　战东升　胡瀚月 / 310

比较研究

何谓好的法律教育　[美]杰罗姆·弗兰克　著　姚　远　译 / 333
诊所法律教育的耶鲁标本及其启示意义
——评《法庭风暴:美国耶鲁师生诉战总统》　韩桂君　吴　欢 / 349

管理经纬

陕西省普通高校本科教学工作审核评估的实践与思考
陆根书　李珍艳　牛梦虎　贾小娟 / 371
高校实务型法学教师队伍建设的职称问题及完善　叶正国 / 384
法学教师兼职律师的角色冲突及其治理研究　万　江 / 401

教育法制

高校“本降专”规定的合法合理性审视
——兼论高校校规合法性审查机制　杨向卫　仵桂荣 / 419

《法学教育研究》稿约 / 433

Contents

· Exploration of Theories ·

The Demands for Morality and Supply of Moral Education in the Cultivation of Socialist Legal Talent with Chinese Characteristics in the New Era ······ *Zhang Shiwei* 3

The Latest Hot and Difficult Issues on the Science of Law in China —A Research Centered on the Key Projects of Law in the National Social Science Fund Annual Project ······ *Chen Xi Xie Yang* 26

The Hot Topics and Frontier Trend of Legal Education Research in China—The Visualization Analysis Based on Knowledge Map ······ *Dai Yan* 48

Misunderstandings and Corrections of "Thinking Like a Lawyer" in Chinese Legal Education ······ *Sun Yue* 69

The Trade of Certificates: The Reform of the Lawyer System in Republic of China and the Adherent Development of Legal Education in Shanghai (1912 – 1937) ······ *Shen Wei* 86

· Teaching Research ·

On the Foregrounding Problems and Optimization Solutions of the Maintenance of Undergraduate Teaching Quality ······ *Zhou Haitao Hu Wanshan* 125

On the Construction of Capability-Oriented Course System for Law School Undergraduates ······ *Du Jianrong* 137

On the Inherent Demand, Challenge and System Guarantee of Integrating Internet Technology into Teaching Materials for Law

Majors …………………………………………………… *Rong Zhenhua* 151
On the Acquisition of Law Major Students' Case Retrieval Skills in the Background of "Internet +" ………………………… *Xie Xiao* 168
Research on Law Major Students' Learning Adaptation—Taking the 2007 - 2015 Outstanding Graduates of Law School in H University as the Example ……………………………… *He Shubin* 203
Research on the Participatory Teaching Reform of Undergraduate Legal Education with the Purpose of Improving Students' Basic Ability …………………………………………………… *Tan Guihua* 220
Exploration and Practice in "Precise" Cultivation of Excellent Aviation Legal Talent ………………… *Hao Xiuhui* *Guo Qiannan* 233
On the Construction of Tacit Knowledge Transfer Mechanism in the Cultivation of the Applied Talent for Public Security Major—From the Perspective of the study on "Double Thousand Talents Plan" of a Public Security Academy …………………… *Wu Xifeng* 252
From Periphery to Center: Criminology in Law School Undergraduate Education ………………………………… *Liu Tao* 274
On the Problems and Solutions of the Cultivation Model of Law School Graduates with the Participation of Extramurai Supervisors ………………………… *Chen Wei* *Huang Mengyuan* 295
The Reform and Innovation of the Cultivation Model of Labor Law Graduates ………………………… *Zhan Dongsheng* *Hu Hanyue* 310

· Comparative Study ·

What Constitutes a Good Legal Education?
…………………………… *Jerome Frank* Translated by *Yao Yuan* 333
The Yale Specimens of Clinical Legal Education and Its Implications—A Review of *Storming the Court*
…………………………………………… *Han Guijun* *Wu Huan* 349

· Management Framing ·

The Practice and Thoughts of the Examination and Evaluation of

Undergraduate Teaching in Shaanxi Universities and Colleges ··············· *Lu Genshu Li Zhenyan Niu Menghu Jia Xiaojuan* 371
On the Problems and Reform on the Evaluation of Practice-Type Teachers' Professional Titles at Law Schools in Domestic Universities and Colleges ································ *Ye Zhengguo* 384
Research on the Role Conflicts of Law School Teachers as Part-time Lawyers and Its Solutions ····························· *Wan Jiang* 401

· Education and Law ·

On the Legitimacy and Rationality of the Provisions on the Undergraduate Students' Downgrade to Junior College—On the Construction of Review Legitimacy Mechanism of University Regulations ····························· *Yang Xiangwei Wu Guirong* 419

· Notice to Contributors · ······································ 433

理论探讨

新时代中国特色社会主义法治人才培养的立德要求及道德教育供给*

张师伟**

摘　要:无论是中国的法学家,还是外国的法学家,都不能在理论上回避法律和道德的关系问题。近几十年来,中国法学界偏重于将法治只看作一个严格依法办事的纯粹技术问题,道德则通常被放在了法治之外。但在中国法治的实践中,道德因素却发挥着关乎法治生死存亡的关键性作用,即健全的法治不能通过缺德的法治工作者予以实现,只有德性合格的法治工作者才能支撑起健全法治的大厦。这就要求作为培养法治人才的法学教育,不仅要在人才培养理念上高度重视法治人才的立德问题,而且要确实在人才培养过程中加强德性教育的内容,采取适当的教学手段、方式与教育方法,培养德法双强的新时代法治人才。

关键词:新时代　中国特色社会主义法治人才

---

* 基金项目:本文是2015年度国家社科基金项目"中国传统的国家治理思想及其现代化研究"(项目编号:15BZZ013)的阶段性研究成果;2016年度国家社科基金重大项目"中国政治伦理思想通史"(项目编号:16ZDA104)的阶段性研究成果。

** 张师伟,西北政法大学政治与公共管理学院教授,博士生导师。研究方向:政治学理论、中国政治。

立德要求　道德教育

中国在传统时代拥有一套独立的法治话语体系,"法治""以法治国"等早在先秦时期就出现在法家的典籍中,但传统所谓"法治"并不是"人治"的对立面,而只是"人治"的另一种方式。① 因此,中国传统时代国家治理及社会治理虽然有法可依,也有法必依,而且也是执法必严和违法必究,但治理的过程却始终给道德留下了充足的余地,儒家传统的礼法并举和德主刑辅于是就成了中国传统治理的主流。② 中国传统时代治理风格也就在外观上突出了道德的因素,似乎中国传统的治理方式就是德治,中国要面向世界和面向未来就必须要实现从德治到法治的转变。20世纪初以来,先进的中国人在向西方学习时,就特别注意到了西方法治与中国传统德治的根本不同,并在理论和实践中言辞恳切地要以西方的法治代替中国传统的德治。③ 德治和法治的截然二分,就是在这个背景下逐渐成为中国法学界的一个基本共识。但实际上,中国传统虽然重视道德因素在治理中的积极作用,但并未否定法治的作用,而西方近现代虽然明显地突出了法治的地位。但在法治的进行过程中也并不排斥道德。无论是在西方的近现代,还是在中国的传统上,彼此之间的差异并不在于中国讲道德而西方讲法律,因为二者都是既讲道德又讲法律,二者的共性恰恰在于只有讲道德的法律才是好法律,只有德性充足的法治,才是好法治。"一般意义的德治与法治在概念分析维度并无必然矛盾,二者的关系是逻辑上的相容关系","经过建构性诠释的儒家德治观不仅符合形式法治的要求,也足以成为实质法治建设的价值观基础"。④ 中国在立法及司法实践中法治精神之所以不足,恰恰在于立法

---

① 参见萧公权:《中国政治思想史》,新星出版社2005年版,第137页。

② 参见吕世伦、连赛君:《"礼法合治,德主刑辅"理念及当今启示》,载《北京行政学院学报》2015年第4期。

③ 参见夏勇:《飘忽的法治——清末民初中国的变法思想与法治》,载《比较法研究》2005年第2期。

④ 舒国滢、王重尧:《德治与法治相容关系的理论证成》,载《河南师范大学学报》(哲学社会科学版)2018年第5期。

及司法领域的德性不很充分，既不能以德行之善作为司法的动力，更不能把守法作为自身的美德。如果法律只是统治者的意志，而没有起码的德行基础，那么法律之遵守就只是一个利取其重和害取其轻的得失选择，人们因趋利避害而进出法律规范之间，又何须顾忌德行约束。当作为法律人的立法及司法工作者也进入趋利避害状态时，法治秩序的大厦也就无可避免地坍塌了，而通过法治实现的具体正义也就随之魂飞魄散。

既然法治并不只是推敲一些名实是否相符及命题是否有逻辑的技术问题，则无可避免地要以一定的德行修养为基础。不仅社会层面上的普遍守法需要守法为德的伦理底线保障，以实现积极的守法，"社会大多数人根据心中的道德律令自觉地认可、遵守国家制定的法律规则"，⑤否则有限的司法资源根本不可能充裕地应对纷至沓来的违法问题，而且如果法律人德行不够而致使国家法律在内容上不科学或显失公正，那么该项法律秩序的维持就会变成非依赖暴力不能完成的统治难题。这样的法律一旦频繁地被制定出来，法律秩序的维护就会出现一个国家暴力机器无法从容应对的艰难局面。司法领域的法律工作者一旦德行不足，就会成为社会不正义的制造者，而一旦如此，就势必把社会公众对公平正义的大量需求挤到司法之外。这不仅严重地影响了社会的安全稳定，而且在事实上割裂了基于基本正义的社会团结。法律人在实践中德行不足，虽然不能排除社会风气等的不良影响，但法治人才培养重工具理性而轻价值理性的弊端究竟也难辞其咎。法治人才培养过程中的立德问题，事关培养德法兼修法治人才的根本，不容法学教育工作者不予以正视，并力求在教育过程中努力解决之。

---

⑤ 吴金城：《以中西方比较法学视角论守法之伦理基础》，载《湖北警官学院学报》2013 年第 2 期。

一、中国特色社会主义法治实践对法律人的德行要求

中国在继承传统之本来和学习借鉴西方世界之外来的基础上,开创了面向未来的中国特色社会主义道路、制度及理论等,中国特色社会主义法治道路、法治理论及法治体系是其中的重要组成部分。中国特色社会主义法治的实践虽然在显性层面上取得了令人瞩目的成就,但在法治的隐性层面上却因为在继承传统和学习借鉴外来的认知方面的局限性而明显有所缺失,其中法治在道德层面上的不足又在根本上制约了法治的成熟。中国特色社会主义进入新时代后,社会发展不平衡不充分与人民对美好生活需求之间的矛盾,作为社会的主要矛盾,在法治层面上提出以什么样的司法德行来贯彻以人民为中心的司法理念的根本问题。中国特色社会主义法治人才培养的德法兼修原则,就是针对法治实践中德行不足以适应新时代的要求而提出的。中国特色社会主义进入新时代,从以下几个方面提出了对政法人才德行的基本要求:

(一)良法制定中的以人民为中心及其对德行的要求

中国特色社会主义的法治道路、法治理论及法治体系,向作为立法者的法律人提出了具体的人民性德行要求。中国特色社会主义法治道路的开辟,提供了一种发展中国家迈步走向法治国家的新路径,它的最本质的特征就是以人民为中心。⑥ 这意味着中国特色社会主义的法治理论及法治体系,都要贯彻和落实以人民为中心的指导思想,并将人民性作为其区别于其他地区法治理论及法治体系的本质规定性。一般来说,一个国家的法治理论及法治体系都需要拥有某种普遍绝对的权威性特质。有的国家将法治理论及法治体系的普遍绝对权威诉诸宗教信仰,⑦有的国家将法

---

⑥ 参见张文显:《以人民为中心:法治体系的指导理念》,载《北京日报》2018年4月23日,第16版。

⑦ 参见王楷模:《西方政治法律思想史纲》,陕西人民教育出版社1997年版,第72~73页。

治理论及法治体系的普遍绝对权威诉诸无所不在的绝对理性，有的国家将法治理论及法治体系的普遍绝对权威诉诸历史传统，[⑧]有的国家则将法治理论和法治体系的普遍绝对权威诉诸普遍人权等。[⑨] 无论各个国家在历史上将法治理论及法治体系的普遍绝对权威诉诸什么，其实都很难回避法治本身所具有的公共性诉求。实际上，只有人民才是公共性最根本和最直接的体现载体，任何以其他方式所展现的公共性最终都还必须接受人民性的检验。[⑩]

中国特色社会主义法治理论及法治体系，强调和突出以人民为中心的本质属性，就是坚持了以人民作为公共性直接载体的原则。这就不仅要求在法治理论的发展及其知识传播过程中要相当重视作为法治价值归宿的人民性内容，而且要求作为法治体系主要构成要素的法律创制也要坚持以人民为中心的指导思想。作为法律创制的立法工作，它的人民性和以人民为中心的价值诉求，只能依托于立法者予以兑现。作为法律人的立法者，与其他不具有法律人身份的立法者的根本不同之处在于，他拥有能让其他人信服的法律人职业素质。如果他们的职业素质更多地突出了立法技术因素，相对淡化了作为人民利益代表者的道德素质，那么立法者所创制出来的法律，就缺乏了在价值上以人民为中心的必要温度，而变成了冷冰冰的规范条文。[⑪] 如果法律的创制失去了公共价值上的必要关怀，而只是在繁琐复杂的规范规定中寻求逻辑的自洽，那么它就很有可能在逻辑上看起来很美，而在实质上并不能满足人民群众美好生活对法律创制的基本要求。[⑫]

中国特色社会主义法治以人民为中心的本质规定性，决定了它的立法工作及立法工作者务必要在德行上表现出站在中国人民立场上的起码

---

⑧ 参见严存生主编：《西方法律思想史》，湖南大学出版社2005年版，第276～288页。

⑨ 参见徐大同总主编、高建主编：《西方政治思想史》（第3卷），天津人民出版社2005年版，第52～515页。

⑩ 参见陆德生：《树立和践行以人民为中心的法治理念》，载《红旗文稿》2017年第21期。

⑪ 参见王铁军：《法律的温度》，载《江苏法制报》2017年7月28日，第1版。

⑫ 参见熊正良：《建设人民美好生活需要的法治》，载《人大建设》2018年第6期。

公共性。这意味着中国特色社会主义法治的立法,既不是为了验证或移植某种据说是普遍有效的法律原则,从而不能仅仅依据所谓普遍有效的法律原则来抽象地考虑法律的移植问题,不能满足于法律条文“看上去很美”而罔顾“现实之痛”,⑬也不是要按照西方某个法学流派的法律认识论来分析和打造逻辑上很美的规范条文体系。分析法学的逻辑我们发现,它确实看上去很美,也确实有助于法律规范在逻辑上的完善,但如果不充分考虑法律规范的公共价值维度,就很难将良法与恶法区别开来。⑭ 中国特色社会主义法治的人民性本质属性对良法的要求,也只能由作为法律创制者的立法者以人民为中心的德行素质来保证,并以法律规范经得起人民性的检验来加以证实。这就要求新时代法治人才的培养要充分注意中国特色社会主义良法向作为立法者的法律人提出的具体的德行内容要求。

(二)司法审判的具体公平正义对法律人的德行要求

虽然法律规范给出了详细的规范和明确的导向,但法律规范的内容并不能确保法律纠纷不会发生。从某种意义上说,法律纠纷的发生既源于当事方对法律规范理解的不同,也源于当事人在法益上的相关冲突具有一定普遍性。法律规范并不能自然地定分止争和维护公平正义,它必须被运用在有关的法律纠纷解决中才能真正有效地定分止争和维护公平正义。这就在根本上决定了司法审判作为灵活运用法律规范的活动顺其自然地成了法治的一个必要环节。从直观的层面看,司法审判所裁决的内容只是法律纠纷中的利益的分配,但司法裁决在结果上并不产生新的利益,而只是把利益分配具体分割为权利和义务,权利方获得利益,义务方损失利益,利益经过司法裁决由彼到此或由此到彼发生转移,只是法律纠纷当事各方在司法裁决下进行零和博弈的结果。既然如此,那么司法裁决所实现的结果就不仅是利益的转移,而且事关公平正义。从而司法审判就不是一个简单的司法认知与司法推理行为,而必然还是一个涉及

⑬ 参见余向阳:《法律之美与现实之痛——关于相邻关系制度法律与实务的理性思考》,载《法学教育研究》2010年第1期。

⑭ 参见石文龙:《善是良法的价值基础》,载《法制日报》2014年1月29日,第10版。

德行良知的道德行为。“司法作为社会制度的一种，其本身并无善恶之别”，“社会大众出于对司法的合理期待，以及司法的功能和使命，赋予司法正义、公信、权威等善的品质”。[15]

司法审判所处理的绝大多数问题，都是日常生活中司空见惯的常情常理问题，所以道德判断在其中常常占据着极为重要的地位。法律规范体系自然有它的逻辑严谨性，司法审判从既有的逻辑前提出发，推导出逻辑结论，也自然有它的合理之处。如果社会生活中的各个主体都普遍存善意而没有恶意，那么即便彼此之间产生了利益等的冲突，当事方也可以在法律规范的指导下，妥当地解决纠纷，还原社会事实，弥合社会关系，“守法必先守德”。[16] 利益冲突进入司法审判环节，就很难完全用道德的方法解决，因为只有在当事人中至少有一方存在恶意的情况下，利益矛盾才无法完全通过非诉方式进行调节。这就要求司法审判工作者，不仅要用明晰严谨的法律规范，来梳理清楚法律纠纷中的各种法律关系及法律责任等，而且要有一种强烈渴望实现公平正义的道德感情。司法审判工作者如果缺少这种对于公平正义的道德感情，就很难做好人民审判工作。

中国司法审判工作者对公平正义的道德感情在学术界并非没有争议。不少学者和一些司法工作者信仰中立的司法理性，片面强调司法审判工作所要求于人的职业素质只是一种不偏不倚的冷静认识，以事实为依据，以法律为准绳，舍此之外夫复何求？实际上，“法官对群众的真感情是司法为民最直接的体现”。[17] 在司法实践中，审判者的司法认识，无非就是确定证据的效力，并据此来认识审判内容的法律事实；在既定的有关法律规范中寻找合适的条文，并将法律事实纳入法律条文推理链条，进行逻辑的推演，以期得到一个合乎法律规范的结论，并据此判断诉讼各方的要求是应予支持，还是应予驳回。这就在司法审判实践中得到了一个只问结论是否于法有据而不问结论是否公平正义的司法裁决结果。哈特

---

⑮ 陈莉：《司法之善的形成》，载《人民法院报》2013 年 8 月 16 日，第 7 版。

⑯ 王晓岭：《守法必先守德》，载《徐州日报》2015 年 12 月 16 日，第 4 版。

⑰ 邢宝书：《法官对群众的真感情是司法为民最直接的体现》，载《人民法院报》2015 年 12 月 16 日，第 5 版。

(H. L. A. Hart)式样地“把正当性萎缩成形式程序的合法律性”受到了哈贝马斯(Jürgen Habermas)的批判,“他遵循商谈模式的程序路向”,“从基本立场、论证模式、权利审视及认可方式这四个向度”来批判与重建了“法律的正当性”。[18] 社会弱势群体的权利保护往往在哈特的意义上缺少法律正当性,而哈贝马斯的意义则有法律正当性。如果司法裁决只遵照哈特的理念,而不顾哈贝马斯的理念,则这样的司法裁决一旦执行,其社会结果就往往因为损害了弱势人群的生存底线而伤及社会的公平正义。司法审判不能伤及社会弱势群体,不能在结果上助长法律纠纷中恶意一方的气焰,这既是具体公平正义对司法审判工作的基本要求,也是公平正义对司法工作者所提出的德行方面的起码要求。

(三)司法工作者维系公序良俗的责任及其对德行的要求

法治国家、法治社会、法治政府的一体化建设,既是现代法治建设的基本经验,也是中国特色社会主义法治的基本要求。就人类历史的发展来看,任何一个国家的良法善治都既不能一蹴而就,也不可能一劳永逸,法治的有效维系与正常运转总是与社会的公序良俗相伴而生、盛衰与共、生死相随。无论是古代希腊的雅典,还是帝国时期的罗马,都经历过法治由兴而盛、由盛而衰的演变,其间的奥妙尽在社会公序良俗的颓变中。“罗马帝国的衰亡与人们的冷漠相伴”,“罗马帝国无法依靠人们共同拥有的公民理想”。[19] 每当一个国家社会层面上的公序良俗在实践中遭遇破坏时,良法善治的条件也就渐渐消失,而代之以恶法专制。社会的公序良俗虽然是法治的基础,但并不是一成不变地存在。它的有效维系需要人们的共同努力,并特别需要司法工作者基于德行素质而自觉做出的努力。维系、巩固和发展社会公序良俗应该成为司法审判的基本视角,由此得到的审判裁决就会产生一种积极的道德结果。

司法审判的案子无疑首先涉及当事人的利害得失,但也肯定具有一

---

[18] 肖小芳、曾特清:《“合法律性的正当性”何以可能——哈贝马斯对哈特法哲学的批判与修缮》,载《道德与文明》2011 年第 4 期。

[19] [美]菲利普·李·拉尔夫、罗伯特·E. 勒纳、斯坦迪什·米查姆、爱德华·伯恩斯:《世界文明史》(上卷),赵丰等译,商务印书馆 1998 年版,第 356 页。

定程度的超越当事人的普遍性影响。任何案子的当事人都至少有一方存在道德上的恶意,或者彼此各方都有一定的道德恶意。这些恶意如果纯粹从法律规范的角度来考虑则很可能就被忽略不计了,至多也只能作为追究法律责任的依据,只具有个体的影响,甚至考虑到个体的隐私等,也就完全不在司法审判中提及某些个体的恶意,更不要说是谴责或处罚某些个体的恶意了。这种处理某些个体恶意的范式性做法在司法实践中比较流行,司法审判的结果也只是做出了具有行为意义的某些裁决,而不太在意其中的道德善意或道德恶意。但如果司法审判确实放过了当事人之中的恶意,那么恶意之恶就不仅在道德上没有被揭示出来,而且在社会上散布了一种恶意不恶的司法判断,从而导致人们在社会风俗层面彻底失去了是非善恶的标准。诸如此类的司法判决一多,社会的公序良俗也就渐渐颓废了。[20] 在一个已经没有是非善恶标准的道德颓废社会中,仅仅依靠法律,很难达到一种善治的结果。

司法工作者只有在实践中兼顾利益调节与正义维系的双重效果,才能通过司法裁决在解决法律纠纷的同时,弘扬社会的正气,鼓舞大众的士气,维系法治所依赖的是非善恶标准,夯实法治的公序良俗基础。这就要求司法工作者不仅要具备必要的法律分析方法,能够娴熟、准确、清晰地判断出法律纠纷中的权利、责任与义务等内容,而且要有基于社会公序良俗之是非善恶的必要的道德感情,以便能够衡量出具体法律纠纷所包含的道德上是非善恶的内容及其对于维系公序良俗的价值与意义。司法工作者不仅应该具有善于从公序良俗维系角度进行法律认识的能力与素质,而且应该具有通过个案审结来维系、巩固和发展公序良俗的能力与素质。这些能力与素质在专注于权利与义务分析的法学专业教育中被有意忽略掉了,但中国特色社会主义法治的实践却向司法工作者提出了立足于公序良俗进行司法审判工作的新要求。

---

⑳ 参见林发新:《论司法公正与依法治国——司法不公的危害及消除》,载《人民政坛》1998 年第 2 期。

二、中国法治人才培养在课程内容上的工具理性偏好

中国法治人才培养的任务长期以来由法学教育所承担。近40年来,中国法治的进步与不足,都可溯源于以摸着石头过河方式发展起来的中国法学教育。[21] 中国法学教育的理想范式及目标任务,至今未取得压倒性共识,但在法学知识体系的建构与传授上却又受到了“西法东渐”的强势影响,有些方面学英美法,有些方面学大陆法。因为长期存在的法学知识的不足制约了中国的法治,所以作为法治人才培养的法学教育也颇为侧重于发展认知性的工具理性,强调了“凸显自身的应用性特色,实现与法律职业的有效衔接”。[22]

(一)法治人才培养工具理性偏好的历史惯性

中国在传统时代虽然有中华法系的实践,但并无系统完善的法学教育。中国法学教育是随着西法东渐的深入而渐次移植西方法学教育的结果。因为法学被近现代中国先进分子赋予了现代社会及现代国家建构的重任,所以中国法学教育从一开始就服务于西法东渐的实践,促进西方法学及法律在中国的落脚、扎根和普及。[23] 晚清或民国时期的西法东渐实践,同时也在法学研究及法学教育领域形成了一种工具理性占优势的传统,而相对淡化甚至是失落了欧美近现代法学研究及法学教育中的人文传统。一般来说,欧美法学研究及法学教育与宗教信仰之间的密切关系,会被中国的学习者扬弃掉,从而失落了法学及法律与神学人文主义的羁绊性联系。欧美法学及法律特定的历史背景、哲学前提、政治情境等,也会被中国的学习者忽略,从而导致作为法学及法律背景的历史、哲学、政

---

[21] 参见李龙、刘青:《改革开放四十年中国法学教育的回顾与展望》,载《武汉科技大学学报》(社会科学版)2018年第6期。

[22] 杨德敏、王明文:《论地方高校法学本科教育与法律职业契合路径的建构》,载《白城师范学院学报》2018年第9期。

[23] 参见沈伟:《萌芽时期的中国近代法学教育——基于南洋公学特班的研究》,载《交大法学》2019年第1期。

治等所包含的人文主义在中国的失落。中国的法学研究及法学教育侧重于工具理性意义上的科学内容，片面地强调作为职业工具的法律理性、法律方法与法律分析等。

中国晚清以来的法学研究和法学教育，在 20 世纪 50 年代初以后，中断了约 30 年，法学、法律及法律职业在这个时期都被纳入阶级专政的范畴，既无法学的学科建制，也无专业的法学研究，更无职业化的法学教育。改革开放后，法学研究的专业性得以恢复，并获得了长时间持续的发展，法学教育的职业性也在教育实践中得到恢复，法律人的职业理性逐步在政法工作领域占据压倒性优势。中国在新时期法学研究专业性与法学教育职业性的恢复，既体现了改革开放以前非职业化司法实践的反弹，也与改革开放的总体趋势相吻合，更体现了西方法学研究与法学教育对中国相应领域的强势影响。“西方式的法学研究和法学学科建设在中国蔚然成风。”㉔西方法学研究所提供的概念、理论与方法在 40 年左右的时间里影响了中国法学研究领域的主流，而西方法学教育的教育理念及实践经验也在强势地影响着中国法学教育的职业化取向。㉕ 有些法学分支学科或学派的发展特别彰显了西方法学的影响，如分析法学。㉖ 中国法学教育作为司法实践所需要的法律职业理性的唯一来源，通过国家的法律资格考试对其他专业法学爱好者的准入限制，得到了落实。这为法学研究领域所提供的法律理性一一对应地体现在司法实践中，提供了最可靠的体制保障。

中国改革开放以来的法学研究和法学教育，虽然难以避免此前 30 年的学术思想及教育体制的惯性影响，但在总体上却也延续了晚清民国时期偏好工具理性的学术传统与教育惯性，追求一种普遍而纯粹的法律理性及其在司法职业中的有效应用。因为新中国高等教育体制的基本定位

㉔ 陈金钊：《“西方法学在中国”及中国法学学术转型》，载《济南大学学报》（社会科学版）2017 年第 2 期。

㉕ 参见侯强：《清末法学教育与近代中国法制现代化》，载《沈阳大学学报》2007 年第 5 期。

㉖ 参见邱昭继：《改革开放 40 年来法学翻译与分析法学在中国的发展》，载《法学教育研究》2018 年第 3 期。

是专业教育,近十几年虽然强化了通识教育的内容,但专业教育作为高等教育核心功能的定位并未发生动摇,给法律人提供价值理性的人文教育等并没有充分地开展起来,它在教育过程及教育结果上的影响还相当有限。法学研究工作者主要关注法律的工具理性,能够正视并重视法律的价值理性的法学研究者并不常见,而且主要集中在法理和法史领域。中国法学教育在课程体系的设置上,充分体现了它职业化取向的工具理性的要求,在主流的法学人才培养方案中,不仅人文课程设置的情况过于重视基本技能而轻视基本的人文素养,而且就算是可以提供价值理性内容的法学基础理论课程也占比太少。有的学校因为法学教育的师资规模相当大,从而可以充分地将法学研究领域的细致专业分工体现在课程设置上,表现出了更为强烈的工具理性偏好,其毕业生在人文素质上要远远地低于综合大学法学院的毕业生,综合大学的法学专业在人文素质的养成上有更优越的条件。[27]

(二)法治人才培养中法学课程体系的工具理性偏好

中国社会经历了几千年的人治阶段,在迈步走向现代化的过程中,逐步地认识到了法治的重要性,并下决心矢志不渝地追求法治。但中国传统时代其实并非没有法律在治理中发挥重要作用,只是它相比较于礼与德而言处在了辅助者的地位上。虽然中国没有在价值理性的层面上确立法的权威,在大多数历史时期都坚持了德主刑辅的策略,[28]然而作为工具理性意义上的法治却又无可置疑地存在。自晚清以来,中国人追求法治,实际上就是要求摆脱德主刑辅的框架,扔掉德对法的价值性支配,而确立法在国家中独一无二的至高无上权威。[29] 但西方国家的现代法治实际上并非自带价值权威,而必须辅之以宗教、哲学及政治等,而宗教、哲学及政治等虽然提供了法治的价值辅助,却又处在隐匿状态。中国向西方学习法治,看不到其法治之下隐匿的部分,以为西方的法治自带价值权威,从

---

[27] 参见张师伟:《建设综合性政法大学》,载《理工高教研究》2004年第4期。

[28] 参见吕世伦、连赛君:《“礼法合治,德主刑辅”理念及当今启示》,载《北京行政学院学报》2015年第4期。

[29] 参见夏勇:《飘忽的法治——清末民初中国的变法思想与法治》,载《比较法研究》2005年第2期。

而将法治与德治割裂成了两个部分，但其实它们是一个事物的两个层次，只不过一部分在水面之上，另一部分在水面之下。

中国人向西方学习各种先进的东西，都难免陷入橘枳悖论，其根本原因之一恐怕就在于这种只见其表而未及其里的认知方式。这种认知方式表现在法治实践中就是司法审判片面强调法治而忽视德治、自治的必要性，以为一切纠纷只需依法办理就万事大吉，而不需要顾及依法办理的社会结果是否良善。其表现在法学研究中就是片面追求工具理性的完美，不太关注价值理性的正义尺度。其表现在法学教育领域就是课程体系的安排缺少进行价值理性供给的有关课程，而培养法律人工具理性甚至只是操作理性的课程则占比过高，表现出了过于强烈的工具理性偏好。比如，通识必修课程中的外语类、体育类、计算机类等，几乎完全没有人文教育的内容，价值理性的供给在这些课程中基本完全缺失，而能够提供价值理性的西方哲学、中国哲学、中国历史、世界历史、中国政治、中国文化等通识类必修课程则完全付诸阙如。再如，部门法课程在法学专业的专业必修课中占据了过多的比重，部门法主要传送的内容只是职业化的工具理性，而可以提供价值理性的基础理论性课程则占比太小，西方法律思想史、中国法律思想史、罗马法、英美法等，不仅很难进入专业必修课的行列，而且经常是连选修课的行列中也难以容身。“一些高校的法学院系片面强调‘应用’之词，调整本科培养计划，压缩理论法学课时，或者砍掉一些课程。”㉚

法学人才培养方案通过工具理性偏好的课程体系安排，不仅直接将法学人才的培养面向司法职业进行了职业化的方向约束，默认法学专业的受教育者未来都将从事司法职业，突出人才培养要“根据职业需求”，㉛而且将法学专业课程变成了许多具体的职业化技能与技巧的传授，一切与职业化技能、技巧无直接关联的课程内容，都在讲授中被教学过程和学

㉚ 陈鹏飞：《理论法学在卓越法律人才培养中的展开范式——以法学本科教育为背景》，载《公民与法》(法学版)2015 年第 11 期。

㉛ 翟宝红：《地方高校法学教育的转型发展——以应用型法学人才培养为中心》，载《法制与社会》2019 年第 3 期。

习过程忽略了。如此一来，法学专业教育的职业实践性就在教育过程中极大地挤压了专业教育应有的基础理论性，并由此在根本上遏制了价值理性在法学人才培养过程中的知识输入路径，造成了法学专业毕业生的专业理论基本素养不够和公平、正义等价值理性的匮乏。法学教育在专业课程体系上的工具理性偏好最终一定会在司法实践中淋漓尽致地表现出来，其最经典的表现就是只追求适用法律规范在形式逻辑上稳妥恰当，而不关心适用法律规范后的社会结果是否合乎公平正义，甚至是否合乎公序良俗。一些司法案例明显违背社会公序良俗的雷人判决，即与审判者内心深处缺乏充分的价值关怀密不可分，但凡有一丝一毫公序良俗方面的善意考虑，都不能做出超出人们道德判断所能接受的雷人结论。雷人结论公然袒护了道德上的不善良，遏止了善良者在扶危济困方面的善意，从而严重地危害了公序良俗。有学者吁请司法人员“认真对待事实”，并将“常理引入司法”，因为“争议判决的出现，从技术上看是源于法官对案件事实的不当剪辑，实质上却是因为法官对法外因素的考虑及对社会常理的忽视”。[32]

（三）法治人才培养理念中工具理性的偏好痼疾

任何一个大学都难以摆脱历史之遗传和社会之环境的双重影响，大学教育中的人才培养也是如此。法学教育在中国向来缺少价值理性的教学内容，无论是其中的教育者，还是受教育者，都受到具有历史传统的人才培养理念的规范。一个国家或一个大学对于法治人才培养的理念，也许会有其认识层面上的调整，但理论形态的理念总是不如实践形态的理念在人才培养实践中更有影响力。中国自接受西方法学界教育的影响以来，法学教育就具有强烈的职业化导向，并确立了培养职业化法律人的人才培养理念。中国的法学教育在 20 世纪 50 年代进行大规模的院系调整时，也按照苏联模式的专业化人才培养理念进行了调整，组建了进行职业化法学教育的高等政法院校，着力于培养服务于无产阶级专政人才。尽管法学教育随后就连同法学等学科被取消其存在，但当时高等教育领域

---

[32] 李红海：《认真对待事实与将常理引入司法——减少争议判决之司法技术研究》，载《法商研究》2018 年第 5 期。

流行的职业取向的专业化教育理念却重新塑造了人们的高等教育观，并普遍地影响了中国高等教育的人才培养理念。承载人文教育内容的通识教育的缺失或不足，成为20世纪下半叶中国高等教育人才培养理念难以克服的痼疾。[33] 虽然它的影响不局限于法学教育中，但又以在政法人才培养理念中的影响更为浓重，也更为顽固。

法律人的职业就是首先要了解社会的复杂性与法律规范的社会性，并以合乎社会需要的方式，进行有益于社会生活的制止、纠正、矫治及复原等司法服务工作。社会生活中的道德要求也是司法服务工作所要遵循的要求，违反道德规范的司法服务，不顾道德上是非善恶的司法服务，就很难是真正有益于社会的公平正义的司法服务。在现实的社会生活里，绝没有任何一个法律纠纷是完全按照法条的前提条件、按照法条规范的程序发生的，所以司法工作很难将纷繁芜杂的司法纠纷在内容上归纳为法律条款的有关规定。无论司法工作者的法律职业理性如何发达，他都不能要求所有的案件都必须依照法律条件、遵循法律推理来发生，否则就或者不予受理，或者感到无法准确判断，或者把案件内容置于法律规范的逻辑里，得出一个诉讼意义上的结论。实际上，司法工作常常是要以司法的方式达到合乎道德标准的结果。如果司法结论在道德上站不住脚，但在法律推理上站住了脚，那岂不是法律的尴尬吗？更何况司法还要承担"扶起"道德的重任。[34] 如果司法工作的结果常常违背了道德上公平正义的标准，那样的司法连同其所使用的法律就已经站在了人民的对立面。司法的结果如果不道德，那就是法律在人民面前具有了原罪，而它的救治方式也只有一条，那就是司法必须要在程序及结果上讲道德。

中国特色社会主义法治对政法人才的要求，早已超越了工具理性，而提出了在价值理性层面上的高要求。新时代政法人才"德法兼修"的培养要求，恰恰就是要求法学教育在人才培养理念上要克服过分职业化的工

[33] 参见费孝通:《学术自述与反思》，生活·读书·新知三联书店1996年版，第3～4页。

[34] 参见石经海、付倩:《司法应承担起"扶起"道德的重任》，载《社会科学报》2015年11月19日，第3版。

具理性取向,不仅必须充分及时地在法学人才培养体系中补充修德的教育内容,而且要在人才培养理念层面上确立修德的意识,更要在法学理论体系、学术体系、话语体系中合理充分地阐释法治中的德法关系,将“德法兼修”贯穿到法学人才培养的完整过程中。[35] 中国特色社会主义的法学理论体系、学术体系、话语体系等,既要站在法律的角度,看到道德手段在实现公平正义层面的不足,正是因为公平正义的道德手段不足,才需要采取法律的手段,也要站在道德的角度,看到法律工作的内容及结果等都有一个道德上是非善恶的衡量标准。道德在法治中的地位和作用一旦得到法学知识体系的承认和支持,“德法兼修”的政法人才培养理念就会在实践中获得相应的落实,而政法人才在教育过程及教育结果上的“德法兼修”也就获得了相应的保证。

三、中国法治人才培养中课程内容的价值理性不足

现代社会是一个在各方面都变得日益复杂起来的社会,它在各个方面都对高级人才提出了高度专业化的能力及素质要求,社会组织提供社会服务的过程越发变成了“复杂知识生产的过程”。[36] 高级人才专业能力及素质的养成也超越了依靠自然而然成长或通过简单基础教育就能完成的阶段,而必须经过高等教育阶段更高级的通识教育与更高深系统的专业教育的共同锻造,这就要求在一流本科人才的培养中实现“通识教育与专业教育融合发展”。[37] 任何一个在高等教育机构受教育的高级人才,都必须兼具价值理性与工具理性,特别是面向社会并直接服务于社会的高级专门人才。现代社会在推进和实现其本质所要求的法治方面需要高级法治人才,它在高等教育机构中的教育养成,也要遵循前述价值理性与工

---

[35] 参见黄进:《坚持立德树人、德法兼修 培养高素质法治人才》,载《中国高等教育》2017 年第 10 期。

[36] 姜宁宁:《论社会组织中的复杂知识》,载《学海》2018 年第 6 期。

[37] 郑庆华:《通识教育与专业教育融合发展:新时代中国特色一流本科人才培养路径探索》,载《中国大学教学》2018 年第 10 期。

具理性兼而有之的原则。高等教育机构在高级人才培养的教育教学内容上容量有限,如果工具理性在教育教学内容中的占比过大,价值理性在其中的占比就明显不足。中国法治人才培养内容恰恰就存在工具理性内容过多和价值理性内容不足的弊端。

(一)法治人才培养中信仰性价值理性教育的不足

西方各国在法治的建立、巩固及运转中都不排除信仰性的价值因素,宗教信仰在西方各国现代法治确立过程中的地位和作用有目共睹。西方国家排除了宗教信仰因素而试图完全依赖人类理性来建构和实现法治,在大多数情况下,都难以避免失败的结局。这在一定程度上表明西方现代法治不仅是建立在宗教信仰基础上的,而且在运作中也需要来自宗教信仰的支撑。中国传统社会秩序的维持也需要一定程度上的依法治理,但法律及法治也同样是建立在儒家思想所提供的宗教性信仰因素的基础上,且只有以儒家所提供的宗教性信仰因素为条件,才能恰当地利用依法治理的手段,达到维持秩序和修复社会的目的。西方国家如果陷入宗教信仰的纷争困境,就很难通过纯粹法治来维持秩序和修复社会,法治无法解决宗教信仰边界固化所带来的治理问题。[38] 在中国传统社会,如果儒家提供并竭力维护的道德信仰发生了动摇或坍塌,那么依法治理的手段也不能进行正常的维持秩序和修复社会功能。

中国法治范式及法治人才培养的方式,都明显受到西法东渐的强势影响,但又在法治的看法上难以摆脱传统依法治理的工具理性视角,从而试图在排斥道德因素的前提下,实现纯粹先秦法家式的依法治理。[39] 虽然西方依法治理的背后明显地存在道德因素的基础性作用,但道德基础毕竟是法治方式中的一种隐匿存在,何况中国的国家转型在当时正急于清算治理体系中的道德因素。当信仰性因素的道德或宗教被排除在法治之外时,法治人才的培养也就自然地要排除价值理性赖以养成的道德或宗

[38] 参见江晟:《流言与暴力:法国宗教战争时期信仰共同体的边界固化》,载《世界历史》2018 年第 2 期。

[39] 参见洪涛:《20 世纪中国的法治概念与法家思想(一)》,载《政治思想史》2018 年第 1 期;洪涛:《20 世纪中国的法治概念与法家思想(二)》,载《政治思想史》2018 年第 2 期。

教内容了,法治在此被简化成了依法治理,而依法治理也不过只是有法可依的法律体系健全、有法必依的依法办事和守法精神、执法必严的义不容情及违法必究的信赏必罚。但在学理上忘记了回答法律本身也难以回避价值理性意义上的合法性,只有正义的法律才有要求人们服从的道义基础,而不正义的法律则不过是一种形式化了的暴政。“正义是社会制度的首要价值……某些法律和制度,不管它们如何有效率和有条理,只要它们不正义,就必须加以改造或废除。”[40]法治人才的工作既要以立法制定正义的法律,也要以正义的方式运用法律,并用法律达到正义的目的。法治人才当然需要掌握如何在法律纠纷中进行衡量和裁断的技术,但更需要掌握法律制度的正义内涵,否则就不能实现司法以正义之法来实现正义判决的结果。

中国法治人才培养过程中的信仰性价值不足,比较明显。这表现为一方面,通识教育中涉及信仰性价值的课程不仅数量偏少,而且其内容大多并不以信仰性道德为主,即使涉及道德内容的课程也与法治所需要的道德在内容上明显不同。另一方面,专业课程教学的内容很少涉及信仰性道德,绝大多数专业课程只是进行规范意义上的法条分析,能讲其中的分析法意义上的法理就已经很不容易,但几乎没有专业课程教学能深入到法律及法治的道德基础上,讲清楚法律及法治在道义上的正义要求及正义尺度。“作为法的价值的核心要素,秩序和正义是内在统一的,在一系列因素的影响下,秩序和正义有时也会发生冲突”,但两者的关系可调和,可以“兼顾两者”。[41] 法理学课程在这方面的讲解也是稍有涉及,甚至都谈不上是浅尝辄止。这是因为中国的法规学既受到了西方纯粹法思想的影响,也没有完整地认识西方法治的内容,更受到了中国传统法家“法治”的影响。中国法治人才培养的过程实际上被自觉地进行着去道德化的工作,不仅在理论上反对将道德作为法治的必要组成部分,更在教学过程中夸张性地强调德治与法治的对立。法治人才应有的道德内容及法治

---

[40] [美]约翰·罗尔斯:《正义论》,何怀宏、何宝钢、廖申白译,中国社会科学出版社 1988 年版,第 3 页。

[41] 王丹丹:《论法律价值——以秩序与正义为视角》,载《法制博览》2017 年第 20 期。

工作应有的道德维度,就这样在法学专业教育的过程中被抽空了。

(二)法治人才培养过程中职业道德教育的内容不足

现代社会是一个复杂而又规则健全的社会,它对规则和规范的依赖程度要远远地大于古代社会。这是因为一方面,在一个深度复杂而个人又高度依赖规则的社会里,如果缺少规则或规范的制定与遵守,人们的社会生活就很难持续地进行下去,所以制定规则、熟悉规则并遵守规则就成了一种生活的必须,而依靠规则进行是非善恶的裁断以维持秩序和维护公平正义的法律人,也因之而成为社会生活的一个重要组成部分。另一方面,现代社会的复杂性将每个人的生活内容变成了相互依赖性的,并在各自拥有比较完整的权利体系的同时,还在人们的互动中形成了可持续的权利义务关系,人们彼此之间在具体互动中的权利义务关系受法律引导,并被法律所规范,如果彼此之间在权利义务关系上产生纠纷,还需要法律来裁断。法律人的职业成为现代社会的必要组成部分,当然不仅是因为现代社会的内容在很大程度上因高度复杂而法律化了,更是因为人们在相互往来中由于故意或过失而形成了数量不菲的法律纠纷。这些法律纠纷既需要法律人梳理清楚其中权利义务的具体内容及彼此间的逻辑关系,更需要法律人有善意的职业伦理,如此才能使法律纠纷的个案解决体现公平正义的标准,“让人民群众在每一个司法案件中都能感受到公平正义”。[42] 法律人的职业是一份有着高度职业伦理要求的社会职业,法治人才培养要高度重视进行职业伦理的培育与养成。

法治人才培养的工具理性偏好明显地挤掉了价值理性教育的教学空间,因为过于专注于法律的权利与义务维度,法律人在职业伦理的养成上明显受到了工具理性的影响。[43] 从职业伦理的养成上看,法律人被个体主义的权利本位法律观所左右,既强调了司法服务者要尊重法律纠纷当事方的权利,各方当事人对自己的权利主张负有举证责任,又突出了证据采

---

[42] 李辉卫:《让人民群众在每一个司法案件中都能感受到公平正义》,载《学习时报》2017 年 8 月 9 日,第 2 版。

[43] 参见庾文焰:《法学本科教育改革如何适应法律职业资格考试》,载《法制与社会》2019 年第 3 期。

集不能以损害其他当事人权利的方式进行,更突出了法条至上的权威诉求。前述这些内容实际上只是一种基于个体权利本位的工作规范,从法律人也要自觉接受其约束而言,将它们归入职业伦理也并无不妥。但法律人职业伦理最重要的内容公平正义却并未体现在上述内容中,而法律伦理学的课程内容也很少涉及司法工作者的正义感话题。法治人才培养中职业伦理内容教育的不足,一方面培养出了不少不明正义之理、不具正义感情的唯利是图的不良律师,另一方面又培养出了一些但求有法条可遵循而不问结果是否良善的劣质法官。不良律师为了在法条规范的框架内获取利益而不择手段的行为,助长了社会中的非善意行为,危害公序良俗。劣质法官在司法审判中推卸法律事实的调查责任,或将调查责任转为当事人的举证责任,或干脆以法庭确认的当事人所举证据作为法律事实的判断依据,并将不完整的法律事实代入到相关法条的规范逻辑里,直接得出一个合法却不正义的司法结论来伤害社会。虽然“在司法的不法与虽不正义但仍属依法裁判的司法之间划出一条截然分明的界限是不可能的,但最大限度明晰地做出另外一种划界还是可能的,即凡正义根本不被追求或构成正义之核心的公开、公平、公正原则有意不被承认的司法裁决,就不仅仅是司法的不正义,它根本上就是司法的不法”。[44] 如此,才有可能在司法中尽量实现合法且正义的判决,最大限度避免司法个案上的不正义。

(三)法治人才培养过程中价值理性教育方式的低效率

在现代社会里,法律人构成了一种服务于社会秩序维持和公平正义维护的共同体,他们所从事的立法、护法、司法等工作,既要求他们拥有比较充分的职业化了的工具理性,也要求他们拥有体现公平正义内涵的价值理性,两者相辅相成、缺一不可。工具理性是一种逻辑化了的认知理性和行为理性,体现了概念明晰与逻辑严谨的规范化要求。虽然工具理性兼有认知理性和行为理性的内容,但两者在内容及要求上却高度一致,而且彼此之间还具有良性的互动联系,认知以行为为基础,行为以认知为指

---

[44] 王洪:《司法的不法与司法的不正义(上)——违反正当法律程序》,载《政法论坛》2014年第5期。

导，在其培养诸环节，认知理性扮演着关键角色。价值理性主要是一种实践的行为理性，它虽然也需要以一定的道德认知为前提和基础，但道德认知的内容并不一定会转化为道德实践的内容。既然如此，那么道德认知理性教育既不能代替道德实践理性教育，也不是道德实践理性教育的充分条件，“道德修养……要通过非知识化的路径进行”。[45] 一般来说，道德教育虽然不排斥道德认知教育，但更应该以道德实践方式展开，即不能从道德认知教育的路径来获取道德实践理性教育的结果，道德教育的最佳方式就是以道德的方式讲道德。

在实践中，法治人才培养的价值理性教育却更多地采取了认知方式，即试图通过一定的价值判断输入来达到价值理性教育的目的。无论是通识必修课中的道德教育，还是少数涉及道德的专业课中的道德教育，都基本上采取了认知的教育方式，满足于给出一些含义明晰的道德概念和普遍合理的道德判断，但是忽视了充分的道德知识，并不会自动地转化为个体道德实践中的是非善恶判断和正义感等，并不一定会对个体道德感情的实践投放产生规范性约束。实际上，法律人的道德世界经常被不正确的教育方式分割成两个世界。其中一个世界是经过道德认知教育的反复灌输而形成的道德认知世界，放在认识论的角度上，行为者很容易辨别道德问题上的正确与错误；另一个世界就是行为者的道德实践世界，它同样也经历了一个培育的过程，只不过这个培育过程更具有自然的性质。作为自然成长结果的道德实践世界，包含了许多潜移默化形成的深层次认知，这些认识已经融入了个人的人格中，成为一种实际主导或决定个人道德感情和道德倾向的决定性因素。法治人才的价值理性教育就是要指导、引领和规范这个事关个人道德感情和道德倾向的道德实践世界，其最有效的方式只能是触及个体人格深层次部位的道德实践。

因为在法治人才培养过程中，价值理性教育采取了不恰当的方式，所以在价值理性教育的结果上，就显示出了明显的低效率。一方面，受教育者对以认知方式进行的价值理性教育兴趣不大、关注度不高、投入的精力

---

[45] 谭维智：《道德教育的非知识化路径——道家的知识观及其道德教育方法研究》，载《教育研究》2011 年第 6 期。

等非常有限。因为价值认知成立的前提是对认知内容的信仰,知道它的内容并不意味着它就具有公平正义维度上的合理性,所以即使受教育者知道了某种价值认知,他们也并不准备在公平正义维度上接受它。因此,那些在公平正义维度上缺乏高度认同的价值认知,在受教育者德行养成上的影响不会很明显。以价值理性教育核心内容之道德教育为例,“在道德教育实践中,一些教育者往往将道德教育简单化为道德知识教育,从而导致道德教育实效性不高”,在新的历史时期,道德教育要实现“理念、内容、方式和评价等”转型,“将道德教育从实际意义上的道德知识教育转变为真正的道德教育”。[46] 法治人才培养中的道德教育也如上所说,并无明显的不同。另一方面,法治人才培养观念中工具理性偏好过于强势的现状,也在产生不利于进行价值理性教育的效果。这种人才培养观念没有在人才的内涵空间里给价值理性留下应有位置,似乎人才的存储器里就应该只容纳工具理性。工具理性至上的错误观念不仅放逐了给人才进行方向掌舵的价值理性,而且拒绝了价值理性对工具理性做出的必要调节。法治人才培养的法学教育如同其他专业的大学教育一样,要突出大学教育的“育人”而不是“制器”的功能定性,必须要以“以人为本”的素质教育替代“以物为本”的功利教育。[47]

---

[46] 顾润生:《道德教育与道德知识教育辨析》,载《教育探索》2010 年第 1 期。

[47] 参见姜敏:《大学教育去功利化路径研究:“以人为本”全面发展素质教育》,载《北京社会科学》2014 年第 1 期。

The Demands for Morality and Supply of Moral Education in the Cultivation of Socialist Legal Talent with Chinese Characteristics in the New Era

Zhang Shiwei

Abstract: Neither Chinese nor foreign jurists can theoretically evade the relationship between law and morality. In recent decades, the Chinese jurisprudence has focused on treating the rule of law only as a purely technical issue that is equal to strictly follow the law. In this situation, morality is usually placed outside the rule of law. However, in the practice of the rule of law in China, the moral factor plays a key role in the survival of the rule of law, that is, a sound rule of law cannot be achieved by the law enforcement workers without morality. Only qualified legal workers can support the building of a sound rule of law. This requires that legal education should cultivate the rule-of-law talent. It is necessary not only to attach great importance to the morality of the rule-of-law talent in the concept of talent cultivation, but also to strengthen the content of moral education in the process of talent cultivation. The education should also adopt appropriate teaching methods and models. With the appropriate way, we can nurture legal talent who are qualified in both morality and law in the New Era.

Key Words: New Era, socialist legal talent with Chinese characteristics, demands for morality, moral education

近年中国法学研究的热点与难点
——以国家社会科学基金年度项目中法学重点项目为中心*

陈　玺** 谢　阳***

摘　要：党的十八大以来，中国法治建设进入"快车道"，全面依法治国是中国特色社会主义的本质要求和重要保障，社会的深层次治理离不开法治建设保驾护航，法治建设亦亟须法治理论的支撑，国家社会科学基金年度项目以其设立时间最早、立项规模最大、覆盖面最广成为把握学科发展脉络、获悉前沿法治问题的重要平台，通过对该项目类别进行综合分析来展现当下法学研究的发展状况，为法学研究的发展指明方向，以良法促进发展、保障善治。

关键词：法学　重点项目　当代使命

党的十八大以来，我们党高度重视法治建设。在党的十八大报告中明确提出全面推进依法治国，加快建设社会主义法治国家。为贯彻落实党的十八

* 2019年西北政法大学教学改革研究重点项目"人工智能视域下法学实践基地建设研究"（XJY201901）。

** 陈玺，西北政法大学刑事法学院教授，历史学博士，中国社会科学院法学研究所法学博士后。研究方向：法律史。

*** 谢阳，西北政法大学2016级法律史专业硕士研究生。研究方向：法律史。

大做出的战略部署，加快建设社会主义法治国家，党的十八届四中全会审议通过了《中共中央关于全面推进依法治国若干重大问题的决定》，会议提出："全面推进依法治国，总目标是建设中国特色社会主义法治体系，建设社会主义法治国家。"全面依法治国离不开法学研究和法治人才培养，习近平总书记在中央全面依法治国委员会上对法治人才培养和法学研究提出了新的要求。当代法学的发展要立足中国、以我为主、兼收并蓄、突出特色，以中国智慧、中国实践为世界法治文明建设做出贡献。

一、法学重点项目的历史使命

法律是治国之重器，要实现国家治理体系和治理能力的现代化，必须推进法治建设。回溯新中国法治建设历程，党的十一届三中全会后，党中央吹响了社会主义法治建设的号角，历经40年的法治建设，取得了一系列瞩目成绩，一路走来硕果累累。面临新形势，"党的十九大审时度势，作出了'中国特色社会主义进入新时代'的重大判断，为我国法治建设提供了宝贵的历史机遇"。[①] 党的十九大报告中对法治建设的最新论述，彰显了我们党和国家对法治建设认识的不断深化，是我们党进行社会主义法治建设的最新成果。

党的十八大以后，法治国家建设进入"快车道"。2012年党的十八大报告提出"全面推进依法治国，构筑中国特色社会主义法治体系"，标志着中国法治建设进入新阶段。全面建成小康社会和实现中华民族的伟大复兴对"依法治国"提出了更高的要求。为贯彻落实党的十八大做出的战略部署，加快建设社会主义法治国家，党的十八届四中全会就"全面依法治国问题"做出了若干重大决议，将"建设中国特色社会主义法治体系，建设社会主义法治国家"作为全面推进依法治国的总目标。全面建设社会主义法治国家由宏观层面带入微观层面，是我们党对建设社会主义法治国

① 支振锋：《十九大引领依法治国新时代》，载《法制日报》2017年10月21日，第2版。

家逐步迈向深层次的成果。

良法是善治之前提,法治实践需要法治理论的支撑。党的十九大报告在社会主义文化建设方面提出“深化马克思主义理论研究和建设,加快构建中国特色哲学社会科学,加强中国特色新型智库建设”。法学作为哲学社会科学中的重要学科门类之一,在社会主义法治建设历程中具有无可替代的重要性,法学研究成为强化社会主义民主法治建设、构建中国特色哲学社会科学体系的重要一环。厉行法治离不开法学理论研究和法治工作队伍建设,法治工作队伍建设亦离不开法学理论研究,二者实为一个问题的两个方面。制度上的高层设计需要理论层面的研究成果充当砖瓦,正如张文显教授所言,“没有正确的法治理论引领,就不可能有正确的法治实践”。②

国家社会科学基金(以下简称国家社科基金)项目始设于 1991 年,是我国在哲学社会科学领域的最高级别项目,涵盖马克思主义·科学社会主义、党史·党建、哲学、理论经济、应用经济、政治学、社会学、法学、国际问题研究、中国历史、世界历史、考古学、民族问题研究、宗教学、中国文学、外国文学、语言学、新闻学与传播学、图书馆·情报与文献学、人口学、统计学、体育学、管理学等 23 个学科(还包括教育学、艺术学和军事学 3 个单列学科)。目前已形成重大项目、年度项目、特别委托项目、后期资助项目、西部项目、中华学术外译项目等 6 个类别的立项资助体系。国家社科基金年度项目(以下简称年度项目)作为各项资助体系中设立时间最早、立项规模最大、覆盖面最广的项目类别,主要以社会发展过程中的实践中和理论上问题为导向,坚持基础研究和应用研究并重,历经多年发展,取得了一系列高水平成果,成为国家哲学社会科学发展的推动器。在该类型项下有一般项目、重点项目、青年项目 3 类项目类别。从面向人群来看,青年项目主要针对社科系统的青年人群(年龄不超过 35 周岁),对项目申请人的职称要求相对较低,作为青年科研人才培育的主渠道,成为各单位学术科研可持续发展能力的观测窗口。一般项目和重点项目对申

---

② 张文显:《新时代全面依法治国的思想、方略和实践》,载《中国法学》2017 年第 6 期。

请人的学科能力要求较高,面向所有副高级职称以上或具有博士学位的人员,尤其是重点项目,在人员广度和深度上提出了更高要求。从资助力度来看,近几年重点项目资助额为35万元,一般项目和青年项目为20万元,作为学术研究的后勤保障,资助额成为项目水平高低的影响因素之一,高额度的资金扶持为高水平成果的取得提供了可能性。从申报结果来看,入选的法学重点项目结合各自学科优势,在把握传统问题的基础上,紧跟时代热点突出问题。从立项名单观察,重点项目在对法治实践过程中突出问题的把握程度上高于一般项目与青年项目。通过以上各方面的综合对比发现,无论是课题组成员构成、资金扶持力度,还是对热点问题的追踪契合程度,重点项目均具有一般项目和青年项目所不可比拟的优势,尤其是其对社会突出热点问题的把握,一方面,作为学科发展的助推器,其为学科建设指明前进方向,另一方面,其为国家解决社会突出热点问题的迫切需要提供了理论层面和制度构建上的有益尝试。

近年来均有立足于国家社科基金项目进行的研究分析,经CNKI(China National Knowledge Infrastructure)检测,这些成果中既有以政治学、[3]哲学、[4]法学、新闻传播学、[5]中国文学、[6]、图书馆·情报与文献学[7]等为视角进行的学科专项式研究,亦有以国家社科基金项目为基础进行

③ 参见徐飞、王东波:《国家社科基金政治学领域项目成果分析——以1991~2015年所立项目及论文成果为研究对象》,载《西南民族大学学报》(人文社会科学版)2017年第5期。

④ 参见朱丹浩等:《国家社科基金哲学领域项目成果及热点分析——以1991~2015年所立项目及论文成果为研究对象》,载《西南民族大学学报》(人文社会科学版)2016年第5期。

⑤ 参见陈念念、王悦怡:《国家社科基金新闻传播学项目统计分析(2015~2017)》,载《东南传播》2018年第6期。

⑥ 参见徐润华、王东波:《中国文学国家社会科学基金项目统计分析研究》,载《西南民族大学学报》(人文社会科学版)2017年第7期。

⑦ 参见黄晓斌:《我国图书馆·情报与文献学研究热点的发展——近年来国家社会科学基金立项项目的分析》,载《情报资料工作》2003年第1期。

的专题式研究。[⑧] 关于法学学科的国家社科基金项目研究或着眼于整体、[⑨]或着眼于某一类项目类别。[⑩] 基于党的十八大以来对法治建设提出的最新要求和国家社科基金的重要使命,本文拟以法学重点项目为着眼点,将其置身于年度项目[⑪]的大背景下,从立项情况、学科分布、研究热点与难点、单位分布等角度进行研究分析,试图勾勒出党的十八大以后法学研究领域的前沿动态,把握中国特色社会主义法治国家建设过程中所面临的突出问题,以期对社会主义法治建设有所裨益。

二、法学重点项目的立项情况

如表 1 所示:2013 年年度项目立项总数为 2295 项,其中重点项目有 272 项,法学重点项目有 30 项;2014 年国家社科基金年度立项数大幅度增长,年度项目总数为 2774 项,其中重点项目有 309 项,法学重点项目有 27 项;2015 年立项状况遇冷,年度项目总数为 2750 项,重点项目为 274 项、法学重点项目为 24 项;至 2016 年,年度项目总数和重点项目数均出现回暖,项目数分别为 2856 项和 282 项,法学重点项目数与上年度持平;2017 年与 2016 年相比,多数项目立项量保持上年度上涨趋势,其中年度项目总数突破 3000 项,达到 3193 项,重点项目数首次突破 300 项,多达 343 项,二者均为历史最高水平,法学重点项目为 29 项,近 30 项;2018 年,法学重点项目为 28 项,较 2017 年减少 1 项,除该项小幅度下跌外,年度项目和重

---

⑧ 参见韩玉亭:《中国法学生产力分布格局检视——基于国家社科基金法学类立项课题的统计分析》,载《重庆大学学报》(社会科学版)2017 年第 6 期。

⑨ 参见常安:《从国家社科基金立项项目看法学研究状况——一种知识社会学的视角》,载《现代法学》2006 年第 2 期。常安教授以整个国家社科基金为着眼点,通过立项数、项目主持人、学科分类等角度来解析法学的学科生产力状况。

⑩ 参见陈玺、景倩倩:《东法西渐:当代中国法学学术著作的世界传播——以国家社科基金“中华学术外译项目”法学类作品为中心》,载《法学教育研究》2018 年第 2 期。该文即以“中华学术外译项目”为例,研究法学研究的对外输出状况。

⑪ 鉴于每年国家社科办将青年项目单列名单,所以在统计数据时,年度项目数仅合计一般项目和重点项目。

点项目依旧呈现增长态势,年度项目总数为3505项,重点项目数为358项。

表1 2013~2018年年度项目、重点项目、法学重点项目概况

项目类型	2013年	2014年	2015年	2016年	2017年	2018年
年度项目(项)	2295	2774	2750	2856	3193	3505
重点项目(项)	272	309	274	282	343	358
法学重点项目(项)	30	27	24	24	29	28
法学重点项目排名	1	2	2	2	2	2

从2018年相比2013年来看,年度项目数绝对值增加1210项,增长约52.72%。对于重点项目来说,6年来绝对值增加86项,增长约31.62%。法学重点项目,其立项数2018年较2013年下跌2项。6年来三者呈现出不同的变化态势。就各年度的立项情况分析,年度项目量除2015年出现小幅度下跌外,各年度均呈现上涨态势,其中以2014年涨幅最大,2017年次之。2013年的立项数最少,仅有2295项,2018年的立项数最多,其立项数为3505项。重点项目增减状况与年度项目相似,不同之处在于大小高峰出现年度。重点项目涨幅大高峰为2017年,2014年次之。法学重点项目与前二者变化趋势不同,2013年为最高峰,立项数为30项。2014年在年度项目数和重点项目数均增长的状况下,法学重点项目数出现下跌,较2013年减少3项;2015年继续下跌至24项。2016年在前二者均增长状况下,法学重点项目立项量与上年度持平;2017年法学重点项目量升温,呈大幅度增长态势,接近2013年的立项数,达到29项;2018年法学重点项目又呈现出逆趋势小幅下降。

在项目比重方面:如图1所示,近年来,重点项目占年度项目比重与法学在重点项目中比重均呈下降趋势。重点项目占年度项目比重由11.80%稳定到10%左右,法学重点项目占比由11.03%下降至8%左右,二者呈现出稳中有降的下降态势。学科比重的压缩从侧面反映出法学重点项目的立项竞争日趋激烈,立项难度陡增,对项目质量要求日益增高,增强了该类项目的学科价值和科研水平。受法学外各学科发展的影响,法学重点项目量不可避免地面临受压缩的局面。例如,中国文学2013年重点项目立项11项,占比4.04%,至2018年中国文学立项28项,占比

7.82%。但这并不影响法学的学科地位。从学科排名来看:2013年法学立项数名列第一;2014年管理学排名第一,法学与应用经济学并列第二;2015年管理学排名第一,法学排名第二;2016年应用经济学排名第一,法学与管理学、哲学并列第二;2017年应用经济学排名第一,法学排名第二;2018年应用经济学排名第一,法学与管理学、中国文学并列第二。除2013年外,其余各年度均排名第二,法学在重点项目中仍具有学科优势。其与应用经济学、管理学共同成为重点项目的三大热点学科,这与我们国家高度重视经济建设和法治中国建设的政策不谋而合。

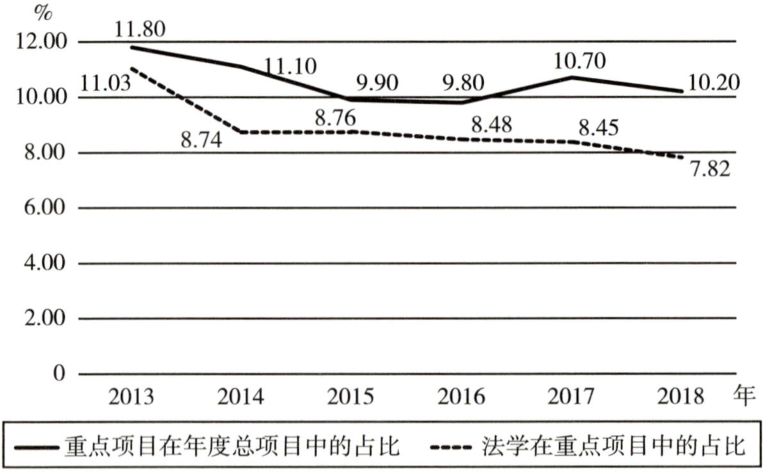

图1　重点项目、法学重点项目占比⑫

三、法学重点项目的学科分布⑬

就学科分布而言,共涉及9项二级学科类别,分别为:宪法与行政法

⑫　本文涉及的所有小数点保留两位,采取四舍五入。

⑬　本文按照学科目录分类,分为学科门类、一级学科和二级学科三级,在法学门类下设法学、政治学、社会学、民族学、马克思主义理论5个一级学科,法学下又设法学理论、法律史、宪法学与行政法学、刑法学、民商法学、诉讼法学、经济法学(含劳动社会保障法学)、环境与资源保护法学、国际法学(含国际公法、国际私法、国际经济法)、军事法学10个二级学科。

学、法学理论、法律史学、刑法学、民商法学、经济法学、诉讼法学、国际法学、环保法学等二级学科，除军事法学未涉及外，各学科均有涉及（见表2）。其中经济法立项数排名第一，共立项28项；民商法第二，立项26项；宪政法学第三，立项22项；国际法学第四，立项18项；诉讼法学和刑法学并列第五，各立项17项；法学理论第七，立项16项；法律史学第八，立项13项；环保法学第九，立项5项。

表2　2013～2018年各科重点项目立项数

分类	2013年		2014年		2015年		2016年		2017年		2018年		合计	
	立项数量（项）	比例（%）	立项数量（项）	比例（%）	立项数量（项）	比例（%）	立项数量（项）	比例（%）	立项数量（项）	比例（%）	立项数量（项）	比例（%）	立项合计数量（项）	立项合计数量比例（%）
宪法与行政法学	3	10.00	4	14.82	3	12.50	2	8.33	7	24.15	3	10.71	22	13.58
法学理论	1	3.33	5	18.52	4	16.66	2	8.33	1	3.45	3	10.71	16	9.89
法律史学	2	6.67	3	11.11	3	12.50	1	4.18	3	10.34	1	3.58	13	8.02
刑法学	4	13.33	1	3.70	1	4.18	4	16.66	3	10.34	4	14.29	17	10.49
民商法学	5	16.68	3	11.11	2	8.33	5	20.82	5	17.25	6	21.43	26	16.05
经济法学	10	33.33	5	18.52	4	16.66	3	12.50	3	10.34	3	10.71	28	17.28
诉讼法学	1	3.33	3	11.11	4	16.66	3	12.50	4	13.79	2	7.14	17	10.49
国际法学	3	10.00	3	11.11	2	8.33	3	12.50	3	10.34	4	14.29	18	11.11
环保法学	1	3.33	0	0	1	4.18	1	4.18	0	0	2	7.14	5	3.09
军事法学	0	0	0	0	0	0	0	0	0	0	0	0	0	0
总数	30		27		24		24		29		28		162	

在学科分布上主要侧重于经济法、民商法、刑法等传统优势部门法，尤其是经济法，无论是从各年度立项数来看，还是从总立项排名来看，其立项表现均占有优势，成为国家社科基金项目的宠儿。特别是2013年度，经济法立项数达到该年度项目总量的1/3，极大地压榨了其他学科在重点领域的生存空间。在法学理论和法律史等理论法方面，立项数偏少，尤其是2013年，法学理论和法律史学合计立项2项，尚不足经济法的1/3。学科立项分布情况与当下各学科的发展状况具有千丝万缕的联系，法学理论、法律史学重点项目的稀少反映出当下二者学科发展的后继无力，这种令人忧虑的发展状况与学科自身特点不无关联。经济法、民商法和刑法等部门法学由于与实务部门的对应连接性较强，成为招考和就业

的首选领域,吸引了众多优秀学子,成为当下“显学”,而法学理论、法律史、环保法学等学科或侧重于理论研究而与实务部门连接性较弱或为新兴学科,在招考和就业中处于劣势。长此以往,在招生规模和人才储备上二者出现较大差距,学科动力不足。以西北政法大学为例,2018年硕士研究生招生规模上,经济法学、刑法学、法律史学各招生48人、46人、19人,教师层次上,经济法学、刑法学、法律史学各有博士生导师2人、6人、3人。管中窥豹,该校的学科发展状况大致代表了当下法学的总体状况。法学重点项目的立项离不开高素质的学科研究人员,学科储备力量的差异致使法学理论、法律史、环保法学等部门在学科立项上处于劣势地位。

总体而言,虽然各学科立项数目上存在较大差距,但从各年度学科立项状况中可以观测到立项数量上的差距正在逐步缩小。例如,2014年经济法的立项数只有上一年度的一半,占总立项数的18.52%,法学理论、法律史等理论部门的占比则均达到10%以上,到2018年学科分布更加合理。(但仍有值得学界同仁深思之处。例如,法律史作为历史学与法学的交叉学科,为我们今天观察法律现象提供了一种相对客观的历史视角,是我国法学学科的重要组成部分。6年来重点项目立项数起伏不定,学科占比最高的2015年,项目数也仅有3项。环保法的立项情况也不容乐观,2014年和2017年均无项目入选,学科生产力有待提高。军事法学6年来均无项目入选)有理由推测,随着国家对中国特色社会主义法学体系的强调,构建科学、完善的学科体系成为法学体系建设过程中的重中之重,这一不平衡的学科发展态势将进一步得到有效遏制。

四、法学重点项目的研究热点与难点

从历年发布的国家社科基金申报公告中可以看出,社科基金的选题申报必须紧紧围绕各年度党和国家提出的一系列新思想、新观点、新论断,必须立足我国法治实践,以问题为导向进行理论研究。法学作为国家上层建筑的重要组成部分,一方面与国家的政策方针密切联系,另一方面与社会的发展状况遥相呼应。对法学重点项目研究内容进行分析有利于了解社会发展所面临的突出问题,把握当下法学研究的热点与难点问题,从而在法治实践中做到有的放矢。

(一)依法治国若干重大问题

我们党依法治国的历史由来已久。党的十八届四中全会审议通过的《中共中央关于全面推进依法治国若干重大问题的决定》提出,全面推进依法治国总目标是建设中国特色社会主义法治体系,建设社会主义法治国家,"依法治国成为实现中华民族伟大复兴的关键一环"。⑭ 2017年党的十九大报告,一方面重申我们必须坚定不移地走中国特色社会主义法治道路,另一方面又对全面依法治国提出了一系列新的要求。

从各年度的立项情况来看,每年均有"依法治国"相关领域的研究项目入选,研究方向上呈现出一种多学科的研究态势,不仅存在于宪法学科内,在法学理论等学科亦有所体现。例如,2014年法理方向华东政法大学马长山教授《"法治中国"建设中的基层治理法治化路径与策略研究》、2014年宪政方向中南财经政法大学陈柏峰教授《国家治理能力视野中乡镇执法权配置和运行研究》、2017年宪政方向湖南工业大学陈雄教授《全面依法治国进程中警察权的宪法规则研究》等。

依法治国首先要依宪治国。2014年10月《中国共产党第十八届中央委员会第四次全体会议公报》中指出,"坚持依法治国首先要坚持依宪治国,坚持依法执政首先要坚持依宪执政",宪法作为国家的根本大法,在依法治国中具有重要地位。2017年党的十九大进一步强调,"推进合宪性审查工作,维护宪法权威"。宪法作为依法治国领域内的重点问题,备受学界关注。从立项名单来看,2015年、2016年每年均有一项宪法内容项目入选,2017年以后这一数量大幅度上涨,与宪法有关的项目共有6项,占当年项目比重的21.43%,涉及宪法与行政法学5项、刑法学1项。这一热潮期在2018年回落。随着2017年党的十九大报告提出健全党和国家监督体系,党规国法、监察委员会等领域成为近2年的研究重点。例

⑭ 罗成翼、黄秋生:《"四个全面":实现中华民族伟大复兴中国梦的关键》,载《光明日报》2015年11月29日,第7版。

如,2017年湘潭大学欧爱民教授《党规与国法关系的合宪性调适研究》、2018年中国政法大学解志勇教授《对监察委员会的监督与制约体系研究》、2018年湖北省法学会徐汉明教授《对监察委员会的外部监督体系研究》。

依法治国和以德治国相结合。2014年党的十八届四中全会在论及依法治国问题时强调,在法治建设中既要重视发挥法律的规范作用,又要重视发挥道德的教化作用。2016年在中共中央政治局进行"我国历史上的法治和德治"专项学习中,习近平总书记强调"法治和德治不可分离、不可偏废,国家治理需要法律和道德协同发力",2017年5月3日,习近平总书记在考察中国政法大学谈及法治道路时强调,"中国特色社会主义法治道路的一个鲜明特点,就是坚持依法治国和以德治国相结合,强调法治和德治两手抓、两手都要硬"。"法治"和"德治"成为时代热词。

中华法系以"德礼为政教之本,刑罚为政教之用"著称于世。法治与德治的强调,必然引起对中国传统法律文化的重新审视。汲取中华优秀传统法文化是构建中国特色社会主义法治理论体系的内在要求,是我国寻求文化自信的必经之途。从表2中可以看出,一方面在立项数量上法律史学科在2013年后呈上升趋势,2014年、2015年和2017年为项目小高峰,各年度立项数均为3项,立项比重达到10%以上。但从整体立项情况上看,法律史学科的立项数仍偏少且起伏不定,2018年立项数仅有1项,低于2013年的项目数。⑮ 另一方面从研究内容上看,中国古代司法文明成为研究热点。6年来与中国古代法律传统相关的立项共有7项,占法律史学总立项量的一半以上。

(二)"一带一路"相关法律问题

随着改革开放的不断深入,我国在"引进来"的同时,更加注重"走出去"。2013年党和国家提出构建"一带一路"的倡议,2014年"一带一路"正式扬帆起航。党的十九大在此基础上进一步提出"坚持推动构建人类命运共同体"的新要求。随着对外开放的不断深入,在法律层面上亟须完

---

⑮ 需要特别注意的是,在一般项目中,法律史立项数近年来稳步上升,2018年法律史的立项数远高于2013年。

善“一带一路”相关法律法规体系，为构建开放型经济新体制，推动建设人类命运共同体提供法制保障。这一内在要求催生了众多以“一带一路”为着眼点的法学研究。在学科分布上，以国际法学为主，涉及国际法学、刑法学、民商法学等诸多学科。以国际法为例，立项数从2013年的3项上升到2018年的4项，学科占比也上涨了近5%。研究方向主要有国际规则制定、国际安全、海外投资、构建人类命运共同体等方面。以上立项关注点与我国扩大对外开放的政策性趋势相暗合。

（三）民法典的编纂问题

为贯彻落实党的十八届四中全会审议通过的《中共中央关于全面推进依法治国若干重大问题的决定》，中国法学会党组成立中国法学会民法典编纂项目领导小组，⑯标志着民法典的编纂工作正式开始，开启了民法典相关问题研究的热潮。6年间与民法典编纂有关的项目共有9项，均为民商法学项目。2013年是立项的小高潮，有2项项目入选，2014～2016年3年共有1项有关项目入选，在2017年进入立项的高潮期，该年度有4项项目入选，到2018年，项目数回落至2项。从各年度的项目情况来看，民法典的编纂起初着眼于民法总则领域，例如，2013年吉林大学李建华教授《权利本位论与中国民法典总则立法研究》。随着2017年《中华人民共和国民法总则（草案）》通过审议，研究重心逐渐转入分则的相关立法层面，例如，2017年清华大学韩世远教授《合同法立法相关问题研究》、2018年中国政法大学李永军教授《民法典分则立法的内在与外在体系研究》。

（四）司法体制改革法律问题

随着社会主义现代化建设的逐步深入，社会发展状况日益复杂，现行司法体制之中出现了诸多新情况、新问题，同社会发展的要求不相适应。有鉴于此，党的十八大以来，特别是党的十八届四中全会以来，中央就司法体制改革出台了100多项举措，推动改革向纵深发展，这一系列重要举

---

⑯ 参见钟安安：《中国法学会成立民法典编纂项目领导小组》，载《民主与法制时报》2015年4月16日，第1版。

措对提升司法质量、增强司法效率、保障司法公信力具有重要作用。⑰

国家政策的导向必然会引领理论创新。通过表3可知:立项数上,2013~2018年共有15项与司法体制改革有关,2015年为该问题的项目爆发年,合计6项,占该领域总立项数的40%。学科分布上,以诉讼法学为主,兼采法学理论等学科。扩大司法公开、加强司法民主、增强司法监督、保障司法公正、强化人权保障作为司法体制改革的重要方面,在立项中均有体现。项目研究内容主要着眼于提升司法公信力、加强人权保障、检察机关提起公益诉讼制度构建、以审判为中心的诉讼制度改革等方面,在制度建设和实施路径上予以探索。

表3 "司法改革"项目

2013年			
序号	作者	所属单位	项目名称
1	钱弘道	浙江大学	《司法透明指数研究》
2	牟军	云南大学	《技术审判原理下的刑事卷证本体与制度研究》
2014年			
序号	作者	所属单位	项目名称
1	杨春福	南京大学	《完善我国人权司法保障制度研究》
2	夏锦文	扬州大学	《法治中国背景下的司法判例制度研究》
3	高一飞	西南政法大学	《司法公开实施机制研究》
2015年			
序号	作者	所属单位	项目名称
1	刘艺	西南政法大学	《检察机关提起行政公益诉讼的理论反思与制度构建研究》
2	左卫民	四川大学	《审判委员会制度改革实证研究》
3	李学尧	上海财经大学	《司法公信力评估研究》

⑰ 参见沈国明:《全面深化司法体制改革的强大动力》,载《文汇报》2017年7月24日,第8版。

续表

2015 年			
序号	作者	所属单位	项目名称
4	胡玉鸿	苏州大学	《提升司法公信力法治路经研究》
5	刘计划	中国人民大学	《刑事审判中心主义模式研究》
6	汪海燕	中国政法大学	《刑事庭审实质化研究》
2016 年			
序号	作者	所属单位	项目名称
1	龙宗智	四川大学	《刑事庭审证据调查规则研究》
2017 年			
序号	作者	所属单位	项目名称
1	谢佑平	湖南大学	《中国司法的政治性及其边界研究》
2	胡卫列	国家检察官学院	《检察机关提起行政公益诉讼试点评估与对策研究》
2018 年			
序号	作者	所属单位	项目名称
1	左卫民	四川大学	《庭审实质化改革实证研究》

（五）知识产权保护问题

随着经济的飞速发展，我国经济模式由高速增长阶段转向高质量发展阶段，产业形式面临着劳动密集型向科技密集型产业转变，创新成为经济发展不可缺少的动力之一。党的十八大报告中强调“实施创新驱动发展战略”助推经济增长。2014 年习近平总书记在河南考察时提及要实现“三个转变”，即“推动中国制造向中国创造的转变，中国速度向中国质量的转变，中国产品向中国品牌的转变”，2014 年 9 月李克强总理发出“大众创业，万众创新”的号召。“创新是建设现代化经济体系的战略支撑。

创新发展也离不开法律层面的支撑”。[18]知识产权保护问题等相关法律问题的研究热或许可从这一角度予以解释。

由表4可以看出,6年来均有知识产权领域项目入选,立项数共计6项。除2015年入选项目属经济法学外,其余各年份入选项目均属民商法学。立项内容上主要偏重于解决实践中面临的重点问题。例如,知识产权的国际保护、文化产业发展等方面。

表4 “知识产权保护”项目

年份	作者	所属单位	项目名称
2013	刘华	华中师范大学	《知识产权导向下的文化产业创造力激励制度研究》
2014	张炳生	宁波大学	《植物遗传资源知识产权保护视阈下的农民权问题研究》
2015	王先林	上海交通大学	《反垄断与保护知识产权协调发展的重大理论和实践问题研究》
2016	朱谢群	深圳大学	《知识产权案例指导制度研究》
2017	管育鹰	中国社会科学院	《知识产权国际保护趋势与中国对策研究》
2018	邓社民	新疆大学	《知识产权独立成编立法问题研究》

(六)生态环境治理法律问题

生态环境问题随着经济发展日益突出,成为制约社会可持续发展的主要障碍之一。2013年习近平总书记提出:“我们既要绿水青山,也要金山银山。”党的十九大报告进一步提出:“建设生态文明是中华民族永续发展的千年大计。必须树立和践行绿水青山就是金山银山的理念,坚持节约资源和保护环境的基本国策。”生态环境的有效保护有赖于“理念引领、顶层设计、法治保障、体制改革”等多方面的协同推进。就立项情况看,2013~2018年合计立项5项,2018年为立项最高峰,立项数为2项,入选项目主要着眼于生态环境的治理与司法保障等方面,例如,2015年河北大学孟庆瑜教授《京津冀区域生态环境协同治理政策法律问题研究》、2016

[18] 北京市习近平新时代中国特色社会主义思想研究中心:《创新发展的知识产权制度供给》,载《光明日报》2018年8月29日,第6版。

年中山大学李挚萍教授《环境修复司法制度研究》、2018 年天津大学孙佑海教授《生态环境损害赔偿立法研究》等。

五、法学重点项目的单位分布

(一)所属系统

由表 5 可知:2013 ~ 2018 年这 6 年来,法学重点项目共立项 162 项。在五大系统中,高等院校系统共获批立项 148 项,占法学重点项目总数的 91.26%;社科院作为哲学社会科学的研究重地,共获批立项 9 项,占法学重点项目总数的 5.56%;党政机关及其他系统中总立项数为 5 项,占比 3.08%;党校系统和军队系统 6 年来,均无立项。由上述数据可以看出,高等院校系统为法学高水平人员的聚集洼地,占据着法学重点项目立项的第一阵地,社科院系统立项数不足高等院校系统的 1/10,党政机关及其他系统则数量更是稀少,党校和军队系统 6 年的法学重点项目的立项尚为空白。

表 5　各系统 2013 ~ 2018 年立项情况⑲　　　单位:项

系统	2013 年	2014 年	2015 年	2016 年	2017 年	2018 年	总计	比重(%)
高等院校	28	25	23	22	25	25	148	91.36
社科院	2	2	0	1	3	1	9	5.56
党校	0	0	0	0	0	0	0	0
军队	0	0	0	0	0	0	0	0
党政机关及其他	0	0	1	1	1	2	5	3.08

巧妇难为无米之炊,法学研究要想取得高质量的研究成果离不开高

⑲ 根据历年《国家社会科学基金项目申报数据代码表》,申报所属系统分为高等院校系统(包括其他学校)、社科院系统(包括中国社科院和省、市社科院)、党校系统、军队系统(包括地方军队院校)、各级党政机关及其他系统五大类。

素质法学人才和资金支持。每年公布的《国家社科基金年度项目和青年项目立项结果公布》显示,2013年重点项目每项资助力度30万元,2014年重点项目资助力度35万元,以后各年资助力度保持不变。国家社科基金立项背后带来的是巨大的项目资金支持、学校内外学术资源的再整合。[20] 高校作为人才培育和学科发展的主基地,在学科人才聚集、项目申报上远高于其他四系统。本文仅以高等院校系统的法学重点项目为研究对象,从院校类型和地域分布等角度来说明当下高校的法学研究状况。

(二)院校类型

据不完全统计,全国开设法学专业高校数量为627所,庞大的法学院校对比6年来148项的法学重点项目,法学重点项目的竞争激烈程度可想而知。2013~2018年获重点项目立项高校共有60所,本文仅选取立项数为4项以上(包括4项)的高校,共计14所,立项总数为78项,占高等院校系统总立项数的52.7%。由表6可以看出,中国政法大学和西南政法大学各立项9项,并列第一,占高校立项数的6.08%;华东政法大学、吉林大学、武汉大学、浙江大学各立项6项,并列第三,占比4.05%;四川大学、复旦大学、清华大学、中国人民大学各立项5项,并列第七,占比3.38%;湖南大学、上海交通大学、中南财经政法大学、郑州大学并列第十一,各立项4项,占比2.7%。

表6 2013~2018年立项总数4项以上高校简表 单位:项

省份	院校类型	学校名称	2013年	2014年	2015年	2016年	2017年	2018年	总计
重庆	"五院四系"	西南政法大学	1	2	2	1	1	2	9
北京	"五院四系"、211、法学一流学科	中国政法大学	1	2	2	0	2	2	9
上海	"五院四系"	华东政法大学	2	1	2	0	1	0	6

[20] 正如西北政法大学常安教授在《从国家社科基金立项项目看法学研究状况——一种知识社会学的视角》一文中所提到的"转型期特定法学学术生产单位的境遇变迁,乃至背后整个教育资源和社会资源的重新整合配置,尽在其中"。

续表

省份	院校类型	学校名称	2013年	2014年	2015年	2016年	2017年	2018年	总计
吉林	“五院四系”、985、双一流大学	吉林大学	2	1	1	1	1	0	6
湖北	“五院四系”、985、双一流大学	武汉大学	3	0	1	1	1	0	6
浙江	985、双一流大学	浙江大学	1	0	3	1	0	1	6
四川	985、双一流大学	四川大学	0	1	1	1	1	1	5
上海	985、双一流大学	复旦大学	0	0	0	2	1	2	5
北京	985、双一流大学	清华大学	1	1	0	0	1	2	5
北京	“五院四系”、985、双一流大学	中国人民大学	2	1	1	1	0	0	5
湖南	985、双一流大学	湖南大学	1	0	0	1	2	0	4
上海	985、双一流大学	上海交通大学	0	1	1	1	1	0	4
湖北	“五院四系”、211、法学一流学科	中南财经政法大学	1	0	1	0	1	1	4
河南	211、双一流大学	郑州大学	2	1	1	0	0	0	4

这14所高校从院校类型来看，主要有“五院四系”、985、211、双一流大学、法学一流学科大学等类。“五院四系”由于悠久的法学底蕴，在法学实力上足以比肩一些双一流高校，而985、211、双一流高校则借助资金和平台优势发展迅猛。在“五院四系”中除北京大学、西北政法大学外，其余7校均名列前茅，其中西南政法大学、华东政法大学是名单之中唯一的非211、985、双一流高校。2017年公布的双一流大学和双一流学科中，有12所院校上榜。其中既有原“五院四系”高校，又出现了一些法学实力强劲的综合类双一流大学，例如，清华大学和上海交通大学。现今法学的发展呈现出传统政法院校和综合大学等新兴法学强校“百花齐放”的发展格局。但从目前来看，传统政法院校由于悠久的学科史而汇集了众多高层次学者，在重点项目领域依旧具有较大优势，新兴综合大学短时间内难以超越。

(三)地域分布

从地域上看,重点项目主要集中在北京、上海、湖北、重庆等地。在这14所高校中,北京有3所,分别为中国政法大学、清华大学、中国人民大学,共立项19项,占高等院校系统法学重点项目的12.84%。中国政法大学凭借其专业类院校优势领先于清华大学和中国人民大学,清华大学则凭借平台与资金优势迅速崛起,在立项数量上已超越中南财经政法大学等传统政法院校。上海3所院校合计立项15项,分别为华东政法大学、复旦大学和上海交通大学。其中华东政法大学名列第三(并列),表现不俗。复旦大学在项目数上稍逊于华东政法大学,上海交通大学则排名第十一(并列)。结合三校的法学发展史来看,上海交通大学发展势头迅猛,三校在上海形成了法学院校的"三足鼎立"之势。湖北以武汉大学、中南财经政法大学为代表,两校合计立项10项。两校作为传统法学强校,在当今的高层次法学研究中具有重要影响。重庆西南政法大学上榜,立项9项,排名第一,作为院校部署化时代的"龙头老大",下放地方后,虽然在资金、平台方面有所受限,但在法学领域,其仍旧实力雄厚,成为法学院校最具重量级的院校之一。吉林以吉林大学为代表,立项6项,排名第三(并列)。浙江以浙江大学为代表,立项6项排名第三(并列)。四川以四川大学为代表,立项5项,与复旦大学、清华大学、中国人民大学并列第七,学科实力不俗。湖南、河南上榜院校分别为湖南大学、郑州大学,两校与上海交通大学和中南财经政法大学并列第十一。

若以大地区观念来看,法学重点项目主要分布于华东、华北和华中地区。如图2所示:华东地区法学重点项目最多,足有54项,占比36.49%,其次为华北地区,占比20.95%,华北和华东两地区占据了法学重点项目数的半壁江山;在其他地区中,华中地区占比18.24%,西南地区占比10.14%,华南地区占比7.43%,西北地区和东北地区数量最少,二者总和不足华东地区的1/5,其中以西北地区数量最少,仅占1.35%。这与当下法学院校的发展现状不谋而合,以此可以管窥各地区法学资源状况及法学资源的基本走向。大致来看,现今法学教育资源集中于华东地区和华北地区,就省市来看,则集中于北京、上海、湖北、重庆等地。

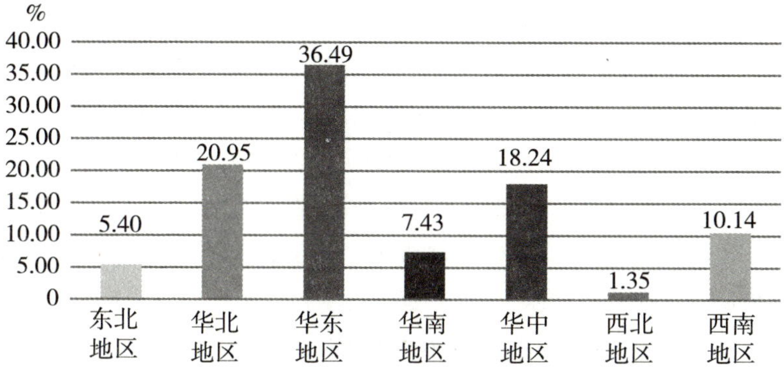

图 2　大行政区法学重点项目比例

六、结语

加快建设社会主义法治国家离不开法学研究的支撑，国家社科基金作为法学研究的风向标和晴雨表，从中我们可以更加全面地了解法学研究的前沿动态和国家层面所关注的重点问题，从而为实现中华民族的伟大复兴提供制度保障和智力支撑。本文的数据资料以全国哲学社会科学规划办公室 2013 ~ 2018 年 6 月左右公布的年度项目立项名单为准。以项目数据、学科分布、研究热点与难点、院校类别、地域分布等多角度对法学重点项目进行研究分析。从立项结果上看，法学重点项目立项数不断减少，但从所占比重和学科排名来看，法学依旧在哲学社会科学中占有重要地位。在研究内容上，随着国家提出全面深化改革开放、全面推进依法治国加快建设社会主义法治国家，法学研究主要集中在依法治国、“一带一路”相关法律问题、民法典的编纂、司法体制改革、知识产权保护问题、生态环境治理等诸多领域，这些领域作为近年来法学研究的热点与难点，我辈学人应予以广泛关注，组织学界力量，加大研究力度，早出成果，在为我国经济社会发展提供法制保障的同时，推动法学研究向纵深领域发展。从立项单位上看，目前法学研究的学科立项主要集中于传统的政法院校与一些双一流大学，双非院校的立项状况不容乐观。在地域分布上，法学的学科生产力不均,主要集中于华东地区和华北地区,西北地区受地域和经济实力的影响,学科生产力处于弱势地位。我国的法学研究在今后的发展过程中,在学科建设上,既要注重民商法学、经济法学等部门法学的发展,同时又要加强对法律史学、环保法学等"弱势"学科的研究。在地域上,法学教育资源要向西北、东北等区域适度倾斜,促进各大区域的协调发展。与此同时,各项目单位也须对法学重点项目引起高度重视,从人才培养和资金支撑两方面入手,全方位支持学科水平建设,增强学科研究人员总体水平,提升项目质量,为我国法治建设提供全方位、高层次、多样化的学术支撑。

The Latest Hot and Difficult Issues on the Science of Law in China

—A Research Centered on the Key Projects of Law in the National Social Science Fund Annual Project

Chen Xi　Xie Yang

Abstract: Since the 18th National Congress of the CPC, China's rule of law has entered a fast lane. Comprehensively administering the country according to law is the essential requirement and important guarantee of the socialism with Chinese characteristics. The deep governance of the society cannot be separated from the construction of the rule of law, and the rule of law construction also needs the supports relevant theories. The annual projects of the National Social Science Fund have established since the earliest time, and it has the largest scale of the project and the widest coverage. It has become an important platform for grasping the development of the discipline and learning about the frontier rule of law. Through a comprehensive analysis of the project category to show the current development of legal research, to point out the direction of the development of legal research, to promote development by good law, and to ensure good governance.

Key Words: science of law, key projects, contemporary mission

我国法学教育研究的热点主题与前沿趋势

——基于知识图谱的可视化分析*

戴　妍**

摘　要：法学教育是我国高等教育的重要组成部分，在全面推进依法治国战略中具有基础性、先导性和战略性的重要地位。运用 Citespace 统计软件，以 21 世纪以来我国法学教育的相关文献为对象进行知识图谱可视化分析，把握法学教育研究的热点主题，呈现法学教育研究的前沿趋势，澄明现阶段法学教育研究存在的不足，展望未来法学教育研究的基本走向，以期对新时代我国法学教育研究提供指导意义。

关键词：法学教育　热点主题　前沿趋势　可视化分析

法学教育是我国高等教育的重要组成部分，是以法学专业教育为基础，以法律职业为取向的教育形态，其为法律职业培养后备人才，为全社会培养法

---

* 基金项目：中央高校基本科研专项资金项目"我国教育治理现代化及其制度建构研究"（项目编号：17SZYB05）。

** 戴妍，陕西师范大学民族教育学院副教授，教育学博士。研究方向：教育基本理论。

治国家的建设者与管理者，为各行各业培养所需要的法律人才，是面向学生开展的以传授法学知识、培养法律思维、训练法律职业技能、培育法律职业伦理为内容的教育活动。① 21世纪以来，党和国家关于“推进法治中国建设”“全面推进依法治国”“向着建设法治中国不断前进”“创新法治人才培养机制”“深化依法治国实践”等重要战略的提出无疑为我国法学教育发展与研究提供了前所未有的新契机，也为法学教育如何培养法律人才提出了更为严峻的挑战。从法学教育的相关研究持续升温中可见法学教育的功能得到了学术界和实务界的广泛关注。因此，运用可视化知识图谱计量学的方法对21世纪以来我国法学教育的相关研究文献进行元分析，科学精准地把握我国法学教育研究的热点主题和前沿趋势，可为新时代我国法学教育改革与发展提供一定的理论价值与实践指向。

一、研究设计

本研究以21世纪以来我国法学教育的相关文献为对象，运用知识图谱可视化软件Citespace对来自CNKI数据库中法学教育相关文献进行分析，从而得到动态的可视化知识图谱，并以知识图谱的方式呈现我国法学教育研究的现状、热点、前沿及发展趋势。

（一）数据采集

相对于著作、会议资料和课题研究资料而言，期刊发表的学术论文更能连续地、敏锐地和直接地反映某一研究领域的热点和前沿问题。② 所以，本研究数据来源于CNKI数据库，检索时间为2018年7月13日，检索范围为“CSSCI”期刊，检索方式为“主题 = 法学教育”，时间跨度为

---

① 参见焦富民：《“法治中国”视域下法学教育的定位与人才培养机制的优化》，载《法学杂志》2015年第3期。

② 参见潘黎、王素：《近十年来教育研究的热点领域和前沿主题——基于八种教育学期刊2000～2009年刊载文献关键词共现知识图谱的计量分析》，载《教育研究》2011年第2期。

“2000~2018”年,检索发表的文献总数为 1342 篇。为保证分析数据的有效性,对 1342 篇文献中存在“书评”“会议通知”“会议摘要”“新闻报道”等与法学教育研究无关的文献进行剔除,最后得到有效文献为 1151 篇。

(二)研究工具

随着科学的发展,基于文献计量的科学可视化知识图谱分析方法应运而生。本研究所使用的研究工具 Citespace 软件主要运用科学知识图谱对某特定知识域的文献进行计量分析,能够利用数据资源通过关键词聚类和突现词(burst terms)探测绘制知识图谱,可以更加客观、直观和形象地呈现某学科领域演化的知识结构、关键路径、关键节点及共引聚类等。所以,我们可以借助可视化知识图谱分析法探寻某学科研究领域演化路径、展现热点主题、预测研究前沿与趋势。

(三)研究步骤

本研究以 1151 篇有效 CSSCI 期刊文献为对象,以 Citespace 软件为分析工具,主要通过分析高频关键词(high-frequency key word)和突现词来呈现 21 世纪以来我国法学教育研究可视化知识图谱,以此揭示我国法学教育研究的热点主题、前沿趋势及未来走向。研究步骤如下:首先,进行数据收集。在 CNKI 数据库中导出以“refworks”格式输出的有效文献 1151 篇,并重新保存为 UTF-8 格式,同时每个文件重命名为“download_＊＊＊.txt”,保存在 input 文件夹中作为 Citespace 软件数据分析的来源。其次,进行数据转换。打开 Citespace 软件,点击“data”选择“import/export”后点击“CNKI(refworks)”进入数据转换界面,点击第一个“browse”选择 input 文件夹并打开,再点击第二个“browse”选择事先建立好的 output 文件夹并打开,点击“format conversion”进行数据转换,数据转换完成后返回到 output 文件夹检查是否有数据,如有数据则把 output 中的所有数据复制粘贴到事先建立好的 data 文件夹中,数据转换后才能正式导入 Citespace 进行科学的可视化分析。最后,进行数据分析。打开 Citespace 软件,点击“project”选择 new 进行命名,点击两个“browse”打开相应的文件夹,并选择所需要的语言,最后点击“保存”返回到正式数据分析界面,根据不同的分析项目,选择相应的分析功能。

二、我国法学教育研究的热点分析

研究热点是指在一定时期内某学科领域出现的具有高频次、内部关联一致的大量文献所共同关注的问题或主题。③ 通过 Citespace 软件对高频关键词共现网络的统计和分析，生成研究主题下的知识图谱，可以反映 21 世纪以来我国法学教育研究热点主题的基本情况，这有助于我们更好地把握 21 世纪以来我国法学教育研究所关注的热点领域。

（一）年发文量总体趋势分析

为考察法学教育研究的成果产出情况，在所设定的检索条件下，通过可视化分析，以发文量为纵坐标，时间为横坐标，可以绘制出 2000 ~ 2018 年我国法学教育的论文发表数量趋势分布图（见图 1）。从整体态势上看，我国法学教育研究的文献数量呈现出波动幅度不大而上升的趋势，并出现了两个相对明显的周期性。具体来说，2001 ~ 2004 年形成了第一个相对明显的研究周期，其中 2002 年达到了一个峰值，此后有所回落；另外，2006 ~ 2010 年又形成了第二个相对明显的研究周期，其中 2008 年再次达到了一个峰值，之后稍有回落。从 2010 年以后，进入相对平稳的研究状态，虽然每年发文量不同，但研究质量与深度却有了很大的提升。所以，由图 1 可知：我国法学教育研究成果丰富，整体表现为蓬勃发展的态势。

---

③ See Chao Mei Chen, "Towards an Explanatory and Computational Theory of Science Discovery", *Journal of Information*, Vol. 3, 2009.

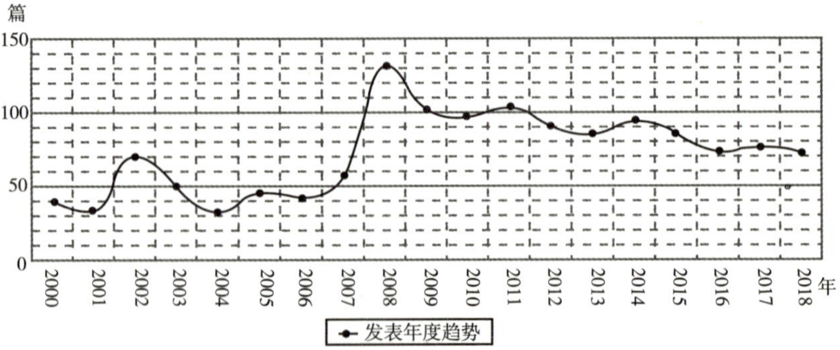

图1　2000~2018年我国法学教育论文发表数量总体趋势分布

21世纪以来,我国法学教育相关研究发文量在时间分布上呈现出周期性,究其缘由,这与国家政策导向的影响有关。如1999年九届全国人大二次会议把“中华人民共和国实行依法治国,建设社会主义法治国家”作为我国的治国方略。2002年党的十六大提出,不仅把依法治国作为“党领导人民治理国家的基本方略”,还要把依法治国作为“发展社会主义民主政治”的一项基本内容。2008年温家宝总理在考察中国政法大学时对于中国法学教育和高素质法律人才培养等方面发表重要论述。2013年党的十八届三中全会明确提出要推进法治中国建设。2014年党的十八届四中全会明确要求“全面推进依法治国”“向着建设法治中国不断前进”,而且首次以中央决定的形式明确要求“创新法治人才培养机制”。2017年党的十九大报告提出一系列如“深化依法治国实践”“保障善治”等的法治新判断、新思想。2017年,习近平总书记在考察中国政法大学时强调:“要坚持立德树人,德法兼修,培养大批高素质法治人才。”我国法学教育的关注度可以说是随着国家政策导向的影响逐渐被学术界所关注的过程,学者们试图从不同的视域与分析框架对法学教育进行解释、说明与预测。

(二)高频关键词共现知识图谱分析

关键词展现文献的核心主题,是文献主题思想的集中表达和高度概括的重要术语。因此,分析文献中所出现的高频关键词是探寻某一研究领域热点的重要手段。本研究主要分析1151篇论文中的高频关键词,生成法学教育领域热点知识图谱,从而确定法学教育研究的热点主题。

为了实现研究目标,打开Citespace软件进入project界面进行相应参数设置。在时间分段(time slicing)功能栏中,把时间跨度设置成2000～2018年,分段长度(slice length)设置成1,即每年对其关键词做一次分割;在文本处理(text processing)功能栏中,把术语来源(term source)设置成默认选项,即选择"题目"(title)、"摘要"(abstract)、"作者关键词"(author keywords)以及"增补关键词"(keywords plus)等;在节点类型(node types)功能栏中,选择"术语"(term)和"关键词"(keywords);在阈值插值(threshold interpolation)功能栏中,把阈值(thresholding)调整成(3,3,20)、(3,3,20)、(3,3,20);在修剪(pruning)功能栏中选择"最小生成树算法"(minimun spaning tree);在可视化(visualization)功能栏中选择"显示混合网络"(show merged network);点击"go"进行运行,可以呈现连线为89、密度为0.0471、节点为62的2000～2018年法学教育主题和关键词共现混合科学知识图谱(见图2)。

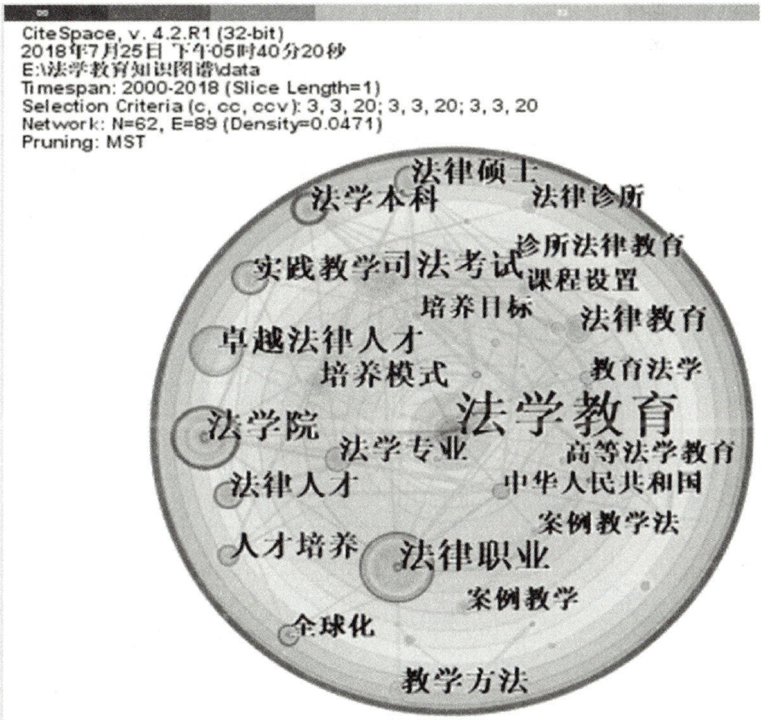

图2　2000～2018年法学教育主题和关键词共现混和科学知识图谱

在图 2 中，以某点为圆心所形成的圆圈代表某一关键词，圆圈的大小表示关键词出现频次的多少，也就是说，圆圈的大小与文献中出现的关键词的频次呈正比关系。不同圆圈节点之间的连线则表示不同关键词之间的共现关系，线条粗细与共现程度强弱也呈正比关系，即线条越粗共现关系越强，线条越细共现关系越弱。关键词字体的大小代表了关键词中心性高低，关键词字体越大在法学教育研究中的中心性就越高。在图 2 中所明显呈现出来的几个关键词，就表明了 21 世纪以来我国法学教育研究的热点为："法学教育""法律职业""法学院""司法考试""卓越法律人才""法律教育""法律人才"，它们占据了相对明显的位置。

为了更好地解读 21 世纪以来我国法学教育相关文献中高频关键词科学知识图谱，经过各种处理后，我们得到了 21 世纪以来我国法学教育文献关键词的频次与中心性等信息（见表 1）。表 1 中这种数据的排序在某种程度上可以清晰地反映 21 世纪以来我国法学教育研究的热点领域。

表 1　法学教育研究领域的高频关键词频次与中心性数据分布

序号	关键词	出现频次	中心性
1	法学教育	441	0.58
2	法律职业	63	0.14
3	法学院	57	0.23
4	司法考试	50	0.06
5	卓越法律人才	40	0.15
6	法律教育	31	0.00
7	法治人才	31	0.17
8	法律硕士	30	0.14
9	实践教学	29	0.19
10	法学专业	28	0.12
11	培养模式	28	0.01
12	法学本科	28	0.20
13	教学方法	26	0.00

续表

序号	关键词	出现频次	中心性
14	人才培养	26	0.04
15	全球化	21	0.10
16	教育法学	21	0.00
17	课程设置	20	0.09
18	中华人民共和国	20	0.15
19	法律诊所	20	0.00
20	培养目标	19	0.07
21	诊所法律教育	19	0.02

结合图2、表1及CNKI法学教育研究主题聚类可以获得:我国法学教育主要目标定位为法律精英教育、职业教育及通识教育,培养目标为培养中国高素质的法律人才,主要内容体现在思想道德教育、理论知识教育、法律专业思维、法律职业伦理及法律应用能力等方面,其实现的场所主要是法学院等。

(三)法学教育研究的热点主题

为了精准把握21世纪以来我国法学教育研究热点,结合图2和表1将这些高频关键词聚类成若干主题。譬如,卓越法律人才、法治人才、培养模式、人才培养、培养目标等可以聚类为人才培养。通过这种聚类方式我们可以得出21世纪以来我国法学教育研究的最主要的几个热点主题,即人才培养研究、法学教育改革研究、国际经验研究等。

1. 人才培养研究

改革开放初期,我国法学教育主要培养法律教学和科研人才。随着社会的发展,20世纪末以后,主要培养司法人才。进入21世纪,特别是我国全面推进依法治国,以及推出卓越法律人才培养计划和基地建设,法学教育的主要任务是培养大量的社会主义法治人才和卓越法律人才。

第一,关于法治人才培养研究。随着国家依法治国战略的推进,各个领域对法治人才的需求异常紧缺,必须大力加强法治人才的培养。结合国家战略、重要讲话及重要指示,重新界定法治人才的概念,强调法治人才是从事立法、执法、司法、法律服务等工作的专门人才,其必须具有渊博的法治知识、过硬的法治技能,符合特定的法律道德标准。[4] 法治人才培养的目标和标准既要求“熟悉和坚守中国特色社会主义法治体系”,又要求“立德树人、德法兼修”,培养高素质的法治人才是法学教育的目标、初心和使命。在法治人才培养过程中,只有更加注重整合高校与实务部门资源,积极推进法治理论体系、学科体系、课程体系和教材体系四大基础体系建设,注重培养学生法治、历史、辩证、系统和创新五大思维,并加强法学师资队伍建设,[5]通过法治人才培养的理念创新、方法创新和应用创新,不断探索法治人才培养的新机制、新模式、新道路,改革课程体系,实施合作式、同步实践等教学模式,才能有效提高人才培养效率,肩负起全面推进依法治国的新使命。

第二,关于卓越法律人才培养研究。教育部与中央政法委于2011年正式启动了卓越法律人才教育培养计划,“卓越计划”强调要培养应用型、复合型、涉外和西部基层法律人才。法学界关于卓越法律人才培养研究备受广泛关注。在教学方式上,为了培养卓越法律人才,把应用性、实践性很强的诊所法律教育方式贯穿到卓越法律人才的培养之中,可以提高学生法律职业道德水平、巩固课堂上所学法学知识、学到在学校里无法学到的知识,把模拟法庭实践教学应用到卓越法律人才的培养之中,实现法学实践教学组织构成的多元化,推动法学教育和人才培养理念的更新,建构独立的课程化设置。[6] 在培养模式上,形成了“4+2”融贯式人才培养模式、“文澜”人才培养模式、“双课堂”综合人才培养模式、“实务人才实验班+学术人才实验班”人才培养模式、“通识教育+跨学科(专业)教育+校企联合培养+科研能力训练”人才培养模式、交叉学科复合模式即“法学学科+优势学科”或“法学学科+特色学科”等。在机制创新上,应

---

④ 参见李栗燕:《网络时代法治人才培养的革新向度》,载《法学教育研究》2018年第2期。

⑤ 参见张守文:《法治人才培养的目标与路径》,载《中国高校社会科学》2017年第4期。

⑥ 参见陈兵、张光宇:《卓越法律人才教育培养计划与模拟法庭实践教学》,载《黑龙江高教研究》2014年第10期。

从创新人才培养的办学机制和运行机制入手，激活人才培养的动力机制和反应机制，实现卓越法律人才培养机制的全面创新。⑦

总之，新时期我国法学教育应把培养法治人才和卓越法律人才作为其主要任务，努力提高人才培养质量，培养和造就一大批坚持中国特色社会主义法治体系的法治人才和后备力量。

2. 法学教育改革研究

自21世纪以来，"全面推进依法治国""向着建设法治中国不断前进"，我国法学教育改革再次升温。特别是习近平总书记关于中国特色法学体系构建、法治人才培养、法学学科建设等方面的重要指示，为法学教育的改革和发展指明了方向，使高等学校法学院系必须紧紧围绕国家战略和习总书记的重要指示，同时兼顾我国法学教育普遍存在"理论与实践相脱节""学科之间相孤立""法律部门相隔离"等顽疾，⑧进行新一轮法学教育改革，实现法学教育"内涵式"发展。综合已有研究文献，我国法学教育改革研究主要体现在以下几个方面：

第一，法学教育目标。21世纪以来，法治为法学教育的发展提供了新的契机，法治及其法治现代化的基本价值指向，对法学教育的培养目标提出了新的要求。人才培养是法学教育的基本目标，这就需要科学合理地重新定位法学教育的目标，就是要培养具备扎实的法律功底和恪守法律职业道德的精神、具备严密的逻辑分析能力和语言表达能力、具有国际视野与全球观念的复合型与实践型的卓越法律人才与高素质法治人才。

第二，法学教育模式。法学教育模式实质上是法律人才培养标准的范式或形式，我国法学教育从单一落后的模式转变为更具有战略性、竞争力的类型元素交叉的复合人才培养模式。"以法律职业教育为导向，以培养复合型与实践型人才为目标"的一体两翼模式，适合于复合型元素的实务部门的"复合+应用"型法律人才和适合于国际相关组织合作开展的

⑦ 参见史凤林、陈冠华：《卓越法律人才培养机制的改革与创新》，载《教育理论与实践》2015年第15期。

⑧ 参见廖永安、段明：《中国法学教育的供给侧改革》，载《湖南社会科学》2017年第4期。

“复合+国际”型法律人才培养模式。法学教育不管选择哪种教育模式,都必须坚持素质教育与职业教育相结合,要在实践中与时俱进不断创新法学人才培养模式。

第三,法学教育课程。法学教育的课程设置必须以人才培养目标为前提。为了使复合型、应用型法学人才培养目标真正得到有效落实,需要对课程设置进行新的探索,构建模块化课程体系,如开设法学与前沿科技交叉的课程、法律职业技能训练和职业道德的课程、经管类通识课程、开发应用型课程、整合相关课程的综合课程等。注重法律实务课程,开设法律诊所、模拟法庭等课程,促使法学知识与司法实践进一步融合,加强实习实践基地建设,建立起法学教育的协同育人机制,培养学生的综合能力和实践能力。

第四,法学教育教学。学者对于法学教育教学方面主要关注教学方法和实践教学。具体而言,探讨并优化多种教学方法,如能够实现学习被动型向主动型、封闭型向开放型转变的课堂讨论法,有利于培养学生创新意识和训练实践技能的案例教学法,有利于培养健全法律人格或法律职业道德的诊所式教学法,有利于将理论与实践结合起来的模拟法庭法等。强化法学实践教学,其要求如下:首先,建立实践教学资源库,如录像观摩、庭审同步直播、案卷副本阅览等资源;其次,开展数字化智慧化教学,通过“优课程教学资源云平台”,实现知识和实践教学融会贯通;最后,加强校企、校地、校所合作,将各部门的优质实践教学资源引进高校,发挥各部门在法学人才培养中的积极作用。

第五,法学教育评估。法学教育评估是了解法学教育质量和水平的重要活动,需要建立法学教育评估制度,主要是各行业或政府制定的法学院设立标准和质量评估制度,即法学教育的资质制度和法学教育质量的评估制度。在实际操作中,通过学术声誉、雇主声誉、社会声望等主观指标审视法学教育的声誉评估,获取社会对法学教育质量客观认同,同时导入以人均引用率、篇均引用率、高引用比为指标的引用率,以及具有“共识性”的法学教育生师比为主要客观指标,并结合主观指标,实现量与质的统一,科学有效地进行法学教育评估。在具体评估中,如何最大可能地接近法学教育的真实面貌，还需要特别考虑法学教育的特殊性，立足中国国情，扩大公众参与，有效融合“双一流”建设标准，由综合评估向立体评估延伸。⑨

总之，法学教育发展的优劣势必深刻地影响着国家法治发展。立足国情，顺应全球化形势和国际化的走向，我国的法学教育试图从培养目标、教育模式、课程体系、教育内容、教学方式、评价机制等方面进行全方位调整，为实现国家战略培养出有特色高素质的法学人才。

3. 国际经验研究

21 世纪以来，我国的法学教育在市场经济、依法治国和构建社会主义和谐社会的推动下得到了蓬勃发展并取得了令人瞩目的成就，但其在发展中也存在诸多问题。尺有所短，寸有所长。介绍、总结、吸收和借鉴国外法学教育的宝贵经验，弥补我国法学教育的不足，也是我国法学学术界和实务界的重要任务。具体来看，关于国外法学教育的经验探索研究主要表现在以下几个方面：

第一，关于法学教育模式研究。无论是大陆法系还是英美法系，法学教育模式存在巨大差异，但也有其共通的特点：具有浓厚的学习竞争气氛，紧张的学习气氛要么来源于对职业资源的争夺，要么来源于严苛的考试制度；形成完善的法学职业教育制度，如美国实行完整的职业教育模式，法国实行学术人才和职业人才分流制度；争相效仿并实施案例教学法和诊所法学教育法等教学方式；课程设置上削弱通识性，增强职业性；热门课程主要集中在比较法和国际法等方面。

第二，关于法学教育改革研究。在国际上，法学教育改革的普遍经验为：引入新的教育理念，重新定位培养目标，开设新型课程，使课程快速适应社会需要，并呈现多元化、广泛化；教材形式多样，以独著和合著为主，并以市场需求为导向，编写体系多以理论诠释和案例剖析为主；法学教育与职业资格考试之间形成良性互动；法学教育评估更具有专业化、市场化和社会化且拥有非常完备的评估准则和方案；整合实务界与学术界之间

---

⑨ 参见冯玉军、盖冰冰：《中国法学教育评估探究——基于主客观指标视角》，载《中国高校社会科学》2017 年第 6 期。

的合作,强化实务能力训练,促进理论知识与实务工作的结合。

第三,关于法学教育国际化研究。法学教育的所有活动,如办学理念、培养目标、师资队伍、学生来源、教材文献、课程体系、教学语言及毕业实践等都必须围绕国际化而展开,都是在国际这一空间内流动、汇合、交融和配置,使其越来越优化。通过介绍和总结国外法学教育国际化的经验和成果,发现我国的法学教育国际化更多侧重国际合作与交流的范畴,这未真正触及法学教育国际化的本质,而真正的法学教育国际化应更多关注法律文化教育的国际化。对国外法学教育国际化的借鉴既是我国法学教育改革的目标之一,又是"一带一路"倡议下卓越法律人才培养的必然要求,也为当下我国法学教育国际化寻求历史的经验和智慧。⑩

三、我国法学教育研究的前沿分析

一般而言,在科学研究中那些最新、最有发展潜力和最先进的研究问题或研究主题就是该学科的研究前沿。⑪ 通过 Citespace 软件中的突现词分析功能,在 Citespace 生成的高频关键词共现网络图谱的基础上,获得 2000~2018 年我国法学教育研究的前 15 个突现词(见图 3)。图 3 中所呈现的突现词以时间(年份)顺序排列,在每个高突现率关键词的时间线上,都有长短不一的粗体部分,表示在某段时间内,该关键词在相关研究领域持续凸显的时间长短,持续时间越长,粗体线段越长,并且粗体线段的位置越接近右侧,说明该主题越前沿。对 15 个突现词的突现率和时间跨度进行分析,以此获得 21 世纪以来我国法学教育的渐弱型、渐强型和最新前沿。

---

⑩ 参见何勤华、齐凯悦:《英国大学法学教育国际化的起源及其流变》,载《法制与社会发展》2017 年第 6 期。

⑪ 参见陈仕吉:《科学研究前沿探测方法综述》,载《现代图书情报技术》2009 年第 9 期。

Top 15 Keywords with Strongest Citation Bursts

Keywords	Year	Strength	Begin	End	2000—2018
法律工作者	2000	6.4071	2000	2003	
全球化	2000	5.6485	2000	2003	
中华人民共和国	2000	5.5942	2000	2002	
WTO	2000	4.6769	2001	2002	
硕士专业学位	2000	3.0621	2002	2005	
卓越法律人才	2000	16.8767	2012	2015	
教育培养计划	2000	4.364	2012	2015	
法教义学	2000	4.2664	2013	2016	
依法治国	2000	6.8222	2014	2018	
培养机制	2000	4.5192	2014	2016	
中国特色社会主义法治理论	2000	3.9477	2014	2018	
法治人才培养	2000	3.9672	2015	2018	
学科建设	2000	3.3772	2015	2016	
法治人才	2000	7.0448	2016	2018	
人才培养	2000	3.691	2016	2018	

图 3　2000～2018 年我国法学教育研究突现词

(一)渐弱型前沿分析

渐弱型前沿指的是在高突现率关键词的时间线上,突现率从接近起始时间开始随着时间的位移在某个非终止时间点逐渐呈下降趋势的关键词所反映的研究主题。从图 3 中可知,“法律工作者”“全球化”“中华人民共和国”“WTO”“硕士专业学位”等突现词从接近时间开始到非终止时间消失,因此可将其确定为 21 世纪以来我国法学教育研究的渐弱型前沿。21 世纪初,随着我国加入世界贸易组织(World Trade Organization,WTO),参与到经济全球化进程之中,经济的一体化、全球化对我国的法学教育产生革命性的冲击。学术界对经济全球化背景下的我国法学教育的目标、模式研究受到极大关注。“法律工作者”在 2000～2003 年表现出较高的关注度,其部分原因是,党的十五大提出治理国家的基本方略,而“法律工作者”就成为了运行和执行国家相关制度的中坚力量,在 4 年时间内以“法律工作者”为主题的相关研究取得了一定的成果。

(二)渐强型前沿分析

渐强型前沿指的是在高突现率关键词的时间线上,突现率从中间的某个时间点开始随着时间的位移在某个非终止时间点逐渐呈下降趋势的关键词所反映的研究主题。从图3中可以看出,“卓越法律人才”“教育培养计划”“法教义学”“培养机制”“学科建设”等突现词突现率从中间的某个时间开始到非终止时间逐渐下降,因此可将其认定为法学教育研究的渐强型前沿。“卓越法律人才”“教育培养计划”是在我国法学教育已成规模,但质量急需提升的背景下提出的。近年来,卓越法律人才培养目标、培养方法、培养模式、“培养机制”及相关“学科建设”等主题受到学术界的广泛关注。另外,法学教育,不仅是讲授法律知识的过程,更是一种训练专业法律技能与培养法律思维方式的过程。“法教义学”可以解决我国法学教育在法律职业技能传授与法律思维方式培养方面存在的缺失等问题。在全球化、经济理论发展的背景下,我们需要继续彰显法教义学的魅力。

(三)最新前沿分析

最新前沿指的是在高突现率关键词的时间线上,突现率从中间的某个时间点开始随着时间的位移在终止时间点持续上升的关键词所反映的研究主题。我们可以将“依法治国”“中国特色社会主义法治理论”“法治人才培养”“法治人才”“人才培养”作为21世纪以来我国法学教育研究的最新前沿,其突现率分别是6.8222、3.9477、3.9672、7.0448和3.691,其起始时间分别为2014年、2014年、2015年、2016年和2016年。依据聚类可以获知,21世纪以来我国法学教育研究的最新前沿主要表现在依法治国研究、中国特色社会主义法治理论研究、法治人才培养研究三个方面。

1.依法治国研究

依法治国是我国治理国家的基本方略,是一项长期而重大的历史任务。实现依法治国离不开熟悉和坚持中国特色社会主义法治体系的法治人才和后备力量。法治人才培养是法学教育的根本任务,法学教育是全面推进依法治国的基础环节,“依法治国”近几年将会在法学教育研究中被一直持续关注。有关全面落实依法治国、推进依法治国,以及深化依法治国实践的战略文件和决定,都不同程度地指明了法治人才培养和法学教育服务社会的方向:深化思想政治理论课改革,为法学教育培养人才立德铸魂;加强法律职业伦理和社会公益教育,为法学教育培养人才定向领航;整合优质实践教学资源,为法学教育培养人才消除壁垒;加强思想政治工作,为法学教育培养人才夯实根基等。⑫ 这需要我们不断革新法学教育理念、定位人才培养目标、调整人才培养结构、创新人才培养机制、确立人才培养模式,重新审视和合理定位法学教育目标、性质、规模、结构、方法、模式、机制、质量和效益,通过调整和创新来实现法学教育与依法治国的合理而又充分对接。随着社会的发展,依法治国的思想不断地充实、发展和完善,这就要求我们对依法治国的研究不但不能停止还需要继续开足马力深入地探讨和挖掘。

2. 中国特色社会主义法治理论研究

在全面推进依法治国,建设社会主义法治国家的大背景下,中国特色社会主义法治理论研究是近几年来一直持续关注的主题。中国特色社会主义法治理论是党和国家法治建设的指导思想,是关于法治的科学认知的集成。具体来说,中国特色社会主义法治理论是一套科学的法治理论体系,其主要包括法治的指导思想、建设总目标、根本价值、本质特征、基本原则及推进方式等内容。⑬ 2014 年党的十八届四中全会明确提出了"建设中国特色社会主义法治体系,建设社会主义法治国家"的重要战略。在法学中,中国特色社会主义法治体系是一个具有统领性的概念,是依法治国的总目标,也是中国特色社会主义理论体系的法律表现形式。⑭ 为了形成独具一格的中国特色社会主义法治体系理论,需要构建中国特色社会主义法治体系,学者们从 2014 年开始关注中国特色社会主义法治理论研究。2017 年习近平总书记在中国政法大学强调,"没有正确的法治理论引领,就不可能有正确的法治实践",这说明中国特色社会主义法治体

⑫ 参见胡明:《创新法学教育模式 培养德法兼修的高素质法治人才》,载《中国高等教育》2018 年第 9 期。

⑬ 参见胡明:《用中国特色社会主义法治理论引领法治体系建设》,载《中国法学》2018 年第 3 期。

⑭ 参见李龙:《中国特色社会主义法治体系的理论基础、指导思想和基本构成》,载《中国法学》2015 年第 5 期。

系建设离不开正确的中国特色社会主义法治理论的引领。深入研究中国特色社会主义法治理论将成为我国学术界的紧迫任务和重要使命。中国特色社会主义法治理论研究将会持续成为21世纪以来我国法学教育研究的前沿趋势。

3.法治人才培养研究

法治人才的培养是全面推进依法治国的关键,实现全面依法治国离不开法治人才的培养。“法治人才培养”“法治人才”“人才培养”三个关键词具有部分叠加关系,这意味着法治人才培养研究既是现有研究的热点主题,也是研究的前沿趋势。2014年,党的十八届四中全会通过的《中共中央关于全面推进依法治国若干重大问题的决定》中对法治人才的培养机制做了重要规定,“以思想政治建设为先导,重点加强理论体系、学科体系、课程体系建设,着力培养造就优秀法治人才及后备力量”,这为未来我国法学教育与人才培养目标改革、培养机制与模式的创新提供了明确方向,也对“创新法治人才培养机制”提出新要求。创新法治人才培养机制是实现“中国梦”的必要条件,是实现国家治理体系现代化的必然要求,是发展社会主义市场经济的内在要求,也是增强党执政能力的前提保障。但目前我国法治人才的培养还存在许多不足之处,如法治信念涣散、职业道德感不强、理论不能衔接实践、法学教育与实务要求脱轨、供给需求耦合度不高、法律人才培养机制不合理、培养的价值目标仍执于一端、培养模式单一时代感不强、科研院校与实务部门协同性不够等。⑮ 法治人才的培养是全面推进依法治国的重要步骤,同时,法治人才的培养和成长过程又是极其漫长的,这就需要学术界随着时代的发展,为法治人才培养继续建言献策。

⑮ 参见张文剑、刘琪、饶丹雪:《法治人才培养机制创新的现实障碍和路径选择》,载《中国高校科技》2016年第9期。

四、我国法学教育研究的未来走向

我国法学教育的发展和改革与市场、业态、全球化、国家政策主导等息息相关。基于 Citespace 的 21 世纪以来我国法学教育研究可视化分析，为我们勾勒了这一研究主题的图谱，使我们不仅可以清晰地看到 21 世纪以来我国法学教育研究的热点主题与前沿趋势，还可以洞见未来我国法学教育研究的基本走向。

（一）开展科际整合研究，加强研究视域多元

从研究视角来看，21 世纪以来我国法学教育研究视角较为多元化，力求从不同的视角对法学教育展开探索与研究。学者努力尝试从以下视角来考察法学教育并提出相应发展意见和实现路径：学科视角，如组织生态学、新制度经济学、应用法学和社会学等；政策视角，如卓越法律人才培养计划、全面推进依法治国和建设法治中国等；方法论视角，如历史与比较、法教义学方法和实践理性等；国别视角，如法国、英国、日本和美国等；理念视角，如生态文明、新职业主义和社会和谐等；理论视角，如赛义德、双师同堂等理论；学派视角，如科学主义、现实主义、政策定向法等学派；其他视角，如经济全球化、主客观指标、法律职业共同体、交互式教学、研究性学习等。但就目前的文献来看，缺乏从多学科、多角度对法学教育进行科际整合分析，大多数研究是针对单一视域分析，呈现单一性、碎片化和建构不足的现象，使法学教育研究存在科际衔接不紧及研究不全面等问题。在未来的研究中应整合研究资源，开阔学术视野，加强多视域融合，开展协同创新研究，推动法学教育研究向纵深方向发展。

（二）深化研究领域层次，注重研究主题延拓

从研究主题来看，21 世纪以来我国法学教育研究整体呈蓬勃发展的态势。研究主题嬗变有序较为集中，如当前的热点主题主要集中在人才培养、法学教育改革和国际经验介绍等研究上，前沿主题则集中在依法治国、中国特色社会主义法治理论及法治人才培养等研究上；法学教育研究

主题之间相关程度过高且衔接过于紧密,这一方面有利于促进法学教育研究的不断发展,另一方面会使我们容易忽视与法学教育密切相关的其他研究冰点与盲点。所以,未来法学教育研究更应注重主题延拓与深化,不仅需拓宽法学教育研究的领域与层次,而且需开辟新兴交叉前沿研究领域与主题。在深刻领会党的十九大报告精神与习近平总书记关于法治建设的思想精髓中,关注法律规范价值的研究,不断探寻卓越法治人才培养的新模式、新机制和新道路,构建法学教育监测评价体系,用中国特色社会主义法治理论统领法学教育实践,关注研究法学教育实践,完善法学体系,提升依法治国的实践能力,深化依法治国的实践活动,全面推进依法治国的实现。

(三)重视多元比较视野,凸显本土实际特色

从域外研究经验来看,我国法学教育研究在原有大陆法系模式的基础上,总结、归纳、凝炼我国社会主义法治建设的经验、教训的同时,对英美法系模式的部分因子进行吸收,引进国外先进法律理念制度和学术成果。虽然发达国家法学教育的先进经验有许多值得我们借鉴之处,如职业化的人才培养、精英化的教学管理、市场化的运作机制等,但我们也必须清醒地意识到其中存在的某些不足。由于两大法系的教育模式各有所长,大陆法系善于“理性”,英美法系善于“经验”,而法律是“理性”和“经验”的复合体,我们应取英美法系的精华,去大陆法系的糟粕,注重批判地继承与发展,为我所用。在比较、借鉴和吸收域外成功经验的同时,我们还需立足特殊国情,结合实际凸显本土,拓展法学教育研究视野,孕育具有中国特色的法学教育研究的学术立场与学术规范,构建具有中国特色的法学教育研究的新体系与新范式,使法学教育研究由域外借鉴走向国际推动,从而促进法学教育研究持续发展。

(四)整合理论实务资源,实现全面对接融合

从研究趋势来看,法学教育研究越来越受到学术界和实务界的关注,呈现出在政策引导和教育教学、实践中持续前行的态势,但也存在理论教育研究和实务教育研究相分离的现象。所以,未来的法学教育研究既离不开全面推进依法治国的国家战略的指引,又需要紧密对接国家战略和经济社会发展的需求。既要加强法学理论研究,不断地丰富和发展中国特色社会主义法治理论、学科体系和课程建设,反过来,中国特色社会主义法治理论、学科体系和课程建设又为依法治国提供理论指导和智力支持,又要重视实践教学研究,加强校外实践基地建设,积极探索实践教学平台的搭建,广泛介绍与研究具体的实践教学方法弥补法学教育实践教学不足的需要,以期整合理论教育与实务教育的资源,实现资源的优化配置,并加强法学教育学术界与实务界的交流与合作,不断追求改革与创新,实现真正的理论教育与实务教育的全面对接与深度融合,已成为一种新的研究趋势。

总之,法学教育要培养造就熟悉和坚持中国特色社会主义法治体系的法治人才和后备力量,更是国家实现法治战略的重要保障。新时代的法治建设,更需要一流的法学教育。因此,明确法学教育的定位,创新法学教育模式,推动法学教育实践,在吸收和借鉴国外相关法学教育模式和实践教学的基础上,结合目前我国国家发展战略,探索并试图解决现行我国法学教育中存在的种种问题,为实现国家战略培养出有特色高水平的法律人才,以期我国走向法治并为真正实现法治的 21 世纪而奋斗。同时需要明确地指出,本文只选取了部分法学教育研究的文献而不是全部,因此,我们只能部分管窥我国研究者对法学教育研究的成果,当然,本研究所析出的热点主题和前沿趋势难免有失偏颇,仅供参考。

The Hot Topics and Frontier Trend of Legal Education Research in China

—The Visualization Analysis Based on Knowledge Map

Dai Yan

Abstract: As an important part of China's higher education, Legal education plays a fundamental, leading and strategic role in comprehensively promoting the national policy of rule of law. By using the information visualization software Citespace, the visual analysis of knowledge map is carried out on the relevant literature of law education in China since the 21st century. The paper grasps the hot topics of education research in law, presents the frontier trend of education research in law, clarifies the deficiencies of education research in law at the present stage, and looks forward to the basic trend of education research in law. With the purposes, the paper is expected to provide guidance for legal education research in China in the New Era.

Key Words: legal education, hot topic, frontier trend, visualization analysis

我国法学教育对“像律师那样思考”的认识误区与矫正路径*

孙　跃**

摘　要：“像律师那样思考”的内涵与特征可以从法治建设、法律职业和法律思维等多重向度进行理解。我国法学教育与法律职业教育在认识与教授律师思维时存在诸多误区，从而导致了“像律师那样思考”的缺位并可能产生诸多消极后果。构建面向实践的律师思维与方法论体系、在法学教育中重视对律师思维的培养与训练、完善法学教育与法律职业教育的联动机制等有助于实现对上述误区的矫正，从而培育符合我国法治建设与法律实践需求的律师思维。

关键词：律师思维　法治思维　职业思维　法律思维　法学教育

---

* 基金项目：本文为2018年度国家社科基金项目“案例指导制度的实践经验与发展完善研究”（项目编号：18BFX056）的研究成果。

** 孙跃，山东大学（威海）法学院博士研究生。研究方向：法律方法论、司法判例制度与技术、律师思维。

一、引言

法治乃"法律人之治",法律人(法律职业)在我国的法治建设中发挥着举足轻重的作用。① 在律师、法官、检察官、法学学者等法律共同体职业中,律师群体虽然数量庞大、与各种社会经济关系接触最为广泛和频繁,但学术界对其关注程度却明显不足。尽管"像律师那样思考"(thinking like a lawyer)这一在美国法学与法律教育界脍炙人口的提法早就传入我国,但理论界与实务界却鲜有研究者对律师思维进行系统而深入的研究。② 上述现象在我国法学教育领域尤为突出,其在很大程度上对我国法学教育,以及与之相关的法律职业教育、律师职业发展及法律职业共同体构建产生了负面影响,从而不利于法治建设与律师队伍的发展。故此,本文将以"像律师那样思考"在我国法学教育中面临的认识误区为本文的问题意识与切入点,重点探讨何为"像律师那样思考",以及如何通过法律思维的研究与法学教育的改革让更多法科生学习掌握"像律师那样思考"。

二、何为"像律师那样思考":律师思维的多重向度

对"像律师那样思考"这一命题的研究需要首先明确"怎样思考才是像律师那样思考"。本文中的"律师",是指我国《律师法》第 2 条规定的"依法取得律师执业证书,接受委托或者指定,为当事人提供法律服务的执业人员",而非西方语境下广义上的"法律人"。③ 具体而言,可以从法

① 参见孙笑侠:《法律人之治——法律职业的中国思考》,中国政法大学出版社 2005 年版,第 16 ~ 22 页。

② 参见王晨光:《法学教育中的困惑——从比较视角去观察》,载《中外法学》1993 年第 2 期。

③ 关于"thinking like a lawyer"中的"lawyer",究竟是理解成"律师"还是理解成"法律人",以及理解差异背后的成因,本文将在第三部分重点论述,此处不再赘述。

治建设、法律职业、法律思维三重向度对律师思维的内涵与方法论特征进行分析，以描摹“像律师那样思考”的中国图景。

（一）作为法治思维的律师思维

律师不仅是法治发展的标志与产物，同时也是法治建设的重要推动力量。在《中共中央关于全面推进依法治国若干重大问题的决定》中，有32处提到了律师，足见党和国家对律师在法治建设事业中的重视程度。故此，律师思维首先应被视为一种法治思维。具体而言，作为法治思维的律师思维具有规范性、制约公权力与保障权利性、说理性三大特征。

所谓规范性，即律师思考的依据和思考方式都应当符合一定的规范。我国《律师法》第3条第1、2款规定：“律师执业必须遵守宪法和法律，恪守律师职业道德和执业纪律。律师执业必须以事实为根据，以法律为准绳。”这一规定与《法官法》《检察官法》中的相关规定保持一致，即律师思维与法官思维等其他法律职业思维存在高度的“家族相似性”。法治乃规则之治，依照法律规则思考、依法办案是所有法律职业所应共同遵守的基本原则、基本底线与职业伦理，其旨在依据法律与事实，通过运用法律思维与法律方法，捍卫和实现法治的规范性、客观性、安定性与可预测性等基本价值。当然，仅从规范性的角度考察律师思维并不能凸显其特色，还需要从“制约公权力与保障权利性”“说理性”两个角度对律师思维进行分析。

《律师法》第2条规定律师应当“维护当事人合法权益”，其和“依法执业”同样构成了律师最为重要的职责，这就要求律师在运用法律方法进行思考时还必须努力实现当事人权益的最大化。上述思维特征与律师的规范性思维呈现出一种互相制约和互相促进的关系，而这种相互关系则蕴含了律师思维在恪守法治底线、保障公民权利和监督纠正公权力运行方面的法治要素。律师思维在捍卫当事人权益时虽带有偏执性和倾向性，但其底线仍是法律规范，否则司法机关就无法支持律师主张的观点，最终使“当事人权益最大化”的目标落空。相对于居中裁判的法官，律师往往会更为积极、全面和细致地去发掘案件事实认定和法律适用中的细节问题，从而起到减轻法官裁判负担、更为全面地揭示案件真相的作用。

通过上述过程,法官可以更好地从不同律师观点之间的“视域融合”中寻求妥当的裁判,防止了因个体的前见和视角的狭隘而造成的不公正裁判。同时,律师思维也可以在很大程度上起到对法官思维运行的监督和制约作用,从而减少因事实不清、证据不充分、法律适用错误而造成的冤假错案的发生,防止公权力的不当运用对公民权利的干涉和侵害。

根据公权力资源的配置状况,法律职业群体可以被划分为两类:一类是直接掌握某些领域公权力的法官、检察官、仲裁员、公证员等;另一类是不(直接)掌握公权力的律师、基层法律服务工作者等。在执业活动过程中,律师主要甚至是唯一可以依靠的手段就是商谈与说理。④ 律师必须运用各种法律方法和多元化的智力资源尽可能地说服和引导法官去接受己方的观点。法律的权威并不仅仅来自其强制力,司法中简单的以强制力压服当事人和社会公众而不进行商谈和说理,会导致法律的适用无法有效地回应社会公众的预期和需求,反而会因裁判缺乏可接受性而弱化司法权威。⑤ 法治和司法不仅需要依靠法律规范约束下的公权力来实现,而且应当建立在一种共识导向下的、去公权力化的交往行为理性基础之上,即现代法治应当树立通过“以理服人”替代“以权(力)压人”的理念。

综上所述,作为法治思维的律师思维不仅具有规范性、制约公权力与保障权利性、说理性等特性,而且这些特性之间存在内在关联:律师(应当)依据法律规范和法律思维规则进行思考并以此指引其执业活动,通过理性商谈与论辩说服的方式最终实现对公权力的外部监督与制约,以保障公民的合法权益、捍卫与推动国家法治建设。

(二)作为职业思维的律师思维

律师是一种法律职业,律师行业是现代法律服务业的主要组成部分,律师思维是一种职业思维。自新中国成立至今,我国律师职业与律师行业逐渐实现了“从非法到合法”“从依附公权力到面向市场经济”“从面向

④ 参见陈金钊:《法学意义上的法治思维》,载《国家检察官学院学报》2017年第1期。

⑤ 参见[美]诺内特、赛尔茨尼克:《转变中的法律与社会:迈向回应型法》,张志铭译,中国政法大学出版社2004年版,第21~28页。

国家到面向社会再到面向当事人”等历史性转变。⑥ 作为一种法律职业思维，律师思维具有商业性及由此引发的应用广域性等特征。

《律师法》《律师执业管理办法》《律师事务所管理办法》均将律师定位为“为当事人提供法律服务的执业人员”，可见律师行业具有浓厚的商业性，在产业属性上基本属于第三产业（服务业）的范畴。由于律师执业和律师事务所的经营完全自负盈亏，其收入来源基本全部来自向社会提供法律服务所收取的费用。这就意味着律师不仅是法律人，还是经济学中的“理性人”，其在提供法律服务时必须以相对较小的成本投入获取较高的业务收入，从而赚取较高的利润。商业思维不仅可以激励律师和律师事务所在市场竞争中努力提高法律服务水平和质量，而且有助于通过商业化的经营管理模式调配律师人力资源、物质资源和社会资源的配置实现法律服务的规模化、产品化和专业化。此外，律师思维的商业性也引出了其另一特点——应用广域性。

为了追求商业利益、职业荣誉与社会地位，律师群体不仅试图更为高效、深入和全面地融入到我国市场经济的竞争之中，而且会更为努力将其执业活动领域拓展到更加广泛的国家与社会治理领域。由于律师提供的法律服务不只是局限于司法诉讼领域，而是涉及国家治理、社会治理及市场经济建设的方方面面，律师思维比法官等其他法律职业思维拥有更广泛的运用空间。根据《律师法》第 28 条的规定，律师除可以在司法诉讼活动中担任代理人或辩护人外，还可以通过参加仲裁及调解、提供非诉讼法律服务、担任法律顾问、解答法律咨询和代写法律文书等各种形式提供多元化的法律服务。随着近年来国家在制度设计层面对律师重视程度的提高，律师群体也可以通过法律援助、主持诉讼外的民商事调解、协助行政执法等方式参与到国家和社会的基层治理的各个领域。⑦ 律师思维的广泛应用还可以降低国家和社会各个领域法律风险的发生概率，以及由此

---

⑥ 参见黄振中：《论新中国律师的性质变化与转型期之定位》，载《法学评论》2010 年第 4 期。

⑦ 相关制度的具体规定可参见《法律援助条例》《关于开展律师调解试点工作的意见》《司法部关于律师担任政府法律顾问的若干规定》《中共中央国务院关于深入推进城市执法体制改革改进城市管理工作的指导意见》等。

带来的治理成本,如在近年来国家大力倡导的"枫桥经验"中律师完全可以大有作为。此外,律师思维的广泛应用还可以起到在公权力机关和社会民众中引导和塑造法律思维和法律意识的作用。长久以来,受到"官本位"思想的影响,我国公权力机关"以权压法"的现象屡见不鲜;而在社会民众领域,"玩法用法"等落后法治观念影响下的民间法律规避或法律滥用的行为也广泛存在。[8] 律师思维广泛和深度地接入国家和社会治理的各个领域中,在一定程度上可以对上述观念进行矫正,以实现全民法律观念的现代化转型。

(三)作为法律思维的律师思维

律师思维的法治价值与法律职业功用需要具体的法律技艺来实现,律师执业技艺离不开作为方法论的法律思维的指引。作为法律思维的律师思维主要由来自法律教义学的知识体系与方法论、来自社科法学的开发性多元智识,以及来自现实经验的实践理性三大部分构成。

法律教义学是围绕现行实在法展开的一般性权威命题或原理,其包括作为知识的法律教义学和作为方法的法律教义学。[9] 在律师思维中,作为知识的法律教义学主要提供法律规范及其原理层面的智力支持,其所回应的是律师处理法律问题时"应依据哪些法律规范"的问题。而作为方法的法律教义学主要提供的是思维规则与指引,其回应的是律师处理法律问题时"如何运用法律规范"的问题。前者主要体现为律师对各个法律部门中条文规范、典型案例、基本原理等知识的掌握;后者则体现为律师如何运用法律发现、法律解释、法律推理、法律论证、法律修辞等方法寻求妥当的法律判断并以此说服法官或当事人。法律教义学的知识和方法在律师的法律思维体系中居于基础和主体地位,其可以提升思维效率和准确度,但其也具备一定的封闭性和单调性的特点,这就需要引入社科法学思维指引下的多元智识。

---

⑧ 参见陈金钊:《"实用"法律观所衍生的悲剧——以电影〈我不是潘金莲〉为样本的分析》,载《浙江社会科学》2017 年第 7 期。

⑨ 参见雷磊:《法教义学与法治:法教义学的治理意义》,载《法学研究》2018 年第 5 期。

尽管近年来社科法学与法律教义学的争论持续不断，但两者在竞争中也开始转向初步合作并呈现出一种相互交融的状态。[10] 法律教义学思维在保持其规范性的前提下引入社科法学中的多元智识，有助于实现法律思维的相对开放和与时俱进。社会科学智识的合理介入有助于提升司法在认定事实层面的准确度，增强司法的可接受性并实现法律效果与社会效果的统一。[11] 律师思维的应用广域性决定了法律服务活动必须与其所服务的领域深度融合，从而为上述原理的应用创造了契机。例如，一位房地产法律服务领域的专业律师，不仅要像主审房地产类纠纷案件的法官在整体上掌握相关领域的司法智识，而且可以更细致地为土地管理、规划、征地拆迁、房地产开发、房地产登记、房地产买卖、房地产租赁、物业管理等提供法律服务。[12] 律师思维通过保持开放性，其可能从经济学、社会学、政治学、管理学、语言学、自然科学、工程科学等多元化的学科中吸收知识，并将其整合进入法律教义学体系框架之下，从而创造性地为特定领域的法律问题提供有效的解决方案或决策支持。

与法官、检察官等其他法律实务职业一样，律师思维的运行离不开实践理性和经验层面的支持。无论是法律教义学、社科法学还是其他领域的思维模式和智识，若要发挥对律师执业活动的指引作用必须借助于特定的技艺。律师在解答法律咨询、出具法律意见、担任诉讼代理人或辩护人、提供各种类型的非诉讼法律服务时需要掌握各种经验法则、技巧及地方性知识。相比于法官和检察官受到来自司法体制层面更多的限制，律师的执业技艺具有较高的自由度、更强的能动性与创新性。我国的现代法律服务行业虽然起步较晚，但从近年来的发展趋势来看，许多国内优秀律师事务所与律师在执业技艺、法律服务方式等方面已经与国际先进水平接轨，此即上述论断的典型例证之一。当然，基于实践理性与经验的律师思维技艺并不能完全被转化为法学理论层面的话语，但其应当接受法

---

⑩ 参见孙光宁：《法律解释方法在指导性案例中的运用及其完善》，载《中国法学》2018 年第 1 期。

⑪ 参见侯猛：《司法中的社会科学判断》，载《中国法学》2015 年第 6 期。

⑫ 参见郑永流：《法律的“交叉”研究和应用的原理》，载《中国法学》2018 年第 4 期。

律方法与法律思维规则的规范与指引。正是这些基于实践理性与经验的执业技艺的创新与发展实现了法学理论向法律实践的转化,有时甚至还发挥了引领法律理论与法律实践的重要作用。

三、我国法学教育中“像律师那样思考”的误区

理论界和实务界对律师思维的关注不足,造成了具有重要方法论和法治价值的律师思维反而被忽视,进而导致了我国法学教育中“像律师那样思考”存在理念上的误区。因此,有必要对这些误区的表现、成因及其消极后果进行全面分析,从而为相关对策的提出提供问题意识与现实依据。

(一)我国法学教育中律师思维培养的误区及其成因

首先,我国法学教育中存在法律职业思维区分模糊与定位不清晰的误区。在美国语境下,“thinking like a lawyer”中的“lawyer”既可以被理解为“律师”,也可以被理解为“法律人”,这主要是因为“律师”和“法律人”这两个概念在美国语境下具有高度的内在关联性。美国的法学院的主要任务非常明确,那就是要将法科生尽可能地培养成未来的合格律师,即法学教育呈现出鲜明的“律师主体性”,美国的法官大都是从经验丰富、品行优良的律师群体中选拔,即美国的律师和法官在职业生涯上存在明显的递进关系。⑬ 可以说,在美国的法律职业共同体中,律师是最具代表性也是最为基础性的核心法律职业,法官、检察官等法律职业均可以视为律师的“变体”,律师思维在很大程度上可以代表法律职业思维。而我国的法学教育大多缺乏明确的职业导向和对法律思维的严格训练。即便是开设了法律思维、法律方法、法律职业制度之类的课程,也往往流于形式。此外,在法律职业结构方面,我国的律师和法官群体之间呈现出典型的“平行式”样态,而不存在职业上必然的递进关系。除少数法官和律师会向对

⑬ 参见[美]Judith A. McMorrow:《美国法学教育和法律职业养成》,刘春喜、崔相伟、丁相顺等译,载《法学家》2009 年第 6 期。

方的职业群体自发流动外，律师和法官职业之间并不存在事实上的必然关系。在现实中，大多数法学应届毕业生完全可以直接进入律师事务所工作或考入法院体系，绝大多数法官并没有律师执业经验，由此导致了律师思维与法官思维的平行化和离散化，双方的互相了解非常有限。

其次，我国法学教育中存在过分注重培养法科生法官思维模式的误区。在权力资源分配和职业地位层面，我国律师的司法话语权较弱，与法官相比，律师本就不掌握公权力，对案件中法律问题并不享有终极的判断和决定权力，这使律师与法官在权力资源层面本身就处于天然的不平等的状态。现有的法学教育与法律职业资格考试普遍更为重视引导法科生或考生寻求法律问题“最终答案”或“唯一正解”，从而会自觉或不自觉地向司法过程中具有最终决定权力法官思维模式靠拢。此外，现代司法本质上是一种建立在拟制平等基础之上的商谈和交往机制，然而由于我国在司法制度及其体制机制运行中存在诸多问题，律师执业权利在很多情况下无法得到尊重和保障，这就使律师仅有提出法律意见或建议的权利也经常面临尴尬的境遇。既然律师的执业行为经常难以有效地对案件的最终结果产生实质性影响，律师思维的价值和功用难以得到足够重视也就不足为奇了。

最后，法学教育与律师职业教育在衔接方面还存在过度实用主义的误区。相比于法官、检察官等国家机关工作人员，律师行业带有鲜明的商业特征，再加之我国的法律服务市场还不够成熟，由此导致了律师群体要花费大量的精力在宣传营销、抢占市场份额、维持社会关系等方面，用于法律问题研究的时间被大量挤占。即便是用于法律问题研究的时间，也更多是针对具体案件或法律问题的解决，即呈现出一种高度的实用主义心态，由此导致了解决问题方法论的体系化构建几乎停留在空白状态。⑭以1996年《律师法》的修改为节点，我国的律师制度和行业才开始进行现

⑭ 在中国知网上以“律师思维”“法律方法”等关键词对《中国律师》这一国内发行量最大的律师行业内部刊物上于1994年1月1日至2017年12月31日发表的文章进行检索，结果仅有两篇，且其中一篇还是原最高人民法院大法官沈德咏于该刊物2002年第3期发表的《运用法律方法解决国企改制问题的有益探索》一文，检索日期为2018年10月1日。

代化转型,至今也不过20多年的历史。与有着数百年近现代律师行业历史的西方发达国家相比,我国律师在理论和经验层面还存在较大的差距。即便是在理论研究层面,大多研究律师的学者由于研究素材缺乏、研究动力不足或自身缺乏律师执业经验等,其对律师思维的理论研究也比较滞后。法律实务和法学研究层面所供给的理论资源不足最终导致法学教育层面的实践和理论资源的匮乏,从而使法学教育工作者面临"巧妇难为无米之炊"的困境。

(二)我国法学教育中律师思维误区可能导致的消极后果

法学教育对律师思维的误区容易导致法学教育与法律职业教育之间衔接关系的断裂,使律师执业行为缺乏法律思维规则和法律方法的有效指引,从而使律师群体无法提供符合我国法治建设需求的法律服务。从现有的行业准入制度来看,律师行业的平均门槛要低于法官、检察官群体,这就意味着律师群体内部的整体能力存在较大的分化和差异。⑮ 律师所提供的法律服务领域在广度上要远大于法官、检察官群体的工作范畴,其所面临的法律问题更为复杂和多元化,这对于有志成为优秀律师的法科生来说无疑是思维和智识上的一大挑战。这些"未来的律师"如果无法获得充分的思维指引和训练,将难以在其走上工作岗位后提供与我国社会经济发展相匹配的高质量法律服务,使我国的法律服务市场呈现出"普通律师供大于求"和"精英律师供不应求"的供需关系不对称格局。此外,作为方法论的律师思维不仅具有指引律师解决具体法律问题的价值,其本身还有约束律师思维的规范价值,即法律思维及其方法论在很大程度上与律师职业伦理及行为规范是相辅相成的。⑯ 缺乏明确方法论下的律师思维如若脱缰野马,很容易突破法治和职业伦理的底线,这无疑与我国法学教育及法律职业培育所追求的"德才兼备"的目标南辕北辙。

---

⑮ 根据现行相关法律的规定,申请律师执业人员只需在律师事务所实习满1年即可申请律师执业,现实中还存在大量的"挂靠"现象,即只为取得律师执业资格而不实际参与律师执业;相比之下,法官、检察官往往要经历招录考试、至少5年以上的工作经历,以及员额制考核等才能正式取得相关资格。

⑯ 参见[美]蒙罗·H.弗里德曼、阿贝·史密斯:《律师职业道德的底线》,王卫东译,北京大学出版社2009年版,第1页。

进一步看,上述问题还有碍于我国法律职业共同体的构建与司法共识的形成。在作为西方法治滥觞的古罗马时期,法律职业除应当具备高尚的品行外,最为重要的标准就是其应当掌握法律思维、法律技术和法律知识,特别是具备强有力的“法理的解释能力”。⑰ 而在作为近现代法律职业发源地的英国,早在13世纪其就强调法律人的专业性与技术性,丰富的经验、良好的法学理论基础是成为法律人的准入条件,而这里的“法学理论”主要包括的就是作为法律人之间同质化思维的法律思维和法律推理方法。⑱ 可见,“家族相似性”的法律思维是法律职业共同体构建的重要基础和基本条件。而在我国,作为法律职业思维体系重要组成部分的律师思维的缺位,可能会导致律师与其他法律职业在处理相同法律问题时无法达成基本共识,甚至会产生思维与行为层面的严重冲突。随着司法体制改革的推进和“法官思维中心主义”指引下的法律职业思维研究的日益繁荣,我国的法官队伍在运用法律方法的能力方面不断提高,由此就会导致律师与法官在运用法律方法处理案件的能力上差距逐渐被拉大,这会给我国正在逐渐形成的法律职业共同体带来严重的负面效应。此外,从法律方法的实际运用角度来看,司法实践中法官是对法律进行解释和续造的主体,但法律解释和法律续造的进行带有强烈的专断性。⑲ 上述过程中如果缺乏律师思维的参与,将会削弱司法中法律方法运行的正当性和可接受性,也容易导致法官的自由裁量权缺乏充分的制约,从而不利于司法共识的形成。

四、我国法学教育中“像律师那样思考”误区的矫正方向与路径

矫正我国法学教育对待律师思维的误区需要遵循一定的逻辑路径。

---

⑰ [美]莫里斯:《法律发达史》,王学文译,中国政法大学出版社2003年版,第131页。

⑱ 参见夏锦文:《法律职业的形成及其条件——一种制度史考察》,载《江海学刊》2008年第1期。

⑲ 参见马靖云:《司法商谈机制的构建及其功效》,载《华东政法大学学报》2018年第4期。

其首先应当解决的问题是要让法学教育工作者"有物可教",这就需要构建符合我国法治建设与法律服务实践需求的律师思维体系。其次,还应当改革现有的法学教育模式,让律师思维体系能够在最广阔的范围内被传播和接受。最后,还应当建立法学教育与律师职业教育的联动机制,实现法学教育与律师职业教育的顺畅衔接。

(一)构建面向我国法治建设与法律服务实践的律师思维体系

近年来,法律教义学、法律方法论及社科法学等相关理论的研究的发展与繁荣可以为律师思维体系的构建提供丰富的理论资源。在这些理论中,法律方法着力于调和疑难法律问题中事实与规范之冲突、为法律人提供思维规则层面的指引,因此应当作为构建律师思维体系的"主力军"。

一方面,构建律师方法论体系应当将现有的法律方法及相关理论,结合我国律师的业务特点、执业经验和实践需求进行重新优化组合,以使其能够为实践法律问题(特别是疑难法律问题)的解决提供规范和指引。[20]律师思维并非是对法律发现、法律解释、法律推理、法律论证等法律方法的孤立或无序运用,而是应当以实践中具体的法律问题类型为导向,以律师执业经验和执业特征为模型,将多种法律方法的运用进行要件化重构,使之能够成为律师思维和行动的有效指引。同时,要注重类型化思维的运用,根据律师提供法律服务及执业活动类型,分别探讨诸如律师执业的基本方法、法律咨询、法律文书制作、律师与当事人及其他办案人员交流、调查取证、法庭论辩等执业活动和具体技艺中法律方法运用的方式和规则。此外,还可以借鉴法官思维与裁判方法中的研究成果(如著名的"要件审判九步法"),以法律方法理论为构建思维模型的工具,对律师实务经验进行去芜存菁的加工和提炼,并使碎片化的实务经验和技艺形成体系化的方法论。

另一方面,律师方法论体系应当根据法律服务市场和律师执业需求,保持相对动态和开放状态,并通过法律方法对多元智识的统合形成适用于各种不同法律服务领域的律师思维模型。法学界现有的部门法划分模

---

[20] 参见孙光宁:《漏洞补充的实践运作及其限度——以指导性案例20号为分析对象》,载《社会科学》2017年第1期。

式并不能为现代化法律服务提供全面和有效的指引，这是因为某一特定的法律问题可能会同时涉及多个不同的部门法体系和具体规范，孤立和封闭的部门法教义学智识并不足以应对复杂的法律问题。因此，律师方法论需要秉承一种“领域法学”的包容和开放精神，综合性地运用不同的部门法理论及与法律相关的交叉学科智识，为特定的对象提供针对性的法律服务。[21] 这就要求在律师方法论的构建过程中，既要注意运用法律方法的一般性理论统合不同法律部门、法律领域中的多元规范和智识资源，也要注意不同法律领域中具体问题之间的差异性，实现律师思维方法在知识结构和系统要素方面的“多元一体化”，并以此为实践理性层面的律师执业技艺提供方法论层面的指引与支持。

（二）在法学教育中重视律师思维的培养与训练

在法学教育阶段，应当强化对法科生的律师思维的训练，以培养能够满足我国法治建设和社会发展需求的“精英律师”作为法学教育特别是法学本科与法律硕士专业学位教育的重点目标之一。有研究者认为，我国的法学教育应当以培养法科生的法官能力为主。[22] 上述观点虽具备一定的合理性，但其忽视了律师思维和法官思维的差异及内在关联。一方面，我国从事执业律师及与之相似的法律服务职业（如基层法律工作者、企业法务人员）等的人员在需求量与实际供给量上均明显多于法官、检察官等国家机关工作人员，而且这些法律服务职业的业务领域也不局限于司法诉讼领域。在多元化的法律需求带来的种种挑战面前，仅以法官思维模式应对将难以获取所期望的效果。而律师思维作为法官思维的拓展和补充，恰恰可以在诸如非诉讼法律服务等传统司法无法涉及的领域为法律人提供思维规范和指引。另一方面，在传统的司法诉讼领域中，律师思维是法官思维的片段和基础，法官思维是律师思维的综合和进阶。一名法科生只有在掌握了从案件不同当事方的角度去思考和解决法律问题的能力，才能更加客观、全面和充分地对案件的全貌进行分析和判断。完整的

---

[21] 参见熊伟：《问题导向、规范集成与领域法学之精神》，载《政法论丛》2016年第6期。

[22] 参见葛云松：《法学教育的理想》，载《中外法学》2014年第2期。

法律思维职业思维体系不仅可以指引其全面和高效地分析和解决具体法律问题,而且可以作为法官、律师等不同法律职业之间通过交往理性达成司法共识的方法论基础,从而减少不同法律职业之间因缺乏作为共同体方法论基础的法律思维而产生的冲突和摩擦。

具体而言,在本科高年级阶段或法律硕士专业学位中可以增设法律实务课程。这些课程在内容方面要尽可能地打破传统部门法授课模式,向符合现代法律服务专业领域的方向靠拢。授课方式可以参照借鉴美国法学院中的法律博士(Juris Doctor)学位教育或日本法科大学院的教育模式,尽量采用案例研讨的方式进行。㉓ 同时,还可以融入与法律职业相对应的情境性因素,引导学生能够站在不同的立场上研究法律适用中的疑难问题。高校法学院在对法科生进行知识和方法论层面教授的同时,还要注重培养与之相匹配的法律技艺。例如,随着现代科技的发达,如何运用计算机互联网等现代手段进行法律检索、撰写案例分析与研究报告或法律调研报告、审查与制作各类合同及法律文书等成为每一个法律人尤其是未来立志成为律师的法律人所应必备的基本功,这就需要将相关技艺培养融入法学理论知识与方法体系之中,使法科生不仅具有成为掌握法律理论知识的"法律之师"的潜质,也能成为基本技艺扎实的"法律匠人"。此外,还需优化法学教师与法科生考核评价机制。应当改变对教学岗位法学教师评价指标过于依赖科研成果的单调化评价机制,将其对学生实务教学与法律思维的培育作为教学质量考核评价的重要指标。同时,对于法学本科生和法律硕士专业学位学生应适当增加参与法律实践活动在其学业评价中的权重,激励学生更多地参与到法律实践中去。

(三)完善法学教育与律师职业教育的联动机制

在强化律师思维体系的构建与教育的同时,必须清醒地认识到法学教育终究是"法学教育"而非"法律职业培训",在法学教育中融入对律师思维与律师实践技艺培养并不能改变法学教育作为学历学位教育而非职业教育的本质。若要真正实现律师思维的培养走出"象牙塔",还需要通

㉓ 参见肖萍:《日本设立法科大学院的背景、效果及问题浅析》,载《日本学刊》2010年第1期。

过优化我国法律职业资格考试制度、加强法学界与律师界的人才与智识互通、共建共享律师思维培育成果等路径完善法学教育与法律职业教育之间的联动机制。

首先,应进一步强化法律职业资格考试中对法律思维与律师思维的考查。一般法科生只有通过国家统一法律职业资格考试才具有成为执业律师或申请执业律师实习人员的可能性,因此法律职业资格考试在衔接法学教育与法律职业制度方面具有非常重要的地位,其对法学教育的方向、形式与内容等都会产生显著的引导甚至指挥作用。2018 年改革后的国家统一法律职业资格考试制度在主观题部分为考生配备了常用法律条文,这在一定程度上减轻了考生纯粹知识记忆的负担,值得肯定。应当在保持上述趋势的前提下,继续优化考试的题型,更加侧重于考查考生运用法律发现、法律解释、法律推理、法律论证等法律方法与法律思维解决各类法律问题的能力。同时,也可以在部分题目中模拟设置不同的角色定位,如原告代理人、被告代理人、辩护人等,从而有意识地引导考生养成“像律师那样思考”的思维习惯。

其次,要进一步加强法学界与律师实务界的人才与智识交流。高校法学院在招聘主要从事教学工作的高校法学院教师时,除考核其政治、道德与学术素养外,还可以将从事法律实务工作特别是律师工作的背景作为考核指标之一,在其他条件相当的情况下可择优选聘具有律师实务经验的教师进入相应教学岗位。在不影响教学秩序与科研指标达成的前提下,可以允许或鼓励部分教有余力的教师以兼职律师或法律顾问的形式参与到法律实践中或引入校外精英律师作为兼职教研人员。同时,还应进一步加强高校法学院与律师事务所、律师协会的合作,通过举办学术沙龙或论坛、联合办理刊物、共同申报与研究课题、参与重大法律问题与案例研讨论证等多元化渠道与形式,实现法学界与理论界在法学与法律智识层面的顺畅互通。

最后,还可以通过共享律师思维培育成果的形式调动法学界与法律实务界以“像律师那样思考”为契机进行合作的动力与积极性。例如,高校法学院可以通过建立律师学院、介入律师培训、提供适合律师的学历学位教育模式等方式将高校教育成果推介到律师界,不仅满足了律师界日益增长的培训学习需求,也可以为高校带来一定经济收入与社会声誉。[24]可以尝试通过模仿我国医学专业硕士学位的模式,建立法学教育、法律职业资格考试、申请并取得律师执业资格,以及律师职业培训教育的一体化模式,推动法学教育与律师执业教育的无缝衔接。[25] 更进一步,还可以借鉴我国工程博士(Doctor of Engineering, Eng. D.)、教育博士(Doctor of Education, Ed. D.)等专业学位教育的模式,建立专业博士学位(法律博士)的教育层次,以满足我国现代法律服务业对精英律师的需求。此外,高校法学院与律师事务所还可建立优秀人才(教师、学生、律师)共享机制,促使“像律师那样思考”的研究与教育成果普惠各方。

五、结语

正如江平教授所言:“律师最能感知依法治国之水的深度与冷暖,最了解依法治国的黑暗和光明……律师兴则法治兴,法治兴则国家兴。”[26]“工欲善其事,必先利其器”,若要通过律师行业的兴盛促进我国法治建设的繁荣与兴盛,离不开思维与方法论层面的智力支持。在法学教育中,正确地认识律师思维的重要性,构建并教授法科生学会如何“像律师那样思考”,不仅是法学教育的职责与使命之一,也是我国法学教育在满足法律实践需求与促进法治建设方面力所能及的重要贡献。

㉔ 参见吴松强:《高校法学教育与律师教育发展的契合性研究》,载王瀚:《法学教育研究》(第 19 卷),法律出版社 2017 年版。

㉕ 参见袁钢:《法学教育与法律职业资格考试衔接路径研究》,载《中国高教研究》2018 年第 10 期。

㉖ 江平:《“律师兴则法治兴”专题研讨会在京举行》,载《中国律师》2015 年第 1 期。

Misunderstandings and Corrections of “Thinking Like a Lawyer” in Chinese Legal Education

Sun Yue

Abstract: The connotation and characteristics of “thinking like a lawyer” can be understood from multiple dimensions such as the construction of rule of law, legal profession and the rule-of-law thought. There are many misunderstandings in the recognizing and teaching of lawyers’ thought in legal education and legal professional education in our country, which leads to the absence of the real thought of “thinking like a lawyer”, which may cause many negative consequences. It is helpful to achieve the correction of the above misunderstandings by constructing a practice-oriented lawyers’ thinking and methodology system, attaching importance to the cultivation and training of lawyers’ thinking in legal education, and improving the linkage mechanism between legal education and legal professional education in order to cultivate the lawyers’ thought that conform with Chinese rule of law and the demand for legal practice.

Key Words: lawyers’ thought, rule-of-law thought, professional thought, legal thought, legal education

证书的交易：民国律师制度的变革与上海法学教育的附生（1912～1937年）*

沈　伟**

摘　要：民国律师制度自构建之初就已埋下隐患，其对律师准入资格松散的规定，给了投机者可乘之机，汉密尔登文凭案就是最典型的例子，该案凸显出了法科毕业证书与律师准入资格之间的密切关联。1937年前，上海私立法学院校尽管经历了数次整顿，但其商业化的属性始终存在，且逐渐与律师制度的局限相结合，呈现出向后者依附的发展迹象。这也使法律人养成与执业律师之间的联系演化为毕业证书与律师证书之间的简单"交易"。这种变化不仅降低了近代律师群体的职业素养，也对律师的社会形象造成了恶劣影响。重新回顾这段历史，将会为当下法律职业资格考试的完善与法律教育的深入改革提供有益的启示。

---

* 基金项目：本文系中国法学会2017年度部级法学研究课题"建国前后法学教育转型研究——以上海为视角"[项目编号：CLS(2017)D22]阶段性研究成果，本文另获"华东政法大学博士毕业生后续学术发展支持计划"资助。

** 沈伟，中共上海市委党校讲师。研究方向：比较法、法律史、法学教育。本文初稿曾讨论于香港大学法律学院"社会变迁中的司法审判、法律知识与法律职业：从明清到民国"学术研讨会(2018年3月)，感谢与会专家及匿名审稿专家惠赐宝贵意见。

关键词：律师证书　毕业证书　法学教育　上海

近期由司法部起草的《国家统一法律职业资格考试实施办法》正式颁布，其中对考试资格条件的规定再度引发公众热议，[①]究竟“新”司法考试与法学教育之间应该如何衔接？限制考试资格是否会埋下隐患？法学教育将会受到哪些影响？随着新司法考试的即将开展，这些迫在眼前的问题急需得到解决。然而，追溯历史可以发现，民国律师制度在变革过程中，同样也面临法律教育与其相适应的问题，回顾这段历史也为解答上述难题提供一些启示。

1937年前的上海，因有复杂的法制环境而被誉为精明律师的执业“天堂”，[②]它也成为彼时中国律师人数最多的城市。[③] 这一时期，上海的法学教育也发展得有声有色，如私立东吴大学法学院、私立震旦大学法学院等法学院校均取得了不错的办学成绩并且誉满学界，同时它们也向上海律师公会输送了不少毕业生，并在上海律师界形成了“东吴系”“法政系”“持志系”“法学院系”的派别，[④]上海的法律教育与律师执业之间形成了一种稳定的关系。[⑤] 1937年后，经历过战火洗礼的上

---

① 参见《司法考试新规提高报名门槛》，载《经济晚报》2018年5月2日，第4版；《司法考试新规提高报名专业学历门槛》，载《北京青年报》2018年4月30日，第4版；《“新司考”报考专业门槛提高》，载《新京报》2018年4月30日，第1版。

② 参见郑毓秀：《玫瑰与枪：百年前一位中国奇女子冲击传统的革命史》，赖婷婷译，台北，英属盖曼群岛商网路与书股份有限公司台湾分公司2013年版，第138页。

③ 参见张丽艳：《通往职业化之路：民国时期上海律师研究》，华东师范大学历史学系2003年博士学位论文，第41～47页。

④ 参见浮云：《旧上海律师界概况》，载上海市政协文史资料委员会编：《上海文史资料存稿汇编　社会法制12》，上海古籍出版社2001年版，第57页。

⑤ 近几年，越来越多的学者开始关注民国法学教育与律师执业的衔接问题，主要的代表作有：Alison W. Conner, “Training China’s Early Modern Lawyers: Soochow University Law School”, *Journal of Chinese Law*, Vol. 8, No. 1, 1994, pp. 1－46; Alison W. Conner, “Soochow Law School and the Shanghai Bar”, *Hong Kong Law Journal*, Vol. 23, No. 3, 1993, pp. 395－411; Tahirih V. Lee, “Orienting Lawyers at China‘s International Tribunals Before 1949”, *Maryland Journal of International Law*, Vol. 27, 2012, p. 188；邱志红：《朝阳大学法律教育初探——兼论民国时期北京律师的养成》，载《史林》2008年第2期；陈同：《在法律与社会之间：民国时期上海本土律师的地位和作用》，载《史林》2006年第1期。

海,尽管其法学教育出现了复兴,但各校办学中的痼疾仍然存在。[⑥] 此外,虽然新的律师法规相继出台,但据学者研究,除 1946 年举行的我国台湾地区律师考试之外,从来就没有一位中国律师是通过考试的方式产生的。[⑦]

基于此,本文将研究视角聚焦于 1912 ~ 1937 年。这一时期内,不仅中国的律师制度发生了历次重要的变革,而且上海的法学教育也在随之发生转变,进而演化出了一种附生关系。本文立足于考察这种联系,从解剖汉密尔登文凭案入手,分析律师制度历次修正中存在的缺陷,解构其与上海私立法学院校(以下简称法校)办学中存在的商业化属性结合产生的化学反应,反思民国法学教育在办学中存在的价值缺失及其产生的影响,以期达到以史论今、镜鉴当下的目的。

一、汉密尔登文凭案与春申大学

1927 年前后,随着上海律师人数的不断增长,通过瑕疵文凭领取律师证书的事件屡屡被曝光,对律师的社会形象也产生了不良影响,引起了上海律师公会和政府的注意,“近二三年来公会会员骤增三分之二,内有未出国门一步,未入法校一日,向为洋人雇员,甚至工艺人等徒以金钱购买之文凭蒙领证书,执行律师事务”。[⑧] 其中,汉密尔登文凭案便是彼时影响较大的事件之一。

(一)汉密尔登文凭案

1927 年,北京政府教育部接到举报,称沪上有人通过购买美国汉密尔登法科文凭以此来领取律师证书,“兹有人函称美国汉密尔登法科文凭,

---

⑥ 参见沈伟:《近代中国比较法教育辨正——基于东吴大学法学院的考察》,载《华东政法大学学报》2017 年第 5 期。

⑦ 参见孙慧敏:《制度移植:民初上海的中国律师(1912 ~ 1937)》,中央研究院近代史研究所 2012 年版,第 210 页。

⑧ 《令上海律师公会汤应嵩等呈一件为律师资格似有取缔必要提出建议请求核办由》,载《教育公报》1929 年第 1 期。

沪上市价每纸六百元,如有人以此请领律师证书者,乞特别注意”。[⑨] 经派员查证后,发现美国汉密尔登大学实际上是一所函授学校,[⑩]并且声誉不佳,“以其系属函授性质,且近年以来作弊多端,故美国律师公会及法科学校联合会早经否认在案”。[⑪] 该校同时还存在出售文凭的嫌疑,“美其名曰函授,实系以金钱为交换,我国认购得此种文凭者,已有多人蒙请交北京教育部准予注册司法部给予律师证书”。[⑫]

于是,北京政府教育部与司法部经调查后于1928年2月,注销了戴继恩、冯炳南等13人以汉密尔登函授学历获得的律师资格,“查美国芝加哥汉密尔登大学系函授学校性质,无论其文凭真伪,概难准其注册,兹将曾经注册发给证明书各员,一律注销”。[⑬] 上海律师公会得知北京政府的举措后也取消了戴继恩等人的会员资格,并函请各级法院备案并禁止其以律师名义行使职务。[⑭]

汉密尔登文凭案只是众多通过瑕疵文凭领取律师证书案例中的冰山一角,就在上海律师公会处理汉密尔登案后不久,公会又收到了一封举报信,举报者在信中列出了多位涉嫌伪造学历的律师,并指出了他们文凭的所属学校。

闻戴继恩等十三人以伪造文凭取得律师资格已由贵会告发有案,深

---

⑨ 上海市档案馆藏:Q190-1-13534,《上海律师协会致司法部部市党部指委会各项建议案函》。

⑩ 美国汉密尔登大学创于1908年,专门研究法学(英美法),共分二科,商法科一年毕业,法学科三年毕业。该校自诩为“世界著名研究法律之唯一学府”,并在上海设有办事处。参见《汉密尔登大学在沪办事近讯》,载《申报》1924年10月21日,第11版;《美国汉密尔登法律专科大学启事》,载《申报》1924年10月11日,第1版。

⑪ 上海市档案馆藏:Q190-1-13593,《上海律师公会关于审查律师资格证件问题致日本明治大学等及各会员函》。

⑫ 《令上海律师公会汤应嵩等呈一件为律师资格似有取缔必要提出建议请求核办由》,载《教育公报》1929年第1期。

⑬ 上海市档案馆藏:Q190-1-13534,《上海律师协会致司法部部市党部指委会各项建议案函》。

⑭ 参见上海市档案馆藏:Q190-1-13561,《上海律师公会呈报新职员就职及请沈多钧会员担作地文书兼编辑有关挽留就职函》。

为痛快,兹尚有下列各律师资格亦均不可靠,应请贵会一并彻查,计闻:李裕勋、洪士豪、杨凛知、张嘉惠(以上为汉密尔登函授学校文凭),杨一知、梁伯华、杨国枢、顾公秉、唐行健(以上为伪造日本明治大学文凭),范刚、陈瑛、金煜(以上为伪造日本私立法政大学文凭而更改真名者),黄宇平、颜明庆(以上为拉赛尔函授学校文凭而未入公会者),施卓人、李守法、李嘉泰(以上为伪造日本明治大学而未入公会者)。⑮

如上文所见,黄宇平和颜明庆的学历所属学校是拉赛尔函授学校,该校资质同样存在问题。拉赛尔函授学校,又名耶赛大学、拉赛尔大学,注册于美国伊利诺伊州,⑯但在上海设有事务处,"本校为便利中华学者起见,特在沪设立特事务处,招收法律商业函授学生(男女兼收)并设夜校由专家面授,毕业后本校给予学位"。⑰ 与汉密尔登大学一样,该校也有贩卖文凭的嫌疑,"数年来,有美国芝加哥之汉密尔登、耶赛(La Salle)两函授大学,派员至沪售卖函授法科讲义,得于半载之间,考得毕业文凭,后乃有付款交换文凭者,价亦自六百元跌至三百元"。⑱ 因此,耶赛大学文凭也被教育部认定为函授学历,并建议司法部"如持有该校文凭蒙请律师证书似宜不予照准"。⑲

(二)"著名"的春申大学

戴继恩、杨凛知等人被撤销律师证书后,即"转入"了上海的春申大学就读。春申大学由校长马景行于1923年创设,陆鼎揆担任总教务长,⑳学校英文名为"Chartered University of Shanghai",在美国春田市政府注册,

---

⑮ 上海市档案馆藏:Q190-1-13534,《上海律师协会致司法部部市党部指委会各项建议案函》。

⑯ See"A New Year Educational Offer by THE OMAHA BEE", *Omaha Daily Bee*, Dec 31,1911.

⑰ 《美国耶赛大学法律商业函授专科招生》,载《申报》1926年11月7日,第1版。

⑱ 神狮:《北政府注销函授律师》,载《晶报》1928年3月20日,第3版。

⑲ 第二历史档案馆藏:全宗号7,案卷号2965,《教育部关于美国耶赛函授大学不予承认公函》。转引自赵霞:《国家与社会组织对留学文凭的共同监管——以民国时期的汉密尔登案为例》,载《华中师范大学学报》(人文社会科学版)2014年第2期。

⑳ 参见《春申大学招生》,载《民国日报》1924年6月8日,第1版。

并获有特许证。[21] 春申大学下设法政、文艺、商学、译学四院，毕业后授予学士学位，另设有研究院，毕业后给予硕士博士学位。[22] 法政院教授据其称聘有洪兰友、沙训义、康萧汀等人，此外，学校还拟添设工程院，壮大办学规模。[23]

春申大学看似有着颇具规模的教授团队和设备，实际上办学却十分糟糕。校内分大学、专门、高中、初中四部，教员除校长自兼外，全校共用一个教室。[24] 据春申大学学生反映，该校没有招生考试，全凭与校长马景行交谈，由其判断入哪一级。每周授课不到10小时，上课时间也都凭马景行喜好，经常安排在夜半或黎明，美其名曰："本校是在美国立案的，决不能与中国学校一样，上课时间完全听教员高兴。"[25]如此敷衍的办学，不久就被该校学生仲礼卿举报，江苏省教育会随即展开调查，并告知马景行加以整改。"视学告以遵从省令，必定先行改组而后招生，学校学生双方便利，否则内部有力不能胜之苦，外间有误人子弟之讥。"[26]但马景行并无整改之意，依旧延续其办学"风格"。有鉴于此，1925年江苏省教育会函告省教育厅取缔了春申大学，"嗣以探悉该校进行，未见改革，复函请江苏教育厅查照前案办理，得复谓该春申大学，既未遵令办理，自应取消大学名义，以重教育等因，兹据仲礼卿函述前由，该校迄未遵令改组，亟应严加取缔，以免青年学子误入歧途"。[27] 实际上，被取缔的春申大学并未就此销声匿迹，只是改头换面以函授教育的形式再次出现，直到1929年时，其招生广告仍可见于报端。[28]

尽管春申大学的声名并不好，邹韬奋甚至评价其带有神经病色彩：

---

[21] 参见上海市档案馆藏：Q190－1－13593，《上海律师公会关于审查律师资格证件问题致日本明治大学等及各会员函》。

[22] 参见《美国立案春申大学招生》，载《申报》1924年12月12日，第1版。

[23] 参见《学务丛载》，载《申报》1924年7月9日，第22版。

[24] 参见彩霞：《五卅以后的上海学生》，载《中国青年》1925年第5期。

[25] 上海学生联合会：《五卅后之上海学生》，上海学生联合会1925年版，第41～42页。

[26] 《调查上宝私立大学之结束》，载《申报》1924年8月7日，第14版。

[27] 《致宝山县公署春申大学迄未改组请严加取缔函》，载《江苏省教育会月报》1925年11月，第3～4页。

[28] 参见《春申大学函授部招生》，载《申报》1929年4月17日，第5版。

“他办了一所著名的野鸡大学叫作‘春申大学’,设有文法政诸科,五花八门,应有尽有,滥收学生,合各科学生于一室,由马博士一人担任各科教授,这种学校似乎也不免带有几分神经病色彩,卒为教育局所勒令停办”,[29]但是,报名该校的学生却是人头攒动,仅 1924 年就录取了 200 余名学生,校方也一度想要扩展校舍容纳新生。[30] 存在如此反差的原因,无非是该校毕业证书有一定的价值。

因春申大学立案于美国,其毕业生学历也获得了美国一些学校的认可,春申大学招生广告也直言不讳这一点优势,“本科法、译、商、文各院毕业,给以学士,直插欧美大学博士院校”。[31] 事实上,不少学生的确在毕业后留学欧美各国,“兹有赵君南江、谢君仁厚入美国西北大学博士院,郑君士琦入法国巴黎大学博士院,戴君尧天、杨君浦春、张君培芝入日本帝国大学”。[32] 值得一提的是,春申大学毕业生留学的学校中又属美国西北大学占多数,这也与校长马景行有关。1920 年,马景行获东吴大学法学士学位后,[33]赴美入西北大学(Northwestern University)完成了法律博士(Jurm Doctor,J. D.)学位。[34] 因此,西北大学也是马景行的母校。而且因为西北大学教务长与马景行有私交,春申大学的学生留学西北大学可以享受优待,“美国恼魏斯登大学教务长魏格泰博士,与该校校长马景行君交谊颇笃。昨日魏君来函,对于该校教科及规程方面颇加赞许,闻该校毕业生之入恼魏斯登大学者,可受优待云”。[35]

1928 年,因汉密尔登函授学历被撤销律师资格的“律师”,为能再次获得律师资格,也将春申大学视作出国留学的中转站。“去年司法部通令上海律师公会,将汉密尔登函授学校毕业之律师驱逐出会,撤销律师资

[29] 邹韬奋:《法学博士的来路纠纷》,载中国韬奋基金会韬奋著作编辑部编:《韬奋全集》(3),上海人民出版社 1995 年版,第 203 ~ 204 页。

[30] 参见《学务丛载》,载《申报》1924 年 7 月 21 日,第 22 版。

[31] 《立案七年春申大学招生》,载《申报》1928 年 3 月 4 日,第 6 版。

[32] 《学校消息汇志》,载《申报》1926 年 7 月 15 日,第 11 版。

[33] 参见上海市档案馆藏:Y8 - 1 - 204,《1946 年东吴大学校刊》。

[34] 参见王伟:《中国近代留洋法学博士考(1905 ~ 1950)》,上海人民出版社 2011 年版,第 72 ~ 73 页。

[35] 《学务丛载》,载《申报》1924 年 7 月 21 日,第 22 版。

格,彼等有改任他业者,有入学读律者,其经济宽裕者,购得春申大学之文凭,赴美入研究院读律,均于今夏荣获法学博士之衔返国,重为律师。"㊱戴继恩、杨凛知等人即是以被取缔的春申大学文凭入读美国迪普大学(De Paul University)和西北大学,仅用一年时间便获得博士学位,毕业后回沪继续执业律师。他们的这种行为也遭到了自称是芝加哥大学学生张士希的举报:

十八年春季,该废律师七八名先后来美,而内中之张嘉惠、杨凛知、洪士豪、戴继恩等四名则插入芝加高之迪普大学法学院(De Paul University Law College),均于本年间受得学位,近闻已相继返国,复其旧业矣。查此四人在迪普大学所呈报之履历,张嘉惠与杨凛知二人冒称为上海加大大学(Chartered University of Shanghai)法学士,洪士豪冒称为加大大学文学士而兼法学士,戴继恩则自认为约翰大学文学士兼加大法学士。㊲

但是,上海律师公会最后认为戴继恩等人以被取缔学校而转学一事乃是美国大学的内部问题,而他们取得的美国大学文凭并没有瑕疵,"原信以春申作加大疑其文凭伪造,殊非事实,况转学问题乃该迪普大学等内部关系,似与毕业文凭本身有何瑕疵者不同"。换言之,上海律师公会在审核律师资格问题上注重的是结果而非过程,获得春申大学文凭的过程及毕业证书是否存在问题并不在审核范围内,只要最终的送验文凭无瑕即可。

从汉密尔登文凭案曝光至戴继恩等人归国执业律师,该案反映出了律师制度可能存在某些不足。此案前前后后陆续牵扯到的汉密尔登函授学校、耶塞大学、春申大学、迪普大学、西北大学等,无不是围绕毕业文凭一项而争议不断,论争不休的核心乃是律师的准入资格问题。同时,该案也透露出了法校与律师执业之间存在密切的联系,以及法学教育的另一

㊱ 漫游:《春申大学出卖文凭之败露》,载《福尔摩斯》1930年9月2日,第1版。

㊲ 上海市档案馆藏:Q190-1-13593,《上海律师公会关于审查律师资格证件问题致日本明治大学等及各会员函》。

种景象,尤其是春申大学在其中扮演的中转角色,体现出了法学院校在幕后发挥的作用。

二、民国律师准入资格的变革

早在民国律师制度确立前,便已有对律师准入资格问题的讨论。1912年3月南京临时政府内务部警务局长孙润宇曾呈送参议院《律师法草案》,孙中山签发批文后,令将草案转至法制局审核。[38] 同年9月17日,《申报》就刊出了"旅京法律学院王锡銮等拟"的《律师法施行法草案驳议》一文,两起事件在时间间隔上很紧密,因此有学者怀疑王氏的驳议与孙润宇提交的草案很可能有关。[39]

从王锡銮的这份驳议可见,律师制度在构想之初,仅准许国立大学或外国专门学校修习法律之学三年以上者充任上告律师,不仅将公立法律

---

[38] 参见《大总统令法制局审核呈复律师法草案文》,载《临时政府公报》1912年第45期。

[39] 参见尤陈俊:《阴影下的正当性——清末民初的律师职业与律师制度》,载《法学》2012年第12期。值得注意的是,就在王锡銮文章刊发的前一天,江苏法学会致电北京参议院,指出法制局所拟编制法及律师法等施行法草案"对本国专门法律学堂毕业者,妄加抑压,重外轻内,丧失国体,极不持平,而原案于外国学校无国立与否之限制,尤为偏倚",并请求参议院提议更正。(《法制局重外轻内》,载《申报》1912年9月16日,第6版。)1912年11月15日的《申报》刊发了另一篇王锡銮对"法院编制法施行法草案"的驳议文章,他在文中提到:"日前,法制局提出法院编制法施行法及律师法施行法两草案,偏私谬戾,百孔千疮,业经分别驳议,呈请大总统国务院秉公改正,旋经国务院议决,除律师法施行法,已准照驳议修正外……"(王锡銮:《法院编制法施行法修正案驳议》,载《申报》1912年11月15日,第1版。)由此可见,王锡銮反驳的"法院编制法施行法草案"及"律师法施行法草案"均是由法制局提出的,因此,极有可能王锡銮驳议的是孙润宇转交给法制局的《律师法草案》,当然也有可能该草案在被王氏见到时已经是法制局修改过的了。1912年9月7日的《申报》刊载了大总统催促法制局将重要法律迅速编竣交国务院的消息,其中就有"律师法"。(《法制局人员之编纂忙》,载《申报》1912年9月7日,第2版。)此外,从王锡銮对"法院编制法施行法草案"的驳议文章的表述可见,他对"律师法施行法草案"提出的意见得到了采纳和改正。有趣的是,王锡銮的驳议文章刊出的前一天正是《律师暂行章程》颁布之日。(《律师法施行法草案驳议》,载《申报》1912年9月17日,第1版;《律师法施行法草案驳议》,载《申报》1912年9月18日,第1版。)

专门学校排除在外,私立法校的学生则仅有参加律师考试的资格。这也是王锡鎏据理力争之处,当然王氏主要是为国立法律专门学校辩护的,但就此也可看出,北洋政府对外国法校、国立法校和私立法校的不同态度,由此展开的制度设计也埋下了准入资格宽滥的隐患。

(一)以学校性质论资格

1912年颁布的《律师暂行章程》被视为民国律师制度的嚆矢,按其规定,私立法校的应届生仅有应试资格,且没有对私立学校学生修习法律之学的特别规定,而在国立、公立或专门学校修法律之学三年得有毕业文凭者则可以免试充任律师。相比之下,外国法校学历的地位又优于国立、公立大学或专门学校。因为在国内修习法政之学者仅有应试资格,但在外国大学或专门学校修法政或者法律之学三年以上,得有文凭者,可免试取得律师证书;修习法律、法政之学两年以上,或者学习速成法政一年半以上者,则有应律师考试的资格。[40] 显而易见,私立法校的学历位于资格条件中的最底端,且因学校之间办学差距很大,良莠不齐,笼统地列出学历条件,使这种标准很难衡量出一个人的真实水平。[41]

1917年的《律师考试令》将律师考试资格比照《司法官考试令》施行,进一步缩小了私立法校应届生的准考范围,只有经教育部或司法部认可的私立大学或高等专门学校才有应试资格。与此相比,国立大学修习法律之学三年以上的学生满足一定条件可获免试资格,而在外国大学修习法律之学的则比同国立学校。[42] 直到1921年后,经教育部或司法部认可的私立法校的毕业生满足一定条件后,才可享受免试资格。1923年,鉴于两套律师规则在现实中施行起来有窒碍,司法部拟公布《修正律师暂行章程》的同时计划废除《甄拔律师委员会章程》,而在前者的规定中私立法

---

[40] 参见《律师暂行章程》,载《政府公报》1912年第2期。

[41] 参见陈同:《近代社会变迁中的上海律师》,上海辞书出版社2008年版,第117页。

[42] 在国立大学或专门学校本科修法律之学三年以上毕业,得有毕业证书而成绩卓著,并精通外国语者。经司法官再试典试委员过半数之议决得免应考试。对于外国大学学历,规定中特别要求在日本毕业的还须精通一门欧洲国家语言。参见《司法官考试令》,载《政府公报》1917年第631期。

校应届生"依律师考试令考试合格"才能充任律师,没有了先前的免试权益。[43] 不过,这一修正章程直到1925年才正式施行,[44]且仅仅隔了一年,1926年颁布的《修正律师暂行章程》中有关私立法校应届生的规定再次回归到与《甄拔律师委员会章程》相配套,经教育部或司法部认可的私立法校的毕业生又有了免试的资格。[45] 自此,私立法校学生开始真正享受到了免试资格的权益,尽管后续的规定又进一步细化了享受此项权益的具体满足条件,但基本上没有彻底推翻过符合条件的私立法校毕业生,凭借毕业证书可以免试呈领律师证书的大框架。

从律师准入资格的历次修正可见,其审核的重点始终是文凭所属学校的性质,初时对考试资格以国立与私立法校作区别,后再对免试资格以私立法校的立案或非立案作划分,而外国法政学校享受优待资格的地位却始终没有很大变化。因此,时人也指出这项制度是以审查学位、检验文凭为第一步手续,只要资格符合,学识在所不问,仅仅取得国外大学或国内立案法校毕业证书者,即能享有免试资格,且能安然滥竽其间,但一般精研法学之士却因资格不符而被拒之门外。"往往在招考的规程上,开头就明白规定了应试者的资格,而以审查学位、检验文凭为考试的第一步手续。只要资格合符,查核及格,即可埋虎(马虎)过去,至于学识经验如何,尽可不问,而所谓口试笔试等项目,却只等具文而已。例如我国的律师,依据明文规定,例须经过正式考试,才能获得律师证书,执行职务。可是统观全国数千律师,正式经过考试的殆绝无仅有,因为只须取得一张国外大学或国内立案法校的毕业证书,便可以享受(甄拔)的优遇。兹姑不论甄拔制度显与考试制度大相扞格,而在甄拔的标帜下,一般混得资格者,都得安然滥竽。反之一般毕生精究法学的真实学者,却因不合甄拔的规程,而永远被摒于淘汰之列,这能说是一种公允的办法么。"[46]

(二)外国法校审核不严

民国律师制度在构建之初,不仅外国法校的文凭地位高于同等条件

---

[43] 参见《司法部修正律师章程》,载《益世报》1923年8月20日,第10版。

[44] 参见《修正律师暂行章程定期施行令》,载《司法公报》1925年第205期。

[45] 参见《修正律师暂行章程》,载《司法公报》1926年第226期。

[46] 荐樱楼:《资格问题》,载《申报》1932年9月25日,第3页。

下的国内法校，且有关外国法校文凭的规定颇为笼统，例如，直到 1929 年前，司法部都未对外国法校作公立与私立的区分。[47] 更重要的是，司法部对外国文凭的鉴别能力始终受到不少质疑。1913 年司法部在司法官考试前举行的甄拔过程中，就暴露出了鉴定外国文凭困难的问题：

报名甄别者，照章须呈验文凭，验凭初由教育部执行，继以头绪纷纭，莫可究诘，又教育部所认以为合格者，司法部未必认为合格，教育部因将验凭事务交移司法部执行。闻司法部近日大有应接不暇之势，其最难者，在验文凭之真伪。盖文凭之由本国学校发给者，犹易查验，而东西各国学校文凭，则时有鱼目混珠之弊，昨司法部验凭后发现一伪文凭，闻将处伪造者以有期徒刑或相当罚金云。[48]

上文提及的汉密尔登文凭事件中，戴继恩等人的函授文凭未被怀疑前，也是经南京国民政府及北京政府双重认证合格的。不仅函授文凭鉴别不出，且伪造文凭被发现的事件亦是屡屡发生。自 1927 年起，沪上法律界陆续爆出了日本法校假文凭的事件，一张明治大学文凭被卖到 200～300 元。[49] 先是李守法和李嘉泰申请加入上海律师公会时所提交的日本明治大学文凭，与另一位申请者陆家鼐的文凭有着明显差别，公会函请了早期明治大学毕业的陈金镕会员来辨认，鉴定出李守法和李嘉泰所持乃伪文凭，"曾由该公会函请旧会员陈金镕到会鉴定，复经陈指明李等文凭伪点甚多，与陆家鼐所交验之真本，显有不同"。[50] 但经上海地方法院屡次拘传，李守法和李嘉泰却始终拒不到庭，避而不见，致使法院工作无从进行，最后只能裁决停止审判，撤销两人的律师证书了事。[51]

无独有偶，1929 年司法行政部再次接到举报称唐行健、张骥英、梁伯

---

[47] 参见《甄拔律师委员会章程》，载《政府公报》1921 年第 2079 期；《修正甄拔委员会章程》，载《司法公报》1929 年第 1 期。

[48] 《民国考试开幕之司法甄别》，载《申报》1913 年 12 月 30 日，第 6 版。

[49] See "Tokyo University Diplomas on Market", *The Japan Times*, Nov 10, 1927.

[50] 《律师公会检举伪文凭》，载《申报》1927 年 10 月 25 日，第 10 版。

[51] 参见《司法行政部布告普字第二号》，载《司法公报》1929 年第 9 期。

华等 16 人的日本大学文凭是伪造的,于是又下令彻查,最终也是不了了之。[52] 事实上,这些被怀疑的律师被举报时均已领取律师证书,毕业文凭概经司法部审核,而李守法和李嘉泰的文凭在纸张、字迹、图样等方面都与真文凭存在很大区别,“其纸料、字迹、印色、图样均皆不同,且李等文凭缺少一图记”。[53]由此可见,司法部审核能力之不足。正如有学者所指出的,尽管南京国民政府成立后,通过复验、换领证书等措施来甄别留学文凭之真伪,但由于司法部没有规定具体换领办法,各地方法院执行不力,许多假冒者不仅换领了新的律师证书,而且在法院顺利登录,未能实现对文凭造假者的预期甄别,影响了查验效果。[54]

除此之外,律师制度对外国法校留学时间“三年以上”的规定亦流于形式,事实上少于三年而取得法科文凭的大有人在。如 1926 年《申报》和《顺天时报》同时刊载了李中道、盛振为、姚希琛等 7 名留美法学博士回国的消息,他们在美攻读法学博士的期限大多在 9 个月左右,回国后便有被聘为大学教授、政府官员及执业律师的传闻,“闻其中有已得国内著名大学敦聘为主任教授者,亦有受南北政府延充政治及外交官员者,并有自愿执行律师职务者云云”。[55] 因此,时评对这种“速成”法学博士的学识有颇多质疑:

去年在东吴大学法科毕业,算他们是八月间放洋的吧。到了美国,已经是九月了。今年七月二号,已经回国;那么,留学美国的时间,实在并没有十个月,而至多只有九个月。在这区区九个月的短时期中,竟能把什么西北大学,纽约大学,密歇根大学底高深的法学,都看透了,拿了很荣誉的“都看透”的头衔回来,以博取国内著名大学底主任教授,南北政府底政治

[52] 参见上海市档案馆藏:Q190-1-13574,《上海律师公会关于唐行建等会员被人告发伪造文凭、领律师证书等交验证件以凭核办函》。

[53] 《律师公会检举伪文凭》,载《申报》1927 年 10 月 25 日,第 10 版。

[54] 参见赵霞:《近代文凭造假与社会组织参与治理:以留日文凭造假和上海律师公会为例》,载《武汉大学学报》(哲学社会科学版)2015 年第 1 期。

[55] 《大批法学博士由美归国》,载《顺天时报》1926 年 7 月 10 日,第 7 版;《大批法学博士回国》,载《申报》1926 年 7 月 3 日,第 11 版。

及外交官吏,以及律师职务等职位。[56]

同样地,戴继恩等人被撤销律师证书后出国留学,在迪普大学、西北大学也仅修习一年便获得法学博士头衔,回国后再次执业律师。当然,留学年限的长短与学识程度并不存在必然联系,但也恰恰证明了留学年限规定的空洞,正如有学者所指出的,这些"速成"法学博士实际上是制度的受益者,而非行骗者。[57]

律师准入资格对外国法校修习时间的规定始终是以三年以上为资格标准,但各国法科修习的年限各有不同,执行中实际又很难审核,致使"三年以上"的规定事实上没有拘束力,弱化了限制的初衷。"在国外大学修习法律、法政学"成为了唯一实际查验的资格条件,这也被不少人所利用。例如,1924年后因会审公廨将有被中国政府收回之势,有消息称北京政府曾发布命令:"凡在会审公堂出庭之翻译员均须将其在何处法律学堂毕业之文凭至北京注册,即可认为律师,注册期以两个月为限,过期后须经过考验,始能承认其资格",于是,上海各律师事务所的翻译为能在中国司法管辖下之会审公堂出庭纷纷赴日本购买律师文凭。[58] 上海律师公会因此也感叹,正是这些购买外国法校文凭并利用律师制度漏洞获得律师资格者,影响了律师群体的社会形象。"会中事务最感困难者,收回会审公廨之际,凡律师依赖之洋人雇员,手段敏捷,纷购外校文凭,蒙领证书,一跃而跻律师之列,其出身履历世人皆知,而律师一职,遂为中外人士所诟病,夫进身之初即不惮,虚伪诈骗,干犯法纪,则执行职务以后,又何事不可为?"[59]

(三)学校审核法律素养

1921年后的律师制度出现了一个变化,即《律师暂行章程》与同时颁

---

[56] 大白:《介绍"殊为难得"的"大批法学博士"》,载《黎明》1926年第36期。

[57] 参见王伟:《中国近代留洋法学博士考(1905~1950)》,上海人民出版社2011年版,第440页。

[58] 参见《律师翻译东渡求文凭》,载《民国日报》1924年7月1日,第10版。

[59] 《为陈明汪思济律师所控公会各节不实由》,载上海律师公会:《上海律师公会报告书》1928年第24期。

布的《甄拔律师委员会章程》结合施行,前者规定"经甄拔律师委员会审议合格者"可不经考试担任律师,后者则对法校毕业生的资格条件做出了更为详细的规定。大体上经教育部或司法部认可的公立、私立大学或高等专门学校,修法政学科三年以上毕业者,只需满足以下三个条件之一即享受免试资格:曾应文官高等考试及格者;现在司法或司法行政机关任有委任以上职务者;毕业平均分数满 70 分以上,取具教育部或本校校长证明书证明属实者。[60] 这一规定基本沿用至南京国民政府成立之后。[61]

《甄拔律师委员会章程》规定法校应届生免试取得律师证书的四项要素中有三个均发生在学校:学习法政之学三年以上毕业;取得本校校长证明书;成绩为 70 分以上。1933 年后虽对条文做了修订,但对成绩只是做了"成绩特优"的笼统规定。[62] 事实上,在没有律师考试安排的前提下,司法部的这一规定实际上是将法科毕业生学识的审核权让渡给了学校,而它只做形式上的审查,这也间接赋予学校很大的自主权力。

对于考试成绩 70 分以上的规定,在实际执行中也存在弹性化操作的现象。如素以严格治校著称的震旦大学法学院,向来在考试成绩上从严给分,但正是给分过于严苛,导致了其学生毕业成绩不满准入资格规定,无法取得律师证书的情况发生。为此,震旦大学法学院不得不动用人脉关系,通过其校友时任司法行政部长的谢冠生从中斡旋:"第因历年本校毕业生成绩在七十分以上者,多蒙大部照发证书,因未更张,有此情形,可否请公格外体谅。"谢冠生在回信中表示会尽力通融,"惟最近尊处曾补报梁曾僖、董纪唐二君补考毕业,既称雅嘱,拟交会根据此案重议标准,沈福祥均当可合格"。[63] 由此可见,因为没有确立起能衡量资格者学识的统一方法,甄拔律师制的存在实际上增加了人为操作的可能性。

值得一提的是,司法部对于律师资格如此设计,不乏有经费考虑的因

---

[60] 参见上海市档案馆藏:Q190 - 1 - 13534,《上海律师协会致司法部部市党部指委会各项建议案函》。

[61] 参见《甄拔律师委员会章程》,载《司法公报》1928 年第 2 期。

[62] 参见《甄拔律师委员会章程》,载《法令周刊》1933 年第 138 期。

[63] 上海市档案馆藏:Q244 - 1 - 130,《震旦大学关于抗战前后及解放前司法部门有关法学院学生资历文件》。

素。1921年司法部为增加收入,就拟放宽律师资格,“凡有律师资格曾经领有证书者,每人缴五十元,愿充律师者,缴费一百八十元,可以免试”。[64]从报章消息可见,司法部此举不仅扩大了律师的执业范围,而且对外国法校毕业生的资格条件亦有很大放宽:

司法部知财部之不可恃,亦为自决之商榷结果,有人献策筹款,对于律师一业,大开方便之门。自明年一月起,允律师在各县出庭,且放宽律师之资格,非特本国各专门学校毕业者,可以充当,即在外国学校中挂名之学生,亦在所不拒。但为律师者,皆须到部登记,每人当付登记费二百零二元,如有人告发证明其人无律师资格,因而取消其资格,则登记费亦不退还。预算每县有律师三人,则登记费一项已可收入二百余万元,而法部二年之薪水可以无问题矣。法部薪水问题,固可以此为解决办法,然各县自有律师出庭后,讼事必益繁,而以县知事兼承审者且益难为,各省法政学生,则又多一出路矣。[65]

而甄拔制度直到南京国民政府都没有废除,且没有举行律师考试,有学者认为可能也是基于经费考虑,因为申领律师证书需要交纳200多元,这笔费用可以为捉襟见肘的政府开拓财源。[66]

从律师制度设计的层面看,可能从一出生便已注定是畸形的产物,似乎也预示着律师形象不会再有翻身的可能,后续的不断修正不仅没有对症下药,反而使情况更加恶化。律师制度留给了法校及个人很大的操作空隙,不仅文凭瑕疵问题频出,而且准入资格方面的宽滥之弊也直接影响律师群体的总体素质,以及社会对执律师业者的观感。[67] 恰如对戴继恩等人的举报信中所言,“以道德论,则其人格破产倘仍置而不究,坐令此

---

[64] 《司法部推广律师之由来》,载《申报》1921年12月9日,第10版。

[65] 吹万:《北京通信各部欠薪问题与内阁》,载《申报》1921年12月10日,第10版。

[66] 参见孙慧敏:《制度移植:民初上海的中国律师(1912～1937)》,中央研究院近代史研究所2012年版,第203～210页。

[67] 参见尤陈俊:《阴影下的正当性——清末民初的律师职业与律师制度》,载《法学》2012年第12期。

等一再骗取资格之败类混入法界,则不数年间,中国律师界之声誉扫地矣”。[68]

三、上海法校的商业化属性

1912～1937年的上海法学教育的舞台始终是由私立法校唱主角的,但是缺乏中央政府支持的它们,在办学上更多的是向法学教育市场寻求发展机会,这也导致了其带有商业化的属性。这主要表现在两方面:一是上海私立法校以其办学的活力弥补了国立学校数量上的不足,展现出了敏锐的时代嗅觉;二是在办学成效上也显现出了“学店”的特征,如其招生的宽滥、办学的敷衍,以及征收高昂的学费成为了它们挥之不去的顽疾。

(一)补国立法校之不足

民国初成,专门人才,需用甚殷,[69]但由于中央政府教育经费支绌不堪,国立法校兴办得并不多,私立法校的涌现弥补了法学教育市场的缺口。1912年时全国国立大学仅北京大学一所,至1918年也仅添设了北洋大学和山西大学,[70]公立法政专门学校在1912年之后发展迅速,至1915年时已建立22所法政专门学校,[71]但从未有一所在上海设立。与此相比,此时沪上私立法校的不断出现填补了国立法校缺失的问题,满足了法学教育市场的需求,“来学者日益繁多,兹为普及法律智识起见,仿照东西各国校外课章程,发行校外讲义”。[72] 这种补充也获得了政府的认可,恰如民国法律学校被批准设立时获得的评价,在这一时期出现的私立法校足

---

[68] 上海市档案馆藏:Q190-1-13593,《上海律师公会关于审查律师资格证件问题致日本明治大学等及各会员函》。

[69] 参见《大事记》,载《教育杂志》(第4卷)1912年第6期。

[70] 参见第一次中国教育年鉴编审委员会:《第一次中国教育年鉴 社会教育概况》(丙编),开明书店1934年版,第14页。

[71] 参见《教育行政部纪要》,载沈云龙主编:《近代中国史料丛刊 第十辑》(三编),台北,文海出版社1986年版,第136页。

[72] 《中华法政大学校外讲义广告》,载《申报》1912年11月28日,第1版。

以成为国立学校之辅助，“该校董等组织法律学校培养法学人才，当此人财两困之时，实足以为国立学校之辅助”。[73]

这种补足具体体现在了法校数量增长上。自1912～1914年，短短三年间，沪上新增的华资私立法学院校就有14所之多。[74]各校办学的积极性也获得了北洋政府的肯定，如民国大学“预储法学人材，深堪嘉许”，[75]中华律师大学“为保障人权起见，设立大学预储法学人材，深堪嘉许”。[76]事实上，由私立法校唱主角的形势一直在延续。1919～1937年，华资私立法校共计出现了23所，[77]在此期间，东吴大学法科和震旦大学也由教会学校转为私立学校。直到1927年国立暨南大学开设法律学系，公立法学教育的元素才第一次在上海出现，但是该校仅仅到1932年就被教育部裁撤了，“奉教部令裁并法教两院后，将教育学院改系隶于文学院，法学院法律学系裁撤，以政治经济系并入文学院”。[78]

此外，私立法校办学的活力还体现在对社会形势的敏锐判断上。民国初年，沪上私立法校的兴办者感到国民的法律知识与新兴政权不相匹配，急需向公众传播新的法律知识，“今欲为共和国民之预备，必先具有完全法治之常识”。[79]此时出现的多所法校便是以此为己任，如伍廷芳等人创办的民国法律学校即是期望向社会普及法律知识，“廷芳等创立是校之初心，原冀以法律常识浸淫社会，补助国立各校之不及”。[80]中华法政大学校长黄庆澜也是“爰发宏愿，将使人人有法律知识，以为嘉禾之生，必先

---

[73] 《批民国法律学校呈请立案由》，载《司法公报》1913年第4期。

[74] 参见沈伟：《近代上海高等法律教育研究（1919～1937）》，华东政法大学法律史专业2016年博士学位论文，第34页。

[75] 《批朱兴汾等组织民国大学呈请立案并请颁钤记由》，载《司法公报》1912年第3期。

[76] 《司法部批中华律师大学创办人邵庸舒等请立案呈》，载《政府公报》1912年第179期。

[77] 参见沈伟：《近代上海高等法律教育研究（1919～1937）》，华东政法大学法律史专业2016年博士学位论文，第49页。

[78] 上海市档案馆藏：Q240－1－682，《暨南大学史源》。

[79] 《民国法律学校》，载《申报》1912年3月5日，第1版。

[80] 《私立法政学校之抗议》，载《申报》1914年2月3日，第10版。

播种”。[81] 值得一提的是,此时针对女子法政教育的学校也相继出现,1911年时,李平君就创办了女子法政学校,先开预科甲、乙两班。[82] 女子共和协进会创办的女子平权速成学堂,旨在教授女子政治法律,提升参政程度,“世界共和,凡我同胞应得平等之权利。然须有平权之学识方可享平权之利益。夫女学□兴已久,政治法律,群英辈出,苦不能普及大千为恨。本会有鉴于此,特创女子平权速成学堂,分高等级、初等级,具有普通习识者入高等级研究政治法律,养成参政程度。目不识丁者入初等级,俾成普通智识,以补从前失教育之缺点,此学堂实为女子进化相关,务祈女界同胞注意”。[83]

当然,办校者们也注意到了为新政权培养专才的重要性。如朱兴汾发起的民国法律大学便是仿照京师法律学堂模式培养法律专门人才,“民国初建,以普及法学为基础,各省创设法校大都速成科及别科,不过应法官考试之预备,然司法独立尚少专材,兹有朱君兴汾在沪发起民国法律大学,仿照京师法律学堂,养成专门人材”。[84] 此外,还出现了“养成监狱官吏人才为宗旨”的监狱学校,如南洋高等监狱学校、中华高等监狱学校等。[85]

随着巴黎和会中方代表团提出请求废除治外法权,1919年后沪上私立法校在勃兴中也带有造就法律人才以图收回治外法权的用意,“中国外受列强之侵略,内感政治之不良,非得多数有政治法律上高深学问者,不足以察觉病源,图谋挽救,用本斯旨设立中华法政大学”。[86] 羣治大学法科也强调了这一点:“注重构成法治国家及预备撤去外人法权,及增进本国在国际地位之平等权利。”[87]即使是教会学校,如东吴大学法科教务长萨赉德(George Sellet)也认为中国的法学生将会在收回治外法权中发挥

---

[81] 《中华法政大学开学纪盛》,载《申报》1912年9月7日,第7版。

[82] 参见李平书:《且顽老人七十岁自叙》,载熊月之主编:《稀见上海史志资料丛书》(第3册),上海书店出版社2012年版,第405页。

[83] 《女子共和协进会创办好平权两等学堂》,载《申报》1912年2月29日,第5版。

[84] 《法律大学出现》,载《申报》1912年10月29日,第7版。

[85] 参见《司法部直辖南洋高等监狱学校迁移广告》,载《申报》1913年9月2日,第1版;《中华高等监狱学校招二年级插班生》,载《申报》1914年2月13日,第12版。

[86] 《中华法政大学筹备处启示》,载《申报》1926年6月12日,第2版。

[87] 《羣治大学沿革及旨趣》,载《羣治大学年刊》1925年7月。

重要作用,这个国家未来的法官也会出自其中,法律将会在他们手中施行。[88]

值得一提的是,在民国律师制度确立以前,上海就已开始筹设培养律师的专门大学——中华律师大学,该校旨在"养成民国律师专门人才"和培养未来的法官,大学正科毕业者授予学士律师学位,别科毕业者授予业士律师学位,"仿照外国,法官资格必须从律师出身,中国尚无是项专门人才,本校办此专为养成律师及法官资格起见"。[89] 意外的是,当该校呈请立案时,司法部却认为法官与律师虽然职责不同,但所学法律知识实为相同,能取得法官资格即能取得律师资格,"法定责任行为虽有不同,至其所应研究必要之科学与必需之智识实无以异"。因此,司法部认为不便为培养律师而特设专校,并要求将校名改为法律或法政学校。[90]

(二)"学店"行迹

如前所述,早在律师制度构建之初就已显现出了中央政府对私立法校的轻视,彼时的这一做法也引来了私立法校的不满。福建私立法政学校就呈请希望在免试资格中加入私立学校,司法部在回复中尽管声称对私立学校没有歧视,强调因为《法院编制法草案》规定律师可免司法官考试,进而能充任法官、检察官,所以不得不重视资格。这一看似正当的理由,恰恰透露出了在司法部心目中私立学校还尚未达到如国立学校般"完全发达"的水准:

据呈请修正律师暂行章程第四条加入私立学校等情,自是为奖励兴学起见,本部原所赞同,惟当时起草之意,国立、私立原非歧视,第以前清私立各校究与国立、公立者有间,而律师为司法上三职之一,关系极重,且依法院编制法草案第一百零一条第三款之规定,依律师法为律师者即得免司法官考试,而任为判检。具此原因,故资格不得不严,而官立、私立遂

---

[88] See "LAW IN CHINA: Dr Sellet's Address Before Y's Men's Club", *The North-China Herald and Supreme Court & Consular Gazette*, Dec. 20, 1924.

[89] 《中华律师大学校专章》,载《申报》1912年6月30日,第7版。

[90] 参见《律师未便特设专校》,载《申报》1912年11月10日,第7版。

不得不略示区别,且此项律师章程原属暂行,自可随时修改。如果私立各校将来完全发达,届时自当体察情形,将此项章程完密规定。所请加入私立学校一节,应毋庸议,此批。[91]

事实上,司法部对私立法校信心不足不无道理,因为多数私立法校的教育水平并不高,在办学中也显现出了"营利"的迹象。以上海为例,大致呈现出了以下几种特征:

首先,招生宽滥。1912 年教育部颁布了《暂准法政专门学校设立别科令》,其规定"准于法政专门学校暂设法律别科、政治经济别科"。[92] 这种别科是专为不具有中学程度者直接学习法政而设立的,实际上是不需任何资格即可入学。[93] 民国初年,沪上多校仅开设一门别科便开学招生,如民国法律学校便是"先办别科,广设学额"。[94] 此外,还有如神州大学虽不以别科名义,但以性质类似的讲习科、补习班的名义招生,"本大学现办之法政讲习部,系为普及计,非为速成计。下学期即须开办专门部及大学豫科。诸君在讲习部肄业者亦可插入"。[95] 有的甚至连教育部规定的三年毕业期限的要求都没有达到,如民国法律学校和中华律师大学对外宣称仅须修习一年就授予学位。[96]

不仅如此,各校的招生人数也非常多。以民国法律学校为例,1912 年 5 月该校拟招新生百名,[97]至 9 月开学时又有学生报名,招生已达 200 多人,校方只能对"已有法政修业程度"的报名者,准予以插班学习的方式扩招。[98] 此外,对于未能入读的学生,各校采取开设校外课(函授)的方式满

---

[91] 《批福建私立法政学校代表刘崇佑等呈请修正律师暂行章程第四条由》,载《司法公报》1913 年第 5 期。

[92] 《教育部暂准法政专门学校设立别科令》,载《教育杂志》(第 4 卷)1912 年第 9 期。

[93] 参见王健:《中国近代的法律教育》,中国政法大学出版社 2001 年版,第 217 页。

[94] 《民国法律学校》,载《申报》1912 年 3 月 5 日,第 1 版。

[95] 《神州大学紧要告白》,载《申报》1912 年 3 月 24 日,第 3 版。

[96] 参见《中华律师大学校专章》,载《申报》1912 年 6 月 30 日,第 7 版。

[97] 参见《民国法律学校额满广告》,载《申报》1912 年 5 月 19 日,第 1 版。

[98] 参见《法律学校开学纪》,载《申报》1912 年 9 月 4 日,第 7 版。

足,如神州大学、[99]中华法律专门学校、[100]中华法政大学等皆是如此,“来学者日益繁多,兹为普及法律智识起见,仿照东西各国校外课章程,发行校外讲义”。[101] 由此可见,各校别科的教育实有速成之意,而蓬勃兴学的背后实有清末废科举的影响,法科的文凭成为了学子踏入仕途的一块敲门砖。[102]

1920年后,尽管上海再次出现了不少私立法校,但具备高水准的大学仍不多见,“海上之教育事业,至于今日,似已十分发达,尤以大学之多,几如雨后春笋。惟以实际上之观察,则校舍湫隘,设备简陋,其能粗具规模者,实不多见”。[103] 不少法校在实际的办学中,仍然存在招生宽滥的痼疾,大有“学店”之嫌,有的法校因声誉不佳而被冠以“野鸡大学”,“自国民政府成立后,上海的法科大学一时如风起云涌,纷纷创立,其中有郑毓秀所办的法政学院,褚辅成、沈钧儒合办的法学院,更有何世桢、何世枚弟兄所办的持志学院,这几所大学,对于像我这样的人,倒真是功德无量,只要交清学费,并不认真要学生上课,混过四年不忧文凭不能到手,上海一概给以雅号曰‘野鸡大学’”。[104]

其次,办学敷衍。1914年教育部根据视学员张谨和王家驹在江苏、浙江、安徽等省视察私立大学及私立法政大学的结果,宣布停办江苏境内的13所私立法校,其中沪上法校就有6所。[105] 而从调查结果可见,沪上法校存在普遍办学敷衍的现象。如上海私立中华法政专门学校“视察之时,尚未到校者几及半数,学生来去无常,任意转学,殊属不合”,即使是在这次整顿中唯一得以幸免的神州大学,其办学中亦存在敷衍问题:

---

[99] 参见《神州大学招生并发行校外讲义》,载《申报》1912年8月1日,第1版。

[100] 参见《中华法律专门学校招插班生》,载《申报》1913年8月13日,第4版。

[101] 《中华法政大学校外讲义广告》,载《申报》1912年11月28日,第1版。

[102] 参见刘恒文:《“以学干禄”的污名——清末废科举对近代中国法学教育之影响》,载《法制史研究》2010年第18期。

[103] 狮吼:《突然停闭之春申大学》,载《福尔摩斯》1929年6月23日,第2版。

[104] 金雄白:《记者生涯五十年》(下集),吴兴记书报社1977年版,第66页。

[105] 它们分别是打铁浜民国法政大学、爱文义路民国法政大学、南京民国大学、民国法律专门学校、中华法律专门学校、中华法政专门学校。参见《教育部派员察视私立法政之结果》,载《教育杂志》(第5卷)1914年第11期。

当视察时预科学生出席仅有五人,法律本科出席学生亦甚寥寥,足征办学敷衍,且表载学生人数与视学面询人数相去悬殊,亦属有意朦混,预科毕业期限□不遵部定规章办理,尤为玩忽。[106]

1920年后在华资法校中,办学敷衍的问题就更为明显。如上文所述春申大学即合各科学生于一室而教授,“其各科教授全由马博士一人独任,一时有万能博士之称”。[107] 又如上海法政学院,教育部在对其调查中发现:“课室及图书室之容积,以学生人数比例,殊嫌狭小,宿舍饭室厨房浴室等,亦均不合卫生……图书室图书太少,教授重要参考书,亦极寥寥。”[108]另外史良的回忆也印证了该校办学敷衍的问题:“校长夫妇看重了几个金钱,把学校弄得拆烂污起来,教授整半年不来也不请代课,因为可以不付薪水;图书馆要添书也不肯添,所请的先生全是蹩脚透了的,常是回答不出学生的询问。”[109]此外,还有如群治大学及东亚的法科,亦是如此情形,“群治与东亚两校之法科,初不过聊备一格而已,成绩之不佳,固无容讳言。其最大原因,即法科教授非纯粹之法学家,若政治家、社会家等,咸权充法科教授,且全班上课,其不重视可知”。[110]

最后,滥收学费。民国初年沪上私立法校滥收学费的做法已经显现。如经教育部调查,私立民国法律专门学校“毫无基本金,势难持久,征收学费竟至九十余元之多,为数过巨”。私立南京民国大学“校款为前校长卷逃,基金无着,经现任校长维持,始得勉强开课,且该校学风不良,学生资格程度尤多不合”。[111] 因此,时评亦谓民国初年的法政学堂是以学生为营业,“革新以来,其他学校不见增而法政学堂则大盛,可以为司法官,可以为律师,入学者于是大盛,入学者盛,设学者于是亦大盛,入学者盛,视学

[106] 《教育部之对付私立学校》,载《申报》1914年1月18日,第10版。
[107] 漫游:《春申大学出卖文凭之败露》,载《福尔摩斯》1930年9月2日,第1版。
[108] 上海市档案馆藏:Q248-1-2,《上海法政学院立案文件》。
[109] 子冈:《史良律师访问记》,载《妇女生活》(第2卷)1936年第4期。
[110] 持平:《上海各大法科谈》,载《福尔摩斯》1930年1月23日,第1版。
[111] 《私立法政学校之抗议》,载《申报》1914年2月3日,第10版。

犹营业也，设学者盛，以学生为营业也”。[112] 20世纪30年代，上海各校学费普遍上涨，[113]各私立法校滥收学费的现象愈演愈烈。如上海法政大学甚至要求学生在开学时将基金与学费同时交纳，否则不准注册，“开学之时，令学生每人认捐基金十元，与学费同时缴付，否则不准注册”。[114]

面对私立法校“学店”的行迹，教育部当然不会无动于衷，1913年及1930年发起的两次整顿中，不少“迹近营业”的学校被政府所取缔。例如，建设大学“校中设备简陋”，不仅办学毫无成绩，而且有假借名义招摇撞骗之嫌，故而1930年被教育部勒令停闭，以杜招摇。[115] 还有如华国大学，因有种种腐败情形而被取缔。[116] 远东大学则因“迹近营业”而被勒令停办。[117]

但是，教育部的严厉的做法并没有真正纠正私立法校商业化的办学模式。究其原因不外乎以下两条：

第一，整改不力。以私立法校滥收学费为例，国民政府会对立案学校种种滥收费用的做法有所限制，如私立震旦大学就被勒令酌减和免收一些费用：“贵校学生缴费表，业为转呈，其中‘学费’、‘宿费’、‘试验消耗费’所定数额过高，应酌减，‘体育费’应免收。”[118]但这种命令仅仅是治标不治本，学校可以选择换一种名称继续收取费用。如私立复旦大学的学生就曾感慨被校方以各种名义征收学费：“我在复旦已被征去了有下列这许多：修厕所二元，建厨房二元，念周纪念五元，筑篮球房七元，体育费一元……其他我已经记不清楚了！（注意：复旦捐款，都系强迫性质。照当

---

[112] 参见《法政学堂之营业》，载《申报》1913年12月15日，第3版。

[113] See Wen-Hsin Yeh, *The Alienated Academy*: *Culture and Politics in Republican China* 1919－1937, Harvard University Asia Center Press, 1990, p. 198.

[114] 狮吼：《法政学生反对郑毓秀》，载《福尔摩斯》1929年11月2日，第1版。

[115] 参见《私立建设大学勒令停闭》，载《上海特别市教育局教育周报》1930年第43期。

[116] 参见《教部积极取缔私大》，载《中央日报》1930年2月18日，第4版。

[117] 参见《取缔私立各学校已分派员视察并明定办法咨送布告请查照由》，载《教育部公报》（第1卷）1929年第5期。

[118] 上海市档案馆藏：Q244－1－129，《震旦大学关于抗战时期教育部局有关学生学籍、学校财务、毕业生及市立图书馆来往文件》。

局规定,如不缴该项捐款,即不许入学或不给予学分!)"[119]

第二,支持不够。再以学费为例,私立法校征收高昂学费的背后实际上是缺乏政府的财政支持,致使各校办学问题频出。恰如国立暨南大学校长郑洪年慨叹教育经费的无法保障,致使学校办学不断出现问题,"依据总理遗教,教育经费,必保障其独立,现在以种种关系,能独立得保障处甚少,于是教授难得安心教书,学生每以政治关系荒废学业,本人并非专指公立学校经费,须得独立有保障,即私立学校,亦应脱离现在视学费为唯一收入现象"。[120] 但事实上,中央财政亦常常陷入拮据,不仅国立学校常常不能保障,对私立大学的补助更是"力难兼顾",东吴大学法学院曾收到南京国民政府的特别补助,而在后者的密令中不无慨叹财政拮据:"查近年来中央财政拮据,对于私立各大学力难兼顾,故关于补助已立案私立大学一节……该学院须仰体中央扶植教育之苦心,务使事归实际,欵不虚靡,以副期望,是为至要。"[121]因此,为了发展,私立法校大多要自谋出路,其办学活力上的优势,也展现在游刃于律师制度之间。

四、附生于律师制度的上海法学教育

从前文汉密尔登文凭案可见,上海的私立法校与律师执业之间呈现出了一种紧密关系,这种关系是私立法校的属性与律师制度缺陷相结合的产物。1919~1937年,上海私立法校逐步从游刃到附生于律师制度,在办学上呈现出了向后者妥协的迹象,并且最终简化了法律人养成与执业律师之间的复杂关系,使其演化为毕业证书与律师证书之间的一场简单的"交易"活动。

---

[119] 宏芬:《我也来谈谈复旦大学》,载《语丝》(第4卷)1928年第38期。

[120] 《六月七日上海市教育会高等教育研究组开会纪要》,载《上海教育界》1933年第6期。

[121] 上海市档案馆藏:Q245-1-17,《教育部及淞沪战区善筹备委员会补助东吴大学经费文件》。

(一)游刃于律师制度

北京政府时期，对于多数上海私立法校而言，其发展的空间十分狭窄，因为多数法校并未获得立案的资格。对于立案的学校，其毕业生之出路自然没什么问题，尽管其办学中可能也存在不足，如曾有人质疑神州法政专门学校毕业生是否有资格执业律师："从前梁任公主办之神州法政，修业时间极短，毕业考试分数及格者仅有七名，今乃一例悬牌出庭，试问资格是否相符"，[122]但是，法校一经立案，即使办学有所问题也不妨碍其毕业生请领律师证书，1924年毕业于神州法政专门学校法律别科的王亮就通过免试取得了律师证书。[123]

对于未能立案的法校解决其毕业生之出路的办法如下：

一方面，未能立案的学校要积极呈请立案，否则按规定其毕业生无法取得律师证书。1920年后上海多所新兴的私立法校获得了试办和备案的资格，如上海法政大学、东吴大学法科等，"十四、五年间，尚有准予试办之……上海法政大学、东吴大学法科、大夏大学、南方大学、光华大学……但并非核准立案或认可"。[124] 但备案并不等于立案，仅获备案的学校，其毕业生仍不能有免试领取律师证书的资格。如顾宪章举报姚肇第律师一事即是如此，1931年顾宪章发现姚肇第于1928年6月入会时，其毕业学校上海震旦大学并未经教育部或司法部认可，因此姚肇第没有获得律师证书的资格，"不知其用何种资格或施何种妙策向法部领得律师证书"。律师公会接到顾宪章的举报信后转给了姚肇第，要求其做出解释。据姚肇第称，其自上海震旦大学法科毕业后即于1927年向浙江省政府请领律师证书，此后又根据司法部令换领了律师证书。[125] 这一事件也反映出，尽管姚肇第获得律师证书的过程符合当时的程序，但彼时上海震旦大学未被

[122] 亚公：《律师资格问题之讨论》，载《福尔摩斯》1927年11月2日，第2版。

[123] 参见《江苏高等检察厅牌示》，载《申报》1924年4月7日，第16版。

[124] 中华民国教育部：《第一次中国教育年鉴》（丙编），中华民国教育部1934年版，第15～16页。

[125] 参见《致姚肇第会员函》，载上海律师公会：《上海律师公会报告书》1932年第30期，第76页；《致顾宪章会员函》，载上海律师公会：《上海律师公会报告书》1932年第30期，第76～77页。

政府立案的事实,[126]恰恰证明了未立案法校的毕业生只能通过“非正常”途径取得律师证书。[127]

因此,法校立案与否不仅涉及毕业生执业律师,还涉及私立法校的生存,如果不能立案,其学生就会转学其他立案法校。1930年《申报》就刊载了一封私立法校学生的来信,其内容大谈未立案学校的劣势,在他们看来未立案法校的文凭等于一张“废纸”:

我们最大的难题,想你也明白,就是学校的立案问题。我们知道一个学法律的学生,不是毕业于国立大学,或已经教育部立案及司法院认可之私立大学的法学院,那末他或她所拿到的毕业文凭等于一张废纸,法律上是不生效力的,要考法官做律师都不行的……我更感觉到全沪同学因学校立案问题,而连带发生了转学问题的一定不在少数,但看已立案学校的每期吸收大批转学生,便可明白。[128]

因此,各校都在用尽各种办法争取立案,如震旦大学为保证其毕业生之出路就试图通过各种人脉关系以期达到立案的目标,“保障震旦学生毕业后出路的唯一办法,是以官方在毕业文凭推荐事上,争得官方学校或者通过官方手段,使中国政府承认震旦毕业文凭,与它承认中国自己的学校一样”。[129]

---

[126] 上海震旦大学于1932年12月获教育部核准立案。翌年9月9日,法学院获司法院特许设立。参见《司法院特许私立法政学校设立一览表》,载《司法公报》1933年第90期。

[127] 实际上,姚肇第获得律师证书的根据是《浙江省律师暂行办法》,其规定的资格条件宽于不久颁布的《律师暂行章程》和《甄拔律师委员会章程》。根据姚肇第所称,他是根据《浙江省律师暂行办法》第2条第2款之资格规定取得律师证书的,实际上姚肇第可能记错了。姚肇第是于1927年9月3日获得浙江省政府颁发的律师证书的(《中华民国国民政府浙江省政府批法字第一九二一号》,载《浙江省政府公报》1927年第101期),而同年6月1日的《浙江省律师暂行办法》的资格条件是在第3条,“中华民国国民有左列资格之一者,得向省政府请领律师证书:(一)现任或曾任推事、检察官者;(二)国内外大学或专门学校修法律之学三年以上毕业者”(《浙江省律师暂行办法》,载《浙江省政府公报》1927年第19期)。

[128] 《值得注意的一封信:商榷转学问题》,载《申报》1930年6月17日,第8版。

[129] 上海市档案馆藏:Q244-1-94,《震旦大学关于考试课程、毕业文凭、学校更改校名、广告等文件》。

另一方面,这些未立案的法校也在主动选择其他途径解决其毕业生的就业。由于上海特殊的法制环境,法科毕业生在租界挂牌做律师或者翻译员成为了一种职业选择。如1918年东吴大学法科第一届毕业生陆聪祖就担任了穆安素(G. D. Musso)律师的翻译员,1924年毕业生赵傅鼎则充任了上海检查厅翻译官,[130]其校友的回忆亦印证了这一点:“东吴法科出身的律师大都在公共租界挂牌,而以会审公廨为活动中心。有的也去南市地方法院代表当事人出庭。早期毕业生中有的任外国律师的翻译员或帮办,出入会审公廨……在大革命前,上海公共租界的会审公廨和外国律师公馆成为法科毕业生的工作场所。”[131]

当然,这类择业也少不了校方背后的支持,如春申大学毕业生郑卫良能够执业律师即得益于校长马景行和包仁(J. R. Browne)律师的特别推荐:

> 春申大学法学士郑卫良,广东潮阳人氏,在上海春申大学法律院研究法律四年,现已毕业,特□以荣誉证明书及法学士学位。近由春大马校长及法学教授包仁大律师协领郑卫良学士,赴公共会审公廨,特别推荐,经由美领事核准,特许郑卫良学士,在上海公共会审公廨,执行律师职务,刻下郑律师已设事务所于香港路六号包仁大律师公馆内。[132]

此外,正如前文对春申大学的介绍,民国时期沪上有不少学校与欧美高校长期合作,这些法校可以促成其毕业生出国留学,待其学成后再利用外国法校文凭,请领律师证书。1901年时东吴大学已经注册于美国田纳西州,[133]而东吴大学法科又与密西根大学、西北大学等美国大学保持着良

---

[130] 参见《东吴大学法律科章程》,1926年版,第25～32页。

[131] 谢颂三:《回忆东吴法学院》,载上海市政协文史资料委员会编:《上海文史资料存稿汇编　教科文卫》,上海古籍出版社2001年版,第63页。

[132] 《学务消息并纪》,载《申报》1926年8月26日,第3版。

[133] 参见王国平:《东吴大学在美国田纳西州的注册文件》,载《苏州大学学报》(哲学社会科学版)1999年第2期。

好的关系,[134]此外,还与美国印第安纳大学法学院也有协议,约定东吴大学法学院毕业生只要在印第安纳大学法学院修满30学分,即可获得法律博士(J. D.)学位。[135] 因而东吴大学法科的学生能够较为顺利地入读于美国大学的法学院,其对外招生也打出了这一优势:"三年得给以法学士学位,并由美国各大学承认,得直接入大学院。"[136]东吴大学法科至1926年的历届毕业生65人中,就有18人选择留学(其中12人入美国密西根大学法学院,3人入西北大学法学院),这些人归国后执业律师者达15人。此外,值得注意的是,担任教员亦是多数毕业生的一项选择,上述65位毕业生中担任教员者有27人,占据各职业中的最多数,且其中近2/3担任的是中学教员。[137] 当然,当学校获得立案资格之后,原校友也多会选择执业律师,对比1936年已获立案的东吴大学法学院,上述这些原本担任中学教员的如程颖侯、蒋国芳、陈秋实等人都已选择执业律师。[138]

此外,震旦大学法学院也是如此,因其学历被法国政府所承认,该校毕业生赴法留学亦能得到优待,"法国驻华公使每年亦派代表来校主试,故得本校文凭者,咸可赴欧留学而欲入法国各大学者,其入学手续尤为便利"。[139] 因此,诚如因汉密尔登文凭案被处罚而选择留学的洪士豪所言,这些与外国学校有合作的私立法校,成为了毕业生出国留学的跳板,在其毕业后执业律师的过程中发挥了很大的作用:"国内未立案学校,早年在美国立案者有各教会所设大学,及其他私立之学校,是项学校之毕业生或肄业生之转学海外者,不知凡几,待毕业返国后,即以国外毕业资格领得证书,执行职务者,不在少数。"[140]

---

[134] 参见李秀清:《吴经熊在密歇根大学法学院》,载《华东政法大学学报》2008年第2期。

[135] 王伟:《中国近代留洋法学博士考(1905~1950)》,上海人民出版社2011年版,第372页。

[136] 《上海东吴大学法律科招生》,载《申报》1921年5月18日,第1版。

[137] 参见《东吴大学法律科章程》,1926年版,第25~32页。

[138] 参见《私立东吴大学法学院一览》,1936年版,第63~119页。

[139] 上海市图书馆藏:《震旦大学法学院》,震旦大学1936年版,第2页。

[140] 上海市档案馆藏:Q190-1-13534,《上海律师协会致司法部部市党部指委会各项建议案函》。

(二)附生于律师制度

1929年后,上海多数法校获得了立案资格,开始逐步融入国家体制之内,在教育部和司法院严格的监督之下,各校表面上似乎正在形成一种统一、规范、良好的法律教育模式。但实际上是这样吗?同时期的《申报》曾刊载过这样一篇小品文,讲述了一位学生入读法校后如何上课及毕业的情形:

"你没大考,怎么会毕业呢?"老陈放下他的情书,不失其为老实人地插嘴问。

"去不去,不成问题。你想我事情多忙,(这里恕我不能举出他所忙的事实来)杭州去这里多远,天气多热,不是游山玩水的日子,去年学校在上海,我还是叫人去代我考的,自从日本的炮火轰炸了校舍以后,学校迁到杭州,这一学期我就没有上过一课。横竖学校与学生的关系是纸的交易——钞票与文凭的关系。要是你每学期照例地去注册,照例地缴上一二百元的学杂等费,那末你可以坐在家里等待时间给你送文凭来。碰到考试,托朋友去敷衍一下,不上课又有什么关系,要是真的要上课,那才糟,谁耐烦去跟戏子们去读死书呢?横竖不是一样的毕业吗?不信你看:'学生×××系××省××县人,现年××岁,在本院××部××系肄业,因文凭呈送教育部验印,先给此证为凭……'"

老李把学校里寄来的证明书,像宣读判词样地读着。

"呋,学士先生失敬了!"大家同声地调侃着。"那末,现在你预备怎样?"

"自然做律师啰,现在文凭已到手了,花上二十元向司法行政部领取一张律师免试甄拔书,再花上一百八十二元,领一张律师证书,就可以挂牌子,执行律师业务了。哈哈,只消一件案子,就可以把过去所花的钱捞回来。那岂不是名利兼收吗?"老李快意地说。

"恭喜,恭喜。"室内一片欢然的贺喜声。[141]

---

[141] 天力:《恭喜恭喜》,载《申报》1932年7月23日,第1版。

小说中荒诞的情节并不是虚构的,因为类似的情境在现实中确有实例。如1932年仅是中学毕业的金雄白就通过一定的门路取得了一张“远东大学”的转学证书,顺利入读持志学院,上课时他碰到的很多老师是旧相识,到期末考试时,他也得益于他们的帮忙,得到了毕业文凭,拿到了律师证书。“我索性追问他:‘到学期学年考试时怎样?’‘多承有几位的成全,慷慨地答应我到时会将题目与试卷偷偷送给我,等我在家抄完写完,再在校外交还给他。这样,连我自己也无从计算,前后两年中一共去上了几天的课。等写完了一篇叫作‘中国历代婚姻法论’的论文之后,居然在毕业典礼中戴起了方帽子,也算是一个法学士了……法科的文凭一到手,第二步当然去领律师证书了,条件具备,中国尚未推行考试律师资格的制度,不愁再会另生枝节’。”[142]

金雄白的经历也恰恰说明了立案法校——持志学院文凭的价值,以及律师制度存在的缺陷。这种缺陷也被法校所利用,在其办学中呈现出了向律师制度依附的迹象,具体表现在以下几点:

首先,刻意篡改和拉高成绩。1930年后沪上法校的毕业生成绩中存在很多明显的“注水”的痕迹,并且这些做法与律师制度中的相关规定有着紧密的联系。例如,东吴大学法学院教务长孙晓楼就曾主动篡改了孔令仪缺考科目的成绩。[143] 上海法学院各届学生临近毕业学期的成绩会有突然变高的迹象,其毕业生也很少出现总成绩平均分低于70分的。[144] 此外,教授设计考题相对简单,给分至少在70分以上便是各校中较为常见的一种现象,“到考核学生成绩的时候,出了一个或两个很大的题目,由学生自由发挥。批起分数来,每个学生至少在七十分以上,使学生个个满意,没有人反对便是好教授”。[145] 这些做法恰恰与《甄拔律师委员会章程》

---

[142] 金雄白:《记者生涯五十年》(下集),吴兴记书报社1977年版,第66~69页。

[143] 参见上海市档案馆藏:Q245-1-280(2),《1934年6月法律系毕业生学籍材料卷》。

[144] 参见上海市档案馆藏:Q247-1-87(4),《上海法学院1942年度第一学期至1944年度第二学期法律系毕业生名册、1948年法律系及司法组毕业生总成绩清册》。

[145] 孙晓楼:《我国法律教育的几个重要问题》,载《法学杂志》1934年第3期。

中成绩须满 70 分以上的要求相符合。[146]

其次,开设养成律师的课程。沪上一些法校还特别开设专门培养律师的课程,例如,持志学院开设有律师实践一课,主要讲述律师执业的手续,如接见当事人,讨论案情,准备书状,代表出庭,以及诉讼上各种程序等。[147] 大夏大学也开设了律师道德课程,“律师保障人权执行职务贵重道德,故专设学程以资提倡”。[148] 东吴大学法学院则开设了法律伦理学,通过学习这门课程,副教务长孙晓楼期望学生能了解执业律师对社会所负的使命:“读了法律伦理学至少可以使学生知道些他们将来做律师时对于社会所负的使命,不致盲人瞎马,去害了人,还要害自己。”[149]

最后,为学生领取律师证书行方便。例如,1930 年考试院成立后就立即着手准备各种考试,同时也传出了要举行律师考试的消息。为躲避可能举办的律师考试,保证学生尽早获得毕业证书并及时呈领律师证书,上海法学院和法政学院竟欺瞒教育部,擅自将毕业考试时间提前,“本届毕业之法学生,为逃避行将举行至司法官律师考试起见,无不纷请具领律师证书,而本市之法政及法学院,特为此事大开方便之门,提早于五月间举行毕业考试,俾得早日具领”。[150] 此外,各校也在积极通过其人脉关系帮助毕业生提早取得律师证书,“佛师教务长钧鉴,顷奉赐示敬悉……最近寄来高锡昌同学等十四人暨吴桂馨同学等十五人证件均已尽先付审,一俟通过即当办”。[151]

这些做法体现出了各所法校充分利用章程赋予法校的权力,努力契合《甄拔律师委员会章程》的规定,文凭遂成为法校的一种资本。上海各大法学院校如此偏向于培养律师,当然也取得了不错的效果,在 20 世纪 30 年代各校的法科毕业生中,律师也成为第一职业。例如,1927 ~ 1937

---

[146] 各校篡改和刻意提高学生成绩的具体做法可参见沈伟:《民国律师的养成与律师制度的局限——以 1930 年代的上海为例》,载《北方法学》2017 年第 4 期。

[147] 参见《持志学院一览》,1937 年版,第 86 页。

[148] 《大夏大学一览》,1931 年版,第 217 页。

[149] 孙晓楼:《法律教育》,商务印书馆 1935 年版,第 33 页。

[150] 维平:《两学院赶办毕业证书》,载《福尔摩斯》1931 年 9 月 9 日,第 2 版。

[151] 上海市档案馆藏:Q248 - 1 - 145,《上海法政学院为毕业生申请代办登录律师手续与伪司法行政部甄拔律师等来往文书》。

年,上海法政学院的毕业生 247 人中,有 129 人从事律师业务。[152] 至 1936 年,东吴大学法学院的历届毕业生 622 人中,有 268 人执业律师,为各职业之最。[153]

综观 1912~1937 年上海私立法学院校的教育可以发现,私立法校无论是利用还是契合律师制度,在办学上都有依附靠拢的倾向,在私立学校天然属性的作用下,知识的传授演变成了商品的交易。[154] 因律师制度的局限,法科的毕业文凭成为了唯一的申领律师证书的条件,就连居正也坦承仅凭一纸毕业证书,便能取得律师资格,“至二十二年修正章程,始以修法律学者为限,其修政治学者,不得受甄拔。虽已不若前此范围之宽,然凭一纸毕业证书,即能取得律师资格,仍不免失之过滥”。[155]

五、余论

民国初年,梁启超曾对当时律师资格的宽滥之弊提出过批评:“比者司法之为世诟病,其口实之起于律师者实居六七……今律师之流毒于社会,实由律师资格太滥有以致之,今部中所发证书,已逾数千,其中品学优异者固亦有人,然或讼棍土豪贿买文凭,或新学小生,志气未定,照章呈请,批驳难施,孳乳浸多,遍于乡邑。”[156]一定意义上,梁启超所言贿买文凭的行迹在其批评之后,并未发生本质的改变,只不过从初期明目张胆地贿买文凭,到后期转变为向已立案之“学店”缴费获得,当然这类行为在彼时各校中仍属少数现象。

---

[152] 参见姜增:《上海法政学院毕业生就业问题研究(1927~1937)》,华东政法大学法律史专业 2016 年硕士学位论文,第 30 页。

[153] 参见《私立东吴大学法学院一览》,1936 年版,第 87~88 页。

[154] See Wen-Hsin Yeh, *The Alienated Academy: Culture and Politics in Republican China 1919-1937*, Harvard University Asia Center Press, 1990, p. 205.

[155] 居正:《十年来的中国司法界》,载范忠信、尤陈俊、龚兴砦选编:《为什么要重建中国法系——居正法政文选》,中国政法大学出版社 2009 年版,第 360 页。

[156] (清)梁启超:《呈请改良司法文》,载《梁启超全集》(5),北京出版社 1999 年版,第 2655 页。

当下,随着国家统一法律职业资格考试的逐步开展,法学教育也将面临深层次的改革。如何进一步做好两者的衔接,完善各自存在的不足,防止高校法律教育向法律职业资格考试依附,似乎可从本文所述的这段历史中获得一些启示。

首先,教育部与司法部在规范法学教育上须建立有效的合作。从近代上海法学教育的成长与律师制度变革之间的联系可见,彼时的教育部与司法部之间对于法学教育的规划存在一定的脱节。教育部对于法科的教学质量缺乏有效的监督,而司法部设置的律师准入资格不是以学校性质划分就是笼统地以毕业成绩作标准,两者在法律教育规划的具体操作上并不协调。这也为当前我国法律职业资格准入机制的推行提出了警示,部委之间亟须加强沟通合作,以便能建立法学教育的发展质量与法律人才的选拔标准之间的有效衔接。

其次,法律职业资格准入制度应随社会发展而不断修正完善。民国时期,与律师制度发展的滞后相比,法科院校展现出了蓬勃的办学形势,但自1912～1926年"以为国立学校之辅助"的私立法校却始终没能真正在律师职业资格准入制度中获得一席之地,而只能改走"旁门左道",这已不再是法律的滞后性基因所能解释的。当下的法律职业资格考试的相关规定,应以此为鉴,不断地随社会发展情况做出修正,防止历史重演。

最后,法律人才养成应注重办学灵活性与教育规范性的统一。近代上海法学教育附生于律师制度的趋势是其办学灵活性的表现,这种灵活性办学演化出了两种极端,既滋生了宽滥的学店,亦成长出巍巍之学府,后者产生的影响力甚至绵延至今,此中的差异乃与教育的规范性有密切的关系。如何在灵活性与规范性间寻找平衡,是我国培养卓越法律人才所需解决的重要问题。

综上所述,民国律师准入资格在构建过程中存在的局限,给了投机者操作空间,且幕后有私立法学院校参与运作。近代上海私立法校为了生存而渐渐附生于有瑕疵的律师制度,其始终存在的先天属性,在为其毕业生谋得律师证书的过程中得到显现。律师制度的局限与私立法校商业化属性相结合,终将两者的关系简化成了毕业证书与律师证书之间的“交易”。这种“交易”并不是简单的金钱交易,更似一种物与物的交换。它不仅降低了律师整体的职业素养,而且影响了近代律师的社会形象,甚至对整个民国司法造成了破坏。如今,重新回顾这段历史,将对法律职业资格考试的进一步完善和法律教育的深入改革提供重要的启迪。

The Trade of Certificates: The Reform of the Lawyer System in Republic of China and the Adherent Development of Legal Education in Shanghai (1912 –1937)

Shen Wei

Abstract: Since the beginning of the construction of the lawyer system in the Republic of China, it has buried hidden dangers. The loose regulations on the qualifications for lawyers have given those speculators a chance. The Hamiltonian case is the most typical example. The case highlights the close relationship between the diploma of law and the qualification of lawyers. Before 1937, although the Shanghai private legislative colleges had undergone several rectifications, their commercialization attributes always existed. This phenomenon is gradually combined with the limitations of the lawyer system, showing signs of development attached to the latter. This problem has led to the evolution of the relationship between legal practitioners and practicing lawyers as a simple "transaction" between a graduation diploma and a lawyer's certificate. This change not only reduces the professionalism of the modern lawyers' group, but also has a bad influence on the lawyers' image in society. A retrospection of the history can provide useful enlightenment on the improvement of the current legal professional qualification examination and the in-depth reform of domestic legal education.

Key Words: lawyer's certificate, diploma, legal education, Shanghai

教学研究

本科教学质量保障的突出问题及优化路径

周海涛[*]　胡万山[**]

摘　要：加强本科教学质量保障是建设一流本科教育、加快"双一流"建设进程的重要举措。当前，我国高校本科教学质量保障上存在教学质量标准建设不科学、实践教学环节监管不到位、教学基本状态数据利用不充分、监控信息化水平不高、反馈改进机制不健全等突出问题。进一步优化本科教学质量保障工作，高校要在国家政策框架下，强化教学质量标准建设、加强实践教学监管、挖掘教学状态数据、推进监控信息化建设、完善反馈改进机制，不断健全教学质量保障体系、增强保障能力。

关键词：本科教育　教学质量　保障机制　"双一流"建设

新时代，随着我国高等教育全面步入内涵式发展阶段，关注本科教学质量、完善质量保障机制、重塑教育质量文化，成为重要而紧迫的任务。高等学

* 周海涛，北京师范大学教育学部教授，博士生导师。研究方向：民办教育、高等教育。

** 胡万山，北京师范大学教育学部博士研究生。研究方向：高等教育管理与政策。

校突破高质量发展瓶颈、创新发展模式、加快发展步伐,尤其需要聚焦于本科教学质量保障机制,聚力于改善保障方式、健全保障体系、提升保障能力。深入分析当前我国本科教学质量保障机制存在的突出问题、探讨优化路径,对加快一流本科教育与"双一流"建设进程具有直接参考价值。

一、本科教学质量保障工作的突出问题

近年来,尽管我国一直十分重视本科教学,并在本科教学改革和质量保障工作上取得了显著成就,但仍然存在一些突出问题。

(一)教学质量标准建设不科学

教学质量标准是教学应达到的目标,是为衡量教学质量而制定的具体明确的标准,反映了一定时期内对学校教学质量的期许和要求。在教学质量保障体系中,质量标准发挥着基础性和关键性作用,是质量保障的价值起点和终极目标,科学的质量标准是有效监测、评估、保障教学质量的基础。当前一些高校质量标准建设不科学,与教学改革实践不完全适应。

第一,标准制定主体错位,教学质量标准制定主体与教学实施主体不统一。我国高校教学质量标准建设,或从国家的本科教学质量评估或专业认证指标体系修订而来,或由高校组织相关领域的专家学者研究制定。尽管这些方式的效率较高、内容全面、重点突出,但这种由管理者或专家学者主导的质量标准,由于制定过程缺乏教育教学一线教师的广泛参与,广大一线教师难以全面准确地把握教学质量标准,也难以有效地将其用于指导教学实践,弱化了质量标准对改善教学活动的指导功能。

第二,标准内容重点错位,"以教师为中心"的质量标准与"以学生为中心"的教学改革不相适应,标准多关注"教"而忽视"学"。学生是学校教育的核心利益相关者,"以学生为中心"是当前学校教育教学改革的共性趋势。当前,我国高校的教学质量标准多由国家教学评估指标修订而

来,在教学质量标准中多关注学校的办学定位、办学资源、办学条件,教师的课程建设、教学质量、学生指导等状况,较少关注学生的学习成果、身心发展状况,使质量标准建设与教学改革不相适应。

第三,标准实践执行错位,统一的质量标准与多样的教学形态不相适应,教学实践改进指导作用有限。教学质量标准是教学质量保障工作的基本遵循,但具体教学实践的多样化形态,使学校统一的质量标准难以与之适应。从学生情况看,不同学生群体的学习特征、规律存在差异,不同个体间知识基础也有所不同;从教学内容看,不同学科、专业、年级的教学内容存在显著差异,要达到的预期教学目标也有所不同;从教学情境看,教学情境是多变的,难以做出全面、准确的预期安排,需要根据具体情境做出相应的安排。

(二)实践教学环节监管不到位

强化实践教学环节质量监管与保障,是完善教学质量保障机制、推进人才培养模式创新、提高人才培养质量的关键一环。当前有的高校本科实践教学质量监管面临一些困境。

第一,在认识上,实践教学环节未受到充分重视。尽管在高校教学质量标准中涉及了对实践教学环节的监管,但在具体操作上仍未受到充分重视。一方面,从实践教学质量标准设计看,尽管学校都将实践教学环节有所细化,但监控的内容多是实践教学环节的课时数、资源条件保障、教师指导考核等,并未突出对实践教学效果的监控;另一方面,从监管实践看,受我国学校教育重理论轻实践、重科研轻转化思想的影响,质量监控人员往往较多关注理论教学状况及成效,而对实践教学环节质量较少关注。

第二,在制度上,实践教学环节质量保障缺乏完整的制度设计。首先,缺乏明确的监管目标。有的高校实践教学质量标准多关注实践教学的"硬"要素等,但未明确实践教学质量要达到的目标要求。其次,监管方法设计不科学。实践教学监控多采用学生评教、专家领导听课、教学督导、专项检查等理论教学质量监控方式,这些方式难以考察学生的动手能力、实践能力、创新能力。最后,反馈调控机制难以发挥实效。实践教学质量监控信息反馈,难以像理论教学监控反馈的信息一样将每个环节都具体化到点上,反馈信息的典型性、针对性、明确性较弱,使后续调控工作难以发挥实效。

第三,在执行上,实践教学环节质量监控落实不到位。首先,实践教学环节较多,质量监控任务繁重。相较于理论教学,实践教学环节更为多样、内容更为复杂、影响因素也更为广泛,不同类别的实践教学要求不同,使得监控难度也相对较大。其次,实践教学监控方法不匹配。实践教学监控主要沿袭理论教学的模式,这显然难以适应实践教学环节众多、教学方式复杂的实际情况。最后,实践教学质量监控人员不足,专业素质也有待提高。高校教学质量监控人员多为退休教师、院校领导等,面对纷繁复杂的实践教学环节,监控队伍力量显得十分薄弱;实践教学监控是一项专业性工作,评估专家虽有深厚的理论知识和丰富的理论教学经验,但相对缺乏实践教学理论知识与经验。

(三)教学基本状态数据利用不充分

认真采集、有效利用教学状态数据,可以促进高校自查教学基本情况、发现教学实践问题、主动开展教学改革、完善内部教学质量保障体系。当前一些高校在教学基本状态数据利用上存在较大落差。

第一,对教学基本状态数据采集的认识存在偏差,数据采集多出于"评估"外推力。长期以来,部分高校对教学基本状态数据采集工作重要性的认识不够,其数据采集多出于"迎评"的外部压力,而非积极主动的内在行为。这在实践中引起了一些问题:一方面,对数据采集的人力、物力投入不足,数据采集人员数量不足、消极怠工、专业素养跟不上,难以有效地对基本状态数据开展全面、准确、深入的调研,也未能科学地对数据进行系统分析;另一方面,部分学校为应对外部评估,要求和组织师生补做试卷、论文,甚至编造虚假文件和数据,尽管国家一再强调"严肃评估纪律,杜绝弄虚作假",但这种现象仍未彻底杜绝。

第二,对数据采集重结果而轻过程,相对忽视了数据收集的管理和发展功能。首先,以"应付检查"的心态开展数据收集工作。由于认识和重视程度不够,部分高校将教学基本状态数据收集视为一项行政性工作,往往只关注数据所收集结果和任务完成情况。其次,数据收集队伍建设力度不够。高校教学状态数据收集工作队伍,多由各职能部门及教学单位原有的工作人员构成,这些人员由于缺乏数据收集的知识技能、专业素养,在实践中往往以完成任务为目标,未对数据做深入分析。最后,对数据利用程度不够。在部分高校,收集数据的价值仅在于"迎评",较少关注数据所揭示的问题,数据采集过程对学校宏观发展、管理服务、教育教学、学生指导等的管理与发展功能未得到应有的重视。

第三,数据采集过程对理顺学校内部各主体关系的作用未得到充分发挥。在数据采集工作中,促进学校内部各单位密切配合、协同推进,能够使其各行其是、各履其责,明确各部门的主要职责,理顺相互关系,推进各部门携手合作、协同创新。而在我国部分高校的数据采集工作中,这一作用未得到充分发挥。一方面,高校往往将数据收集作为一项行政任务分配到各职能部处,各二级单位也多仅在职责范围内行事,较少与其他部门协同合作;另一方面,即使部分数据收集需要多个单位合作,但由于缺乏统筹安排与完善的合作机制,各单位仍呈现出"单兵作战"的状况。

(四)教学监控信息化水平不高

教学监控是一项十分复杂的工作,充分借助现代信息网络技术,不仅能够有效节省人力、物力、财力,提高监管效率,而且能够及时反馈监控信息,改善教学活动。当前一些高校教学监控信息化水平亟待大幅提高。

第一,监控理念滞后,信息化建设意识不强。当前,部分高校管理者简单地认为,教学质量监控信息化就是监控手段信息化,就是简单地建几个网站、购置一些设备,忽视了教学质量监控体系内部子系统的信息化建设。甚至还有高校将教学质量监控工作简单地理解为"巡巡课堂""查查试卷""做做测评""写写材料"等事务性工作,工作难度不大、技术要求不高,并不需要进行信息化建设。在这种情况下,一些高校对教学质量监控信息化建设的投入不足,将本就有限的经费更多地投入到了校园基础设施和硬件资源建设上,致使教学质量监控信息化建设出现了参差不齐的状况。

第二,监控方式过时,效能低下。当前,一些高校教学质量监控手段依然比较传统,信息化、网络化、数字化程度较低。有的对教学监控信息化建设缺乏正确的认识,要么还没有相应的硬件设施,要么在设施的管理、使用、维护等方面仍比较滞后,更有部分学校管理人员信息素养不高,致使学校教学信息的收集、反馈、整理、分析等环节还主要依靠传统方式进行,教学监控体系运行效率太低,难以为教学活动的改善提供必要和及时的支撑。

第三,监控体系落后,信息化程度不高。构建规范、科学、高效的教学质量监控体系,必须加强信息化建设。当前,一些高校教学监控体系建设明显滞后。一方面,教学监控体系关键环节建设不健全。教学监控体系是由"信息收集—整理分析—决策执行—反馈改进"等关键环节构成的有机整体,缺乏某几个或一个环节都会影响监控效能,但从一些高校教学监控体系现状来看,分析机制、反馈机制、改进机制都有待强化。另一方面,教学监控体系信息化程度不高。从实际状况看,有的由于数据收集整理分析不及时、分析决策反馈速度缓慢,致使教学监控体系运行时效不强、效率不高,无法构成一个统一整体,影响了教学活动改进的及时性。

(五)教学反馈改进机制不健全

在本科教学质量保障体系中,教学监控反馈是学校获得专家专业意见、把握教学运行情况、明确实际问题的关键一环。当前有些高校本科教学反馈改进机制跟不上时代步伐。

第一,反馈信息内容不全、比较宏观,反馈与整改意见可操作性不强。全面的反馈意见是准确把握学校教育教学状况的基础,从一些高校教学质量监控反馈的内容看,反馈信息还不够细化、实践指导性还有待加强。部分高校过多关注教师课堂教学质量监控,相对忽视了课后学业指导等其他环节,且在信息反馈上常出现"只有收集,没有反馈"或"只有评分反馈,没有具体意见"等情况,提出反馈意见的部分也多仅立足于学校整体状况,从宏观角度对学校办学关键环节做出方向性的指导,而较少细化到教学具体环节,质量监控反馈对改善教学活动的指导作用有限。

第二,反馈及时性不够,对改进教学状况的时效性不强。一方面,教学质量监控还未常态化,监控多为事后监控。一些高校还未建立常态化的教学质量监控机制，学校教学监控多集中在每学年特定的时间段内，且质量监控工作持续时间不长，相对于学校教学活动来说，教学监控实效性不强。另一方面，教学质量监控反馈的及时性不强。一些高校教学监控信息反馈多以座谈会的方式进行，或将学校督导组的督导信息每月汇总后，通过评估中心或教务处下达到各二级教学单位，针对教师教学问题提出整改措施，这些传统的方式都影响了教学质量监控时效，难以促进教师及时改进教学状况。

第三，教学改进的持续跟踪监督机制不健全，未能有效落实反馈意见。多数高校教学督导意见反馈后，并未对教师教学改革状况做持续跟踪调查，反馈意见是否落实、教学状况是否改善都不得而知。有的高校还未健全完善教学改进监督机制，在实践中多通过教师或学生信息员提交的整改报告了解教学改进情况，并没有固定的制度安排。有的教学改进的奖惩机制不健全，教学改进或没有明确的奖惩措施，或因执行不严而使奖惩流于形式，影响了教学监控效能。

二、优化本科教学质量保障的路径策略

加强本科教学质量保障工作，既需要国家不断加强体制机制建设，更需要高校在国家政策框架下，强化教学质量标准建设、加强实践教学监管、挖掘教学状态数据、推进监控信息化建设、完善反馈改进机制，不断健全教学质量保障体系、增强保障能力。

（一）强化教学质量标准建设，增强精准性、适应性、指导性

首先，建立多元主体参与学校教学质量标准建设的体制机制。扭转教学管理者在标准建设中的“一言堂”状况，推动建立以主抓教学副校长为核心，各学科专业带头人、教育理论专家、教学一线教师为重点，教务处、各二级教学单位教务部门广泛参与的学校教学质量标准建设小组，在认真、全面、深入学习《普通高等学校本科专业类教学质量国家标准》的基础上，在全校范围内开展调研活动，根据学校教学实际状况，制定更加契

合校情、教情、学情的教学质量标准。

其次，努力搭建“以学生为中心、产出为导向、持续改进为目标”的教学质量标准内容框架。根据实际情况，将教学质量国家标准落细、落深、落实。坚持以学生为中心构建学校教学质量标准框架，关注学生学习、回应学生关切、服务学生发展、促进学生成长，将学生诉求作为评价教学质量标准的主要依据；坚持以学生学习成果评估为核心，关注学生在参与教学活动后知识、技能、情感、态度、价值观等方面的发展和成长；坚持以构建持续改进的内部教学质量保障体系为主要目标，将定期检查与常态监测紧密结合，促进及时评价、及时反馈、及时改进，不断改善学校教育教学活动，提高教学质量。

最后，质量标准建设要坚持原则性与灵活性的统一。既要牢树“兜底线、保合格”意识，明确教学质量标准要求，又要坚持“有弹性、留空间”理念，使质量标准“刚柔并济”，为教师教学实践留下一定的创生空间，使标准更加贴合教学实际。

（二）加强实践教学监管，提高实践教学质量监管效能

首先，提高认识站位，充分重视实践教学对立德树人的重要价值。大力加强教学督导员培训工作，突出强调实践教学的重要价值，促其将实践教学作为督导的重要环节；全面推进教师思想教育工作，广泛统一思想、凝聚共识、积聚力量，使其正确认识实践教学环节的重要价值，深入推进实践教学改革创新。

其次，加强制度建设，建立健全实践教学监控制度机制。加强统筹规划、完善制度设计，将实践教学环节纳入教学质量监控体系，并做出完善的制度安排，明确实践教学监控目标、科学设计监控方案、正确选择监控方法，适当提升实践教学监控评分在总体评分中的比例；大力推进实践教学环节纳入专业人才培养方案，以完善实践教学监控机制带动实践教学体系和人才培养模式创新。

最后，强化过程监控，形成多元主体参与的实践教学监控体系。推进建立二级学院、实践基地、教师、学生等多元主体参与的实践教学监控体系，实行实践教学质量监控责任制，明确各主体的监控责任，构建责任分化与质量监控相统一的体制机制；明确、细化实践教学的关键要素和主要环节，促使不同主体对实践教学全过程开展跟踪式监控，全面把握实践教学基本状况和主要问题；以实践教学监控为抓手，促进各方不断完善实践教学奖惩机制、加大政策支持、健全服务体系，为教师全面落实实践教学质量标准提供保障，推动实践教学改革创新，提高监控实效。

(三)深耕教学状态数据，发掘数据收集的发展改进功能

首先，正确认识教学状态数据收集的重要价值。正确认识教学基本状态数据收集对明确教学条件、把握教学状态、研判教学问题的重要价值，转“要我收集”为“我要收集”；促进成立由各相关部门工作人员组成的教学状态数据收集小组，加强技能培训，不断提升工作人员的专业素养；加强制度建设和统筹规划，建立基本状态数据管理机制，促使数据收集工作常态化，严格数据收集过程监控，坚决杜绝数据造假，提升数据质量。

其次，充分发掘教学状态数据收集的管理与发展功能。进一步加大教学状态数据收集的人力、物力、财力投入，设立状态数据分析与监测专项岗位，统筹全校数据收集与分析工作；明确制度要求，建立数据分析报告制度，推行主体责任制，促进教学状态数据收集与分析工作一体化；结合学校教改课题立项工作，设立教学状态数据分析专项课题面向全校招标，集中优势力量在学校各个层面开展专项调研，准确把握现状、明确主要问题、探讨解决策略，优化学校办学的整体状态。

最后，重视通过数据收集理顺各主体间的关系。加强数据收集工作的统筹协调，建立各二级单位数据收集的沟通、协商、合作机制，打破合作壁垒、打通合作渠道、打开合作格局；定期举行数据收集的协调、通报、反馈会议，通过明确主体责任、总结经验教训、推进协同创新；理顺学校内部各二级机构之间的关系，提升合作效能，聚力教育教学改革，不断提高学校人才培养质量。

(四)推进信息网络建设，提升教学监控过程信息化水平

首先，转变思想观念，牢树质量监控信息化意识。提升校领导的教学监控信息化认识水平，通过宣传教育和思想引导，提高各个层面上教学管理人员对质量监控信息化建设的认识、了解、重视水平,通过引进具有较高信息素养的人才和加大专业培训等方式,提高教学监控队伍信息获取、分析、处理能力,增强信息化水平;统筹规划全校信息化建设工作,突出教学及教学监控信息化建设,划拨专项资金用于教学监控信息系统建设、运行、维护,为信息化建设提供保障。

其次,创新监控方式,提高教学质量监控效能。创新监控理念,在教学质量监控各个环节充分引入信息网络技术,推进教学质量监控信息系统建设,努力实现教学监控方式、资料储存方式、数据分析方式、结果反馈方式等的信息化网络化,重视利用信息技术开展教学质量信息大数据分析,准确把握教学状况、明确教学问题;以全面管理理念为指导,善于借助信息手段对教学质量实施全员管理、全过程管理、全环节管理,实现全方位立体化质量监控,随时跟踪监测、及时反馈信息,全面提升监控效能。

最后,完善监控体系,构建适应信息化建设的监控体系。推进教学管理权力中心下移,构建以院系为核心的教学质量监控体系,扩大院系教学和管理自主权,在院系层面成立教学管理中心负责日常教务,开展全程跟踪、实施教学评价、做好教学服务。

(五)完善反馈改进机制,畅通本科教学质量保障"最后一公里"

首先,充分重视教学质量保障信息反馈环节,增强反馈信息的全面性、针对性、操作性。严格执行教学质量监控流程和实施办法,明确教学质量监控反馈的责任要求,督促学校教学督导组在立足于系统调研、全程监控、深入研究的基础上,为学校改进教育教学工作提出有针对性的整改建议;突出教师课堂教学质量监控信息反馈,结合教师课堂教学实际,针对教学关键环节存在的主要问题,为教师改善教学活动提出可行的建议。

其次,改善质量保障信息反馈方式,强化反馈时效。在常规教学质量监控工作中倡导现场反馈,鼓励和支持教学督导组在日常教学质量监控中一旦发现问题就及时反馈,建立督导组与教学相关责任人随时"约谈"制度,促进双方及时把握教学问题、探讨解决策略;借助网络信息平台及时反馈监控信息,畅通信息沟通渠道、提高反馈时效。

最后,完善教学改进跟踪监督机制,落实质量监控目标要求。实施课程责任制,落实院系的教师教学改进监督职责,建立教学质量改进持续跟踪与评价机制,对教师教学改进情况开展持续监督,督促教师全面落实教学监控信息反馈意见;建立健全教师教学改进奖惩机制,将教学改进状况与教师职称评定、绩效评估、奖项申报等挂钩,充分调动教师改进教学的能动性、积极性;进一步完善教师发展引导和支持机制,在督促教师专注改进教学活动的同时,促进教师主动提升教学素养和专业能力,为促进教学质量的持续提升打下坚实基础。

On the Foregrounding Problems and Optimization Solutions of the Maintenance of Undergraduate Teaching Quality

Zhou Haitao　Hu Wanshan

Abstract: It is an important measure to strengthen the maintenance of undergraduate teaching quality in order to first-class undergraduate education and accelerate the construction of "Double First-Class" plan. At present, there are some foregrounding problems in the maintenance of undergraduate teaching quality in domestic universities and colleges. The phenomena include: the unscientific construction of teaching quality standards, the inappropriate supervision of practical teaching links, the insufficient use of basic state data, the low level of monitoring information, and the imperfect feedback improvement mechanism. In order to further optimize the maintenance of undergraduate teaching quality, universities should strengthen the construction of teaching quality standards, strengthen the practice of teaching supervision, excavate the teaching state data, promote the monitoring information construction, improve the feedback improvement mechanism, and continuously improve the teaching quality maintenance system, and enhance supporting ability.

Key Words: undergraduate education, teaching quality, guarantee mechanism, "Double First-Class" construction

论基于能力本位的法学本科课程体系构建*

杜健荣**

摘　要:我国法学本科教育在人才培养目标上已经转变为应用型,但是现有课程体系由于仍然受限于以理论课程为重心的结构、以法律制度为主体的科目及以法律部门为导向的群组划分而难以对实践能力的培养提供有效支撑。对此,应当在调整理论课程与实践课程配比的基础上,有针对性地增加智能技能和实务技能训练课程,合理构建课程模块,通过推动法学本科课程体系转型提升应用型法律人才培养质量。

关键词:法学教育　应用型专业　能力本位　课程体系

一、问题的提出

近年来,中国的法学本科教育在人才培养目标上

---

* 基金项目:本文是云南大学2017年度教育教学改革研究项目"卓越法律人才培养的现状、问题及改革措施研究"(项目编号:2017Y01)的阶段性研究成果。

** 杜健荣,云南大学法学院副教授,法学博士。研究方向:法哲学、法社会学。

逐渐实现了从学术/理论型向应用型的转变。在新的人才培养目标指引下,在“卓越法律人才教育培养计划”等改革措施的推动下,法学本科教育的面貌发生了一定的改变。但是,相较于培养应用型、复合型人才的目标,实际的培养状况尚不能令人满意,其中一个关键问题在于学生的实践能力还没有在这一轮改革中获得明显的、整体性的提升。正如有研究者所指出的,有相当一部分学生“知道甚至可以背诵法律条文,但对怎样把它们用于法律实务不清楚;了解教科书讲述的道理甚至可以背诵课文的某些段落,但对怎样用它们来解释现实生活中的事务不明白”,①也即无法运用所学理论知识解决现实法律问题。造成这种状况的原因当然是多方面的,但是作为法学教育关键组成部分的法学本科课程体系负有重大的、不可推卸的责任。这一判断不仅可以从法学教育界对课程体系的众多批评中得到印证,也可以从受教育主体——法学专业本科生——的评价中获得说明,麦可思研究院发布的《2017 年中国本科生就业报告》就指出,法学专业学生对专业课程的满足度仅为 70% ,在所有接受调查的学科门类中排名最低(满足度指标是回答某课程能满足工作或学习的百分比,其数值越低说明课程对学生所能起到的帮助作用越小)。② 据此,我们有理由认为专业课程在法律人才培养(特别是法律实践能力培养)过程中发挥的作用尚不够充分。

这种状况的存在并不令人难以理解。从整个法学本科教育改革进程来看,课程改革的确具有一定的滞后性。在一系列改革措施包括教学方法的更新、“双师”型教师队伍的培育、校外实践基地的建设当中,课程改革的内容相对较为匮乏,在实践中仅涉及一些局部的调整。例如,提高实践课程的学分占比、增删个别课程科目等,而缺少具有前瞻性、全局性、根本性的举措。因此,虽然课程体系在外观上与过去有所不同,但是原有结构并没有真正改变。值得注意的是,教育部高校教指委于 2018 年 4 月发

---

① 徐祥民:《建立专门导师队伍,提高法律实践课教学质量》,载《中国大学教学》2017 年第 6 期。

② 参见麦可思研究院:《2017 年中国本科生就业报告》,社会科学文献出版社 2017 年版,第 170 页。

布了《普通高等学校法学类本科专业教学质量国家标准》,对法学本科教学工作进行了重新规范,其中在课程部分提出了若干新的规定及要求,可以被看作教育主管机关对当前法学本科课程所面临困境的一种回应,但由于其只是一份“基础标准”,需要照顾到所有法学院系的情况,因此所提出的方案虽然较过去有所进步,但是仍然存在局限。由此看来,要完成《中共中央关于全面推进依法治国若干重大问题的决定》所提出的“创新法治人才培养机制”“形成完善的中国特色法学理论体系、学科体系和课程体系”的要求,实现应用型法律人才的培养目标,法学本科课程仍需继续改革。

法学本科课程应当如何改革?这一点在目前尚未形成共识,而造成这一状况的一个重要原因在于法学教育界尚未对此展开足够充分和深入的研究。当然,有关法学本科课程改革的论述并不鲜见,但是其中大部分要么只是在对法学教育的整体性诊断中被作为一个环节简单提及,要么只是围绕课程体系的某个部分(如专业核心课程)或某门具体课程而展开,而未提出整体性的改革策略。少数一些宏观性研究虽然指出了当前课程体系中存在的种种不足,也提出了相应的意见和建议,③但是由于缺乏明确的问题意识和统一的理念指引,在问题的总结和对策的提出上显得较为松散,对改革的指导作用同样有限。这意味着我们应当重新定位法学本科课程体系面临的核心问题,并提出系统性的解决方案。在笔者看来,在人才培养目标转变的大背景下,课程体系面临的最大问题在于如何处理好理论知识的传授与实践能力的培养之间的关系。作为在课程体系的各种构成要素(如课程类型、科目)之间所形成的一种稳定的、被广泛接受的结构,课程体系在很大程度上决定着教学的内容和教育的效果。因此,当旧的模式不再适应专业发展需要时,就有必要以新的模式来加以取代。正是基于这样的认识,本文试图在对法学本科课程传统模式的特

---

③ 这方面的成果主要有刘坤轮:《我国法学类专业本科课程体系改革的现状与未来——以五大政法院校类院校为例》,载《中国政法大学学报》2017 年第 4 期;王毅、宋丽丽:《法学本科课程体系设计改革思考》,载《扬州大学学报》(高教研究版)2014 年第 4 期;贺绍奇:《社会需求导向下的法学本科教育课程体系设计——进一步深化法学本科教育改革的进路》,载《河北法学》2013 年第 5 期等。

点及限度进行分析的基础上,借助教育学中日益受到关注的“能力本位”理念,探索以能力本位观念引导法学本科课程体系转变的可能路径。

二、传统法学本科课程体系的特点

我国法学本科教育在课程设置上具有较高的同质性,各法学院系不仅划分相同的课程类别,也开设相似的课程科目,这意味着它们共享了同一种专业课程设置的模式。该模式以塑造学生的理论知识框架和体系为目标,强调基础理论知识的系统性和完整性,严格按照学科体系来进行课程设置。这些基本立场塑造了法学本科课程体系在以下几方面的特点:

(一)以理论课为重心的课程结构安排

长期以来,我国的法学教育将基础理论课程作为整个课程体系的基础和核心。在传统观念中,只有系统、全面地掌握了基础理论知识,才能形成相应的知识结构与体系,才能应对现实生活中的具体法律问题,因此在设置课程时也就不可避免地向理论课程大幅度倾斜。加之随着法学理论和法律实践的发展,法学分支学科不断增加,造成专业理论课程体系的不断膨胀。在当前的法学本科课程设置中,除各校内部统一的公共课程外,专业课程主要由理论课程和实践课程两部分组成,其中理论课程又分为专业核心课程和专业选修课程。实践中这几个类别的课程在学分安排上有一定规律,一项关于 31 所高校法学专业学分分布的研究表明,虽然不同类型的高校之间存在一些差异,但是总体来看专业核心课程学分普遍在 60 分至 70 分,专业选修课程学分多在 20 分至 30 分,实践课程学分则基本在 20 分左右。④ 由于专业核心课程与专业选修课程通常同属理论课程,因此理论课程的总学分达到了 80 分至 90 分(虽然教育主管部门要求理论课程中都要有实践教学环节,但是在实际工作中较少得到落实),是实践课程的四到五倍。在大量学分的支撑下,法学专业理论课程科目

---

④ 参见屈茂辉、陈锦红:《应用型复合型卓越法律人才培养方案研究》,载《大学教育科学》2015 年第 2 期。

繁多、体系庞大，有的法学院系的理论课程多达数百门，构成了专业课程中的绝对主体。与此同时，由于学分有限，实践课程的内容大多较为简单，除专业实习与毕业论文等环节外，许多法学院系仅开设模拟法庭和法律诊所课程，普遍存在“每个阶段实践课程比较单一，法律实践课程与理论课程设置、法律实践课程之间缺乏衔接，在学生从认知到实战实践能力提升过程中，没有形成递进性、阶段性实践课程模块，模块内未形成实践课程群”的现象。⑤

（二）以法律制度或法学分支学科为主体的课程科目设置

随着社会的发展与知识的积累，各学科内部逐渐形成复杂的分支学科体系，以学术/理论为导向的课程体系要将本学科的知识全面地传导给学生，势必就要以各分支学科作为课程设置的重要依据。这一描述同样适用于法学本科课程，只是对于法学专业来说，由于其分支学科主要依据各法律部门来构建，而法律部门又建立在相关法律制度之上，因此法律制度成为课程科目的主要来源。综观各高校法学院系的课程计划，以某一法律制度为名的课程占了绝大多数，教育部规定的 16 门专业核心课程自不待言，专业选修课中常见的诸如立法法、婚姻法、公司法、证券法、票据法、保险法、仲裁法、劳动法、税法、海商法、民族区域自治法，以及比较宪法、比较民法、外国刑法、外国知识产权法等都是如此。而那些不依托于特定法律制度的课程，通常也与法学中的理论性分支学科相对应，如法律思想史、外国法制史、犯罪学、证据学、刑事侦查学等。在这种情况下，其他类型的课程，如练习类、方法类、跨学科类课程，数量就必然较为有限。就练习类课程而言，那些与专业课程相结合、以训练法律运用能力为目的的“案例研习”式课程在大多数法学院系中付之阙如；就方法类课程而言，除了“法学方法论”等少量课程，许多与法律实践方法相关的课程也没有进入教学计划；就跨学科课程而言，虽然许多高校对此有一定的学分要求，但是在实际操作中往往异化为“外专业课程”，真正体现法学与其他学科之间互动性的交叉课程反而较少得到开设。

---

⑤ 白硕：《法治中国语境下的法学本科实践教学困境与突破》，载《法学教育研究》2017 年第 1 期。

(三)以法律部门为导向的课程群组划分

随着学科体系的不断发展,相关课程科目的不断增加,专业选修课程的数量通常都会大大超出学生需要修读的数量,为了避免学生在选课时出现随意、盲目等问题,许多专业都会对选修课程按照一定的标准进行群组划分。在法学专业传统课程体系下,这种划分通常都是以学科内部的结构作为依据,并以学生对各个群组的平均修习作为基本要求。在当前的法学教育中,课程群组概念尚未普及,许多法学院系的专业选修课程仍是以"平铺直叙"的方式加以开列,但是从那些已经划分课程群组的院系来看,其具体操作仍然体现了明显的学科本位特征,主要表现为它们基本上都是按照法学分支学科的构成基础——法律部门——来进行划分,只是在划分的粗细程度上有所不同。例如,清华大学较为细致地划分了法理学、宪法与行政法、民法、商法、刑法等 14 个课程组;西南政法大学在对各个法律部门进行初步整合后设置了行政法与理论法、民事法律、刑事法律、经济法律及国际法 5 个板块;武汉大学和浙江大学则以一种更为概括的方式分别将专业方向课分为公法和私法、理论法学和部门法学两个课程组。此外,这些院系在课程群组的选课规则上也基本一致,即要求学生在每一个群组中都要修够相应学分方能毕业。从一般意义上说,这种安排的目的在于保证学生对法学各领域都能有基本的涉猎,不会因为自由选课而造成各科知识的不均衡。但值得注意的是,这种划分方式也受到前述课程结构和类型的影响,在课程结构高度封闭和课程类型高度单一的情况下,以课程内容作为分类标准几乎就是唯一的选择,同时群组作为一种框架反过来也会强化既有的课程结构和类型,使新类型难以进入到既有体系当中。

这种明显偏向学术/理论的课程体系,与传统大陆法系法学教育的课程设置有较强的亲缘关系。实际上,法、德等国的法学专业课程时至今日仍然对于理论课程的主体性及理论知识的体系性有着强烈的偏好,正如有研究者所指出的,法国的"法学教育中根据体系性的追求安排课程设置、教学方法、教师共同体三个方面。于是,一致、清晰的体系目标导致了三种实践后果:更长时间的系统学习、在阶梯教室授课和书本上的法而非实践中的法”。[⑥] 同时,这种模式的形成也与我国的实际情况有关。长期以来,我国的法学教育都是以理论型人才作为主要培养目标,特别是在20世纪七八十年代法学教育恢复后的一段时间中,由于法律制度和法学理论的不成熟、不完善,一方面急需具有较高理论水平的立法、行政及法学教育方面的人才,另一方面在客观上也不具备培养应用型人才的条件,因此以理论为中心的课程体系就成为一种最优的选择。它不仅能够为学生提供较为完整的学科知识框架和对各种法律制度及其理论的广泛认知,而且能在一定程度上促进各法学院系在课程上的统一,为人才培养质量提供保障,因此这一模式被确立起来并对我国法学教育的恢复与发展起到了积极的作用。问题在于,随着法治化进程的提高,以及法学教育的快速发展,法学本科人才培养目标发生了向应用型人才的转变,实践能力成为了人才培养的核心。在这种情况下,既有模式的内在局限也就不可避免地显露出来:首先,这种模式难以有效提高学生的法律实践能力。虽然有研究者认为扎实的理论基础是解决所有法律实践问题的关键,但值得注意的是,基础理论并不能自动转化为解决问题的能力,法律人所需要的各种技能,诸如法律文书撰写、法庭辩论、法律谈判、合同审查,都必须通过相应的训练和实践才能获得,在传统课程体系中,这类课程并没有足够的存在空间,因此学生的实践能力也就难以获得提高。其次,这种模式难以回应社会对法律人才的现实需求。传统课程体系由于注重学科知识框架的建立,在课程设置上更关注体系的清晰和逻辑的自恰,因此造成一定的封闭和僵化,其中最突出的表现就是和现实脱节、对现实问题回应乏力,这使所培养的法律人才在毕业后难以适应发展迅速的法律职业和法律实践。最后,这种模式不利于深化法学教育其他方面的改革。作为教育教学中的关键部分,课程设置对教学方法、考核方式都会构成一种限定。在传统课程体系下,理论课程和学科课程占据了绝对的主导地位,这使以讲授为主的教学方法和以记忆、背诵为主的考核方式仍然大行其道,新的方式方法则缺乏发展的空间。从这几个方面来看,我国现有的法学

---

⑥ 朱明哲:《全球化背景下的法国法学教育——体系性追求及其面临的挑战》,载黄进主编:《中国法学教育研究》(2017年第2辑),中国政法大学出版社2017年版,第169页。

本科课程体系不仅无法促进应用型人才的培养,反而有可能构成一种阻碍。

三、以能力本位为导向的课程体系构建

前文的分析表明,要培养应用型法律人才,需要新的课程体系作为支撑,而这种新模式应当以能力本位理念作为基础。作为一种受到广泛认同的教育理念,能力本位的核心在于"以从事某一职业所需要的能力为出发点来定位培养目标、设计教学内容、确定教学方法、管理教学过程、评估教学效果"。⑦ 这种理念源于20世纪90年代欧美国家职业教育的发展,并在1999年签署的《博洛尼亚宣言》中得到进一步的确认,近年来在我国则被广泛应用于各级各类教育教学活动当中。与理论/学术本位不同,能力本位理念虽然也重视理论知识的习得,但更强调理论与实践的结合,注重将理论知识转化为解决实际问题的能力。这种观念应用于法学本科课程改革,主要指向了对学生实践能力培养课程的丰富与充实。这种思路也契合于教育部在《关于引导部分地方普通本科高校向应用型转变的指导意见》(2015年)中提出的"以社会经济发展和产业技术进步驱动课程改革,整合相关的专业基础课、主干课、核心课、专业技能应用和实验实践课,更加专注培养学习者的技术技能和创新创业能力"的要求。这种以能力本位为基础的课程体系改革要求我们主要做好以下几方面的工作:

(一)合理配置理论课程与实践课程

改变既有课程体系的第一步是对课程结构进行调整,主要是减少必修的专业核心课程,增加实践课程。虽然理论基础对于应用型人才培养来说不可或缺,但是是否需要如此大量的理论课程是值得商榷的。实际上,专业核心课程的科目设置与课程数量的合理性已经受到了诸多质疑。例如,王晨光教授就曾尖锐地指出:"所谓法学核心课程不断增加,几乎面

---

⑦ 韦文联:《能力本位教育视域下的应用型本科人才培养研究》,载《江苏高教》2017年第2期。

面俱到；但其确立学科地位的功效往往超过了探究法学教育规律的功效。”⑧的确，当前的专业核心课程并不见得都具备“核心”的价值与功能，将其中一部分改变为专业选修也不会对人才培养质量产生实质性的影响。也正因为如此，一些研究者提议适度减少专业核心课程的数量，为其他类型的专业课程提供更大的空间。例如，刘剑文教授提出：“在现有核心课程的基础上，从中遴选和提升 7 ~ 8 门为‘一类核心课程’，锻炼提升本科生的法学素养和法律思维。余下核心课程和新增加核心课程为二类核心课程……学生根据职业需要和个人学习兴趣在二类核心课程体系中可以自主选择但不得少于4 ~5 门课程。”⑨只是这些呼吁一直以来都没有得到政策层面的积极响应，虽然《普通高等学校法学类本科专业教学质量国家标准》将原先16 门核心课程改为“10 + ×”（在10 门统一的核心课程基础上，再由各高校自行确定不少于 5 门的课程），有可能起到一定的精简作用，但是这一规定的目的主要仍然是赋予各法学院系自行确定部分核心课程的自主权，而非对课程数量的削减。

这一转变之所以难以实现，主要是因为仍然有相当一部分研究者和管理者都认为减少理论课程会影响理论基础的构建，造成“舍本逐末”的后果。这种担忧虽然不无道理，但在某种程度上也与对实践课的内容及实践课与理论课的关系存在一定误解有关。在通常意义上，人们都将实践能力等同于职业能力，将实践课等同于职业训练课程，进而认为职业能力、职业课程与学习能力、理论课程是迥然不同的两种类型。这种对实践能力的理解过于狭隘。实际上，实践能力至少包括两个方面的内容：智能技能和实务技能。⑩ 智能技能是指理论联系实际的能力，包括分析、推理、解释、论证等，本质上是一种“使用符号的能力”；而实务技能则是指开展具体工作时所需要的技术和技巧，包括起草法律文件、法庭辩论、提供咨询、进行调解等，本质上是一种“具体操作”的能力。其中，智能技能训练

⑧ 王晨光：《法学教育的宗旨》，北京大学出版社 2016 年版，第 81 页。

⑨ 刘剑文：《供给侧改革下法学本科核心课程的结构调整》，载《政法论丛》2017 年第 3 期。

⑩ 参见何美欢：《理想的专业法学教育》，清华大学出版社 2016 年版，第 7 页。

课程与基础理论课程之间存在密切的关系,因为智能技能课程是训练学生将所学到的抽象的理论知识转变为具体的分析和判断,是学生真正“掌握”理论而非仅仅“知道”理论的一个必经环节。因而将一部分理论课程的学分转而用于智能技能类实践课程,不仅不是对理论基础的削弱,反而是一种加强和巩固。当然,这样做的确会造成某些理论课程不再被普遍地讲授,只是我们也需要认识到,在法律制度、法学理论不断发展和完善的当下,希望通过课堂教学面面俱到地灌输知识已不现实,越来越多的知识只能由学生自主学习。基于这样的认识,笔者认为在专业课体系中,理论课与实践课应当按照 6∶4 左右的比例来进行配置,即安排 60% 的学分用于以理论知识传导为主的传统型讲座课,20% 的学分用于与基础理论课相配套的智能技能训练课,剩下的 20% 则分配给与法律职业活动有关的实务技能训练课。这样的设计既体现了理论课程的基础地位,也给实践能力训练留出了足够的空间。

(二)丰富实践能力训练课程

由于实践能力具有双重内涵,因此以能力为导向的课程设计与开发会催生出多样化的课程类型。近年来,关于增加实践课程学分的呼声不断高涨,并在一定程度上得到了制度性的回应,包括卓越法律人才教育培养计划及《普通高等学校法学类本科专业教学质量国家标准》都明确提出实践教学课程累计学分不少于总学分的 15% 。但是也需要认识到,仅有学分的提升并不足以真正改变实践课程的质量,关键的问题还在于如何根据不同类型实践能力的内容来合理设置实践课程。

第一,智能技能培养课程的设置。从国外经验看,对智能技能的培养主要依靠“研讨课”“练习课”等课程,这类课程的特点是与主要的基础理论课相对应,采用小班教学,由教师或高年级研究生带领学生结合案例开展分析、写作和讨论等工作。由于这类课程在我国法学本科传统课程体系中较少出现,因此课程改革首先需要在这个方面加以弥补,即针对主要的部门法课程开设相应的案例研习/练习课。例如,民法案例研习、刑法案例研习等。近年来,有一些法学院系引入了此类课程,这种做法值得肯定和推广。同时,为了使智能技能培养的效果得到保障,还需要强化方法类课程和跨学科课程作为支撑:方法类课程主要指为学生完成某一专业化法律活动提供方法支撑的课程,主要包括针对司法过程中法律推理和法律论证的法律逻辑学、针对法律解释和法律漏洞填补的法律方法论、针对各种诉讼材料和司法判决写作的司法文书,以及针对法律资源及文献获取的文献资料检索等,这些课程对于智能技能的养成具有直接的指导意义;而跨学科课程的一个重要特点在于突破法学学科的思维方式和理论框架,以其他学科的视角、眼光来看待法律,这种类型的课程包括法律社会学、法律经济学、法律政治学,以及法律与互联网、法律与科学技术等,不仅有助于培养学生的反思精神,也有助于提高学生进行法律分析、论辩及写作的能力,因此也应当在课程计划中加以补充。这意味着在增加智能技能课程的同时,也需要对理论课程体系的内容进行一定的调整和充实。

第二,实务技能训练课程的设置。近年来,对实践能力的强调主要偏重于实务技能,对实践课程15%的学分配比也基本用在了实务技能训练课程之上。但值得注意的是,目前对此种类型课程的建设还存在很大不足,这主要是因为对培养方式和手段的认知都还十分有限。从本质上看,实务技能的训练与智能技能训练不同,它"必须要以法律职业的法律实践为核心要义,遵守实际操作的流程,采用仿真、全真、模拟等多种形式,进行真正场景化的法律实践教学"。⑪ 与这一要求相比,当前实际开设的课程无疑显得太过简单,许多法学院系往往以模拟法庭、法律诊所、专业实习作为该类课程的全部内容,对于不足学分15%的部分,则常常通过增加单门课程的学分来解决,这种做法对于课程的改革和完善并没有实质性的帮助。实际上,实务技能培养至少包括两种类型的课程可以选择:全真型与仿真型。全真型课程包括法律诊所、法律援助、法律咨询、专业实习等,仿真型课程包括模拟审判、模拟立法、模拟听证、模拟谈判、模拟执法等。从提高培养质量的角度看,这些课程应当尽可能地都被纳入课程体系,由学生根据自己的职业规划和兴趣爱好进行选修。值得注意的是,实

---

⑪ 刘坤轮:《我国法学类专业本科课程体系改革的现状与未来——以五大政法院校类院校为例》,载《中国政法大学学报》2017年第4期。

务技能课程应当有足够的覆盖面,当前一些法学院系的实务技能课仅能覆盖少数学生,无法起到全面培养人才的作用,因此至少应当保证每名学生在学习期间至少选修 2 ~ 3 门这样的课程。

(三)合理构建课程模块

《普通高等学校法学类本科专业教学质量国家标准》提出"专业选修课程应当与专业必修课程形成逻辑上的拓展与延续关系,并形成课程模块(课程组)供学生选择性修读",这对应用型法律人才的培养具有十分重要的意义,因为"模块化课程是在能力本位课程观指导下重构的一种新的课程体系。它的构建基础和出发原点是能力本位课程观"。⑫ 正是因为与能力本位之间的密切关系,课程模块具有了与课程群组明显不同的特点:一是内容的综合性,即模块并不以某种课程类型为限,而是在能力目标导向下集合多种不同类型甚至不同性质的课程;二是面向的多样性,即课程模块虽然都以能力培养为目标,但是由于其服务于不同职业领域或环节,因此各个模块所意图培养的能力各不相同。对于法学专业来说,课程模块的设置首先需要确定所培养的应用型人才的主要职业领域,并根据职业领域的能力需求来对理论课程及实践课程进行综合性的安排。在这方面,我国台湾地区政治大学法学院的做法颇具代表性,该校除选择一些传统基础科目作为必修外,专门开设了"法学"(面向司法机关)、"财经法"(面向公司企业)、"法制"(面向行政机构)三个相对必修学程,⑬在每一个学程中整合相关课程,使之形成一个不同于传统课程群组的、具有一定综合性的集合,并通过要求学生在这些学程中选择其一并修满相应学分,学生既学习了某一法律领域的基础理论,也能够学习相应的智能技能和实务技能。这种做法值得我们借鉴。实际上,从就业去向及工作内容来看,大陆法学教育的情况与上述学程的面向具有较强的相似性,毕业生在就业上同样主要去往司法机关、行政机关及公司企业。因此,在设置

---

⑫ 余国江:《课程模块化:地方本科院校课程转型的路径探索》,载《中国高教研究》2014 年第 11 期。

⑬ 参见陈洸岳:《政治大学法学院大学部课程改革》,载陈惠馨主编:《法学专业教育制度比较——以法学教育改革为核心》,台北,台湾政治大学出版社 2010 年版,第 147 页。

课程模块时可以考虑建设"诉讼法务""企业法务""政府法务"等几大模块,在每个模块内规划一系列包括基础理论课、练习课及实务课在内的课程,由学生根据自身兴趣爱好、未来就业规划进行选择,在选定后按照模块内部规划进行系统性的学习,使理论知识与实践能力获得贯通式的培养。

总之,以能力本位为引领的课程体系改进是一项系统性工程,只有教育主管机关和各法学院系共同行动,对课程的各个组成部分进行深入改造,才有可能实现课程体系的改变。值得注意的是,由于法律实践能力的多样化特质,以能力本位为基础的课程体系并没有统一的版本,本文所提出的只是一个基本的框架,其具体内容需要各法学院系根据自身实际情况如师资条件、办学特色、发展规划等加以填充。这意味着在改革方向和路径确定之后,我们还需要不断探究各种具体情况下的实现方式并加以落实。从这个意义上说,关于课程体系改进的研究和实践都还任重而道远。

On the Construction of Capability-Oriented Course System for Law School Undergraduates

Du Jianrong

Abstract: The goal of Chinese law school undergraduates' education has been transformed into an application type. However, the existing structure of theory-centered course system is still very limited, and the subjects with the major content on legal system as the main body, and the course group division based on departmental law orientation also have great confinements in education. This division does not provide effective support for the cultivation of students' practical capability. In this regard, the author believes that on the basis of adjusting the proportion of theoretical courses to practical courses, the intelligent and practical skills training courses should also be added to realize the educational objectives. In addition, the curriculum modules should be rationally constructed to promote the training of applied legal talents by promoting the transformation of the course system of law school undergraduate education to improve the cultivation quality of the applied legal talent in our country.

Key Words: legal education, applied majors, capability-oriented, course system

互联网技术融入法学教材的内在需求、挑战与制度保障*

荣振华**

摘　要:互联网技术融入"马工程"核心法学教材的尝试符合国家对创新法治人才培养目标的发展需求,满足了传统法学教材内在改革的需求,同时也对传统法学教材编写团队、教材编写主体义务、教材编写合同及相关的激励机制提出挑战。为了使互联网融入法学教材的优势得以充分发挥:法学教材的编写主体不仅需要具有把控专业前沿动态的能力、丰富的教学经验,而且需要具有教育信息化运用能力和组织协调能力;出版社一方面培育网络数据编辑,以保证互联网拓展内容与纸质教材相关知识点的正向关联性和无知识产权争议性,另一方面优化改良版税的计算方式,以体现对相关编写主体付出

* 基金项目:2018年中国高等教育学会高等教育科学研究"十三五"规划重点课题2018年度信息化专项课题"教育管理信息化视阈下高校治理现代化回应机制研究"(项目编号:2018XXHZD 07)阶段性成果。2018年辽宁省普通高等教育本科教学改革研究项目(跨校课程类):"'商法'精品课共建应用现状反思高校跨校修读制度的建构与完善"阶段性成果。2018年辽宁省普通高等教育本科教学改革研究项目"共建共管共享的校外实践教育基地治理机制研究"(4~10)阶段性成果。

** 荣振华,大连医科大学副教授,法学博士,大连海事大学博士后。研究方向:民商法、卫生法、教育法。

的正向评价;高校内外部教材考核激励机制需要重新修订,促使优质的高校教师团队主动参与互联网融入教材的编写工作之中,有利于"互联网+"教材体系的发展,进而实现法治创新人才的培养。

关键词:互联网技术　法学教材　创新法治人才　持续性合同　保障制度

一、问题的缘起

法学教材建设是法学教育永恒的工作任务。法学教材不仅是法学知识传承的载体,而且是规范教学内容和提高教学质量的关键。① 其承载着传承法律文化、传授法学知识、引导法学师资、提供法学发展方向等四方面教育使命。② 基于此,无论是国家行政管理部门还是法学教育界都对法学教材建设给予高度的重视。

20世纪80年代,法学教育百废待兴,以多元化多形式法学教育体系发展为目标,司法部法学教育编辑部牵头,组编了不同层次与不同内容的法学教材,这些教材虽然存在专业与思想的积淀不足等问题,但为法学各门课程建设奠定了一定的知识框架与理论基础。20世纪90年代末至21世纪初,教育部以系统培养法学专业人才为目标,确定了法学14门核心课程,在教育部规划与管理下,各出版社组织编写了多种形式的法学教材。这次教材的编写,无论是内容上还是专业性上都有很大的提高与改进。2004年中共中央发出《关于进一步繁荣发展哲学社会科学的意见》,提出实施马克思主义理论研究和建设工程(以下简称"马工程")教材,同年4月提出有组织与有计划地编写覆盖哲学、政治学、法学等学科专业的"马工程"教材,2010年法理学"马工程"教材在全国高校投入使用。2014年10月中国共产党第十八届中央委员会第四次全体会议审议通过的《中共中央关于全面推进依法治国若干重大问题的决定》提出"创新法学人才

① 参见王利明:《民法》(第6版),中国人民大学出版社2015年版,总序言。

② 参见胡玉鸿:《试论法学教材的编写目的》,载《华东政法学院学报》2004年第3期。

培养机制,培养造就一批熟悉和坚持中国特色社会主义法治体系的法治人才和后备力量……坚持用马克思主义法学思想和中国特色社会主义法治理论全方位占领高校、科研机构法学教育和法学研究阵地……组织编写和全面采用国家统一的法律类专业核心教材”。随后,国际公法学、经济法学、国际经济法学、行政法与行政诉讼法学等课程推进“马工程”教材,并已经投入使用。这些“马工程”教材不仅凝聚了法学界的权威人士的力量,而且具有同类教材难以比拟的系统性、全面性与深度性,并将互联网技术融入法学教材的编写体例之中,拓展了法学教材内容和表现形式。

在国家宏观教育政策的引导下,法学教育工作者对法学教材的建设也进行了反思与研讨。其中,有些学者对法学教材存在的共识问题进行反思。杨军提出我国法学教材编写存在质量差异大、重基本原理与基础知识的传授而轻职业能力培养、教材内容重复而缺乏规范性、教材编写与学术研究缺乏沟通与关联、教材语言缺乏生动性并对现实与热点关注较少等问题,并针对这些问题提出法学教材的编写应以学生利益为导向,兼顾法学知识的传授与司法技能的培养,以及教材中融入学术科研等改革措施。③ 胡玉鸿提出法学教材应以学生为主体,以职业角色作为贯穿教材编写的主旨,以法律问题为主线,以职业能力提高作为教材的主攻方向。④

有些学者对某类课程教材建设情况进行分析。蒋悟真和张坚分析经济法学教材存在质量参差不齐、总论弱化与分论理化程度不高、实用性差等问题,提出加强总论与分论理论衔接及优化经济法教材体系结构等建议。⑤ 丁彩霞认为经济法学教材在编写中要考虑教材的适用对象,要把握理论性、适用性与拓展性的适当衡平,并保证经济法教材的及时性和新颖

③ 参见杨军:《论我国法学教材编写存在的问题及解决》,载《中国大学教学》2014 年第 6 期。

④ 参见胡玉鸿:《试论法学教材的编写目的》,载《华东政法学院学报》2004 年第 3 期。

⑤ 参见蒋悟真、张坚:《经济法学教材建设若干问题探讨》,载《中国大学教学》2011 年第 5 期。

性。[⑥] 徐晓分析商法学教材建设存在商法总论弱化且与商法部门法脱节、商法部门法划分缺乏统一性等问题,提出商法学教材建设应当将重心放到总论部分,并注重商法的实践性,同时明确商法的部门法范围。[⑦] 王奇才认为法理学教材应体现法理化、科学化、现代化,不仅要充分反映与体现中国法治建设与研究的新成果与新成就,而且要高度重视和深入研究新时代法治人才需求的新趋势和法理学教学环新条件等。[⑧] 高路和李浩通过样本分析与问卷调查的方式,分析民事诉讼法学教材存在重数量轻质量、追求教材厚度而忽视教学需求、重基础理论而轻司法实践、重知识传授而轻方法培养等问题,提出改变高校学术评价机制,增强编写本科教材的精品意识,要求教师树立"授人以渔"的教学观念,加强对方法论知识的传授,适度增加司法实践方面的知识等改革建议。[⑨]

还有些学者将我国法学教材与其他国家法学教材进行比较,对德国法学教材理论中心建构体系与美国案例式教材体系的优缺进行评析,提出我国法学教材的规划主导应向市场主导转变,法学教材编写体系由法条解释向理论诠释、案例剖析转变,由教学上的"本本"向参考资料转变等改革措施。[⑩]

仔细盘点国家关于法学教材的引导政策,以及法学教育工作者对法学教材的检省与分析的智识性成果,不难看出,法学教育工作者对法学教材存在问题的认知,与国家政策对法学教材的引导存在一定的偏差:多数法学教育工作者对法学教材存在问题的认知偏重于教材编写目的、编纂体例、编写内容及适用对象等静态因素的思考,而国家政策对法学教材的

---

⑥ 参见丁彩霞:《经济法学教材编写三论》,载《内蒙古师范大学学报》(教育科学版)2012年第7期。

⑦ 参见徐晓:《商法学教材建设的困惑与思考》,载《中国大学教学》2010年第5期。

⑧ 参见王奇才:《法理学教材的新时代定位》,载《中国大学教学》2018年第5期。

⑨ 参见高路、李浩:《高等教育中民事诉讼法学教材调查研究》,载《现代大学教育》2015年第2期。

⑩ 参见李慧敏、夏阳:《中、美、德三国法学专业教材比较研究》,载《山西财经大学学报》2012年第4期;高等教育教材考察团:《学习国外先进经验促进我国教材建设》,载《中国大学教学》2003年第2期;周嘉硕、杨玲:《中外大学教材差异研究》,载《首都经济贸易大学学报》2007年第4期。

引导是以“创新法治人才培养”为目标,这个创新并非静态的描述,而是以动态发展为人才培养目标。这种动态视角要求法学教材不能简单地将教材建设局限于“静态因素”的完善,还要考察动态变量的影响。以“马工程”法学教材为例,国家教材相关部门一方面通过严格的教材立项审批程序,凝聚全国最优秀的法学教学与科研力量,成立专门的教材编写课题组,汲取多方智慧,纠偏现行教材质量参差不齐和多数教材内容与体例重复雷同的问题,另一方面将互联网技术融入“马工程”教材建设之中,通过互联网技术形成立体化教材体系,增强教材的实践性和时效性。“马工程”法学教材中引入互联网技术的创新形态,弥合了法学教育工作者对法学教材静态问题意识认知与国家对法学教材动态引导方向的偏差,破解了传统法学教材发展中自身无法突破的困境,符合法学教育发展的内在需求。然而,互联网技术渗透至法学教材属于一项系统性工程,其对传统教材的编写主体、编写体例与内容,以及编写合同内容和编写教材激励制度提出新的挑战,如果相应制度缺位,互联网技术不仅不能破解传统法学教材发展中的困境,还可能会滋生新的问题,进而使互联网融入法学教材的正效应无法释放而流于形式。

二、互联网技术融入符合法学教材发展的内在需求

(一)互联网技术破解了传统法学教材的内在矛盾

法学教育工作者希望传统教材的应然功能是既能够系统性介绍法律原理、概念和规则,使学生系统地掌握法学知识,培养学生的法律思维和逻辑,又能够训练学生实际应用能力和法律技艺的学习,培养学生职业技术与司法伦理,还能体现法学学术研究前沿,使学生了解法学理论研究动态。⑪ 法学教材出版社希望法学教材能够得到市场认可,满足其营利性目的的同时,也能够实现法学教材所依附的其他功能。然而,如果按照法学

⑪ 参见白小平:《法学本科教育的矛盾与教育教学方法改革——以本科生导师制实践为例》,载《高教论坛》2018 年第 8 期。

教育工作者所设想的教材功能进行教材编写工作，必然会增加法学教材的厚度，过厚的法学教材很难得到从事教学工作的教师和接受法学教育的学生的认可。从事教学工作的教师既希望上述教材功能能够在教材中得以体现，又需要考量课时安排与教材容量把握的问题。现实操作中，后者常常是教师选用教材时首要考虑的因素。由于学生对教师教学能力的评价是考核教师工作能力的重要环节之一，如果教师选用过厚的教材，而实际授课过程中只讲局部，必然会引发学生对教师选用教材能力的质疑。学生本身对过厚的教材也容易产生“望厚书生怯”的情绪，加之近些年修法频率比较高，一旦法律修订，教材中的部分内容便需要修改，学生从经济成本视角出发，也不愿意花过高的价钱购买过厚的教材。由于过厚的教材不能得到从事教学工作的教师和接受教育的学生的认可，教材出版社必然会重新对教材的厚度进行评估，对教材的多功能目标进行取舍，进而出现法学教材应然承载功能与实然表现形式之间的矛盾，而这个矛盾仅凭借传统教材自身，已经无法实现自我突破。

传统教材的上述内在矛盾，因互联网技术的植入而不攻自破：互联网技术融入法学教材，不仅改变了知识信息的生产传播和功能释放模式，而且变革了知识信息呈现方式、教师教育教学理念、学生学习价值诉求等，⑫能够促使法学教材在没有增加教材厚度的情况下，实现应然功能与实然需求完全对应。教材的纸质部分完全按照法学知识体系设计教材内容，以保证教材拥有完整的逻辑结构与理论体系，有利于学生系统地掌握法学知识。教材中的互联网部分可以将纸质的知识点延展，例如，增加审判实务、理论视野、授课视频等栏目，或者与某些网站进行链接，以拓展学生知识面和职业技能的培养，甚至与法学职业资格考试进行对接。如此操作，既兼顾了法学教材的理论与实践功能，又消除了各方主体对法学教材过厚的顾虑，还能实现个性化教学，学生完全凭借个人能力，对互联网中的拓展知识进行学习，增强学生自我安排学习的能力。教师也可以根据学生课堂接受能力，适时地对互联网技术中拓展的内容进行选择性讲授，

⑫ 参见李国仓：《“互联网+”时代的高等教育之“变”》，载《现代教育管理》2016年第10期。

增加授课的灵活性。

(二)互联网技术符合法学教材动态性和职业性的发展需求

传统法学教材一旦出版,教材内容便以白纸黑字的形式得以固化,无论教材所涉及的知识发生怎样的变化。例如,修订了法律,或发生某些热点问题,都不能通过现有的教材适时修订或跟进,除非按照教材出版流程进行修订或再版,而修订与再版过程往往又需要一段时日,在定稿、印刷和投入使用期间,很可能还会出现新的知识内容,如某些理论的更新等。基于此,传统法学教材无法做到与法律共同成长,适时、切实地将法律知识变化的全貌,以"直播"的形式动态展现在读者面前。

然而,互联网技术植入法学教材,无疑为纸质教材创设出二维空间。纸质教材因互联网技术介入而实现了二维空间的融合,教材编写主体可以在互联网上对教材需要更新的知识内容进行适时修订或扩展。例如,增加最高人民法院指导性案例、某些学者对此知识点的理论研究动向、某些论坛的研究主题、法律职业资格考试试题等,使法学教材不仅具有内容先进性和形式多样性,而且具有实用适用性与职业性等,以动态跟进的方式构建"立体化教材",促使纸质教材相关知识点因互联网技术得到及时的更新与优化,进而克服传统教材与实践严重脱节、缺乏法律方法论训练,以及不注重学生法学职业理解能力和操作能力提升等弊端。⑬

三、互联网技术融入法学教材对传统教材编写机制提出的挑战

随着互联网技术对法学教育的渗透,法学教学模式也呈现出多元化发展模式,"在线课程""翻转课堂""互联网+""慕课""微课""移动学习"等⑭互联网学习方式对传统教学方法提出新需求,同时对法学教材编写模式也提出新要求:纸质教材融入互联网技术。然而,互联网技术融入

---

⑬ 参见杨军:《论我国法学教材编写存在的问题及解决》,载《中国大学教学》2014年第6期。

⑭ 参见张建明:《积极探索立体化教材发展模式》,载《中国高等教育》2016年第8期。

教材之后,必然对传统教材的编写机制造成一定的冲击,并提出新的挑战。

(一)互联网技术融入对编写主体和编辑提出新要求

现行法学教材的编写主体有主编团队模式、编著合作模式和独著模式。例如,张文显老师牵头,由高等教育出版社、北京大学出版社出版的《法理学》(第 5 版),是 13 所法学院校的专家组成的编写团队编写的,属于典型的主编团队模式教材。范健与王建文老师撰写的,由法律出版社出版的《商法》(第 4 版),属于典型的编著型教材。漆多俊老师撰写的,由法律出版社出版的《经济法基础理论》(第 5 版),属于典型的独著教材。截至目前,法学教材在著作形式上,以主编类占主导,以编著类和专著类为补充。[15] 互联网技术融入法学教材,必然对传统法学教材编写主体提出新要求。

传统法学教材的编写,主要通过传统教材的"三审三校"制度,并配备策划编辑、责任编辑分工协作,[16]最后由法学教材编写主体一次性将所要编写的内容固化在法学教材中。一旦出现法律修订或需要知识更新,原有的法学教材编写主体对已出版的教材,不具有更新义务。基于此,传统的法学教材在传统编辑的分工协作参与下,编写主体完全可以采取独著或合著。

然而,互联网技术融入法学教材的编写之中,法学教材不再局限于白纸黑字的文字表达,互联网技术使法学教材立体化发展,二维码技术促使教材的内涵与外延得到无限的拓展,相关知识点的教学视频、相关课件、法院审判实务、最高人民法院的司法解释、实训课程,以及与知识点有关的学术研究等各种辅助教学材料展现在读者面前,读者可以根据个人需求,做好课前预习,带着问题进行听课,也可以根据这些通过互联网延展的材料按图索骥,展开大数据搜索,进行课后知识拓展。可见,互联网部

---

⑮ 参见张吉喜:《刑事诉讼法学教材调查报告(1996~2009)》,载《西南政法大学学报》2011 年第 1 期。

⑯ 参见张颖颖:《浅淡纸质教材电子化实践中的编辑工作——以北京大学出版社"互联网+"教材出版为例》,载《时代农机》2018 年第 4 期。

分能够根据客观需求，将法学教材的教辅材料无限延展。庞大的工作量并非某个编写主体可以独立完成，也非某个传统编辑能够协作完成，其需要编写团队对这些教辅材料进行动态更新，同时也需要懂得网络的编辑对互联网拓展的内容进行审核。由于“互联网+”法学教材的编写工作不再停留在完稿印刷那一刻，而是处于动态编辑过程中，这些资料的收集、归纳与总结，以及互联网上相关拓展内容的编辑工作，需要投入大量的人力、物力及时间成本，非一己之力能够独立完成，因此互联网技术融入对编写主体和相关编辑的“团队化”提出新的挑战。

（二）互联网技术融入对法学教材编写合同内容提出新要求

传统法学教材编写合同属于一次性合同，合同中对编写主体的履行义务终止时间界定为主编将符合出版要求的终稿交给出版社，出版社印制成册并发行，编写主体的义务履行完毕。法学教材一旦出版后，即使出现法律修订或法学知识更新，法学教材的编写主体不具有随时更新教材的义务。如果教材需求量少，出版社也不会主动联系教材编写主体进行修订，致使很多教材修订频率较低或无修订，动态性不足，随着修法活动的开展而出现内容滞后的局面。互联网技术融入法学教材之中，打破了法学教材静态化的局面，改变法学教材编写合同性质，由一次性合同转变为持续性合同，编写主体的合同义务不再以教材印制成册为时间结点，合同义务由静态的“点”演变为动态的“线”，编写主体具有对教材中的互联网部分进行适时更新的义务，以保障法学教材与法学时事能够同步更新。基于此，互联网技术融入必然对传统法学教材编写合同中的编写主体义务提出新要求。

由于互联网技术融入法学教材编写，致使编写合同中的编写主体义务在合同拟定之初，无法确定法学教材编写主体互联网部分的总给付内容，只能随着合同履行时间的延展，不断修正并拓展编写主体应履行的合同内容，[17]进而导致出版社无法按照传统教材确定字数的方式给付编写主体版税，加之互联网扩展的内容不仅仅涉及文字，还可能是教材编写者原

---

[17] 参见屈茂辉、张红：《继续性合同：基于合同法理与立法技术的多重考量》，载《中国法学》2010 年第 4 期。

创的图片、三维动画、微视频等。因此,互联网技术融入法学教材对编写合同中版税的计算方式提出新的挑战。

(三)互联网技术融入对法学教材激励制度提出新挑战

传统法学教材的激励制度分为外部激励措施与高校内部激励制度。一般情况下,传统法学教材的外部激励措施主要有国家级、省级和市级精品教材评定政策、⑱教育学会精品教材评定措施等。然而,这些精品教材评价指标体系鲜有考量互联网因素。在此,以国家级精品教材评价标准为例,现行国家级精品教材评价指标体系主要有内容质量和出版质量两部分,其中内容质量主要有思想水平、科学水平、教学水平和文图水平等四项,出版质量主要有设计水平、绘图水平、校对水平、印刷水平和装订水平。这些评价标准主要针对纸质教材,并没有考量互联网因素。然而,互联网融入教材过程中,需要教材编写主体投入大量的人力和时间成本,按照现行精品教材的评价指标,完全沦为沉默成本。

互联网技术考量的外部激励缺位,必然需要高校内部激励制度来补位,否则互联网技术融入教材便成为编写教材主体凭借兴趣爱好的自发行为。虽然高校不排斥以兴趣先导的教学科研行为,但是法学教材属于法学教学内容和教学方法的知识载体,是培养创新性人才的重要保证。国家也将法学核心教材的编写上升到国家政策层面,无论是中央文件,还是领导人讲话,反复强调法学教材建设的重要性,习近平在全国高校思想政治工作会议上指出,教材建设是育人育才的重要依托。建设什么样的教材体系,核心教材传授的内容、倡导的价值,均体现国家意志,是国家事权。⑲ 基于此,高校仍需要以制度引导法学教材的建设,促进教材建设规范化发展。多数高校建立了教材建设的内部激励制度,主要有职称晋升

⑱ 2007年1月,教育部和财政部联合发布《关于实施高等学校本科教学质量与教学改革工程的意见》(教高〔2007〕1号);2007年2月,教育部发布《关于进一步深化本科教学改革全面提高教学质量的若干意见》(教高〔2007〕2号);2007年,江苏省根据教育部的文件,发布江苏省教育厅《关于认真做好2007年高等学校精品教材建设工作的通知》(苏教高〔2007〕6号)。

⑲ 参见刘风景:《法治人才的定位与培养》,载《南开学报》(哲学社会科学版)2017年第5期。

激励制度、经济奖励激励制度和荣誉奖励激励制度。[20] 这些激励制度多数以“字数数量”作为计算标准，或者以获得国家级精品教材作为奖励对象，鲜有高校在对教材激励机制中考量到教材中的互联网因素。然而，互联网融入教材的编写体例是否能够快速发展，相关激励机制的构建也是不可或缺的外力因素之一。因此，如何通过相关激励制度来充分挖掘法学教师编写“互联网 +”教材的积极性，这也是教育行政管理者急需考量的改革措施之一。

四、互联网技术融入法学教材保障制度的理性反思

虽然法学教材不能解决法学教育所面临的一切问题，但是好的教材能够最大限度地方便学生学习，避免学生在学习过程中走弯路。[21] 互联网技术融入法学教材，通过互联网使教材承载音频、视频、考试系统、社区交流等多元数字资源或扩展功能，提高教材的媒体性和交互性，改变了学生使用教材的模式，由课后被动看教材、课上机械地翻教材走向移动使用教材、在线学习等个性化学习方式的转变，进而实现创新型、智慧型、个性化等多元人才培养目标，[22]破解社会对人才多样化日益增长的需求与高等教育供给单一化的矛盾。[23] 基于此，无论是教育行政机关还是高校和出版社，都需要在对现行传统教材制度反思的基础上，结合“马工程”法学教材对互联网技术植入的契机，建构符合互联网技术融入法学教材发展需求的制度。

---

⑳ 参见吕小艳、文衍宣：《地方综合性大学教材建设的特点与激励机制功能探讨》，载《教育评论》2016 年第 1 期。

㉑ 参见张静：《“无痛伦理观”与本科法理学课程教材编写》，载《河南工业大学学报》（社会科学版）2011 年第 4 期。

㉒ 参见鹿星南：《“互联网 +”时代教育研究范式转换：症结及其突破》，载《现代教育管理》2018 年第 8 期。

㉓ 参见荣振华、汪丽聪：《多样化人才培养视阈下二级学院治理结构的反思与展望》，载《现代教育管理》2018 年第 6 期。

(一)构建"互联网+"法学教材编写主体准入机制和设置数字编辑岗位

互联网技术融入法学教材,将一维空间的纸质教材演变为二维空间的"互联网+"教材。这种转变不仅是教材空间域的叠加,而且对教材编写主体的编写技能和审稿编辑的网络编辑能力提出更高的技能要求。编写主体不仅具有较高的把握学科发展前沿动态能力、丰富的教学经验[24]和教材编写策划能力,还要具有教育信息化运用能力和组织协调能力。唯有此,才能真正做到集思广益,权衡好纸质教材与互联网二维空间所需要展现的法学知识之间的逻辑关系,并保证教材中所撰写的法学知识的体系性。

但是实践中存在的主要问题是,如何通过制度设计,由符合上述条件的编写主体来撰写"互联网+"教材。考量到教材本身的教育使命,"互联网+"编写主体资格准入制度应以"政府教育政策引导下的市场运营"模式,由政府制定编写主体资格宏观导向,出版社在政府的宏观导向下对教材编写主体的微观资格准入把关,主要理由如下:一是教材关乎法学创新人才的培养,关系国家法学教育的发展,具有公益性。对此,政府不可能处于缺位状态,将编写主体的准入机制完全放权于市场。二是教材编写主体准入机制宏观方向由政府教育部门设计,能够准确地把控法学教材所承载的教育使命与时代使命。将教材编写主体准入机制的微观资格准入机制赋予出版社,与现行出版市场"放管服"的发展理念吻合,有利于形成"互联网+"法学教材的良性市场竞争,同时也能对高校差异化发展而对教材内容不同需求的诉求给予有效的回应,进而使法学教材真正做到"百家争鸣"。三是教材质量的优劣对出版社市场认可度具有重大影响,进而倒逼出版社对教材编写团队进行准入考核。出版社在出版教材之前,必然会对"互联网+"教材能否得到教材使用者认可进行市场调查,并根据市场反馈,对编写主体的编写能力进行考核来保障教材的质量。例如,采取答辩制、公开竞标制等方式对编写主体进行准入筛选。这种准

㉔ 参见时向东:《对建立我国高校教材更新机制的思考与建议》,载《中国大学教学》2003年第6期。

入模式不再将正教授或副教授作为主编遴选的唯一标准，更多的是考察编写团队撰写教材所需要的综合能力，修正了以往编教材“唯职称”论的局面，同时避免将那些对教材编写工作具有见地和有价值想法的新生代学者拒之门外，使他们找不到教材编写的正确途径。[25] 此种编写主体的准入模式既能够将国家对法学教材赋予的“创新性人才培养目标”融入其中，还可以充分考量市场对法学教材的需求。

同时，出版社的编辑除责任编辑等传统编辑之外，还需增设数字编辑。在制度上对其主要工作内容进行引导性规定：一是对教材中互联网部分的内容进行审核，主要审核互联网内容与纸质教材对应知识点之间的关联性、价值性、趣味性，以及网络拓展内容与教材体系的弥合程度等；二是与编写主体沟通，确定互联网拓展内容的版权归属等知识产权问题；三是与编写主体沟通，对互联网中视频等扩展数字资源进行技术处理，调整知识点展现的时限，一方面适合手机等终端进行碎片化学习需求，另一方面能够保障相应视频等数据清晰快速地得以展现，方便读者使用，获得良好的学习效果。

（二）修正出版公司对法学教材编写合同及版税计算机制

“互联网＋”法学教材对一次性教材出版合同提出挑战，为此，出版公司根据“互联网＋”法学教材的需求，修正传统法学教材编写合同，将现行一次性出版合同的内容向继续性合同内容转变，重新厘定编写主体义务，要求编写主体提交的纸质教材内容，注重以学生利益与需求为导向，契合培养学生职业素养和思辨能力的需求，同时注重法学知识的体系性、逻辑性和理论性的表达。至于教材中的互联网内容，需要与纸质教材的内容具有对接性、拓展性和更新性，促使法学教材的编写工作由静态表达转变为动态工程。例如，在出版合同中设置互联网中法学教材的表现形式，设

---

[25] 参见陈金钊：《问题与对策：对法学教材编写热潮的感言》，载《杭州师范学院学报》（社会科学版）2007年第3期。

置理论知识拓展、裁判文书对接、案例跟踪、互联网法院[26]等栏目,供编写主体选择,运用互联网便捷、高效等特点,拓展法学教材功能,使法学教材能够跟进法律职业的变化,以及应对互联网对法律教育的冲击,以教材引导高校教师对法学教育的方式与方法进行相应变革。

出版合同持继性合同性质的转变,导致出版社在“互联网+”教材的出版合同中为编写主体设置动态的编写义务。然而合同具有相对性,增加编写主体的编写义务的同时,必然要在合同中增加编写主体相应的权利,否则义务与权利失衡,致使“互联网+”法学教材的编写无人问津,抑或流于形式。以对作者工作量具有直接关联性的获得版税权利为例,出版公司应对传统的版税计算方式进行修正,制定互联网部分的劳动工作量的版税计算方式,对互联网中编写主体的付出给予经济报酬的回应。

(三)重构“互联网+”法学教材编写主体的激励制度

“互联网+”法学教材能否持续有效地发挥其优势,不仅需要具有优秀的编写团队和专业的数字编辑,还需要相应的激励制度予以支持,以激发上述主体的工作潜能。在外部激励制度上,教育行政部门在评定“精品教材”时将互联网因素进行考量,将互联网因素作为一级评价指标,并设置二级和三级参考评价指标,明确互联网因素的权重标准,外部激励制度对“互联网+”法学教材的回应,必然会引发高校内部激励机制的联动。在设计高校内部的职称晋升激励机制时,考虑“互联网+”法学教材编写工作量既包括纸质教材又涉及互联网内容的编写,可以在传统教材的评定分值上适当加分。在设计经济奖励激励制度和荣誉奖励激励制度时,改变现行以字数作为计量标准的激励模式,将网上视频、网上音频、网上图片、网上数字编辑等因素作为计量标准,以激发编写主体加大对互联网教材内容的投入,充分运用互联网技术使法学教材能够与时俱进,真正发挥担负起创新法治人才培养的基础性与导向性作用。

㉖ 2017年8月18日,全球首家互联网法院在杭州挂牌成立,2018年9月3日,最高人民法院发布《关于互联网审理案件若干问题的规定》,以规范性制度的形式对互联网法院予以回应。实践中这些对法律职业具有开创性的改革,完全可以在法学教材的互联网部分得以体现,以保障学生掌握的法学知识及时更新,对法律职业动态发展有所了解。

五、小结

虽然我国已经出版的"马工程"法学核心教材，对互联网植入进行了尝试，但这种尝试仅是为高校法学教材建设提供一个发展方向。我们应清楚地看到，任何一种模式的法学教材都存在优势与劣势，而且任何一本教材也无法完成"创新法治人才"的全部培养目标，"互联网+"法学教材也只是使纸质教材成倍数地"增量扩容"，破解了传统法学教材无法自我突破的部分困局，符合传统教材的内在需求。然而，能否使互联网技术融入法学教材的所有优势得以充分发挥，还需要进一步思考：互联网部分应展现怎样的法学知识内容，设置怎样的知识拓展形式，如何进行内容编辑，既能与现行法律职业相契合，又不失对法学学生理论素养的培养，既能避免法学本科教育人才培养目标泛化与同质化，造成法学人才供给与需求之间存在结构性失衡，[27]又能满足地方高校应用型转型"法学人才"差异化培养之需求。相关制度还需要进行怎样的进一步完善，来激发法学教师编写"互联网+"教材的潜能，进而促使法学教材真正发挥政策所引导的"负担创新法治人才培养"的基础性作用。这不仅是当下编写"马工程"法学教材的团队需要思考的问题，也是法学教育工作者对法学教材研究的重要课题之一。

㉗ 参见吴汉东：《契合社会需求　推行法学本科人才特色培养方案》，载《中国大学教学》2009年第12期。

On the Inherent Demand, Challenge and System Guarantee of Integrating Internet Technology into Teaching Materials for Law Majors

Rong Zhenhua

Abstract: The attempt to integrate Internet technology into key teaching materials for law majors confirm with the country's development needs for the goal of innovative rule-of-law talent. It meets the inherent needs for the reform of traditional law textbooks, and it also brings challenges to traditional law textbook compiling teams, the subject obligations of the compiling teams, contracts for textbook writing and related incentive mechanisms. In order to make the advantages of integrating the Internet technology into legal textbooks to its fully play, the main body of the teaching materials must not only have the ability to control the frontier dynamics of the legal profession, but also have rich teaching experience. At the same time, it needs the ability to use educational information and the ability to organize and coordinate educational information technology. On the one hand, the publishing institutions should cultivate editors who can do well in network data digging to ensure the positive correlation between the expansion content from the Internet and the relevant knowledge points of written teaching materials and the avoidance of intellectual property controversy. On the other hand, publishers should optimize the calculation of the royalty to reflect the positive evaluation of the relevant writing teams. The evaluation mechanism of on-campus and off-campus textbooks writing and compiling needs to be revised, so that high-quality university teams can actively participate in the work of Internet-integrated teaching materials. All the measures are conducive to the development of the "Internet +" textbook system, and the cultivation of innovative rule-of-law talent.

Key Words: Internet technology, teaching materials for law majors, innovative rule-of-law talent, continuous contract, guarantee system

论“互联网+”背景下法科学生案例检索能力的习得

谢　晓*

摘　要:在大数据和人工智能技术迅猛发展的当下,审判机关研发类案检索及研判系统期待更好地实现司法的统一性和权威性,法律工作者则通过案例检索获得办案参考、预测裁判结果及客户行为预警。但目前法学院对学生在“互联网+”时代应具备的案件检索执业技能尚未给予足够关注,这是开展法律研究、进行全学程实训、提升自主学习能力的基础。案例报告制度着力培训法科学生检索技能,并结合课堂教学提升学生对已决相关案例“找得到、读得懂、写得明、讲得清”的综合能力,实现校内学习和未来执业的无缝接轨。

关键词:案例检索　法律研究　类案同判　裁判预测　案例报告　技能习得

一、前言

人类社会正在向信息时代过渡,数据、智能将替

---

* 谢晓,南京大学法学院博士研究生,西北政法大学民商法学院副教授。研究方向:民商法学。

代体能和机械能成为第一生产要素、构成信息化社会的重要技术物质基础,这也将深刻改变法律职业环境及法律人实务操作方式。例如,随着数据采集、整理建模、逻辑分析、自动决策等人工智能的运用,审判机关着力打造"智慧法庭",①不仅改变了法院人员配置模式(如浙江省高级人民法院启用人工智能小AI做庭审笔录)、诉讼流程(厦法e平台、诉讼机器人智能导诉),也在一定程度上改变了法官的思维、判断模式,还有可以根据现场语音描述的案情经分析后为用户做出法律解答、大数据分析、案例检索及匹配律师等功能的法律机器人"法小淘",以此有效提升司法质效和公信力;检察机关制定检察人工智能创新指南,建设智慧检务创新研究院,提升检察政务管理的科学化现代化水平(检察业务办案智能辅助系统和检察官综合业绩智慧评价系统、苏检掌上通、开发案管机器人),在少数民族地区开展办案和教育培训智能语音双语应用,办案采用"人机结合"模式等;律师则借助信息存储、交换和处理根本性地提升业务流程的工作效率、节约成本并预测审判结果、提高办案质量;2017年《新一代人工智能发展规划》更提出"人工智能+X"复合专业培养新模式,其中包括法学,法学教育变革势在必行。② 时代进步、国家愿景、社会需求都要求"象牙塔"内的法学教育关注实务界新动态、审时度势地调整优化培养方式、输送合格的法律专业人才。本文将讨论新一代法律人案例检索必杀技的校内训练,使法科学生能借助科技进步的优势、熟练掌握人工智能初级阶段的辅助性工具、会通过搜索引擎和法律数据库查找法律法规和案例,并以此为依托进行全方位法学素养训练,为将来执业活动的开展增添智能竞争力,成为符合时代要求的智能法律人。

---

① 2017年7月8日国务院发布实施《新一代人工智能发展规划》,其中"智慧法庭"是指建设集审判、人员、数据应用、司法公开和动态监控于一体的智慧法庭数据平台,促进人工智能在证据收集、案例分析、法律文件阅读与分析中的应用,实现法院审判体系和审判能力智能化。

② 《新一代人工智能发展规划》鼓励高校在原有基础上拓宽人工智能专业教育内容,形成"人工智能+X"复合专业培养新模式,重视人工智能与数学、计算机科学、物理学、生物学、心理学、社会学、法学等学科专业教育的交叉融合,加强产学研合作,鼓励高校、科研院所与企业等机构合作开展人工智能学科建设。

二、案例检索是“互联网 + ”时代法律人必备执业技能

(一)案例检索目的:借鉴高度相似旧问题的处理方法解决新问题

案例检索(case-based search 或 example-based retrieval)的核心是案例推理,其作为自动化信息检索系统中重要的组成部分,指人们在信息爆炸性增长时代背景下借助已有案例来研究和判断现有状态,即当人们遇到一个新问题时,往往会根据过往类似情况下的处理办法,结合自身经验予以解决,这也是目前人工智能模仿人类推理和思考过程的方法。在 20 世纪末,全球就掀起了研究案例检索的热潮,其理论与应用已成为情报学领域的研究热点之一。[③]案例检索,实质上就是要在用户给出案件特征之后,检索系统能够自动地从数据库中,寻找出在用户所指定的方面与案件高度相似的案例来;而且要求输出结果能按符合用户的要求的程度进行排序,符合提问程度高的优先输出。[④]

(二)案例检索在司法领域的运用:追求类案同判

类案同判(或称“类案类判”)是指法官正在审理的案件,应当与其所在法院和上一级法院已经审结的或者其他具有指导意义的同类案件裁判尺度一致。[⑤] 类案同判是当前法律大数据与人工智能在司法领域技术革命最热门的实践探索,一是因为法律工作者需要为疑难案件、新型案件提供解决思路,二是因为司法实务部门对类案同判有着强烈的需求与期待。[⑥]

通常我们写文章,会先搜索相关文献,在翔实、充分的研究综述的基础上展开问题的讨论,这样研究才有针对性,问题的探索才有理论意义和

---

③ 参见周萍:《我国案例检索研究综述》,载《情报探索》2017 年第 1 期。

④ 参见王永成、王刚、杨立平:《案例检索的若干问题》,载《情报学报》2000 年第 6 期。

⑤ 参见邓永泉、杜国栋:《类案同判核心在于建立类案标准》,载《人民法院报》2018 年 10 月 15 日,第 2 版。

⑥ 参见左为民:《如何通过人工智能实现类案类判》,载《中国法律评论》2018 年第 2 期。

实践价值;身体有恙,会先百度自己的症状,初步判断问题所在及其严重程度,决定就医与否或者去哪里寻医问药;那么在司法领域,法律规范基于其稳定性和滞后性、无论其条款多么缜密,也不可能事无巨细、面面俱到,更何况还会出现立法时尚不存在的新情况、新的纠纷类型,总有不熟悉、未接触过或者疑难的案例,尤其是在奉行“法不禁止即可为”的开放性私法领域。于是法律工作者都希望能够借助已决裁判来处理自己主办的案件、借鉴他人司法裁判智慧寻找解决思路、利用已有的深入研究并做出最后最具权宜性的处理结果中的论证逻辑和法学知识的组织以回避失误和风险;即使对法律规范有明文规定的事项,法律工作者也希望对裁判结果有明确的预期。需要阐明的是,我国虽不是判例法系统,法官没有遵循先例的义务,每个法官都是独立的司法者、法律的解释者,如果盲从他人的判断,无异于放弃自己的职责,⑦但是,我国是成文法国家,司法机关秉承“以事实为根据、以法律为准绳”的理念,执行着全国统一的法律,同一类的法律事实只能有相同的裁判结果。也就是说,在一定语境下,司法公正、公平就体现在类案同判上。⑧ 在目前裁判文书普遍上网公开、人人皆可便捷获取的情势下,类案不同判的现象会严重影响司法公信力、权威性,动摇社会公众的法治信仰,引发或者激化社会矛盾。⑨ 因此,最高人民法院近3年来致力于加强“类案”本身的建设与管理,确立国家层面类案同判的管理机制与标准流程,建立类案同判、类案推送、类案检索的国家标准,以统一司法裁判尺度、解决差异裁决、矛盾裁决的问题,避免司法裁判不公。类案推送、类案检索、类案同判的机制,在于通过被动或主动的方式,为法官寻找与手头正在处理案件相似甚至相同的案件,以达到启发、拓展法官判决思路、帮助法官正确裁判之目的;该机制在司法责任制

---

⑦ 参见《案例研习十人谈》,载360个人图书馆:http://www.360doc.com/content/18/1224/18/26206779_804169654.shtml,最后访问日期:2018年11月28日。

⑧ 理论研究上有“同案同判”和“类案同判”两种说法。实践中不可能有完全相同的两个案件,所以虽然“同案同判”好理解,但“类案同判”更精准,并且最高人民法院在相关司法文件中均要求“通过进行类案与关联案件检索、实现类案裁判标准统一”,故本文采用“类案同判”的表述方式。

⑨ 最高人民法院中国裁判文书网于2018年11月突破200亿访问次数,无疑会起到倒逼法官公平公正裁判的作用。

改革背景下,随着审判权力的下沉,其有望成为控制裁判偏离度的"纠偏机制",是一种新型的司法控制手段与审判管理技术。⑩

为实现类案同判的司法目标,最高人民法院一直在努力:2010 年确立案例指导制度,各级法院审判类似案例时"应当参照",即案情相似的情况下,在适用同一法律时其判决结果应相同、论证理由应相同;⑪2014 年实现全国法院裁判文书网上公开,并力求检索科学、自动分析等效能,有利于增强司法透明度、防止司法权滥用;2017 年发布《关于落实司法责任制完善审判监督管理机制的意见(试行)》,紧扣"让审理者裁判,由裁判者负责"的主题,明确各类审判人员职责清单;为进一步统一裁判尺度,特别创设"类案与关联案件检索机制",要求承办法官在审理案件时均应依托办案平台、档案系统等,对最高人民法院已经审结或正在审理的类案与关联案件进行全面检索,制作检索报告,若拟裁判结果与本院过往类案裁判尺度一致的,即可签署裁判文书,若将形成新的裁判尺度或改变过往类案裁判尺度的,应进一步讨论;2018 年年底在《关于进一步全面落实司法责任制的实施意见》中再次强调各级法院应当在完善类案参考、裁判指引等工作机制基础上,建立类案及关联案件强制检索机制,确保类案裁判标准统一、法律适用统一。

由此可见,案例(类案)检索的重要性取决于司法案例的意义:案例是裁判尺度、经验传承、职业规则、工作方法、学习"捷径",更是法院和法学院的"纽带",⑫应得到理论界、教育界和实务界的共同关注。案例检索技能是法科学生校内学习、顺利入职时的"必杀技"。

(三)案例检索的实务运用

1. 法院审判角度

2018 年年初最高人民法院正式上线运行"类案智能推送系统",期冀

---

⑩ 参见左为民:《如何通过人工智能实现类案类判》,载《中国法律评论》2018 年第 2 期。

⑪ 截至 2019 年 2 月 25 日,最高人民法院已发布指导案例 21 批 112 件,其中民事、执行案例 67 件,刑事案例 22 件,行政及国家赔偿案例 23 件。

⑫ 参见于同志:《我们为什么要重视司法案例》,载中国法院网:https://www.chinacourt.org/article/detail/2017/08/id/2941261.shtml,最后访问日期:2019 年 2 月 8 日。

以类案的快速查询和智能推送来辅助量刑决策、规范裁判尺度、统一法律适用、提升审判质效。该系统从“案件性质、案情特征、争议焦点、法律适用”四个方面，覆盖全部1330个案由，构建出超过10万个维度的特征体系。该系统目前在最高人民法院、省高级人民法院试点，尚未正式在全国范围内全面铺开。⑬

贵州省高级人民法院探索“类案类判”的做法是：第一，强化“类案”研判和指导，建立“类案类判”梳理常态机制；第二，运用标准化管理和司法大数据，构建“同案不同判”防范预警机制，对偏离度高的案件进行预警或自动进入复查程序；第三，聚焦发回重审和改判案件，建立三级审委会类案研判沟通机制，形成类案的裁判指引、裁判标准作为审判参考。⑭

北京法院基于智汇云平台创新构建“睿法官”系统。其依托北京三级法院统一的审判信息资源库，整合司法审判、共享数据等多类资源，对数据进行挖掘分析，在法官办案过程中自动推送案情分析、法律条款、相似案例、判决参考等信息，为法官判案提供统一的审理规范和办案指引，促进类案同判。⑮

安徽省高级人民法院类案指引项目于2016年在部分法院试用。其通过构建同类案件的裁判量化分析模型，将法官集体理性应用于审判管理和司法实践并实现二者的趋同，以完成对相似案件的智能判断。⑯

重庆江北区法院自2017年起运行金融案件“类案智能专审平台”，利用该平台“自动向法官推送相似度较高的案例，并对法官拟做出的裁判进

⑬ 参见李丹丹：《人民法院“智慧法院导航系统”和“类案智能推送系统”上线运行》，载经济日报：https://baijiahao.baidu.com/s?id=1588754758628425618&wfr=spider&for=pc，最后访问日期：2019年1月12日。

⑭ 参见《人民法院司法改革案例选编（二）》，载最高人民法院网：http://www.court.gov.cn/fuwu-xiangqing-75762.html，最后访问日期：2019年1月25日。

⑮ 参见罗书臻：《运用裁判文书大数据促进司法公正的地方经验》，载最高人民法院网：http://www.court.gov.cn/zixun-xiangqing-58012.html，最后访问日期：2019年1月10日。

⑯ 参见李忠好：《安徽研发类案指引项目并试用》，载人民法院报：http://rmfyb.chinacourt.org/paper/html/2016-06/21/content_113216.htm?div=-1，最后访问日期：2018年12月24日。

行智能评析”,有效统一裁判尺度,实现类案同判。⑰

2.律师执业角度

随着法律服务的智慧化、协同化,一些律师界先驱开发出律所管理系统、律师办案系统,案例检索也已经成为律师的一项重要技能。以前,接案后重在查找相关法律规范;现在重在检索相关案例,探索其裁判结果,找到法院观点,甚至是相关法官的观点,了解法官对法律规范的阐释;从而厘清代理思路,制定针对性强的诉讼策略、管理客户预期;也可以在接案阶段就评估诉讼风险、预估胜诉概率,决定接案与否;律师也可以在诉讼中利用对己方主张有利的类案去说服法官,成功率较高。高效、便捷、准确的案例检索办案思维,区别于以往搜法条想观点的办案模式,可操作性更强、结果的确定性更强,还大大节省律师精力,其中的改变几乎可以用从刀耕火种到机械化耕种来形容。⑱

大数据、人工智能技术的应用,使裁判预测成为可能,即基于法律规定及大量以往案件信息与法律后果之间关系的深度实证科学分析,对未决案件法律后果的一种或然性推测。⑲ 结果预测是实践法的重要组成部分,客户很大程度上依赖于他们的律师对他们在做出重要决定时可能面临的法律后果提供准确的评估,这一直是一项非常不精确的工作,因为律师传统上依赖于三个主要工具做预测——法律分析、律师经验和使用某些类型的经验信息,它们都会受到重大问题和限制的影响,但现代数据科学、预测分析使更准确的结果预测成为可能。⑳ 如刑期预测,专注于刑事辩护的湖南真泽律师事务所,首创刑期预测系统,主要提供参考信息以协助司法审判,内容包括过往类似案例搜索、快速查看影响判刑长短的决定

⑰ 参见刘政宁:《重庆法院打造类案智审平台　审理周期平均少27天》,载人民网:http://cq.people.com.cn/n2/2017/0831/c365401-30680297.html,最后访问日期:2019年1月28日。

⑱ 参见张赛赛:《大数据背景下案例检索对律师诉讼的影响》,载《法制博览》2018年第6期。

⑲ 参见白建军:《法律大数据时代裁判预测的可能与限度》,载《探索与争鸣》2017年第10期。

⑳ See Mark K. Osbeck,“Lawyer as Soothsayer:Exploring the Important Role of Outcome Prediction in the Practice of Law”,123 *Penn State Law Review* 41,Fall,2018.

因素,进行量刑预测。㉑

2016年江苏博事达律师事务所与东南大学法学院联合成立“企业高管犯罪预防与控制研究中心”,重点研发企业防范指标体系与预警机制,构建企业高管刑事风险的评估指标体系,实现高管腐败行为预警功能。

三、法学院缺失案例检索训练导致的问题分析

考察各法学院开设的课程,就可以清楚地发现案例检索训练缺失的现状及后果。

(一)不能有效开展法律研究

法律研究(legal research),是识别和检索支持法律决策所需的法律相关信息的过程,与支持法律决策所需的事实、医学、统计等其他研究不同,也不同于法学院教职人员的专业学术研究,它侧重于法律和法律资料,是法律执业者解决问题时所有研究和调查中的一个部分。法律研究的实质不仅仅是关于法律信息来源和使用的知识,也远不止对文本的机械检索,它还包括研究计划的制订和实施,整体上是一个解决问题的过程,所以需要三个方面的知识:一是法律规则和法律机构的性质——为解决各种实质性问题,需要了解法律规则渊源和制定这些规则的过程,明确特定情况下可获得的救济;二是法律研究的基本工具及其使用——包括原始法律文本、立法解释、司法解释、参考文献、法律信息数据库等,还有对案例和法规如何解释的知识,以及评估内容对特定研究目的的权威性和适当性;三是设计和实施连贯有效的研究计划——确定拟研究的问题,以及确定研究的策略和替代方案。从事实务的法律工作者都应了解识别和检索法律相关信息的基本原理,具备运用的能力,以支持法律问题的研究、决策

㉑ 参见《真泽刑期预测系统》,载湖南真泽律师事务所网:http://www.zhenzelaw.com/about_complex.aspx? FId=n1:1:1,最后访问日期:2019年1月5日。

和解决。[22]

美国法学教育培养目标是未来的律师,其课程设置、教学方法特别强调法学知识和专业技能的结合,致力于启发学生应用法律知识和解决实际问题的能力。即便如此,1992 年美国律协报告《法律教育和职业发展》中仍然指出,法学院所教内容与律协认为胜任法律实践所必需的能力之间存在重大差距,[23]其中一个方面就是,新律师在法律研究方法和技术上缺乏能力,缺乏对现有资源的认识和运用的能力,进而影响解决问题的质量与效率。因为法律是一个信息职业,检索法律、案例等准确信息的能力对于解决法律问题、做出决策、胜任工作至关重要;随着法律信息环境变得更加复杂和昂贵,法律研究技能更为重要,律师必须对各种网络资源及传统信息资源有更强的辨别力。但在美国的法学院中,法律研究训练并不很受重视,仅限于一年级,还主要是图书馆员主张进行和承担工作。法律图书馆员虽是掌握了各种对学生有价值的法律研究资源和技能的专家,但并不从事法律实践工作,他们注重学术研究而非以客户为中心的研究,因此在为法律研究教学提供重要的学术方法的同时,缺乏实践视角。于是围绕"让图书馆员在学术研究和以客户为中心的法律研究之间保持适当平衡"的一些改进措施有:法律图书馆员面向律师开展调查以发现新执业者应该熟悉哪些类型的法律研究材料、研究技能评价等;法律图书馆员访问律师事务所;邀请律师事务所的图书员或执业律师作为法律研究课程的讲师,为法学院的课堂带来现实世界的元素并指导学生的法律研究。也就是说,通过多方面了解执业律师进行法律研究及实务操作的方式,法律图书馆员改进法律研究的教学。有些州还创建了"法律研究从业人员委员会"作为连接图书馆员和执业律师的常设机构,以达到改进法律研究课程、激励法学院学生的目标,并使法学院中法律研究的教学与执业

---

[22] See Steven M. Barkan, "Should Legal Research Be Included on the Bar Exam? An Exploration of the Question",403 *Law Library Journal Spring*,2007.

[23] 该报告认为,一个律师应同时具备专业品质与基本技能。基本技能则包括解决问题、法律分析与推理、法律研究、事实调查、交流、咨询、协商与谈判、诉讼与其他纠纷解决方式(ADR)、法律工作的组织与管理、对职业伦理难题的认知与解决等。其中法律研究就包括对类案的检索、发现、研究、分析、借鉴、参考等。

环境下法律研究实践相一致。㉔

在我们国内的法学院，一般来讲，图书馆为帮助学生更好地熟悉和利用图书馆的各类信息、掌握检索技能、培养学术文献资源的管理与分析能力，每年会推出信息素养专题培训活动，内容涵盖“图书馆文献资源馆藏及服务的介绍”“文献信息检索基础知识”“联机公共目录检索系统 OPAC 的查询”“CNKI、超星数据库的检索方法”“外文数据库的检索与利用”“搜索引擎的检索与利用”“学术论文的撰写与文献信息检索”等。这种信息检索能力的培养，对于帮助学生完成论文、读书笔记等是必须的，是初步的、独立的科研能力的训练。这种文献检索培训课时不足、内容有限、多以讲座方式进行、受众面窄，本身也存在很多问题。北京大学法学院开设《法律写作与检索》和《法学论文与方法》两门课程，讲授在法律写作中需要掌握的技能和方法，训练学生的检索、思维和写作能力。但这些检索显然均偏向学术研究。

可以说，极少有人在法学本科阶段系统地学习过包括案例检索在内的法律研究课程，导致法科毕业生面向实务的信息处理技能缺失，尤其是在当下大数据时代司法案例存在数量多、种类复杂、涉及区域广的情况下，如果不能在海量的案例信息数据当中高效、准确地检索到自己所需要的案例将会严重制约专业人士的执业活动开展和职业发展。㉕ 所以说，在“应用型法律职业人才”培养目标之下，社会比以往任何时候都更强调法科毕业生应具备较强的动手能力。由于作为法律研究的重要环节，法律信息获得、案例检索等知识的传授及训练，没有得到法学院教育者的重视，学生需要在步入职场后自主摸索。

（二）缺乏全学程实操训练

千禧年后，法学院越来越重视对学生实践能力的训练，主要方式有案例评析课程、法律诊所课程、毕业前实习、模拟法庭、校内开庭、准律师大

㉔ See Steven M. Barkan, “Should Legal Research Be Included on the Bar Exam? An Exploration of the Question”, 403 *Law Library Journal Spring*, 2007.

㉕ 参见方元：《论北大法宝司法案例检索系统对独立学院本科法学教育的影响》，载《湖南科技学院学报》2018 年第 11 期。

赛等;但总的来讲,仍有局限性。四年级学生都有实习阶段,但因要全力以赴拼考研、司考、公考等,并不能全心投入实习,效果自然大打折扣;其他方式的实践也多集中在高年级,而且往往有选课或参加人数、场地限制,受众面狭窄,[26]不能满足所有学生需求。[27] 何美欢教授、葛云松教授都曾经指出,中国的法学教育在技能训练方面全方位缺席,学生只能达到了解知识和某种程度理解的水平,缺少对法律的其他更高层次的了解;学生基本上不懂得如何发现法律问题,更谈不上妥当解决问题;在具体问题前常手足无措,多是基于普通人的公平感发表粗浅结论,未掌握分析案件的结构思路,至于理由,多用公平诚信原则来解释。[28] 还有一个重要问题就是,适合低年级学生的实训方式更少,能和课堂教学结合并用的不多。

美国也同样存在这个问题。法学作为一门应用科学,一直存在“通识教育还是职业教育”定性上的两难。就实务界而言,法学院教育太学术、太脱离实践了;而教授们普遍认为,法学院教育如果过于实用主义和职业化,就太缺乏理论、太“没文化”了。著名的“卡内基报告”曾经批评传统法律教育,提倡更多的体验式教育(experiential education),确定了三个“学徒制”来培养今天的律师:一是以专业知识和思维方式为重点的“认知学徒制”;二是以“与合格的执业者共同进行的专业实践的形式”培养学生的“实践学徒制”;三是“身份和目的的学徒制”,由专业团体负责向学生引导价值观。报告认为,传统的法律教育在第一方面学徒制的教学中做得很好,但其他两项没有;而社会需求是,法科学生必须在毕业前(而

---

[26] 例如,笔者供职单位的民事法诊所2019年春季班招生,面向2017级法学专业学生1500余人,仅选拔30名学员。

[27] 参见侯永宽:《试论中国的法律技能教育》,华中科技大学2011年硕士学位论文,第16页。该文指出,诊所教育昂贵及低效率、模拟法庭的过度形式化和低参与度、专业实习与课堂教学的严重脱节,反映出的问题是,法律人才培养中的各类技能的性质与功能上存在认识误区,因此法学教育改革有一定的盲目性,改革效果也不明显。何美欢教授在其著作《理想的专业法学教育》中将法科学生应具备的技能分为智能技能和实务技能。前者的核心是法学及相关知识的传授及运用的技能,是法律思维和法律方法;后者的核心则是处理业务中的人际关系。本文所讲应属于智能技能。

[28] 参见葛云松:《普遍失败的法学教育及成因》,载《中外法学》2014年第1期。

非继续教育阶段)掌握更多的执业技能,才会在就业市场上有竞争力。[29] 法律实务界对精英法学院象牙塔化的趋势深表不安,这意味着法学院的毕业生只是半成品,到律师事务所后一切都得重新学起,律师界遂建议法学院开设重要的实务技能课程。[30] 于是,各法学院开始在二、三年级增加实务课程,但是这次的法律教育改革对一年级几乎没有什么作为,一年级的必修课程最为基础、最为重要,系统掌握法律知识本不易,多数教育界人士认为这个阶段就不应再为技术性的实务培训分散精力。直到近年法学院才开始改革一年级课程,例如,田纳西大学在2016年秋季的一年级传统课程中增加了实践培训、更多的法律写作和职业规划课程,为一年级学生带来了在高年级课程中已经使用的创新教学方法,学生将以模拟解决客户问题的方式学习法律,以此获得实践经验。埃隆法学院同样也对一年级课程进行了改革,体验教育成为基础,为每个学生提供一年的实验室、律师指导及基于团队解决法律问题的讨论课、领导力培训、全职实习等,强调一年级学生也需要体验法律理论在实践中的应用,以便学生准备好之后能解决更高级的问题。也就是说,体验性(经验性)的组成部分必须与学术课程无缝地、策略地结合在一起。[31]

所以,在法科生四年的学习中,应全学程贯穿实践能力的训练,学会如何将法律应用于事实、如何利用这些技能解决由简到难的问题。实践设计也应具有层次性、阶段性,由浅入深、由易到难渐进。低年级学生参与模拟法庭、准律师大赛可能有困难,但围绕案例检索技能的学习,训练法律研究技能、法律写作技能,在熟悉司法原生态的过程中学习客观地分析案件、预测法院解决纠纷并将评估结果准确地表达出来,还是可以在一定程度上完成的。

(三)不具备自主学习能力

在教育部2018年发布的《普通高等学校法学类本科专业教学质量国

---

[29] See E. Scott Fruehwald, "Bringing Legal Education Reform into the First Year: A New Type of Torts Text", 50 *John Marshall Law Review* 713, Summer, 2017.

[30] 参见聂鑫:《美国法学教育模式利弊检讨》,载《环球法律评论》2011年第3期。

[31] See E. Scott Fruehwald, "Bringing Legal Education Reform into the First Year: A New Type of Torts Text", 50 *John Marshall Law Review* 713, Summer, 2017.

家标准》“培养规格”之“能力要求”中指出,法科毕业生应“具备独立自主地获取和更新本专业相关知识的学习能力;具备将所学的专业理论与知识融会贯通,灵活地综合应用于专业实务之中的基本技能……”这就要求法学院教育注重激发学生的学习兴趣,在知识传授的基础上,要充分发挥学生主观能动性,增强学生自主学习与探索能力的培养。

我国法学课堂以教师系统完整地把法律知识传授给学生为主要任务,然后辅之以案例教学法。那么,用的是什么样的案例?案例从何而来?

既然讲案例通常只是帮助学生更好地理解和掌握所学的法学理论知识,并不是利用案例直接传授法学理论知识,那么,相对简单,无须实务案例,教师采用甲乙丙丁虚拟关系图即可讲清楚某个制度的构成要件、法律效果等,这种案例教学法事实上可以被称为“举例”教学法。如果涉及某一重要理论的适用、某一特殊法条的社会意义、有重大争议的热点焦点问题,或为刻意增加教学的趣味性,教师会选用最高人民法院指导案例、公报案例等实例予以说明。例如,指导案例99号“葛某生诉洪某快侵害名誉、荣誉纠纷案”,可以用来印证自然人民事权利能力、侵权法保护对象、精神损害赔偿制度适用范围、侵权责任承担方式、英雄烈士人格权益保护、名誉权侵害构成要件等多项理论与制度。其中特别强调:第一,对侵害已死亡自然人人格利益的行为,生存近亲属可提起诉讼;第二,英雄烈士事迹和精神是中华民族的共同历史记忆和社会主义核心价值观的体现,英雄烈士的名誉、荣誉等受法律保护,不仅是保护相关个人权益,还是对社会公共利益的维护;第三,任何组织和个人以细节考据、观点争鸣、学术研究等名义对英雄烈士进行污蔑和贬损,属于歪曲、丑化、亵渎、否定英雄烈士事迹和精神的行为,应当依法承担侵权责任。也就是说,教学用案例的检索、发现和使用,均由教师来完成,受限于教学内容和课时,也仅是用来说明基本制度,并没有深入地分析过程,学生更只是听众而已,未参与到针对某一具体纠纷解决所要求的案例检索等法律研究中去,案例法“授人以渔”、培养学生像律师一样独立思考能力的目的并未实现。教学仍是教师课堂讲授、学生记笔记、考前背笔记的学习过程的组合,“学生作为学习的主体、发展的主体”的学生观、教师在教学中只应充任“助手”(helper)的教学观都没有得到落实;大学里学习的组织性较差,也没有太多有效的督促学生课堂内外自主探究学习的方法。一方面,学生课程多、时间紧,另一方面,在现行高校的评价体系下,教师也不愿意在课余花费更多的时间在学生身上,毕竟科研论文才是教师个人发展的硬道理。这样的教与学,学生如何构建自己的知识库?如何将日常思维转变为法律思维?即使几年学下来,面对法律问题,有可能仍然是束手无策,即使有结论,却缺失分析、立论、说理的过程。更为重要的是,学生没有养成自主学习的能力与习惯,在这个知识日新月异、终生需要学习的时代,极易被淘汰。

从另一个角度讲,即便真的是“苏格拉底问答式”案例教学法,在我国也不能单独或者唯一适用,否则将把法律科学描述为一种各部分毫无联系、彼此孤立的碎片,法学知识也必缺失了连续性和稳定性。[32]“卡内基报告”就曾尖锐地指出,“单纯的案例法教学法将问题过度简单化,并去掉了很多现实场景,抑制了学生们思考公平正义的热情,它教育学生像学生一样思考,而非像律师一样思考”。[33] 所以,我们还是应坚持讲授为主、辅之以案例教学。

如果法学教师不做实务或者实务操作尚未“智能化”,那么他的教学案例来源会比较狭窄,局限于《最高人民法院公报》、人民法院网、《人民法院案例选》等,对司法实务中律师适用的无讼、聚焦、元典、openlaw、威科先行、律商网等法律大数据平台或系统等既不知晓也未使用,更谈不上给学生进行相应的技能培训,又怎么进行应用型、复合型人才的培养?这种现状不禁让人感慨,法学院教育距离司法实践真的太遥远了。因此,有必要围绕案例检索能力的训练,优化案例教学方法,提升学生的法学综合素养,养成自主学习的能力。

---

[32] 参见李宴:《英美法系案例教学法在我国法学教育中的地位研究》,载《前言》2006年第12期。

[33] [美]朱迪思·麦克莫罗:《美国法学教育和法律职业养成》,刘春喜、崔相伟、丁相顺等译,载《法学家》2009年第6期。

四、以课前案例报告方式训练学生案例检索技能、提升综合素质

中央政法委在 2011 年实施卓越计划时就已经指出我国高等法学教育培养模式相对单一,学生实践能力不强,应用型法律职业人才培养不足。在 2018 年年底“中国《民法学》的教学改革及其新时代使命”重庆研讨会上,人民大学法学院院长王轶教授认为,民法学课堂的使命主要是传授知识、培养技能、增长见识和提升境界四方面,就培养技能而言,教学上要通过适当的方法对学生进行相应的训练,让他们能够成为具备民法人专业技能的优秀人才。王歌雅教授认为,在教学方式方法方面要能够将新理念融合互联网和人工智能,利用媒介、互联网实现新型情境教学的建构,增加课程难度,拓宽课程深度,扩大课程可选择性,改变法科学生实践能力普遍弱的现状。笔者同样认为,在法学院知识传授阶段必须认真对待裁判文书所代表的司法实践原生态,围绕案例检索技能培训,探索全学程案例教学新模式。

(一)围绕课前案例报告,训练案例检索技能,优化案例教学

笔者在近年的民法学分论教学中,采取“课前案例报告制度”,作为对学生案例检索技能、法学综合素养培训的方式。在这之前,笔者主持和完成学校教改项目“本科法学教育之‘裁判文书研读’实训教学法”,借鉴法国法学教育中 la fiche d’arret 学术训练方法,依托裁判文书全面公开这一丰富的实务资源,针对本科法学教育中课堂教学不鲜活和司法实践衔接不够紧密等问题,将裁判文书资源引入教学全过程,在课堂内外,指导学生进行“判决书研究性阅读”,在文书精读、研读报告撰写、课前三分钟案例汇报、案件情境重现、争议焦点研讨、裁判文书自主写六个环节中,从“读、查、思、辩、写”五个维度,全方位地训练专业技能,加强教学的有效度,为法科学生提供便捷、经济的校内实训环境。但鉴于每年所带班级学生人数约 130 人,仅凭个人力量完成研读报告的阅读批改点评、案件情境再现等全部的训练任务,相当吃力,所以转为结合课堂教学重点实施“案

例汇报”,要求学生在裁判文书网上查找印证所学理论的相关裁判文书进行阅读、概括、提炼,凝结成三分钟报告,以实例增加感性认识、理解所学基本理论,以报告训练学生口头及书面表达能力,以问题引导学生深入探索。在这个过程中,笔者和学生接触了无讼、聚焦、元典等新案例检索工具,了解到审判机关致力于“类案检索”机制的建设,发现法学教育所给予学生的和司法实践所要求的素养的差距,也更确信通过课前案例报告制度的完善与实践能提升法科学生的综合能力。而且自2018年9月起笔者所在单位的教学周期增加为18周/学期、每课时增加了10分钟,为更充分地开展学生案例报告的实务训练提供了条件。在这个基础上,法科学生有效进行法律研究,提升综合能力,学习高质量、高效率地解决实际问题。简单地讲就是置身于裁判文书所映射的司法实务环境,从“找得到、读得懂、写得明、讲得清”四个方面训练法科学生。

1. 找得到

要利用好案例做好教学辅助,要调动学生学习积极性,可以引导学生来找适当的案例印证法学基本理论(在司法实践中就是类案检索环节)。在这个过程中学习和熟练运用案例检索知识,即“找得到”,而且一个重要变化是从“老师找”转向“学生找”。教学案例主要是给学生提供对法律制度的感性认识,在具体案件中了解制度的适用,明确法理运行机制。例如,为熟悉《侵权责任法》第24条公平责任,或《民法总则》第8条公序良俗原则,或《合同法》第60条第2款的附随义务在实务中的适用情形、适用条件、适用结果等,需找到相关的案例,法院裁判文书的判决依据是上述条文、判决理由是上述基本制度。如果是针对实务中某一需要解决的具体问题,希望获得类案裁判规则或者进行裁判结果预测,则需先梳理案件事实、明确相应的法律问题;根据问题制定法律研究计划(或叫案例检索策略),这是明确检索目的、确立检索思路的前提;继而结合各数据库提供的高级搜索功能,将案由等与裁判文书相关的各个连接点作为筛选条件进行关键词检索、全方位检索;在统计检索结果、研读分析各案例裁判规则后形成具有共性裁判要旨的检索报告,提出解决案头问题的倾向性意见。案例检索是一个熟能生巧的过程,需要不断演练、自我总结。[34]

要找到适当的案例或者类案,首先需要知道去哪里找。当然不能随便通过百度搜索一篇“佚名”的文章或者一篇简单的法制新闻报道,真假莫辨、信息不全,不堪采用,需以严谨求实的态度在法律数据库中进行检索,才能更有效地进行法律研究。经过梳理,当下主要有下文所列资源,法学院师生应了解其基本构成、各自特点和使用方式,学习运用,找到符合自己行为习惯的检索方式。可以说,在司法实务领域,有灵活、有准备、有效率的检索,可以使法律人在同辈中脱颖而出。

(1)中国裁判文书网,http://wenshu.court.gov.cn/。除了涉及国家秘密、未成年人犯罪、离婚或涉及未成年子女抚养、监护等情形,裁判文书一律在互联网公开。截至 2019 年 2 月 14 日,该网文书总量 6300 万余份,当日新增 3 万余份。可以法院、当事人、案由、关键词、律师为检索条件;也可以案件名称、法院名称、案件类型、文书类型、审判人员、律师事务所、法律依据、案由、法院层级、审判程序等项目结合设置高级检索。使用该资源或会遭遇拥堵、延迟,操作的便捷性、检索结果的可用性、同案文书的关联功能等还需要进一步优化,希望尽快实现案件全部裁判文书及案件信息的相互关联,以及案件进展阶段的自动更新。

(2)北大法宝司法案例数据库,http://www.pkulaw.cn/。“北大法宝”在全国较早进行法律信息的数据挖掘和知识发现,独创法规条文和相关案例等信息之间的“法宝联想”功能,能直接印证法规案例中引用的法律法规和司法解释及其条款,还可链接与本法规或某一条相关的所有法律、法规、司法解释、条文释义、法学期刊、案例和裁判文书;以法“查法查条”、以法查案、以案“查法查条”、法案相通的双向检索功能让用户可以很方便地查到法条,还能进一步帮助用户理解、研究、利用法条,创造了全新的信息呈现体系。含法律法规、司法案例、法学期刊、律所实务、专题参考、法宝视频等七个检索系统,其中司法案例检索系统又包括案例与裁判文书、公报案例、案例要旨、案例报道、仲裁裁决与案例五个子库,指导性

---

[34] 参见丁婉婧:《法律检索——案例检索知多少》,载百度网:http://baijiahao.baidu.com/s?id=1583676510690338375&wfr=spider&for=pc,最后访问日期:2019 年 1 月 14 日。

案例、公报案例、典型案例均配有核心术语、争议焦点、案例要旨、专家剖析与点评，因此具有很高的参考价值。笔者所在学校的图书馆显示收录为 2010 年前。另有北大法意，也可配合使用。

(3)法信——中国法律应用数字网络服务平台，http://www.faxin.cn/。作为最高人民法院网络平台，法信是中国首个法律知识和案例大数据融合服务平台，其宣传语是“70 万法律人优选智能检索工具”。区别于传统法律服务平台局限于法律文献检索，法信通过知识组织体系和大数据剖析，为法律执业者一站式提供专业知识解决方案、类案剖析同案智推服务，并向社会大众提供法律规范和裁判规则参考；使用上也相当便捷，由法信大纲作法律知识和案例导航体系。例如，搜索“诚信原则”，即刻显示有关的法律文件文本 652 条（含国家法律库 160、地方法律库 436、立法资料 2、司法资料 30、香港和澳门特别行政区各 2、台湾地区 8、国际条约 12，该项下可以获得文本释义、理解适用、关联法条）、案例 38 个（含民事案例 35、行政案例 1、知识产权 2，附有案例要旨、案例正文和裁判规则、该院同类案例、上级法院案例、相关案例，案例解读比较到位）、裁判文书 12 个（附有裁判大数据多维服务）、法律观点 16 个（立法观点 0、司法观点 4、学术观点 11、实务观点 1）、法律期刊 122 个（有法学核心期刊、非核心期刊、集刊、学报、英文期刊等共计 175 种，可以全文阅读及下载）、法律图书 999+（法信库共有超过 6000 种图书的在线原版阅读）等，均可延伸学习。目前还有测试版类案检索，可以获得基于案由罪名的类案大数据检索及关联法律、案例及观点的推送服务。

(4)中国法院网，https://www.chinacourt.org/index.shtml。作为全国法院门户网站，其有审判案例库、法律文库、庭审公开网的链接。其中审判案例库又有指导案例、典型案例、其他案例三个字库。每个案例中包含案件名称、发布或者生效时间、关键词、裁判要点、相关法条、裁判结果、裁判理由等项目，有些案例中则是基本案情、裁判结果、典型意义等项目。推送的案例没有深加工，解读较弱。

(5)无讼，https://www.itslaw.com/hainan。分为案例、法规、律师、知识、请教五个栏目。目前收录案例 5800 万余份。无讼案例提供易用的案例检索工具,通过独特的关键词系统提供更快更全的案例、法规;具有一键生成图表可视化阅读功能。若以“离婚”为关键词检索时点击“图表分析”,读者可从图表上直观地、各角度地了解案例信息;还可以对搜索的案例结果进行收藏、下载;可以看到次级分类的情况,如“分居”“民间借贷”“未生育”“再婚”“外遇”等不同离婚原因的案例件数;还有“案件类型”“案由分布”“法院层级”“审理法院”“地域”“裁判年份”“审理程序”“文书性质”等关键词下的进一步分类信息。在该平台上还可以给收藏的案例设置工作夹;可以就某个文件夹中的若干个案例一键式自动生成检索报告,格式如“尊敬的合议庭法官,就某某(案由或争议焦点)问题,我们在无讼案例检索到了贵院(或某法院)案例共 × 件,从中可见贵院(或某法院)的审理思路为……”该检索报告可以在线编辑、保存、下载,利用。无讼的特色是出版了天同码案例系列图书七卷,合同、担保、公司、金融、程序五卷正文内容,每卷约 1000 个案例,另两卷目录内容分别为按逻辑体系形成的《目录卷》,以及按最高人民法院法官姓氏顺序排列的《最高人民法院法官类案裁判标准指引》(或称《法官卷》)。无讼平台介绍其案例萃取原则是:此案例中,哪句话或哪几句话打动了裁判者?眼下或以后,如有同样法律疑难案例,什么样的逻辑或表述能说服法官,能成为代理意见的最核心部分?可以说是基于实务的案例精编。每个案例有标题、副标题、标签、案情简介、法院处理、实务要点、案例索引七要素。㉟

(6)元典智库,https://www.chineselaw.com/。元典智库是基于元典睿核平台的统一法律知识检索、案例研判和知识管理平台,目前包含案例研判、法律法规、裁判观点、律师律所、企业调查等,各部分相互独立,但数据关联,满足法律人多个场景的检索需求。其宣传亮点是:海量数据关联

㉟ 标题是统一 22 个字的陈述句,表述一个案例的核心观点;副标题 50 字是其裁判精髓;标签即关键词;案情简介展示每个案例的个性,为案例比对提供参照,是围绕争议焦点组织的案情事实表述;法院处理,即“打动法官”“说服法官”的个案处理结果;实务要点是由个案归纳的一般同类型案件裁判规则;案例索引给出完整的案例出处,以及相同或类似案件原始素材来源,方便读者找到该资源。参见《天同码编者答:关于天同码的 11 个核心问题》,载无讼客户帮助中心:http://help.itslaw.com/hc/articles/45329,最后访问日期:2019 年 2 月 14 日。

整合、检索方式高阶多元;案件信息高度整合、深度研判全景可视;知识管理高效便捷。[36]

(7)法律智能操作系统,https://alphalawyer.cn。Alpha是icourt打造的律师智能操作系统,是律师业务办理和日常沟通的平台,利用其任务协作、计时、成就、文档、大数据、客户管理和剪藏插件,在这个平台上进行项目管理、流程控制和标准化尝试,共享和同步化文件,进行可视化分析整理,实现知识和经验的共享和传递。其中的案例数据库对裁判文书进行了二次解构,可以一键剪藏,也可以一键生成案例检索报告、一键生成可视化大数据报告、一键进行20余个法律资讯数据库的交叉检索。[37] 所以,其推广语是“不止律所管理系统”“帮助律师进入智能协同的2.0时代”。

(8)聚法案例,https://www.jufaanli.com/。提供可视化检索、案例检索、法规检索、刑事HOLO检索四大项;可在结果中检索,可交叉检索,可多区段不同关键词同时检索;其检索结果按照文书类型、文书性质、审理程序、案由、法院层级、审理法院、审判年份等分别列出;独特的项目是“篇幅”分类,500字以内的、500字至3000字的、3000字至8000字的、8000字至2万字的、2万字至4万字的、4万字以上的,共六档,非常适合初学法律者选择适合自己能力和耐力研读的裁判文书。

(9)威科先行·法律信息库,http://law.wkinfo.com.cn/。设有法规(含法律法规、国际条约、标准题录)、案例(含裁判文书、案例评析、行政处罚三个字库)、解读(含实务指南、专题聚焦、专业文章)、工具(文书模块、智能图表、内训助手等)、问答、法律速递、实务模块等检索项目。

(10)外文案例检索。比较研究时可用westlaw、heinonline等工具。

在司法实务领域的法律研究中,技术的前景是广阔而充满活力的,即使对于经验最丰富的从业人员来说,跟上最新的发展也具有挑战性,但付出在获得更好资源、掌握更好检索工具、培养更好研究习惯上的时间可以

㊱ 参见《元典智库 案例研判—法律法规—裁判观点》,载元典智库:https://www.chineselaw.com/,最后访问日期:2019年2月14日。

㊲ 参见《Alpha,不止律所管理系统》,载程序猿网:http://wwwbuild.net/fsoo-com/412827.html,最后访问日期:2019年2月15日。

在提高效率和质量上获得数倍的回报。[38]

无论什么专业的学习或者学习什么内容,无非是"输入"和"输出"的有机结合。"输入"就是学习新知识的过程,"输出"就是运用新知识解决具体问题的环节。没有基础知识的输入和积累,便没有解决问题的"金刚钻";没有实践操作的学习则是不完整、不深刻的。也就是说,在一堆抽象的概念、要件中理解法律制度比较困难、可能肤浅,特别容易前学后忘;而在问题的处理中深刻了解法律制度的运用、体会制度价值的实现,才是真正的理解和接受,并构建自己的知识体系。因此,围绕案例的检索、发现,做实研读,这便是输入和消化的过程,才有可能讲清楚、写透彻,使学来的知识内化成自己的能力,用于实际问题的解决,这是输出和运用的阶段。

2. 读得懂

首先,我们在海量裁判文书中通过检索工具挖掘出来的案例素材应是准确有价值的,和我们要达到的学习目的或者要解决的问题具有相关性,才有继续研究的可能性。例如,笔者针对《合同法》第 60 条第 2 款"当事人应当遵循诚实信用原则,根据合同的性质、目的和交易习惯履行通知、协助、保密等义务"关于附随义务的规定,要求同学们准备案例报告。有同学在检索中就发现,有一份裁判文书的判决依据中明确引用该条文,但综观裁判书全文,都没有讨论附随义务,判决理由中认为当事人合同合法有效、双方当事人均应依约履行自己的义务、被告已构成违约故应继续履行并赔偿损失,遂支持原告诉求,这明显是根据《合同法》第 60 条第 1 款"当事人应当按照约定全面履行自己的义务"做出的裁判。所以,该同学认为法官引用法条错误,遂舍弃该案例不用,因为不能达到检索目的。另有裁判文书中判决理由中有分析附随义务的内容、认为被告确未尽到义务、酌定了其应赔偿数额,但是判决依据中并未引用《合同法》第 60 条第 2 款规定。还有的裁判文书只有定性结论、没有法理分析,就不能以理服人,也就起不到通过案例认识具体制度或者借鉴参考的目的。基层法院裁判文书在引用法律条文时,失之于严谨缜密的问题并不罕见。除错

---

[38] See Noah M. Rich, "Seven Technology Hacks to Improve Your Legal Research", 35 No. 6 *GPSolo* 20, November/December, 2018.

引、漏引、乱引情况之外(邹碧华语),还有对法律条文的忠实程度不够,甚至出现“根据相关法律规定”的表达,无助于法院判决的说服力。同学们发现并质疑这些瑕疵,相信自己成为法官之时,就会特别注意法言法语表达上的逻辑严密,培养踏实细致求实的工作作风,这也会在一定程度上纠正学生于论文、作业及讨论中存在的“甲说乙说随便说”的错误,对自己严格要求。

其次,快速阅读大量案件材料并准确抓住问题的本质与核心、运用各种材料进行分析研究给出结论的能力,是法务人员必须具备的;但在当前普遍阅读碎片化情况下,学生精读文献与案例的耐心和能力似乎都不足,深入思考也就无从谈起。所以,在精准发现适当的裁判文书后,还要能够读得进去、读得明白,通过精读,读懂丰富的司法实践原生态、读懂实体与程序的关联、读懂实务操作。

实体法教学中有大量抽象、概括、晦涩、难懂的法律术语需要掌握,如显失公平、公序良俗、情势变更、安全保障义务等,同学们可以通过案例检索、案例报告、案例分享建立感性认识,理解制度价值并熟悉其运用,获得深刻认知。通过研读案例,可以知道经营者未尽安全保障义务需承担侵权责任包括“健身馆楼梯上安装的黑色防滑条以及小心地滑警示标志等安全防护措施不足以防止消费者损害发生”“患者在医院跳楼自杀,医院未按照医疗规范严格执行Ⅰ级护理导致安全保障缺失”“就餐中双方争执斗殴,伤者倒在桌下达数小时后死亡,餐厅始终未报警未送医”等情形,不包括“游泳馆体育设施注册登记证、卫生许可证、管理制度、警示标志、提示牌均齐全,安全员在岗,七旬老人连续游泳突发心脏病溺水,安全员采取了急救措施并及时送医”“患者作为完全民事行为能力人基于自身原因在医院跳楼自杀,医院的医疗行为与该患者死亡结果之间没有直接因果关系”“就餐时被突然闯入包厢的数人侵害,餐厅及时报警并送医救治”等情形。也可以说,这个过程帮助准法律人积累人生阅历、增长生活经验、提高社会洞察力,帮助学生理解社会运行、理解法律功能、学会对案件事实的归纳和概括,谁能否认这也是一个实践过程呢?

笔者常常用4D电影的观感来形容裁判文书的阅读。一般而言,教师讲解基本理论,举例都很简明单一,说明其概念、构成要件及法律效果即可,没有事实认定、没有举证质证、没有辩论意见;而在一份判决书中,动辄十几页、数十页,物权、债权、婚姻家庭、继承各种民事法律关系交织,民事行为和行政管理行为叠加,民刑混杂,各方主张及其证据,法律事实认定与法院裁判结果,程序的、实体的立体化扑面而来,砸向学习者,没有坚强意志、没有不屈不挠精神的人,还真啃不下这个“硬骨头”。例如,高某等三人诉陈某执行异议之诉的再审判决书,涉及民间借贷纠纷一起、执行异议一起,以及执行异议之诉一审、二审、再审等多个诉讼法律关系,准备报告的同学在阅读初期显然已经迷失方向,后来笔者通过邮件、微信语音提问十几次,在一次次回答中,该同学终于厘清了事情发生经过、厘清了法律关系、理解了法院判决,耗时三天,之后她用思维导图比较清晰准确地在班级做了口头报告:田某将其房屋 A 卖给陈某,收款交房,陈某也用该房登记为个体经营场所;但因为田某曾因贷款将该房屋 A 抵押给工商银行(有抵押登记),借款尚未清偿,抵押仍然存在,所以房屋并未从卖方田某过户至买方陈某名下;而田某又与高某三人有民间借贷纠纷,因债权未能实现,高某向法院起诉田某还债,胜诉,遂请求法院查封并执行田某名下的房产 A。该房已由陈某实际使用,故陈某不同意执行,提出执行异议,被区法院驳回异议;陈某遂提起执行异议之诉,请求法院不予执行,区法院驳回该诉求;陈某上诉,二审判决支持了其执行异议的诉求,对该房屋 A 不予执行。高某三人不服,提请再审,法院认为,争议焦点为陈某是否享有 2015 年最高人民法院《关于人民法院办理执行异议和复议案件若干问题的规定》第 28 条规定的“足以阻止执行的实体权利”。[39] 法院根据查明的事实认为陈某对诉争房屋 A 享有上述司法解释规定的足以阻止执行的权利:房屋未办理过户的原因不能归因于陈某,该条第四项,“非因买

---

[39] 最高人民法院《关于人民法院办理执行异议和复议案件若干问题的规定》第 28 条规定:“金钱债权执行中,买受人对登记在被执行人名下的不动产提出异议,符合下列情形且其权利能够排除执行的,人民法院应予支持:(一)在人民法院查封之前已签订合法有效的书面买卖合同;(二)在人民法院查封之前已合法占有该不动产;(三)已支付全部价款,或者已按照合同约定支付部分价款且将剩余价款按照人民法院的要求交付执行;(四)非因买受人自身原因未办理过户登记。”

受人自身原因未办理过户登记”,是在买受人和出卖人之间比较,相关不动产未办理过户登记的过错应归因于何方。该案中,签订了买卖合同书,办理房屋的所有权转移手续是田某作为出卖人的附随义务;尽管在签订房屋买卖合同时,该房屋已经设定工商银行的抵押权,但田某负有应采取积极措施解除抵押以顺利完成房屋所有权移转的义务;而田某在签订买卖合同至房屋被查封欲执行的三年间一直未消灭房屋上的权利负担,以致该房屋长期不能过户至被告名下,故未过户的过错应归因于田某。所以,陈某享有前述司法解释第28条规定的足以阻止执行的实体权利,故驳回高某三人的再审诉求。同学们有疑问:“陈某和高某均为债权,何以陈某的债权可以优先于高某的债权?”该判决书中也给予了充分解答,“陈某已经占有A,已支付全部价款,有将A过户至自己名下的请求权,其请求权早于高某等债权人的普通金钱债权,虽然债权成立的时间不影响债权平等性,但在特定情形下对于债权能否继续履行以及继续履行的顺序会产生影响。陈某的请求权针对房屋A,高某等人的请求权并未指向某个特定财产,A是责任财产的一个部分,是高某等人债权的一般担保,在陈某占有的前提下,陈某对A的权利,应优先于普通金钱债权”。这么复杂的案例,仅是我们要求的附随义务的案例报告之一。该案中,法院认为田某未尽转移房屋所有权的附随义务,田某应偿还工商银行借款、消除抵押权,并办理房屋过户登记手续,将房屋过户给陈某。在案例报告后,该同学自己感觉对不动产抵押权的效力、附随义务、执行异议之诉、债权的平等性等知识点的印象深刻至极。有研究表明,学生如具备阅读密集、复杂材料的经验,就会提高批判性阅读和思考的能力。[40] 笔者认为,可以将“苏格拉底问答法”(教师梳理问题,学生答题式阅读)用于裁判文书研读指导中,有效的案例阅读对于法学院教育的成功非常重要,它是一个带着问题去研究的过程。

在案例阅读中,还可以发现课堂上一般讲不到的实务做法,消除理论与实践的隔阂,更准确地适用法律。例如,关于诉讼时效的起算,《民法通

---

[40] See E. Scott Fruehwald, “Bringing Legal Education Reform into The First Year: A New Type of Torts Text”, 50 *John Marshall Law Review* 713, Summer, 2017.

则》第137条规定,从知道或者应当知道权利被侵害时起计算。《最高人民法院关于贯彻执行〈中华人民共和国民法通则〉若干问题的意见(试行)》第168条规定,人身伤害明显的,从受伤之日起算;当时未曾发现、后经检查确诊并能证明是由侵害引起的,从伤势确诊之日起算。《民法总则》第188条规定:"自权利人知道或者应当知道权利受到损害以及义务人之日起计算。"同学们通过案例研读,了解到实践中诉讼时效从受害人治疗终结之日或者伤残等级确定之日起算,因为此时各项损失费用方能确定,才可以有效行使请求权。治疗后无须进行定残的,以治疗终结时;需要定残的,定残后,其主张赔偿的数额,包括残疾赔偿金等全部损失才能明确下来,才好行使权利,起诉条件才成熟;如果一次起诉可以解决全部问题,则无须苛责受害人多次起诉,也浪费司法资源;再则伤情痊愈损失确定后,方行使权利,符合社会公众认知。

在研读裁判文书的过程中,要查工具书和法条、要归纳总结、要尝试解答疑惑,才能真正读进去,读得有意义。

3. 写得明

读,是将实务案例掰开揉碎的解构,一点一点消化相关制度;写和讲,则是"再创作",属于个人知识体系的重构。案例检索、研读后,应整理成文档,实现不同的法律研究目的。毕竟,读,使人丰富;写,才能使人深刻。也有研究表明,学生花在阅读和写作上的时间越多,高阶思维和认知能力的提高就越明显。[41] 而我们的学生鲜有阅读和写作的课后作业。

实务中类案检索通常是为案头事务提供参考意见,或提交客户、或提交办案法官,争取认同,则需要案例检索报告呈现前期法律研究的结果。案例检索报告既是每一个案件的必经起点,又指向每个案件的最后一步,所以不能将其等同于代理意见所依据的法律法规汇编。不同的人有不同的案例检索报告写作习惯,但同一个法律工作团队内部,应有报告的统一格式,便于团队内部交流共享。一般而言,报告应该包括以下几个部分:其一,交代案例检索目的,即要解决的法律问题是什么;其二,检索工具和

---

[41] See Jennifer M. Cooper, "Smarter Law Learning: Using Cognitive Science to Maximize Law Learning", 44 *Capital University Law Review* 551, Summer, 2016.

检索关键词的说明；其三，检索到的法律规范，应按照位阶排序；其四，检索到的案例，按照审判机关层级排序（案例影响力——指导案例、公报案例、最高人民法院审判庭刊物案例、最高人民法院案例、地方高级人民法院案例、上一级法院案例、本级法院案例、本院法官案例），均需附案件名称、案号、裁判要旨，可以图表方式表现裁判倾向，即支持和不支持的比例；其五，检索人自己的分析和结论，要求说理清晰充分；其六，检索日期。[42]

如果是辅助教学的案例检索，可根据情况选用以下任一模板做课堂报告，再上传网络教学平台，供同学们课后再思考、再讨论。

其一，概括缩写式。通过个案事实及裁判要点印证一个基本理论的适用，学生的报告能从十几页的裁判书中准确概括出基本案情、争议焦点、裁判结果、裁判依据，厘清法院的裁判思路，有逻辑性地写清楚制度的适用条件、法律效力，就达到了最基本的案例研读能力、写作能力训练的目的。这个基本属于“以案说法”的程度。华东师范大学法学院李建星老师曾展示过法硕物权法课程期末作业，要求学生选取物权法上关于所有权、用益物权、担保物权的条文各一，完成案例报告。在关于《物权法》第74条的报告中，根据法条，判定属于“规划用于停放汽车的车位”基本上都认定为开发商所有，那么做出此认定的实务标准有：(1)直接用大产权证认定——车位不能独立办理产权登记的，不能认定为专有部分；(2)直接用建筑规划判定——建设期间就规划要建设的，也未占小区公共道路、公共绿地等，业主也不能证明自己通过租售方式取得车位所有权；(3)以“车位开发成本并未核算在住宅开发成本中”来判定——核算在内的，应归属于全体业主，未核算在内的，属于开发商；(4)不属于公摊面积的，反

---

[42] 参见林盛：《完整版范例：一份完美案例检索报告应如何撰写》，载360个人图书馆：http://www.360doc.com/content/16/0219/16/22513831_535751627.shtml，最后访问日期：2019年2月16日；王俊珑、吴英豪：《类案与关联案件检索报告制作指南》，载搜狐网：http://www.sohu.com/a/206349770_170807，最后访问日期：2019年2月18日；华轶琳：《手把手教你如何制作一份合格的案件检索报告》，载新浪微博：http://blog.sina.com.cn/s/blog_78341c350102w4df.html，最后访问日期：2019年2月14日；李红青：《如何制作最受法官欢迎的案例检索报告》，载360个人图书馆：http://www.360doc.com/content/17/0814/21/46357347_679220521.shtml，最后访问日期：2019年2月14日。

推属于开发商。这无疑是在潜移默化地进行举证能力的培养。关于《物权法》第20条预告登记制度,李老师从同学们检索到的案例汇总情况来看,可以说明的问题有:(1)买卖合同备案和预告登记性质不同;(2)最高人民法院关于在建不动产预告登记效力的观点;(3)一房二卖中的后手预告登记效力,法官认为有优先受偿性,但该同学存疑。[43] 这就已经是第二类案例报告的出发点了。

其二,问题研究式。在理解和阐释个案法理和制度价值的基础上,如果学生还从案例中发现了问题,或是理论争议,或是实践困惑,那案例报告就是学术研究的起点,包含了较深层次的个人思考和评论,如对立法、学界、司法实践等层面意见的梳理和辨析,为进一步探索打下了基础。例如,从各地对夫妻婚姻存续期间自愿签订的忠诚协议在离婚案件中效力认定不同的裁判文书中,可以引发对忠诚协议法律效力的思考,2001年《婚姻法》未涉及,2011年《最高人民法院关于适用〈中华人民共和国婚姻法〉若干问题的解释(三)》又回避了这个问题,理论上又有道德义务和法定义务之争,司法实践中裁判不统一,是一个具有实践价值的科研选题,可以作为学年或者毕业论文的方向。

其三,类案裁判规则总结式。法信平台上这种模式对法律人意义重大,学生可以借此全面掌握某具体制度的构成要件及法律后果,司法实务工作者可以明确预测某些案件的审判走向。2018年夏江苏昆山发生"宝马纹身男子持刀砍人反被对方砍死"事件,后者是否正当防卫引起了全民大讨论。法信平台整理了四个类案的裁判规则:以"王某龙故意伤害案"说明"针对已结束的不法侵害进行防卫且超过明显必要限度的,构成事后防卫,以故意伤害罪处罚";以"王甲被控故意伤害案"说明"对不法侵害者的严重危及人身的暴力防卫致侵害者死亡的不构成防卫过当,不承担责任";以"陈某庆被控故意杀人案"说明"对正在进行的严重危及人身安全的暴力犯罪,可以采取无限防卫,致不法侵害人死亡的,不负刑事责

---

[43] 参见李建星:《案例报告:物权法第20、21、24、74、78、128等条》,载360个人图书馆:http://www.360doc.com/content/18/0402/11/819919_742229709.shtml,最后访问日期:2018年12月25日。

任”；以“王乙故意伤害案”说明“行使特殊防卫亦应有限度，超过限度的要承担刑事责任”。该四个类案分别附有案例出处、审理法院、案号、案例要旨、裁判结果、法律依据等信息。[44] 再如2019年春节前演员吴某某与陈某某婚外情纠纷闹得沸沸扬扬，从法律角度分析，情人索要分手费是否构成敲诈勒索，索要分手费和“青春赔偿费”等，与敲诈勒索的界限在哪里？网络上讨论较多。法信案例汇总之文以“孙某因与郭某不正当男女关系纠纷对郭某补偿78万元被法院判决返还”说明“侵害配偶财产利益、有悖于公序良俗的赠与行为无效”，以“陈某诉杨某履行解除情人关系协议中20万元青春补偿费的案件”说明“协议违背公序良俗被法院判定无效”，故前述费用均无法律依据，各方自愿给付，配偶不反对，别人不能干涉，若以此为由要求履行，法院不支持，已给付的，配偶要求返还的，法院支持；以“王某被控敲诈勒索案”说明“以纠缠骚扰被害人及威胁其家人人身安全为手段索要巨额分手费的构成犯罪”，以“石某被控敲诈勒索案”说明“以曝光被害人裸体照片索要分手费构成犯罪”，以“宋某某被控敲诈勒索案”说明“以公开性爱视频、身上有炸药要与被害人同归于尽等威胁索要巨额分手费的构成犯罪”，以“谢某被控敲诈勒索案”说明“因无胁迫或威胁情形索要财物不构成犯罪”。[45]《最高院 · 省高院：“借名买房”纠纷的裁判规则汇总》一文中先说明以“借名买房”为关键词在裁判文书网上检索出3170篇判决书，民事案由2809篇，由最高人民法院裁判的1篇。继而阐述基本理论，包括借名买房的原因、风险。接下来通过具体案例说明借名买房纠纷中的8个实务要点。如以“谭某兴与雷某志、京达公司房屋确权纠纷民事裁定书”说明“借名买房协议具有一般的合同约束力，为有效合同”；以“赵某章、赵某所有权确认纠纷再审审查与审判监督民事裁定书”说明“借名买房情况下真正购买人所举出的间接证据能够形成完整的证据链条证明其系真实购房人的，应予确认”；以“姚某与章某返还原物

---

[44] 参见《判断是否构成正当防卫的司法观点及裁判规则》，载百度网：https://baijiahao.baidu.com/s?id=1610300336164534067&wfr=spider&for=pc，最后访问日期：2018年8月30日。

[45] 参见《案例汇总：情人索要分手费构成敲诈勒索吗?》，载搜狐网：http://www.sohu.com/a/290236103_120044552，最后访问日期：2019年1月20日。

纠纷申请再审民事裁定书”说明“不具有当地购房资格借名买房请求办理过户手续的,法院不予支持”;等等。[46] 实务工作者案例检索如果能做到这个程度,也可以称得上办理该类案件的专家了。

其四,实例研习式。常鹏翱教授认为,法律人既要有超越常识把握法律规范的能力,还应有在规范观点下分析生活事实,并从具体事实中获取法律事实规范意义的能力,而获取该能力的正确方法不在于储存概念的含义,而在于训练类型学思维,即从判例类型中领悟法律事实及其运作规律。[47] 如果学习者一方面加强基础理论的学习,另一方面能多结合案例实践理论,从理论到实践,再从实践回到理论,如此循环往复,必可提升自己解决法律问题的能力。在检索、阅读、思考多个类案后,学生可以结合实例自主编制法学思维训练习题,一个主干事实,情况A发生是什么法律效力?情况B发生了又该怎么办?条件C出现了呢?编题的同学读案例就会特别细致,思考题目时为周全严密还要找相关的文献资料、教材等来验证,尽量变换假设条件、尽量穷尽某制度涉及的问题。这也是王泽鉴教授推荐的学习方法,因为“法律是思维的训练而非单纯的记忆”,英美的学生、德国的学生、我国台湾地区的学生都是靠写实例题的报告来学习,而不是靠单纯的阅读来学习。[48] 这样的读案例、编习题、写实例报告就是直接进入了法律的操作环节里,一遍一遍地整理事实、一遍一遍地考察法律条文的适用条件,才会有知识上真正的收获。也可以由一个小组出题,另一个小组来解题,采用互助式讨论式学习。这是一个将理论用于生活事实、实实在在解决问题的过程,需要不停翻阅法律条文,需要不同知识点协同作战,需要将学过的知识形成立体化结构。事实上,近年的法考(司考)题目也多由实际案例、典型案例改编而来。例如,某人好心拿芭蕉给

---

[46] 参见《最高院·省高院:“借名买房”的裁判规则》,载漯河市郾城区人民法院网:http://lhycfy.hncourt.gov.cn/public/detail.php?id=1210,最后访问日期:2018年12月4日。

[47] 参见常鹏翱:《法律事实的意义辨析》,载《法学研究》2013年第5期。

[48] 参见王泽鉴:《法律人的学习依赖于训练而非记忆》,载360个人图书馆:http://www.360doc.com/content/17/0425/17/26988834_648573407.shtml,最后访问日期:2018年5月11日。

邻居老汉4岁的孙子吃,一个5岁的小女孩来找男孩玩,两个小孩就一起分吃芭蕉,上午无事,下午再次分吃芭蕉时,小女孩因所咬的一口芭蕉块过大,吞咽过快,卡住气管窒息死亡。小女孩父母遂将给芭蕉的人和小男孩爷爷诉上法庭,请求二人承担连带赔偿责任。法院认为,小女孩之死是无法预见的意外事件,前述二人没有过错,故不承担侵权损害赔偿责任。但如果两个孩子是3岁左右的情况呢?如果小女孩是其家长拜托小男孩爷爷照看一天呢?结果会不会有所不同?这就是根据事实进行有理有据分析的实例研习。

4. 讲得清

民法课上,根据具体案例的复杂程度,笔者安排同学们在每次课的前3~7分钟来作报告。同学们经过“找到”、“读懂”、写文稿、制作PPT的环节,还要在班级百余名同学面前汇报,这是语言表达能力的训练,其实并不是很容易的事情。学生报告后的普遍感觉是“清楚地讲出来和自己已经理解完全是两回事”,的确是“台上一分钟、台下十年功”。主要问题有:其一,线索不明、重点不突出、表达不够言简意赅。原因是对裁判文书没有高度概括,大幅度照念,浪费时间,而且信息太多、分散了听者注意力,效果不好。其二,PPT制作不能配合案例报告需要。时间只有5分钟左右,有同学做了20余张幻灯片,手忙脚乱地播放,显得不协调。另有同学的PPT每页均满屏是文字,听众根本来不及看,也抓不住问题的核心。PPT应清晰、简洁、明快、视觉化,以思维导图等方式,将报告的线索、结构直观地表现给听众,但多数同学是将裁判文书的内容复制粘贴而成。其三,对报告内容没有事先熟练、演练,结果磕磕巴巴、词不达意……总之,报告应清楚陈述案件事实、原告诉求、被告辩称、法院判决、判决依据等,分析所适用理论的构成要件及法律效力,最后可以提出自己的质疑和思考。如果在核心制度释明之外,还涉及其他部门法相关规定、新的法律术语等,应一并解释,拓宽学习维度和广度。在基本能清晰地报告的基础上,还可以要求时间控制、节奏控制等。语言表达能力的训练是一个循序渐进的过程,不可能一蹴而就,重要的是经过一次锻炼,可以发现自己的不足,进而有针对性地校正提高。

学生报告完毕后,教师应予总结,就其中错误的、混淆的、未说明的问题等进行补充完善,清除不准确、不正确的表述,避免以讹传讹。

根据同学们反馈的意见和建议,课前案例报告制度还可以从以下方面进行改进:其一,每次报告由 3 ~ 5 人小组完成,有个人分工,也有团队合作,最后组内推选一名同学上台报告、其他同学补充,这样报告的内容更为充分、周全,共享式学习效率更高;一个学期下来,会有更多的同学参与进来、受益于此。其二,案例报告前,该小组负责将报告文本和 PPT 提前上传分享给班级同学,交流的效果会更好,避免出现报告人认真投入而其他同学事不关己高高挂起的现象,这样听众也能获取更多信息。其三,增加听众质疑提问、报告团队答疑互动环节。其四,案例报告的人选,不要由教师按照花名册顺序指定,应由有强烈参与意愿的同学"毛遂自荐"。

(二)借助课前案例报告,提高自主学习能力,养成终身学习习惯

我国传统的法学教育方式均以制度介绍、理论阐释为主,因为课时少、内容多常常需要赶进度,很容易就成为"填鸭式讲授",相应地,学生是被动接受知识,学生兴趣不高,也不能充分发挥主观能动性。所以,教学方式改革中,还是要想办法激发学生的学习兴趣,毕竟"兴趣是最好的老师"。法学具有实践性,社会热点问题均能成为"学材",即学习研究对象。例如,2015 年无锡冷冻胚胎案,2018 年年底基因编辑婴儿事件新兴卫生法问题,2019 年元宵节前"福建小伙见义勇为出手制止陌生男子行凶却被公安机关拘留"事件正当防卫问题,演员王某某离婚纠纷则涉及名誉侵权、共有财产分割、未成年子女抚养、离婚损害赔偿、职务侵占等问题……如果教师以此为例分析法律关系、评价司法机关处理结果,自然要比枯燥的理论讲述有趣一些、有吸引力一些。但往往听完了教师的分析,热闹散去,学生印象深刻的是社会事件本身,而学生对法理评析、规则适用条件等随着下课铃声响起也抛去脑后了。其原因就在于,学生始终是教学的"旁观者",而不是"参与者",没有自主研究的愿望,学生归纳、概括、分析案件事实、解决问题的能力,都没有得到充分的训练。

2000 年后我国的法学院多以美国法律诊所方式开展案例教学法,近年则开始实践德国请求权基础鉴定式案例教学法。这说明实体法教学必须以学生为主体开展,必须以已决案例为研习对象,必须置身于以裁判文书表现的司法实务环境中去教和学,也就离不开案例检索知识的传授和技能的培养。所以,师生都必须克服传统模式下的惯性惰性,积极探索和适应社会需求的新教学模式。

如前所述,在教师全程指导下,由学生作课前案例报告,学生必须从案例检索做起,全情投入案例研读,苦思冥想撰写案例报告,到最后登台汇报,"案例进案例出","找、读、写、讲"都是思考、都是训练(中国政法大学张佩霖教授语)。在这个过程中学生必定是不舒适的甚至痛苦的,其中很大一部分是学生在阅读、写作和学习习惯上存在的"能力幻想"被打破的痛苦,但每一步骤都有新的体验吸引他坚持、前进,每印证一个理论的运用,每解决一个实际问题,学生都会产生些许专业自信,反过来又会转化为学习的推动力,所以学生能持久地保持探索的兴趣,能有效激发学习的主动性和积极性,达到专业分析能力训练和法律思维养成的目的。有同学说,完成一次案例报告,就好像实地跟进了一个完整的案件,很多知识能够融会贯通。这样的训练还应该长期地、大量地、精细化地进行,久而久之,法学综合素养才会有所提升。之所以有效,是因为课下的自主探索、课上的师生互动及生生互动,学生都是作为教学的主体积极参与其中的,不仅可以全学程进行,而且学以致用,知识的综合运用还有利于消除分科教学造成的知识分散(不仅仅是民法理论,也不局限于法学知识)。

这种学习方法向学生提供了充分思考的机会。有了知识给予的力量,学生产生了质疑权威的勇气,非常难能可贵。笔者印象比较深刻的是一位同学作善意取得案例报告,他在山东大学出版社出版的 2007 年《物权法适用疑难问题研究》中提取了这个案例,该书是随着《物权法》颁布实施推出的理解与适用类型的研究文献。该案件也比较典型,曾以《真假房主》为名在中央 2 台《经济与法》栏目播出。基本情况是:2003 年刘某以要租房为名骗取王某老人的房产证,然后刘某办了一张名为王某的假身份证,继而刘某假冒王某将后者的房屋 A 卖给了杨某;刘某持真房产证、名为王某的假身份证和杨某办理了房屋过户登记手续,杨某领取了新的房产权证;杨某始终不知真相;后刘某潜逃;王某请求法院判该买卖合同无效,请求杨某返还自己的房屋。作报告的同学根据该参考书的分析认为这是无权处分情形,杨某做到了检查身份证、房产证及邻居询问,尽到了一个买房者的注意义务,属于善意第三人,而且以合理的市场价格受让的房屋已经过户登记到自己的名下,因此,根据《物权法》第106条,杨某依据对登记簿记载情况的信赖取得的房屋所有权应受法律保护(当时电视节目也做了相同定性)。有同学即提出异议,认为杨某不符合善意取得的要件——登记簿上名义所有权人无权处分,善意第三人基于对登记簿的信任(物权变动的公示公信)购买并从名义所有权人处过户到自己名下;而该案事实是刘某假冒所有权人王某,以真正所有权人名义卖房,杨某是从真正所有权人名下过户到自己名下的,刘某是诈骗行为;买主杨某上当受骗固然应该被同情,但真正所有权人并没有出卖的意思表示。[49] 也就是说,本案中没有登记错误,没有《物权法》第106条适用余地,即便是买方应受保护,也不是善意取得制度的方式。于是同学们展开了进一步案例检索来支持自己的判断,有两个发现。(1)司法文件《上海高院关于假冒权利人(如伪造产权人身份证、找相貌近似者冒充产权人交易等)签订买卖房屋合同后、买受人能否善意取得的答复》中指出:首先,产权人没有交易的意思表示,双方没有买卖合意,所以产权人主张合同无效的,应予支持,买受人主张善意取得,法院不予支持;其次,《物权法》第106条的本质是牺牲静态安全保护动态安全,理论基础在于物权公示公信,即不动产登记错误时,仍为第三人对登记簿(虚假的权利外观)的信赖提供适度保护,以保障交易秩序及安全,但在冒名处分中,买受人是被欺骗误认为权利人出售房屋,买受人是对交易主体身份误信而不存在虚假权利外观信赖保护的基础事实,所以不适用善意取得制度。(2)2005年该案的二审裁判文书,结果是撤销一审判决,确认王某房屋所有权,判令杨某腾退房屋;在理由中特别强调该案不适用“善意取得”制度。质疑权威、勇于探究、理性思维的科学精神,不正是我们孜孜以求的吗?

---

[49] 参见王旭光:《物权法适用疑难问题研究》,山东人民出版社2007年版,第224页。

五、结语

法学院教育,应是知识传授、思维训练、技能培训的综合体,不应有任何一个方面的偏颇。“互联网+”时代,教育工作者更应关注大数据下司法实践领域执业智能化的发展趋势,给予学生必要的案件检索技能的知识和培训,并依托课前案例报告制度,帮助未来法律人提升综合素质。

On the Acquisition of Law Major Students' Case Retrieval Skills in the Background of "Internet +"

Xie Xiao

Abstract: With the rapid development of big data and artificial intelligence technology, the trial and research system of the research and development of case retrieval in judicial organs is expected to better realize the unity and authority of the judiciary. The legal professionals can obtain case reference, predict the judgment results and provide customers legal advices through case retrieval. However, at present, domestic law schools has not paid enough attention to the students' case retrieval practice skills in the "Internet +" era. This is the basis for carrying out legal research, conducting course training throughout the whole process, and improving the ability of independent learning. The case report system focuses on training the retrieval skills of law major students, and combines classroom teaching to enhance students' comprehensive ability to "find, understand, write and understand" relevant cases, and achieve seamless connection between on-campus learning and future practice of law.

Key Words: case retrieval, legal research, consistent judgments to similar cases, prediction of judgment result, case report, skill acquisition

法学专业大学生的学习适应研究

——以H校2007～2015届法学专业优秀毕业生为例*

何树彬**

摘　要：对于法学专业大学生而言，适应法学专业学习是他们大学适应的主要任务。对2007～2015届H校法学专业优秀毕业生的生涯传记进行考察，运用扎根理论的研究方法，认为法学专业大学生的成功学习适应主要表现在三方面：从"被动学习"转向"主动学习"，逐渐适应自主学习模式；逐渐形成法律思维和多视角看待问题的能力，能够在批判与质疑中保持独立思考，利用法律知识看待和解决实践问题；能够发现法学专业学习背后的意义和价值，真正将其融合到自身的发展和成长过程之中。

关键词：法学专业大学生　学习适应　自主学习　法律思维

---

* 基金项目：华东政法大学2018年本科通识课程建设项目"生涯发展与规划"（项目编号：A－4999－18－003169）。

** 何树彬，华东政法大学刑事司法学院助理研究员，教育学博士。研究方向：法学教育、青少年犯罪等。

一、研究缘起

大学适应是近年来学者关注的热点所在,专业学习适应是大学适应的主要内容。大学阶段与高中阶段的学习相比,需要迥异的学习和思维方式。大学阶段学习内容的丰富性和挑战性,思维方式的复杂性和全面性方面都对大学生提出了较高的要求。对于法律专业大学生而言,适应法律专业学习成为他们大学适应的主要任务。

优秀大学生是大学里较有代表性的一部分。他们对于其他同学的发展有着重要的引领作用,能够为其他同学的发展提供榜样示范。评选优秀毕业生、对优秀毕业生进行表彰及其事迹宣传是 H 校一项重要工作。[①] 要求每一位优秀毕业生撰写生涯传记是 H 校多年来的优良传统。优秀毕业生的生涯传记描述大学生 4 年期间的发展经历,其专业学习、社团活动、实习、求职的活动是怎样展开的,主要围绕三个维度:以时间为线索阐述大学生涯发展;其中所经历的学习适应、生涯选择等重要的生涯事件;对低年级同学的建议或忠告,当然这些建议或忠告在某种程度上是优秀毕业生对大学生活真实心态的反映,也是对自身大学生涯的一种总结性反思。

本研究通过对 2007 ~ 2015 届 H 校 602 位法学专业优秀毕业生的生涯传记进行考察,运用 Nvivo10.0 软件进行质性分析,逐步编码、形成类属,最终概括、提炼法学专业优秀毕业生在专业学习方面成功适应过程和核心特征,以期为法律专业大学生顺利适应专业学习、形成法律思维、成为一名“法律人”提供有益的借鉴。

---

① 优秀毕业生的评选经过严格的资格(四年期间至少获得过一次综合奖学金)、笔试、面试考核,评选出德智体等全面发展的优秀学生,优秀毕业生比例占全校毕业生总人数的 15%。

二、文献简述

学习是作为主体的人通过思维、认知、体验等活动，实现对知识的改造，吸收知识的价值和意义，重新建构包括他的需要、能力、知识结构、思维模式等在内的心智结果，实现人的本质力量的确证与增加。② 进一步而言，学习是构建自身生命意义的实践行为，是将学习结果内化为自己生命一部分的过程。适应是指个体依据对内外环境变化的认识和体验，通过积极的自我调节，使自己的心理和行为与环境保持相互协调、和谐发展的动态心理过程。③ 进而冯廷勇等认为学习适应是指主体根据环境及学习的需要，努力调整自我，以达到与学习环境平衡的心理与行为过程。最后达到学习适应的良好状态。④ 大学新生经历着从外在要求向内在自觉的自我学习转变过程。而这种过程也势必伴随着大学生对于自我的探索、对于外部环境的适应，是重新认识世界、根本上是认识自我的过程。

大学新生学习适应不良处于大学适应的核心地位，⑤他们面临从高中到大学的种种挑战，尤其是学习适应方面。杨钋等认为，要在第一年帮助新生适应从高中到大学教学方法的变化，从被动学习状态进入主动学习状态，要将以追求好成绩为主的外在学习动机转化为以求知为主的内在学习动机。⑥ 冯廷勇等认为，学习动机对学习适应影响最大，学习动机是学习的动力因素，是引起学习行为的原因，包括学习目标、学习态度和学习兴趣等方面。⑦ 针对大学生在学习态度、学习目标、自我监控、自主学习

---

② 参见郭元祥等：《学习的实践属性及其意义向度》，载《教育研究》2016 年第 2 期。

③ 参见冯廷勇等：《大学生学习适应量表的编制》，载《心理学报》2006 年第 5 期。

④ 同上。

⑤ 参见吴应荣：《大学新生学习适应状况调查及对策研究》，载《广东工业大学学报》(社会科学版)2010 年第 1 期。

⑥ 参见杨钋、毛丹：《"适应"大学新生发展的关键词——基于首都高校学生发展调查的实证分析》，载《中国高教研究》2013 年第 3 期。

⑦ 参见冯廷勇、李红：《当代大学生学习适应的初步研究》，载《心理学探新》2002 年第 1 期。

等方面存在诸多不足,吴应荣认为,大学新生教育必须帮助他们及时转变观念,调整学习方法,尽早适应大学学习。⑧ 探索性因素分析结果也表明,大学生学习适应的主要因素包括学习动机、教学模式、学习能力、学习态度、环境因素等五个方面。验证性因素分析结果表明,根据以上五个维度所设计的量表具有较好的信度和效度,较好地解释了学习适应的内涵。⑨

戴激涛在对美国佩斯大学伊丽莎白·霍伯法学院考察基础上,认为“优秀法律人”的培养包括通过课前预习促进自主学习,案例教学形塑法律思维,实务培训提升职业素养、“像律师一样思考”,多元互动式教学培植法律信仰等。⑩ 与其他学科的学习相比,法律学习的独特性表现在:第一,运用术语进行观察思考和判断,这其中就包括大学生所认为的“法言法语”,这是成为“法律人”所必须具备的前提条件;第二,通过程序进行思考,即严格遵循程序,这是法律的独特价值所在;第三,注重缜密的逻辑,具有强烈的证据意识;第四,只追求程序中相对的“真”,法律意义上的真理、真相或真实其实只是程序意义上和程序范围内的,并不存在绝对意义上的“真”;第五,判断结论总是非此即彼地进行“一刀切”。⑪ 上述论者从各个角度研究了法学专业学习适应的内涵和特征,如培养“法律人”“法律信仰”等,但是对学习适应的具体过程缺乏研究,特别是对于法学专业大学生的学习模式、动机、态度的演变过程缺乏探究。

在对专业学习的适应方面,很多学生坦诚自己以前所接受的是“填鸭式”的教学方式,所以到大学阶段势必不能很快适应自主性的学习方式,这也是很多大一新生在刚入学阶段碰到的最大的适应上的困难。“死读书”“死记硬背”“应试教育”等这些在大一新生的描述中所频繁出现的词

---

⑧ 参见吴应荣:《大学新生学习适应状况调查及对策研究》,载《广东工业大学学报》(社会科学版)2010年第1期。

⑨ 参见冯廷勇等:《大学生学习适应量表的编制》,载《心理学报》2006年第5期。

⑩ 参见戴激涛:《优秀法律人如何养成?——以美国佩斯大学伊丽莎白·霍伯法学院为例》,载《政法论丛》2016年第5期。

⑪ 参见孙笑侠:《法律人思维的规律》,载葛洪义主编:《法律方法与法律思维》(第1辑),中国政法大学出版社2002年版,第82页。

汇，是对高中学习生活的一种真实的"主观刻画"。

三、研究分析与发现

本研究经过不断编码，得到法学专业大学生学习适应的六个维度（见图1）。这六个维度表现出了大学生对于法律专业学习不同侧面的描述，表达了他们对于法律学习不断适应过程中所表现出来的核心特征。

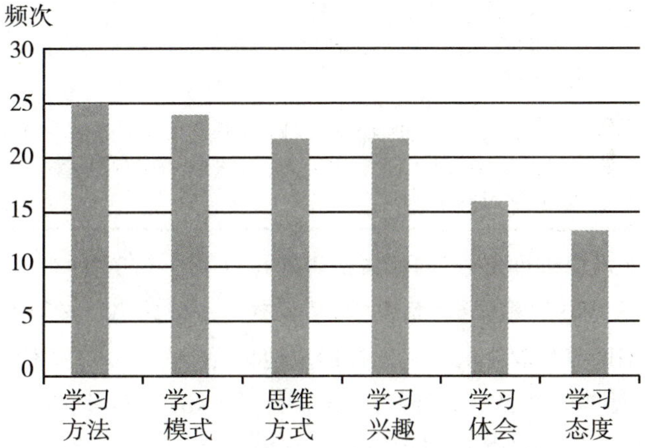

图1　法学专业学习的各主要维度频次

对每个维度的具体描述如表1所示：

表1　对法学专业学习各维度的详细描述

学习维度	描述
学习方法	延续高中的学习习惯；对"法言法语"的适应；发现文科和理科的共通之处；法律案例分析就像是解数学题；把法律用活；感悟法律学习方法；制订学习计划，课前预习，课后对知识点的消化、吸收；了解法律的文化底蕴；将法学知识点贯穿起来；进一步明确立法原理；对于教材之外的法学知识的理解；了解整个法学思想、体系；找到适合自己的法学学习方法
学习模式	改变被动的"灌输式"学习模式；改变学习的观念；改变"标准答案"式的学习模式；主动提出、分析问题；调整观察角度、逆向思考；有意识地质疑他人或自己的观点；主动探索、思考

续表

学习维度	描述
思维方式	从法律的角度思考问题;法律所追求的理性和逻辑推理;改变非此即彼的思维方式;看待事物的角度和态度发生改变
学习兴趣	对专业朦胧的热爱;法学兴趣的慢慢培养;享受收获知识的欣喜感;从法律角度思考问题成为一种乐趣;从内心喜欢法学;被法律的逻辑、实用性所吸引;法律课妙趣横生;喜欢上法律背后精巧的论证逻辑与智慧;喜欢上了法学的"有血有肉"
学习体会	初步体会、探索;艰难入门;慢慢理解;成为生活的一部分;找到法学学习的感觉;折服于法学的博大精深;法学的魅力;全新的知识积累和体验
学习态度	靠自觉、努力;主动性、探索精神;热爱法学专业;将学好本专业作为自己的义务;对于法学的理想;对法学的敬畏感;对本专业的反思;掌握学习的主动权

对以上六个维度进行整合,概括表现在以下三个方面:

(一)从"灌输"模式到"自主学习"模式——成为自己学习的主导者

在转型期成长起来的一代人被形象地称为"被一代",从生活到学习、工作,个体始终处在已经安排好的程序里,个体不必思考、也没有必要思考。在这种"被安排"的循规蹈矩的生活中,个体渐渐丧失了选择的兴趣和选择的能力,最后导致自我的麻木、疏离,甚至思维逐渐出现退化。

自主学习是大学阶段的主要学习方式,是指主要依靠自己的能力和态度去完成特定的学习任务,其中包括目标设定、计划实施、激发动机、信息搜索、寻求帮助等,是个体发挥自身主动性的过程。⑫ 个体能够对自我进行监控、自我评估,实际上是将个体的学习对象化,能够正确处理个体学习中遇到的各种问题,以更加积极的姿态投入到学习中去,表现为个体对学习的热情、获得知识的乐趣成为学习的内在驱动力。自主学习是基于个体的价值观、兴趣、能力而逐渐形成的学习方式。逐渐形成自己掌握

⑫ See Purdie N. ,Hattie J. Douglas G. ,"Student Conceptions of Learning and Their Use of Self-Regulated Learning Strategies: A Cross-Cultural Comparison", *Journal of Educational Psychology*,1,1996,pp. 87 – 100.

知识的方法和学习策略，形成个性化的学习风格。从“被动学习”到“自主学习”的过渡，正是大学生对于大学阶段学习适应的真正开始，个体开始逐渐掌控自己的生涯发展过程。

L同学逐渐意识到以前学习方式的缺陷所在，W同学和Y同学经过努力，渐渐地适应了“自主学习”的方式，学会了在学习中掌握更多的主动性，敢于质疑、批判性思考。

大学学习让我改变了学习观念。我原来是一名理科生，习惯了数字、公式及标准答案。因此刚开始学习法律力不从心，一味死记硬背，大一第一学期成绩也非常不理想。自己反省之后，才明白还在用原来高中的被动学习方式，学习缺乏主动性、灵活性。(12 – M – L)⑬

大学学习与高中学习最为不同的就是必须具备自学和独立思考的能力。专业学习不再像高中的“填鸭式”教育，一节课可能涉及很多方面的知识，有详有略。有的老师可能只是讲授要点和难点，但是对课本内容的理解至关重要，那就需要我们根据老师的建议自己去看参考书目，在看的过程中还要对比各家之言，得出自己的观点。这个过程很痛苦，我在课下不断练习巩固课堂上所学的知识，日积月累，自学能力有所提高。(14 – F – W)

这么多年来，我是否真的对于我所接受到的信息作过思考呢？我得出的自以为正确的结论是否经得起论证呢？我开始体会到了大学的不同。这里不再是“填鸭式”的被动吸收，而是主动地去探索与思考，老师说的不再全是真理，也有可能不全面。过去的思维模式、判断标准需要改变的时候到了，我们应该作为一个敢于质疑、勤于思考的人，这就是H校给我上的第一课。(10 – F – Y)

从“被动学习”到“主动学习”、“自主学习”的转变，根本上是个体能

---

⑬ 研究资料编码说明：数字表示法学专业优秀毕业生毕业年份，中间的字母代表性别，M为男性，F为女性，最后的字母代表优秀毕业生姓名的首字母。如12 – M – L意为2012年毕业的、男性、L姓学生。

够主动自觉地开启探索世界的旅程,真正成为学习的"主人"。

(二)像"法律人"一样思考——法律思维的养成

日常生活中对事件的分析可以分为多个角度,如政治、哲学、心理学、社会学的角度,也可以从道德层面、学术层面、情感层面等进行思考。作为法律人就需要把一个普通的生活中的事实转化为法律上的事实,这种转化若平时不注意就会不知不觉,注意到的话就会感觉很明显。⑭ 孙笑侠认为,对于法律人来讲,思维方式甚至比他们的专业知识更为重要。⑮ 法律思维决定了"法学专业"大学生的内在属性,是区别于其他专业的根本所在。C同学在大学生法律援助中心真正体会到了法律思维对于法学专业学生的重要意义。

法律援助中心可以让成员早日接触到法律实践,如可以接待当事人,接触到真实的法律案例。虽然法律知识有时候尚显浅薄,但有些案子只需要最基本的法律思维即可以解决。这让我发现,作为法律人,法律思维有时候比确切实际的法律知识更有效用。因为它是一种植根在内心深处的思想,引导你做出公平正义的判断,它类似于自然法,不管你将来是否从事法律工作,它都是一种有益的价值观,会在为人处世上起到莫大的作用。(08-F-C)

1.法律思维的表征

从对优秀毕业生生涯传记的编码分析结果来看,大一新生法律思维的特征主要表现在下列五个方面:

其一,培养法律的眼光。培养法律的眼光是指形成强烈的法律意识。法律意识是一个非常复杂的意识形态系统,作为社会意识的重要组成部分,它是社会关系主体关于法律现象的认知、观念和心理的思维表征。⑯

---

⑭ 参见孙笑侠:《法律职业及其思维方法》,上海法学研究生暑期学校专家讲演录,2008年7月,第31页。

⑮ 参见孙笑侠:《法律人思维的规律》,载葛洪义主编:《法律方法与法律思维》(第1辑),中国政法大学出版社2002年版,第81页。

⑯ 参见石旭斋:《法律思维是法律人应有的基本品格》,载《政法论坛》2007年第4期。

我在平时就会尝试用法律人的眼光来观察一些社会事件，用法律思维方法来分析一些案件，来辨别法院判决是否合适。(10 - M - S)

记得有一位老师这么说过，这大学四年的学习，其最终目的并不在于你掌握的法律条文有多少，而是你究竟会不会、能不能以一个法律人的角度来思考问题。我想，这是一种熏陶的过程，也是一个塑造的过程。学习法律知识后，我觉得最大的收获之一就是，对于很多问题的看法，我都有了根本性的改变。(10 - F - L)

当新生说到知识融合到个体生活中的时候，说明该学科的知识和方法已经进入个体的经验世界，并且为个体所自觉使用，这是无意识的过程，根本上是进入到自己的骨子里，成为自己生命的一部分。

其二，改变非此即彼的思维方式。一些同学开始发生从寻找正确答案到多视角看待问题的转变，这是思维方式发生根本变革的过程。

进入H校读法律，遇到过困难，越是深入其中越是看到了这之中的不足，曾经徘徊于正义和公正的路口，认为对的就是对的、错的就是错的，殊不知，这世界何来绝对的公平和正义。

我在不知不觉中进行着知识体系的重构，开始走出中学生式的记忆为主、非此即彼的思维模式，而在不断否定过去所掌握的许多“理所当然”的结论的过程中，学会了主动提出、分析问题，调整观察角度、逆向思考和有意识地质疑他人或自己的观点。大学对我的影响，我认为最重要的是非此即彼的思维方式得到了根本的改变。(08 - M - Z)

余文森认为，对立化思维是一种非此即彼、非好即坏的简单线性思维方式，往往容易将相互联系、相互渗透、相互包容的事物置于互不相容的两极，割裂事物之间的复杂联系，将问题简单化、形式化、绝对化。[17] 非此

---

⑰ 参见余文森：《从有效教学走向卓越教学》，华东师范大学出版社2015年版，第181页。

即彼的思维方式说到底是一种线性思维,忽视了事物本身所包含的复杂性,忽略了事物运动过程中所包含的迂回性、曲折性,是正确认识事物、解决问题所需要改变的思维模式。

其三,法律思维基于对以往学习经验的整合。由于H校为政法类院校,也是人们通常意义上认为的"文科院校"。法学专业学生生源中文、理科各占一半。在本研究中也发现从高中理科考上来的同学,其对法学专业学习的适应、法律思维的形成与文科生相比要稍微困难。但这并不影响其在经过积极的适应之后,形成自己的法律学习方法。

民法总论老师是D老师,他讲课风格严谨认真、体系清楚,最重要的是这是第一门让我感受到法学内在逻辑的科目,可能是中学那会儿喜欢数学的原因吧,特别喜欢听阿戴讲案例解析,从已知条件推出相关结论,感觉就像在解一道数学题,就是这样我渐渐开始对法学这门学科产生兴趣最终喜欢上她。(11-F-X)

法律分析与解数学题,看起来风马牛不相及,但是X同学通过对经验的重新组织——解答数学题与法律学习的内在联结,将法律的逻辑与解答数学题的逻辑进行整合,从中获得新的体验。她在过去的数学学习经验中找到了和当前专业学习相契合的地方,从而产生了对于法学的兴趣。

其四,在批判、质疑中保持独立思考。运用理性、形成批判和独立思考精神是大学教育的价值所在。H同学的批判、质疑精神从对专业老师授课的反思中开始孕育。

早就听说,大学的学习和高中是不一样的,但我并不相信,学习嘛,就是背背书本、做做题、考考试。可是第一节课就给我真正地上了一课。我现在还记得,那是许老师给我们上的法理课,他对我们说:"大学里你们要培养的就是自己思考的能力,书本上写的可能是错的,而我说的也可能是错的,但你要用自己的话说出这为什么是错的。"我当时并不是很明白这句话的含义,只是朦朦胧胧地上课。那一天的课下来,我晕了头!我全然

不懂老师在说什么！我需要一些转变，而这就是我大一最重要的学习任务。(10 – M – H)

具有批判精神是独立型人格形成的重要标志，运用批判性思维是大学生形成自己观点的前提，批判、质疑是学好法律的途径。事实上，在研究中发现，尽管一部分学生尝试进行批判性思考，但是大多数学生在这方面的表现却明显不足。美国大学生研究者鲁吉罗认为，应该从以下方面培养批判性思维：(1)把你对任何人、议题或情势的第一反应看作尝试性的；(2)判断你为什么会做出这种反应；(3)考虑你有可能对这个人、议题或情势做出的其他可能的反应；(4)询问你自己是否还有其他比你的第一反应更恰当的反应。[18]

克利福德·吉尔兹(Clifford Geerts)认为，“法律事实并不是自然生成的，而是人为造成的……它们是根据证据法规则、法庭规则、判例汇编、传统、辩护技巧、法官雄辩能力以及法律教育成规等诸如此类的事物而构设出来的，总是社会的产物”。而批判性思维的形成，则是帮助法学专业大学生认识法律事实的根本。[19]

其五，明晓学习法律的目的。动机是保持个体学习动力的引擎。T同学认识到法律案件不仅是法律问题，更是人生问题，对于法律问题要理性审慎地对待，发现别人“所未见”，这是其逐渐体会到的学习法律的意义。

(老师对法律案例的分析)让我学会了理性地思考和分析问题，学会了让自己全面考虑问题。深入剖析每一个案件，我才发现，每一个人都是一个故事，每一个案件都是一个人生，作为法律人，学会如何去审慎思考，抛却感性，看到常人看不到的层面，才是学习法律最重要的意

---

⑱ 参见[美]文森特·鲁吉罗：《超越感觉：批判性思考指南》，顾肃、董玉荣译，复旦大学出版社2015年版，第13页。

⑲ 参见梁治平主编：《法律的文化解释》，生活·读书·新知三联书店1994年版，第8页。转引自孙笑侠：《法律人思维的规律》，载葛洪义主编：《法律方法与法律思维》(第1辑)，中国政法大学出版社2002年版，第92页。

义。(08 - M - T)

法律思维的形成,是法学专业大学生建构自身法律素养的核心,是建构个体作为“法律人”的核心旨归。法律思维方式的形成是在对法学产生兴趣的基础上形成的。法学专业学生已经逐渐能够从日常生活中抽象出法律概念,运用“法言法语”来看待和解释世界。而逐渐形成法律思维,也是法学专业大学生区别于其他专业大学生的根本特征。法律本身所蕴含的工具理性,包括逻辑、推理、思辨、证据及价值理性,法律解决冲突与追求和谐、彰显正义的价值,这两者统一于法律专业学习过程之中。个体逐渐在生活世界和法律世界之间进行整合,在原有认识世界方式的基础之上进行自我更新。

2. 法律思维的形成过程分析

思维是思想的内核。现代高等教育区分出法学、文学、哲学、社会学、理科、工科等学科,相应地也就形成了法学思维、文学思维、哲学思维、社会学思维、工科思维等。学科所形成的专业对人才培养的目的在于形成相对应的思维。

首先,理解法律思维的内在规定性。陈金钊认为:其一,法律思维是以法律信仰为中心的法律观念(包括情感等因素),是法律思维方式的深层要素,它主要起引导调节法律思维方向的作用;其二,法律概念、原理等知识系统是法律思维方式得以生成的基础性要素;其三,法律思维方法是法律思维活动的工具性要素。[20] 法律思维作为区别于其他专业人才的特征,构成了法学专业大学生内在的规定性。法律思维的形成过程必然要经历一个学习、接受的过程,构成相应的认知图式,进而成为一种思维习惯,影响个体的世界观、价值观,进而影响行为。

“法言法语”是法律思维的表现形式。法律思维具体体现为法律所蕴含的认识论和方法论等,认识论主要包括认识世界的方式,方法论则表现为使用什么样的方法去解决现实当中的问题。每个学科都有自己独特的

---

⑳ 参见陈金钊:《法律思维及其对法治的意义》,载《法商研究》2003年第6期。

认识论和方法论,对法律的学习则表现在能够通过法律的视角去认识外在的客观世界。从有意识地通过法律思考到转变为一种无意识、潜意识地运用法律思维思考问题的方式,乃至内化成为自己知识结构甚至生命的一部分,这是向"法律人"转变的必经阶段。

其次,掌握法律思维的形成过程。由于法学专业的内在特殊性,其理论与实践性都很强。法学理论博大精深,在对德国、日本的大陆法系借鉴的基础上所形成的我国法律体系,其概念体系颇为抽象、逻辑性非常强,这对于法律初学者势必是一个不小的挑战。法律思维的形成,不是一个自然而然的过程,是知识累积和能力形成、"乐学"与"苦学"兼具的过程。"乐学"表现为法学专业大学生在法律知识习得过程中所获得的愉悦体验,是彰显价值理性的过程。"苦学"则表现在面对挑战性的学习任务时所具有的坚持的毅力和态度,"苦学"是知识习得过程中的必经阶段。法律思维是在不断经过专业学习的过程中形成的,包括课堂学习、自主阅读相关书籍,在实践中从法律的视角看待问题,以及利用法律解决实际问题。

最后,知晓法律思维在法律职业中的应用。法学本身所具有的独特概念、理论和逻辑体系,以及其中所蕴含的价值导向是区别于其他学科的。法律思维的形成过程是一个由外在驱动逐渐向内部驱动转变的过程。在课堂上所形成的"法律思维"尚不能真正被称为"法律思维",法律思维还具体体现在实际法律工作当中、体同在从事具体的法律职业如法官、检察官、律师等实践过程当中,是在对案例的分析过程中形成的。法学专业学生要能在法律案例的实际操作过程中培养、训练、提升法律思维。

(三)法律是"有趣的"——探寻"规则""逻辑"背后的"人"

对法学学习产生兴趣是个体能够持续学习法学的动力。这种兴趣最初源于一种外在的"不得不"的学习动机,"这是我的专业,我就要学好它","学好这个专业,是为了将来更好的就业",这只是一种外在动机。随着老师的讲授及个体从法学学习中获得思维的快乐,或者个体感觉到法律学习能够改变自己生活的时候,个体学习法律的动机就会变得更加明确,外在动机逐渐转化为内在驱动力,如对于法律学习中包含的对人类终极价值的关怀,其中蕴含的对规则、秩序、公平、正义的追求。当法学的实用性所蕴含的工具理性被价值理性取代的时候,个体的学习兴趣、动机会更加强烈。个体内在动机和兴趣的产生是个体和环境交互作用的结果,如教师的教学、与学长的互动、校友的激励等都可能成为促使个体认真学习法律的因素。Z 同学在法律学习过程中,逐渐感受到了其背后的"人文关怀",感受到法律面对的是"活生生的人",逐渐在法律学习探索的过程中找到了自己的兴趣。学习法律不仅是为了获得相关专业知识,对规范和正义的探索,根本上更是一次文化和生命体验。

刚刚开始的时候,我对民法也是一无所知的,只是从字面上觉得它就是有关我们日常生活的法,对其也没有很大的兴趣。但是在老师的引导下,逐渐觉得这是一门很有趣的学科,其背后对人文的关怀,深深地吸引着我。它不再是一条条乏味的法条的集合体,而是一个个充满故事的"人",让人自觉地想要去靠近,想要去了解到底是什么使得其有这么辉煌的历史、使这么多学者为之奉献一生。我很庆幸自己找到了自己的兴趣点。可以说是学习民法的这个过程让我觉得自己是适合学习法律的,因而在平时不知不觉地花更多的时间去学习、去了解相关知识。我觉得兴趣还是需要我们自己花时间去找寻的,只有对某一学科或者某一事物有所了解,才会萌生想要进一步了解的念头。没有人生来就适合干什么,兴趣也不是一成不变的,重要的是付出行动去找寻它,然后去为之努力。(14 – F – Z)

所以,当个体对法律还没有了解清楚它是什么的时候,就不要断然地说喜欢或不喜欢,兴趣是在不断的尝试和行动中发现的。同样,S 同学慢慢地从运用法律思维看待日常生活中的问题中获得了成就感、满足感,感受到了法律知识背后的精神,这成为其坚持法律学习源源不断的动力。

自己在平时的学习过程中也慢慢开始用法律的思维去思考问题,将各种看似复杂的关系厘清。这个过程可能需要花费比较多的时间,有的时候甚至会因为一个问题而纠结很久,但是觉得自己总是能够享受这个过程,享受最后豁然领悟所带来的满足感。所以,我觉得在学习方面,尤其是你想在某一方面做得比较好时,兴趣或者说是源源不断的求知欲是十分重要的。它会促使我们自觉地花时间和精力去获取相关知识,然后越加深入了解,就会越加地被文字背后所蕴含的精神吸引。(14 – F – S)

当个体渐渐体会到法律学习的乐趣时,枯燥、烦琐的学习就会慢慢变成一种包含着“享受”的过程。

在这里我开始静下心来接触法律,放下潜意识里的恐惧,慢慢地读着读着,就发觉法律是“有血有肉”的,在枯燥的法律概念与论述背后存在精巧的论证逻辑与智慧。渐渐地,我觉得法律变得有趣了,并为之愈发着迷。(11 – M – Z)

Z 同学感受到法律的“有血有肉”,说明其已经真正融入到法律的学习过程当中,并且深刻体会到其中所蕴含的“生命”的力量。

当我和室友为了一个问题可以争论到半夜时,当我买的新 MP3 无法播放,室友称其为“重大瑕疵”时,当同学耍赖说“我请你吃饭”只是要约而不是合同时,我发觉原来法律是非常有趣的一门学科,凝结了从古至今先人们的智慧和对习惯的敬仰。(08 – M – F)

对于 F 同学而言,法律学习已经被纳入自己的知识结构当中。法学对于 F 同学来说不是单纯的、枯燥的,而是将其与自身的成长联系起来,发现其中所蕴含的价值和意义,将法律学习融入自己生命成长的过程,特别是融入自己的生活世界、自己的思维方式,成为个体组织已有经验、利用自己的眼光看待世界的一种方式。X 同学也渐渐从法律学习中尝到了“甜头”。

你开始进入法学的世界,就会领悟到它的博大精深和妙不可言。法律规则的背后,都蕴含一定的法律原理和社会力量的博弈。多探索法条背后的意义,你会发现很多令人惊叹而有意义的事情,你会开始全面地考虑问题。一个个案例分析,又能让你开动脑筋,想出事情解决的众多方案,并权衡利弊,择取最佳。法律学习之于我不再是一件枯燥的事情了,它值得我细细品味、慢慢摸索。(11-M-X)

法律的美值得每个人去追求。因为我在开始接触民法等基础法学学科后,感受到逻辑思维是最美的,在我学习了民法的基础理论后,我体会了这句话,法律的美值得每个人去追求。(11-F-F)

对于F同学而言,发现法学学科中的美,实际上是自己的一种生命体验,从法学的学习中体悟逻辑的精致、论证的智慧、对正义的守护,这是一种超越学科知识学习的工具性而追求其价值性的一面。专业学习作为大学生的"主业",是大学生涯的重要组成部分。现实当中,大学生所表现出来的无目标、无动力等,实际上是对自我认知的缺失,没有体会到专业学习本身所具有的意义。当专业学习作为实现自我价值、追求自我存在意义的时候,其本身所蕴含的学习动力最能促进大学生的学习热情,建立更加明确的目标,以更加积极的态度主动学习,解决专业学习中遇到的困难。

四、小结

学习适应是摆在法学专业大学生面前的一项迫切课题。对于专业学习适应的成功与否,直接关系其整个大学生涯的发展,关涉未来的专业成长和终身发展。本研究认为,法学专业大学生从高中阶段迈入大学阶段,要在学习方式、思维方式等方面达成积极的转变。首先,要从"被动学习"转向"主动学习",能够逐渐适应自主学习模式,成为学习的主导者,自我设置目标、完成目标、自我评估等,从而真正掌握学习的主导权,不断摸索、形成适合自身的学习模式。其次,在法学专业学习过程中,要逐渐形成法律思维,逐渐形成多视角看待问题的能力,能够在批判与质疑中保持独立思考,利用法律知识看待和解决实践问题。最后,对于法学专业的学习,要能够发现其背后的意义和价值,真正将其融合到自身的发展和生命成长过程之中。

Research on Law Major Students' Learning Adaptation

—Taking the 2007 –2015 Outstanding Graduates of Law School in H University as the Example

He Shubin

Abstract: For law major students, adapting to their study is the main task of their university life. This paper examines the career biographies of outstanding graduates of law school in H University from 2007 to 2015. Using the theory of grounded theory, it is believed that the successful learning adaptation of students is mainly in the following three aspects: From "passive learning" to "active learning", adapting to the autonomous learning model gradually; forming legal thinking and cultivate the ability to view problems from multiple perspectives, maintaining independent thinking in criticism and questioning, using legal knowledge to treat and solve practical problems; finding the meaning and value professional education, integrating it into its own development and growth process.

Key Words: law major students, learning adaptation, autonomous learning, legal thinking

以基础能力提升为导向的法学本科参与式教学改革研究*

谭贵华**

摘　要:法学本科教育是法治人才培养的基础环节。本科教育是学生基础能力的形成期,需要将基础能力的培养置于首位。法学本科生的基础能力提升应聚焦口头表达、书面写作和沟通协调这三项能力。积极“对标”开展参与式教学,对于实现这一目标具有极为重要的意义。

关键词:基础能力　法学本科教育　参与式教学　法治人才

党的十八大以来,党中央提出了全面依法治国的战略部署。党的十九大把“坚持全面依法治国”确立为新时代坚持和发展中国特色社会主义的基本方略。创新法治人才培养机制,提高法治人才培养质量是推进全面依法治国的重要保障。法学本科教育

---

* 基金项目:重庆市教育科学规划课题“以基础能力提升为导向的法学本科参与式教学研究”(项目编号:2017－GX－283);重庆市教育科学规划课题“法律职业伦理的实践性养成教育探析”(项目编号:2018－GX－279)。

** 谭贵华,西南政法大学与贵州省社会科学院联合培养博士后研究人员,西南政法大学经济法学院讲师,法学博士。研究方向:经济法。

是法治人才培养的基础环节。现实中,法学本科教育教学方式的改革探索和实践如火如荼,成果斐然。但与此同时,近年来似乎存在对基础能力培养的关注淡化、教学方法创新与能力培养目标衔接不足等现象。

诚然,高素质人才需要厚植多元能力结构;实践能力不强是当前法科学生的一个突出问题,需要认真回应。但不应忽视的是,基础能力是基石,在能力提升这一系统性工程中,应将着力夯实基础能力置于中心地位。本科教育是青年学生成长的关键阶段,是学生基础能力的形成期。[①] 对于本科教学,特别是居于教学中心地位且时间有限的课堂教学环节,尤其需要聚焦基础能力提升这一目标。基于以上认知,本文以提升法学本科生的基础能力为落脚点,着重围绕如何运用广为倡导的参与式教学来提升法学本科生的基础能力展开探讨。

一、法学本科生需要着力提升的基础能力

立足靶向思维,意欲探求如何通过参与式教学来提升法学本科生的基础能力,首先需要明确什么是法学本科生需要着力提升的基础能力。

(一)现有认知的多元面向

对于什么是大学生应当具备的基础能力,可谓众说纷纭。有的强调某一项能力如口语表达能力、学习能力,有的则同时提出多项能力是大学生应当具备的基础能力。例如,有观点认为,一个人始终要培养自己的基础能力包括六项:清晰的思考能力、清晰表达的能力、在调查研究的基础上决策的能力、团队领导的能力、资源分配的能力、执行的能力。[②]

从法学专业层面来看,人们的认知也不尽统一。一般认为,法治人才至少需要拥有较强的口头表达能力和写作能力。就此,原西南政法学院

---

① 参见陈宝生:《坚持以本为本 推进四个回归 建设中国特色、世界水平的一流本科教育——在新时代全国高等学校本科教育工作会议上的讲话》,载大连大学信息工程学院网:http://xxgc.dlu.edu.cn/info//049/1409.htm.最后访问日期:2018年6月25日。

② 参见张东:《基础能力是职业发展的基石——对话管理专业研究生入学考试委员会(GMAC)总裁桑吉克·乔弗拉》,载《中国教育报》2015年12月23日,第11版。

(现在的西南政法大学)第二任院长胡光教授曾形象地将培养政法人才的能力总结为“两子”,即嘴巴子、笔杆子。③ 不过,人们的认识也在变化或扩展。如有观点提出,在嘴巴子、笔杆子基础上还要增加一个“脑瓜子”:脑瓜子要清晰、聪慧。④ 有观点认为,法学本科生的能力培养主要应当包括五个方面:学习能力、创新能力、实践能力、交流能力、社会适应能力,其中,学习能力是一项基础能力。⑤

根据2018年笔者在教学过程中针对法学本科生开展的一项调研,对于“你认为法学本科生应具备的基础能力有哪些”这个问题,他们的认识更是莫衷一是,予以简要归纳,至少提出了十多种,包括理解能力、案例分析能力、逻辑思维能力、文书写作能力、社会交际能力、检索能力、自律自学能力、语言表达能力、职业能力、适应能力、记忆能力、实践能力等。

(二)聚焦能力谱系的基本承载

诚然,不同观点均有其自身逻辑,难言孰是孰非。不过,亦有必要凝练共识。从人才培养角度聚焦的学生基础能力,其本身应当既能够外在体现,又能反映、牵动其他能力,同时对于学生未来立足社会,尤其是从事所学专业的核心职业具有基础性作用。基础能力强调“基础”,其外延不宜过宽,否则难免使“基础”泛化,因难以面面俱到而容易出现“眉毛胡子一把抓,结果什么也没抓到”的不利后果,但也不宜过窄,否则难以托载、牵动“能力谱系”的培养。

基于以上认知,在已有各种见解的基础上,笔者以为,法学本科生应当具备同时也应为法学本科教育聚焦的基础能力宜涵括三项:口头表达能力、书面写作能力、沟通协调能力。

一方面,这三项能力能够外在体现,为个体展现自我、融入社会所必须。口头表达和书面写作能力,是公认的所有本科生都需提高的,是学生

③ 参见李春茹:《营造尚思善辩的论辩文化》,载《中国教育报》2007年12月10日,第6版。

④ 参见刘鹏:《法学教育:把高深理论变成社会常识——访西南政法大学党委书记张国林》,载《中国社会科学报》2009年12月24日,第12版。

⑤ 参见陈彬:《法学专业本科学生能力培养的探索与实践》,载《光明日报》2007年12月4日,第2版。

在大学期间和毕业之后都会广泛运用的能力,也是作为公民和一切从业人员应具备的能力。[⑥] 此外,作为在社会中生活的个体,需要具备起码的沟通协调能力。在法律职业中,法科生更需具备良好的口头表达和书面写作能力,以清晰严谨地阐释法律推理过程、表达自己的观点,使其法律意见具有强大说服力,需要良好的沟通协调能力,以妥善平衡各种利益冲突、有效化解各种矛盾纠纷。[⑦] 相关调研显示,在用人单位看来,法治人才应具备的法律职业能力中,沟通协调能力、口头表达能力排在前两位,写作能力位居第四。[⑧]

另一方面,这三项能力能够且足以作为个体"能力谱系"基本承载,反映、牵动其他能力。口头表达和书面写作能力,不仅仅是"说"与"写"本身的问题,同时也是人的学习能力等诸多能力的综合体现。这两项能力的训练不仅可以使学生获得高水平的口头表达和写作能力,更能全面提高他们的综合素质。[⑨] 沟通协调能力在某种程度上亦体现为表达能力,尤其是口头表达能力,但亦有相对独立性。沟通协调不仅仅表现、仰仗于说和写,还蕴含着个体对于人际交往、社会(团队)协作等的理解。它需要在人际交往中不断学习、观察、领悟、实践来获得和提升。从这个意义上说,沟通协调能力亦是一个人的综合能力体现,通过培养学生的沟通协调能力,可以带动其他能力的提升。

现实中,不少法科学生,特别是本科生不能说或不会说、不能写或不会写,沟通协调能力差,很不善于乃至不愿与其所在的极小圈子以外的人士交往。相关调研显示,法学毕业生在毕业时比较欠缺的能力中,口头表

---

⑥ 参见[美]德雷克·博克:《回归大学之道》(第2版),侯定凯等译,华东师范大学出版社2012年版,第45~46页。

⑦ 参见王利明:《培养明法厚德的卓越法治人才》,载《中国高校社会科学》2017年第4期。

⑧ 参见余涛、郭捷:《创新法治人才培养机制的现状与问题调研报告》,载《法学教育研究》2016年第2期。

⑨ 参见王艳玲:《口语表达能力——当代大学生必备的基本能力》,载《长春教育学院学报》2010年第1期。

达、书面写作和沟通协调能力,尤其是沟通协调能力的排序比较靠前。⑩此种境况,何谈更为高层次的职业发展、要求更高的创新创业?抛开个例,从一般层面出发,无疑应把这些基础能力的培养和提升放在重点和优先位置。

二、参与式教学在提升法学本科生基础能力中的使命担当

提升法学本科生的基础能力,固然需要多举措协同推进,但其中创新教育教学方法、积极开展参与式教学,对于实现这一目标具有特别重要的意义。除此之外,参与式教学也需紧扣能力培养这一根本目标,切实担负起相应的使命。

(一)参与式教学的多元界定与核心指向

《教育部关于全面提高高等教育质量的若干意见》和《国家中长期教育改革和发展规划纲要(2010~2020年)》均就创新人才培养模式特别提出"倡导参与式教学"。对于何为参与式教学,学界已有各种各样的阐释。人们一方面都承认教学需要师生互动、协作,但另一方面在侧重点上观点有所差异,主要体现为:

一类观点同时强调教师与学生的参与。例如,有观点指出,在参与式教学中,教师不仅要引导全体学生参与教学过程,同时自己也必须全身心地投入到教学之中,用心去感悟和反思教学过程的方方面面。⑪

另一类观点则着重强调学生的参与。例如,有观点认为,所谓"参与式"教学,是相对于"布道式"教学而言的。它要求给予学生自由思考、运用自己理智的时间;给予学生选择教师、安排学习进程的权力;教师要评价学生,学生也要评价教师;除班级教学外,更多地采用小组教学、课堂讨

---

⑩ 参见余涛、郭捷:《创新法治人才培养机制的现状与问题调研报告》,载《法学教育研究》2016年第2期。

⑪ 参见汪玉侠、黄忠东:《"参与式教学":提高大学生学习投入度的有效途径》,载《教育与教学研究》2015年第9期。

论、个别化教学等多种教学形式。[12]

尽管不同解读各有其道理,不过,从国家有关文件提出“倡导参与式教学”的背景及其文义出发,参与式教学的核心指向应在于强调提高学生的参与度。一方面,长期以来,“教师主讲、学生主听”是普遍采用的教学模式。尽管不少高校日益加大课程的过程性考核,以强化学生的平时参与,但很多时候学生仍是持应付的态度,真正的投入度不高。另一方面,教师积极投入教学是应有之义,至少在文件层面不应有“倡导”之说。

(二)教学法创新的多元面相与本真回归

“参与式教学”的核心在于“参与”,而“参与”的形式可以多样。为了提高法治人才培养质量,法学教育界一直在探索教学法创新,除了这里的“参与式教学”,还引入或提出了各种各样的教学法。如启发式、探究式、讨论式教学;案例教学法、判例教学法;翻转课堂教学法;师生共享讲台教学法;五步教学法;等等。它们在面相上如称谓、具体操作等方面可谓花样繁多,但也有一些共通之处。笔者以为,它们最为根本的共通点是,很大程度上均旨在克服传统“填鸭式”或“布道式”教学模式的弊端,通过着力提高学生的参与度以提升教学效果和质量。从这个意义上来讲,当前诸多教学法创新实质上都可理解为是对参与式教学的延展或具体化。

无论是启发式、探究式还是讨论式教学,根本上都旨在改变传统的灌输式教学中教师一言堂、学生主要是听和记的状况,让学生更多地参与进来。诚如有观点指出,讨论式教学法是指在教师的组织下,学生围绕某一问题各抒己见,展开讨论、辩论等,以求得正确认识或妥善解决的教学方法。如果说传统教学模式中教师在“自导自演”,那么在讨论式教学模式中,教师是“导演”,学生是“演员”,教师固然是决定性因素,但学生才是课堂的主体。[13]

案例教学法、判例教学法长期为法学教育界所重视和倡导。虽然它们被认为有区别,但至少就强调学生的参与而言是共通的。案例教学法

---

[12] 参见周金其等:《“参与式”教学的理论与实践》,载《高等教育研究》2000年第3期。

[13] 参见李慧玲、谢家友:《论讨论式教学法在法学本科教育中的运用》,载《时代法学》2014年第2期。

虽然在实践中有时表现为以案例为讲授素材的灌输式教学，但这是对案例教学法的曲解。严格来讲，案例教学法突出强调学生积极参与讨论，其核心内容应是苏格拉底“问答法”，其要求学生必须做好充分的课前准备活动，以进行有效的课堂讨论。[14] 正因如此，有学者指出，案例教学法是克服灌输式教学法弊端的有效方法，应当引起教师的足够重视。[15] 在英美法系国家的法学教育中普遍使用的判例教学法特别强调学生的主动探索和主动发现，而不是依靠教师的灌输。这既体现为课前课后学生参与收集资料，为课堂讨论做准备，亦表现在课堂上，教师组织学生讨论分析判例，发现和理解判例中的法理及规则。[16]

一般认为，翻转课堂乃通过对知识传授和知识内化的颠倒安排，改变传统教学中的师生角色并对课堂时间的使用进行重新规划。相较于传统的教学模式，它使学生从传统课堂的被动接受者变为主动研究者。如在教学形式上，更加强调课前学习和课堂探究；在技术运用上，更加重视自主学习、交流反思、协作讨论工具。[17] 可以看出，无论以何种形式呈现和在多大程度上“颠倒”，翻转课堂本质上不外乎是强调学生更加主动积极地参与到教学中来。

最后，诸如“师生共享讲台式教学法”“五步教学法”等教学法本质上亦是更加强调学生的参与。例如，前者主要体现为在老师指导和学生自己选择的基础上确定一个学习主题，由学生组成小组共同进行研究性学习，最后形成一篇论文或研究述评，由学生自己在教室为老师和其他学生进行讲解。[18] 后者则从优化课堂教学结构入手，通过“问、读、议、结、践”五个课堂教学环节的设计和展开，突出学生自主性、研究性学习能力与习

---

⑭ 参见冷传莉：《中国法学教育语境下的案例教学法》，载《学位与研究生教育》2015年第4期。

⑮ 参见王利明、叶林：《试论法学教育中的案例教育学法》，载《法学家》1993年第3期。

⑯ 参见吕景美、汤雷：《“判例教学法”在法学教学中的应用》，载《经济研究导刊》2015年第5期。

⑰ 参见张金磊等：《翻转课堂教学模式研究》，载《远程教育杂志》2012年第4期。

⑱ 参见马忠泉：《师生共享讲台式教学法——法学教育的一个新方法及其实施过程》，载《中国法学教育研究》2014年第3期。

惯的培养,尊重学生学习主体地位。⑲

(三)参与式教学与法学本科生基础能力提升的高度契合性

现实中,不少学生不愿或不敢在课堂上发言,即便被老师点名回答问题,很多时候也是较为消极回应;平时作业不认真对待,写作水平和质量每况愈下;因选课而"临时"组建的教学班上,同学之间的交流不多,同学不愿或不敢与任课教师沟通交流的情况也甚为普遍。这些都是未有效参与教学的体现,而这种状况对于学生的口头表达、书面写作和沟通协调能力培养是极为不利的。

反过来讲,如果学生能够充分利用好每一次发言的机会,认真对待每一门课的平时作业,大胆尝试与每学期乃至每一门课初识的同学、教师进行交流,可以想见,本科阶段单凭积极参与课堂教学就能在较大程度上提升自己的这些基础能力。也正因如此,有针对性地积极开展参与式教学,着力提高学生参与度,对于培养和提升学生的基础能力,无疑具有特别重要的意义。

总体而言,学生积极参与是教学取得成效的根本前提。对于提升法学本科生的基础能力而言,亦是如此。无论推进何种教学法创新,均需要强调学生的参与,都应以着力提高学生参与度为基本要求,这可以说是对"参与式教学"的朴实依归。与此同时,也不能让"参与"沦为花架子,为"参与"而"参与",而是应当紧扣能力培养这一根本目标,特别是以需要着力提升的具体能力类型为着眼点,"对标"开展参与式教学。

三、以基础能力提升为导向的法学本科参与式教学设计

对于如何开展参与式教学,可谓见仁见智。例如,有的根据课前、课上与课后三个环节提出课前参与教学设计、课上参与讨论和实践练习、课

⑲ 参见梁开银:《中西法学教学方法整合的探索——法学课堂"五步教学法"的实践》,载《中国法学教育研究》2013 年第 3 期。

后参与评价和反思。[20] 有的将参与式教学的教学样式归纳为“四个为主”:教材以自学为主、课堂以讨论为主、作业以学案为主、评价以平时为主。[21] 现实中很多做法都具有很强的建设性和启发性。但与此同时,它们不同程度上亦存在能力培养目标较为泛化、不够凸显的缺憾。参与式教学的设计,需要强化与学生能力培养目标的对接,实现“有的放矢”。结合笔者的教学实践,在此以提升法学本科生的口头表达、书面写作和沟通协调这三项基础能力为导向,就参与式教学的具体设计展开分析。

(一)聚焦口头表达能力提升的参与式教学设计

提升学生的口头表达能力,关键在于创造机会让学生多说,进而促成其敢说、会说。从参与环节来讲,集中表现为课堂参与;在参与形式上,重点有以下两种形式可推广使用:发言讨论、课堂试讲。

1. 发言讨论

这是教学中相对较为容易组织开展的一项活动,原则上应当实现学生参与全覆盖。但是,现实中,不少学生积极性欠缺,一些教师也习惯“一讲到底”,或是因学生响应不足乃至有抵触心理而对组织学生发言讨论持消极态度,容易重回“一言堂”老路。对此,首先,需要教师调整教学理念。教师不能简单抱着“强扭的瓜不甜”的态度,甚至因担心被学生评价为“变相点名”影响选课,刻意回避学生不愿发言讨论的问题。相反,教师应当本着打造“金课”的精神,积极作为,针对学生不愿发言的情况,需要有意识地以“点将”的方式让每一个同学至少作一次发言。其次,可以将学生参与发言讨论纳入平时作业范畴,根据其参与发言讨论的主动性、次数和质量等情况核定本项平时作业的成绩,计入课程成绩评价体系。如此,既能调动学生的积极性和参与度,又能促使学生有意提高自己的发言技巧和水平。

---

⑳ 参见汪玉侠、黄忠东:《“参与式教学”:提高大学生学习投入度的有效途径》,载《教育与教学研究》2015 年第 9 期。

㉑ 参见姚建光:《参与式教学:理论建构与实证样本》,载《中国教育学刊》2011 年第 1 期。

2. 课堂试讲

这不同于一般意义上的发言讨论。它要求学生扮演教师角色,围绕某个专题,课前收集资料进行备课,制作教学 PPT,课堂上以讲台为中心面对众多学生进行讲授。此种形式不仅对于培养和提升学生的口头表达能力具有极大助益,同时还能带动培养学生的自信心、学习能力等多种素质,具有很强的“溢出效应”。

从提高学生积极性和讲授质量等方面考虑,可将课堂试讲与平时成绩挂钩,但需要充分考虑报名人数来合理确定主讲人数量和试讲时间,制定好有关分组、主讲人和团队成员计分等规则。一方面,一门课程的课堂时间有限,不宜过多占用课堂时间来开展试讲,而放在课外往往学生参与度不高,效果有限;另一方面,本科生积累不足,讲授效果有限,容易变成念 PPT,需要控制时间,同时也不能太短(10 分钟为宜),以便对其备课、驾驭课堂等形成一定的压力。[22] 是故,一门课程能够上台讲授的主讲人数量和时间必须限定,多数学生则以团队成员或是与谈人身份参与其中,而对于扮演不同角色的学生,在考评上既要适当差别对待又应保证公平,体现“各得其所”。在课堂试讲中,点评、讨论和互动环节很重要,而且时间应当较为宽裕,不然容易使试讲沦为“走过场”,效果大打折扣。析言之,需要让学生较为清楚地认识到讲授中已经暴露或容易出现的问题,进而为其今后有意识地提高讲授能力和水平提供镜鉴。

(二)聚力书面写作能力提升的参与式教学设计

提升学生的书面写作能力,关键在于督促和鼓励学生多写、认真写,使其逐渐愿写、会写。从参与环节来看,主要为课外参与;在参与形式上,主要表现为多样性、结构化的书面平时作业。

笔者所在学校前几年统一规定法学必修课每门课程需布置 6 次书面平时作业,1 次期中考试,在课程总成绩中分别占比 20%。此种规定旨在

[22] 笔者在调研中,不少同学反映,课堂试讲虽然有其价值,但也存在“教学内容少、效率低”“学生的授课能力一般不足,无法像专业的老师一样授课”“占用太多的课堂教学时间,对于基础知识的掌握不利”等问题,应严格控制课堂试讲的时间,否则“过多占用了学生的时间,给了老师不讲课的借口”,而且“对于其他同学不公平”。

通过加强过程考核提高教学质量和学生素质,包括提高学生的书面写作能力。这项安排总体上值得肯定。但是,在执行过程中,由于教师布置的作业类型较为单一,学生以简单应付的态度完成作业等原因,实施效果受到不同程度的影响。之后,学校准许各学院根据课程具体情况进行调整,如可减少书面作业次数等。结合相应改革,在布置书面平时作业方面有以下三点值得关注:

其一,在将口语化作业如发言讨论、课堂试讲纳入平时作业范畴的基础上,适当控制书面平时作业的次数。避免学生疲惫不堪地"扎堆"写作业、应付式地追求数量而不求质量,方能有效培养和提高书面写作能力。

其二,优化书面平时作业的类型结构。鉴于本科生期末考试大多都是传统意义上的"制卷答题",平时作业应尽量安排文献综述、名著评析、法条评析、案例分析、论文写作之类,适当增加作业的深度、难度和挑战度。这些形式的作业除了能够提高学生的书面写作能力,还可以牵动培养提高学生其他方面的能力,亦具有很强的"溢出效应"。

其三,加强书面平时作业的规范评改、反馈工作。现实中,重布置、轻评改和反馈,是制约这项措施效果的一个重要因素。规范评改,根据完成质量如实打分,才能有效促使学生认真对待作业、提高写作质量,同时能够有效发现学生在写作上的问题点,为今后改进指明方向。在此基础上,通过反馈机制,于交流互动中提供精准指导,切实助其提升写作能力。一个较为可行的做法是,遴选部分较好和较差的作业,在课堂上进行现场展示、交流。

(三)着眼沟通协调能力提升的参与式教学设计

提升学生的沟通协调能力,关键在于创造机会让学生更多地参与团队任务,使其在互动协作中提高交往意愿和效能。从参与环节来看,表现为课堂与课外参与相结合;在参与形式上,较好的做法是项目制小组任务,如前述课堂试讲活动即可结合这种方式开展。

项目制小组任务是指以项目为导向,以小组合作为策略,在分工协作中完成项目任务。此种形式既要为学生彰显个体性提供机会,也要发挥团队的合作精神。[23] 现实中,由于实行选课制,一个教学班里的学生往往来自不同的行政班乃至不同的学院,相互间较为陌生,项目制小组任务的教学策略有助于推动他们加强互动交流。

不过,由于学生个性及搭便车等因素,这种教学策略的效用可能会大打折扣,需要特别注意。例如,有的学生表现欲和表现力较强,加之“表现”能够为教师所观测,因此承担表现型任务的学生会非常积极,甚至抢占“话语霸权”;有的学生则较为内敛,若承担的是不大能为教师所观测的隐性任务,则会消极对待。如果教师在评价时对承担隐性任务的学生未给予应有的肯定,或者对于积极参与的学生和搭便车的学生未给予合理的区别对待,那么将极大消解学生的参与积极性,使项目制小组任务无法有效开展。

项目制小组任务,既要倡导组内成员间竞争,也要引导他们合作。在任务分工时,教师除作必要的引导外,应让小组成员自行推选组长,并在组长的统筹下商定各自扮演的角色,让学生在竞争与合作中实现协调分工。在任务完成过程中,由组长负责记载组员实际承担任务的情况,并给出初步评价意见,而这同时需要接受组员和教师的质疑、审验。此种安排能在较大程度上检验学生的沟通协调能力。若出现矛盾,教师应及时介入,帮助学生认识其不足、如何更好地与他人沟通协调。

---

[23] 参见陈时见、谢梦雪:《参与式教学的形态特征与实施策略》,载《西南大学学报》(社会科学版)2016 年第 6 期。

Research on the Participatory Teaching Reform of Undergraduate Legal Education with the Purpose of Improving Students' Basic Ability

Tan Guihua

Abstract: Undergraduate legal education is the most fundamental link in the cultivation of rule-of-law talent. Undergraduate education is the formation period of students' basic abilities, which means the development of basic skills should be considered first. The improvement of undergraduates' basic ability should focus on the three abilities of oral expression, writing and communication and coordination. With the purpose of those "targets", the adoption of the participatory teaching in domestic legal education has great significance.

Key Words: basic ability, undergraduate legal education, participatory teaching, legal talent

卓越航空法治人才“精准”培养的探索与实践

郝秀辉[*]　郭倩男[**]

摘　要：卓越航空法治人才培养是卓越法律人才培养计划的升级版。卓越航空法治人才如何“精准”培养的问题，是中航大18年法学教育始终竭力探索的重大问题。经多年实践，卓越航空法治人才培养理念与培养标准不断明晰，形成的“本科+研究生”两级立体化培养模式稳步发展。中航大以法学人才培养方案的顶层设计为切入点，着力从师资队伍建设、特色课程教材开发、夯实实践教学、完善质量评价等方面加强航空法学科专业内涵建设，在学生行业就业率、实践教学成果和社会示范效应等方面取得了很大成效。

关键词：航空法　法学教育　培养方案　专业质量标准　实践教学

一、卓越航空法治人才的内涵理解

2011年年底，教育部与中央政法委员会联合发文

*　郝秀辉，中国民航大学法学院教授，航空法律与政策研究中心研究员，法学博士。研究方向：法学教育、航空法、民商法。

**　郭倩男，中国民航大学法学院2018级硕士研究生。研究方向：航空法。

正式启动卓越法律人才培养计划,标志着我国法学人才培养模式开始由“粗放型”向“精致细化型”转变。《关于实施卓越法律人才教育培养计划的若干意见》(教高〔2011〕10 号)明确卓越法律人才培养重点强调复合型、应用型法律职业人才。2018 年 3 月 6 日,教育部高等教育司印发《教育部 2018 年工作要点》,提出全面实施“六卓越一拔尖”①人才培养计划 2.0 版,明确提出“四新”,即全力推进新工科、②新医科、新农科、新文科建设。从 1.0 版的卓越法律人才到 2.0 版的卓越法治人才,一字之差,代表着人才培养理念的升级。卓越法治人才教育培养计划将着眼于服务法治中国建设,在人才培养模式上,将深入推进法学教育和司法实践紧密结合。健全高校与法治实务部门双向交流机制,切实增强学生法学素养,培养德法兼修的高素质法治人才。

要培养卓越航空法治人才,需厘清几个要素的内涵:何为“卓越”及卓越的标准?何为应用型人才?何为复合型人才?何为航空法治人才?

何为“卓越”,以及卓越的标准是什么?对于该问题迄今为止并无统一权威解释,一直存在争议。③ 笔者认为,卓越法律人才培养与一般高等教育对象不同,必须强调学生综合素质的培养,包括学生道德品质、法律技能和人文素质的培养,尤其应重点突出德性培养和技能培养。因为法律职业作为一种服务社会的特殊行业,有特殊的伦理要求。缺失职业伦理,法律知识越精巧,对社会的危害反而越大。要改变学生和学校重知识教育、轻法律职业道德教育的问题,不能削弱法学教育的政治性,否则学

① “六卓越”具体指卓越工程人才、卓越法治人才、卓越新闻传播人才、卓越医生、卓越农林人才、卓越教师;“一拔尖”是指基础学科拔尖学生人才教育培养计划。“六卓越”和“一拔尖”两个人才教育培养专项,聚焦各有不同。“六卓越”注重当下和明天,是“脚踏实地”,培养国家发展急需的人才;“一拔尖”则是更长远的部署,是“仰望星空”,旨在培养具有家国情怀、人文情怀、世界胸怀,勇攀世界科学高峰、引领人类文明进步的未来科学家和思想家。

② 2017 年 2 月 20 日,教育部高等教育司发布《关于开展新工科研究与实践的通知》;2017 年 6 月 16 日,教育部办公厅发布《关于推荐新工科研究与实践项目的通知》;2018 年 3 月 15 日,教育部办公厅发布《首批“新工科”研究与实践项目》;2018 年 4 月 2 日,教育部发布《高等学校人工智能创新行动计划》,要求推进“新工科”建设。新工科人才的培养更强调学科的实用性、交叉性与综合性。

③ 杜社会:《国家法律人才计划与民族地区人才需求——试论民族地区卓越法律人才类型的培养》,载《河北法学》2014 年第 8 期。

生难以形成对法律的信仰、忠诚。④ 因此，卓越法律人才培养要坚持把社会主义法治理念教育融入法律人才培养全过程，进教材、进课堂、进头脑，增强学生践行法治理念的自觉性和坚定性，增强学生服务社会主义法治国家建设的责任感和使命感，这在法学教育中具有重要意义。强化法律技能是卓越法律人才培养的重中之重，技能培养过程会进一步强化伦理塑造。卓越法律人才的技能强化通过智力培养和能力培养两个方面实现，智力培养是对教学环节效果的考量，能力培养则更偏重实践过程的参与。

何为“复合型人才”和“应用型人才”？应用型人才是与传统学术人才并重的人才类型，二者之间是类型差异而非层次差别。应用型人才是在高等教育大众化阶段后形成的一种特殊应用型人才，具有特殊指向性，即应将职业性、专业性和基础性贯穿于人才培养始终，三者之间互相联系、相互依存和交叉影响，缺一不可。⑤ “复合型”是人才培养的知识结构问题。“复合型人才”相对“单一型人才”而言，是指具有两个以上专业学科基本知识和基本能力的人才。复合型人才的突出特征表现为知识面广、知识的交融程度高、综合素质强、思维辐射宽广、社会适应力强。⑥ 复合型、应用型法律职业人才的培养，基本的标准要求是“厚基础”和“宽口径”。“厚基础”是指“对法学学科或专业的基本原理、推理逻辑、技术规律、学术规训等规律性知识的认识之深、把握之精、运用之熟”。“宽口径”是指“学生的专业视野、适应专业工作的范围和知识面要宽”。“卓越计划”要培养的既不是“通才”，也不是一般意义的“专才”，而是比较“通”一点的专才。对本专业知识融会贯“通”，对本学科知识触类旁“通”，对跨学科知识不会一窍不“通”。这样的“通”，在本专业上是技术的灵活运用之“通”，在本学科上是跨专业的基本原理之“通”，在跨学科上是理性思维方法之“通”，“卓越计划”要求的人才是如此“通”基础上的

④ 参见刘坤轮：《德艺并重，打造卓越——卓越法学人才国家标准体系说明》，载《中国法学教育研究》2012 年第 3 期。

⑤ 参见邵波：《论应用型本科人才》，载《中国大学教学》2014 年第 5 期。

⑥ 参见黄江美：《高校复合型人才培养模式改革的研究》，广西大学 2008 年硕士学位论文，第 11 页。

专精人才。[7] 因此,复合型人才培养需要一定程度上有交叉学科知识或跨学科知识整合和融入的培养教育。

卓越航空法治人才培养是卓越法律人才培养计划的升级版,主要是把人才培养与满足国家航空需求紧密结合,培养高校应主动对接航空经济发展需要和民航技术创新要求,把握航空业人才需求方向,充分利用行业资源,发挥自身优势,培养具有较强航空背景知识、法律实践能力、胜任行业发展需求的应用型人才。简言之,卓越航空法治人才要具有系统性解决"复杂航空法律问题"的处理能力。这种能力给法律人才的培养提出了"跨界"要求,不仅仅是法律思维能力的培养和训练,也不仅限于法律基础知识的学习,还要掌握包括航空运输、航空安全、航空保安等各类基础性航空专业知识、航空实践运行环节和综合解决问题需求的方法论。只有将法律知识与航空技术专业知识融合应用于航空领域相关利益冲突和纠纷的处理,才能称为具有解决"复杂航空法律问题"的能力。因此,卓越航空法治人才既是一种复合型人才,又是一种应用型人才。

二、卓越航空法治人才培养理念的形成

自1996年高等教育并轨招生以来,在大学走向扩招的背景下,许多院校纷纷开设法科专业,法科教育开始进入跨越式发展轨道。2009年中国法治蓝皮书——《中国法治发展报告 No.7(2009)》的数据显示,截至2008年11月,全国共设法学院系634所。目前,全国开设法学专业的院校达700多所。我国法科专业"呈现指数式的增长",但法学教育出现了重大问题和困境。例如,高校法科院系数量膨胀、法学专业扩张过快、法科毕业生"过度生产"、法科毕业生就业难乃至失业、法学专业连续多年收到"黄牌警告"和专业预警"魔咒"、法学教育方式和内容"千人一面"现象突出等。因此,在新时期的法学专业教育面临激烈就业竞争的压力下,反

---

⑦ 参见刘健、邹晓平:《怎样构建"卓越"的知识结构》,载《中国大学教学》2017年第1期。

思法学教育的培养目标和培养模式,审视法科生培养教育的“同质化”问题,应是当下高校发展法学专业必须正视的首要问题,各高校也都在根据不同地区、不同社会层面、不同行业对法律人才的需求不同,进行着法律人才分层、分类培养的改革与探索。

中国民航大学是中国民用航空局直属的一所以培养民航高级工程技术和管理人才为主的高等学府,是中国民用航空局、天津市人民政府、教育部共建高校,长期坚持“立足民航、服务社会、面向世界”的办学面向。在中国民航大学这个工科背景强大的高校,在法学总体“产能过剩”的背景下,为什么要坚持设立法学学科和专业?法学院应培养什么样的人才?法学学科专业应向何处去?这是必须首先予以回答和明确的重大问题,也是我们办学过程中一直在努力思考和探索的问题。

历经18年的探索和实践,中国民航大学的法学专业人才培养目标的定位逐渐明晰,即在注重和坚持专业基础课程核心地位的基础上,适应民航行业发展,不搞大而全,侧重小而精的卓越航空法特色应用型法治人才的精准培养。与大多数高校的定位不同,中国民航大学法学人才培养的出发点和落脚点必须是立足于国家民航业的需要,培养具有较强国际竞争力的航空法特色应用型法治人才。在中国民航大学,法学专业必须着力打造航空法特色,这是法学专业设立的逻辑起点和发展依归。因为当下中国民航业的发展正在从主要依赖技术向主要依赖法治管理的阶段迈进,民航业是一个多学科高度系统化运行的行业,让航空法人才成为支撑民航强国建设的重要队伍,是民航多学科专业交叉融合的中国民航大学人才培养教育的重要使命。因此,中国民航大学法学学科专业必须形成与其他高校差别化的人才培养格局,以特色化的航空法应用型法治人才培养为发展目标,坚持内涵式人才培养教育模式,如此才是其存在和可持续发展的正当理由。

中国民航大学法学本科专业建于2000年,2001年开始招生;2012年开始招收国际航空法、航空民商法、航空刑事法、民航行政法四个方向学术型研究生;2015年起面向全国重点招收航空法方向法律硕士研究生。18年来,中国民航大学法学学科专业立足于学校发展面向,结合学校法学教育改革的经验,始终坚持以民航行业需求为导向的航空法应用型人才培养理念。这一培养理念已为学校历届领导和全体教师普遍认可,通过宣传和讲解,法学学生对此也有很强的认同感。这一培养理念分别通过法学本科和研究生人才培养方案进行了固化。例如,法学本科专业人才培养方案将培养目标设计为:“培养法学基础扎实、人文素养深厚、具有较强的法律实务操作能力,掌握一定航空法律知识和相关民航知识,能够在国家机关、法律服务机构及企事业单位尤其是民航相关单位从事法律工作的应用型航空法律人才。”法学硕士研究生培养方案将培养目标定位为:“以法治建设需求为导向,着力培养具有完整、系统、扎实的法学专业知识和理论体系,了解民航发展规律,掌握航空法律知识,具有良好的法学思维能力、学术创新能力和法律实践能力的高层次航空法律人才。”⑧

三、卓越航空法治人才“精准”培养的内涵和路径辨析

目前,对于“卓越法律人才”的培养,大致遵循综合性的培养(综合性的院校所普遍采取的模式)和专业化的培养(专业性的法学院校所普遍采取的模式)两条路径。这两种模式各有优缺点,前者难以凸显“法律的专业性”,后者则难以凸显“知识的综合性”。但是,目前中国法学教育出现的问题比这两条路径暴露的缺陷更为严重。即综合性院校采取的所谓“综合性培养模式”并没有真正实现人才培养“综合性知识”的强化,专业性法学院校采取的所谓“专业化培养模式”着力打造的法律的专业性事实上就是知识的单一性,也许这就是法律共同体的最大共同之处。几百个院校法学专业人才培养出现“千人一面”的同质化现象,表象上暴露出的是就业难困境,实际上折射出的是尖锐的法律人才知识构成问题。

诚如波斯纳(R. A. Posner)所言,社会具有复杂性和变化性,法律尤其是司法因此呈复杂性,许多法律纠纷都涉及许多复杂的科学技术和社

---

⑧ 参见中国民航大学法学本科专业人才培养方案、法学硕士研究生与法律硕士研究生人才培养方案。

会问题。现代法律和司法对社会科学和自然科学的知识需求在大大强化,法律的职业化和专业化已不再仅限制于传统的司法技能和职业伦理,除司法的"正当程序"外,法治人才还必须熟悉经济和社会、熟悉大量社会科学和自然科学知识,这些知识已经是法律专业化和职业化不可缺少的组成部分。故法律人才的培养确实需要在综合性知识培养和专业性知识培养两种路径上同时展开,否则法学教育培养的人才无法去适应这个科技发展和全球化带来的日益复杂的真实世界。

但是,法律人才培养在上述两种路径上同时展开,并不意味着综合性知识培养为主、专业性知识培养为辅,而应恰恰相反,否则不是法律人才的培养,而是其他专业人才的培养。卓越法律人才的培养,还必须首先坚持人才培养的专业性和实践性,在此基础上兼顾知识的综合性,不能背离法学专业人才培养目标的根本性。卓越航空法治人才的"精准"培养,应在集中"航空法律"知识层面培养的基础上,凸显人才具有航空领域的知识结构和娴熟运用专业法律知识解决航空领域复杂法律问题的能力。按此"精准"培养路径,中国民航大学航空法治人才的培养逐渐形成了"本科+研究生"两级分层的立体化培养模式。

卓越航空法治人才培养模式是卓越航空法律人才培养模式1.0版转型升级的2.0版,其"精准"培养应凸显人才培养的针对性,即重点突出、发力精准、标准明确。这种精准化培养需要培养目标的精准定位和培养资源的精准整合,从办学成本和效益角度看,并不是所有高校都适合进行卓越航空法治人才的"精准"培养。中国民航大学作为中国民航局直属的唯一综合性大学,应是责无旁贷和最适宜的首要供给者。其原因如下:

第一,中国民航大学对航空法治人才培养目标有精准化定位。众所周知,培养目标精准化定位的关键在于,确立基于国家民航业与社会需求和院校培养资源相结合的动态定位逻辑。国家民航业与社会需求是确立培养目标定位的出发点。中国民航大学坚持"立足民航、服务社会、面向世界"的办学面向,把法学和航空学科结合起来,并使航空法学成为学校的支撑专业。学校坚持"以工为主、工管文理法综合发展"的办学思路,明确了法学是学校"一体两翼三支撑"学科体系重要组成部分。在培养模式上进行创新性尝试,经多年探索,将法律人才培养类型定位为“特色+应用”法律人才培养,即将“应用型”“特色型”进行“做乘法”式的元素交叉,以体现中国民航大学应用型航空法律人才培养的特色。这个培养目标的精准化定位,是结合我国航空法治教育资源、培养能力构建的,可动态调整,确保能够实现与动态化民航市场需求精准对接。

第二,中国民航大学对航空法治人才培养资源能够高效地精准化整合。培养资源是实现目标定位的保障条件。航空法有天然的国际性和较强的技术性,民航业是一个多学科高度系统化运行的行业,航空法的研究和实务不是一个单一学科可以支撑的,中国民航大学多学科交叉融合的民航学科专业背景,为建设有特色的航空法学科专业提供了有力支撑,这是别的学校很难企及的。例如,中国民航大学的航空技术学科门类齐全,有赖以支撑航空法特色应用型人才培养的航空学科群,学校拥有工、管、理、经、文、法6个学科门类下12个一级学科硕士点和31个本科专业、6个专科专业,覆盖民航主要业务领域。学校入选天津市“双一流”建设计划,成为天津市高水平特色大学建设高校。学校3个专业为国家级特色专业,3个专业为国家级专业综合改革试点专业,5个专业为教育部卓越工程师教育培养计划试点专业,9个专业为天津市品牌专业,电子信息工程专业为国家CDIO试点专业,交通运输专业为首个通过教育部工程教育专业认证的航空类交通运输专业,8个专业为天津市优势特色专业建设项目,8个专业为天津市应用型专业建设项目。学校多个行业科研平台为航空法治人才培养提供优势资源,例如,民航通用航空研究中心、民航软实力研究中心、飞机起落架研究所、无人机研究所、民航空防安全研究所、民航气象技术研究所、民航安全科学研究所、综合交通研究所、航空发动机实验中心、空中交通管理研究基地、中国民航信息技术科研基地等。借助这些平台的资源优势,充分利用中国民航大学航空技术各学科知识,强化法学与航空技术相关学科的结合,以项目研究为导向,以民航实践问题为切入点,共同开展航空法的交叉创新研究,有针对性地解决民航行业领域的法律问题。在此基础上,法学学科专业也打造了自己独特的重要平台。例如,天津市人文社科重点研究基地——航空法律与政策研究中心落户法学院,是目前国内唯一以航空法律与政策为主要研究内容的省部级基地;航空法学实验教学中心被天津市教委授予“天津市普通高等学校实验教学示范中心”;中国航空法学研究会秘书处设在法学院,为以航空法为特色的法学教育教学和科研活动提供了良好的支持与发展平台。此外,以人才培养目标为导向,全面整合、聚集和优化我国现有航空法治教育资源,构建“中航大主导、民航企事业机关单位参与”的航空法治人才协同培养模式,着力凸显人才培养的行业特色,数十位航空法硕士生校外兼职导师和客座教授与校内的航空法教学专任团队共同实现协同培养效应。

四、卓越航空法治人才“精准”培养的具体举措

从某种意义上讲,卓越航空法治人才的精准培养过程是一个证成过程,是一个提供充足理由的活动或过程。中国民航大学法学专业办学18年来,始终秉持以行业需求为导向,控制培养规模,明确职业趋向,突出人才培养的三个维度,即“培养法学素养的深度、拓展民航通用知识的广度、强化法务应用技能的熟练度”。按照标准明确、突出重点、精准发力的技术路线,着力从专业质量标准、师资队伍建设、特色课程教材开发、夯实实践教学、完善质量评价等方面加强学科专业内涵建设,探索卓越航空法治人才培养模式。

(一)编制中国民航大学法学专业质量标准,为专业发展“定格”

为提升航空法治人才培养质量,按照学校的统一要求,在民航企事业单位和法律行业专家参与下,中国民航大学法学专业完成《本科专业教学质量标准》,这是根据中国民航大学自身的定位和办学特色,制定的代表专业内涵式发展的主要指标,并确保不低于国家标准相关要求。专业标准明确了“本专业以培养航空法特色的应用型法律职业人才为宗旨”。法学专业标准为中国民航大学航空法治人才培养立格,提供了专业评估的尺子和参照,依据本标准,法学专业开展并顺利通过了教育部审核性

评估。

(二)着力培育特色教学团队,培养具备实践经验和跨学科视野的师资

中国民航大学先后实施"蓝天学者特聘教授计划""蓝天学者讲座教授计划""蓝天青年学者计划""青年骨干教师培养计划"等,积极推进人才兴校战略。经过 18 年的内培外引和代际传承、长期潜移默化和团结协作,国内最大的航空法学研究团队和教学团队已经形成。其中专职教师年富力强;具有博士学位的比例达 75%;3/4 以上具有兼职律师、仲裁员和法律监督员的实践经验。15 名专职教师获得民航法制员培训证书,参加民航事故与事故征候调查、不正常航班服务及处置应对、航空法实务等专业培训有近百人次,参与中国民航局法规司、民航公安局、民航地区管理局的航空法草案起草、民用航空法修订及民航规章制定等民航立法实务 50 余人次。本团队坚持两条途径引进、聘请兼职教师:一是柔性引进民航和法律业界有影响、实践经验丰富的实务专家进课堂,直接对学生开展实务技能面授,提升学生实践能力;二是聘请已签约的 22 家民航单位、法院、检察院、律所等校外实习基地的实务人员担任实习指导教师,开展毕业集中实习和寒暑假分散实习学生的指导和管理。

航空法治人才培养所设计的航空法系列课程和相关航空课程多为跨学科课程,需要一批具备跨学科视野和素养的教师。中国民航大学设立教师教学发展中心,构建民航创新人才发展基地,出台《教师岗位资质能力建设实施办法》,⑨实施教师岗位资质准入制度,把教师资质与教师的授课资格、优秀教学奖评选、教学名师评选、岗位聘任及职称评审等相结合,达不到相应资质,不能参加相关评聘或开展相应工作,同时将教师岗位资质建设情况列入二级单位年度工作关键绩效指标,与各单位年终业绩绩效挂钩。教师资质培训分初级、中级和高级三个等级培训体系,教师资质培训课程凸显民航特色,注重提升教师民航综合知识。如新职工岗前培训的内容包括"学校和民航认知"课程模块、"教学能力培养"课程模

⑨ 参见中国民航大学的校发〔2017〕327 号文件。

块、“教学能力实训”模块;教师中级资质培训内容包括课程建设心得和《工程实践项目》或《案例教学项目》模块;教师高级资质培训内容包括专业建设、教学质量提升模块。迄今为止,资质培训人数达到全校教师的60%以上。中国民航大学结合民航改革和发展需要,举办的空管技术、机场运行、管制移交、安全管理、适航审定、空中安保、通用航空等各类培训班,对民航行业技术人员和本校教师同时培训。中国民航大学通过上述多种形式,努力提高教师跨学科的能力和素养。

(三)以课程建设为“抓手”,着力法治人才培养的航空特色打造

课程是培养目标的实现途径和载体,课程设计是实现人才培养目标的基础性工作,是高校深化教学改革、提高人才培养质量的重中之重。中国民航大学按照《学位条例》对课程设置要考虑学生知识、能力和素质的要求,本着“入主流、强特色”的发展原则,建设了由专业核心课程、专业特色课程和公共课程组成的综合课程体系,落实航空法治人才的精准培养目标。

1. 专业核心课程体系

为确保人才培养的入主流,教育部规定的原16门法学核心课程均有设置,由此毕业学分要求在170.5学分,比法学专业国家标准的160学分略高,但保证了中国民航大学培养的法科学生具有合理的法学知识结构。

2. 专业特色课程体系

鉴于现实可行性,中国民航大学航空法治人才培养没有采用以跨专业形式来实现“复合型”目标(学习1~2年其他专业后转入法律专业)模式,也没有采用通过法科学生选修课程形式来完成专业培养目标模式,而是采用了“航空法特色必修课+航空法特色选修课+航空特色选修课”的培养模式,其中针对民航行业和航空产业的需求,在本硕两个层面设置了系列交叉学科和专业课程。

建构了本硕两级航空特色课程群是中国民航大学航空法治人才培养的最大亮点。本科航空法特色课程群先后历经五版专业培养方案修订,从2001年版方案设置少量航空法课程、2008年版方案拓展特色课程模块,到2016年版方案固化了15门特色课程(累计20.5学分380学时),

此特色课程学分在总学分(170.5 学分)中占比为 12.02%,学时在总学时(2942 学时)中占比为 12.92%。其中包括需全部修读的限选课 10 门(计 14.5 学分 262 学时),即航空法总论、航空运输法、航空保险法、航空犯罪防控、航空融资租赁法、民航行政执法、民航安全法规标准体系、通用航空法、航空安保法、民航节能减排法规与政策。限选课设计为需全部修读完毕方能毕业,目的为确保航空法特色课程群的稳定和持续发展。专选类特色课程 5 门(计 6 学分 118 学时):航空运输合同案例判解、航空侵权案例判解、国际航空法模拟法庭竞赛集训、民航法律实务、外层空间法。本科阶段航空特色课程群的顶层设计标志着中国民航大学航空法治人才培养模式的成熟。在研究生阶段,学术型和法律专业硕士研究生均按航空法学研究方向来培养人才,两类研究生培养方案重点开发和打造的航空法特色课程在 15 门以上,确保每个研究方向不少于 3 门。民航概论、民航安全质量管理等课程均为研究生必修课程。航空法学课程群如图 1 所示。

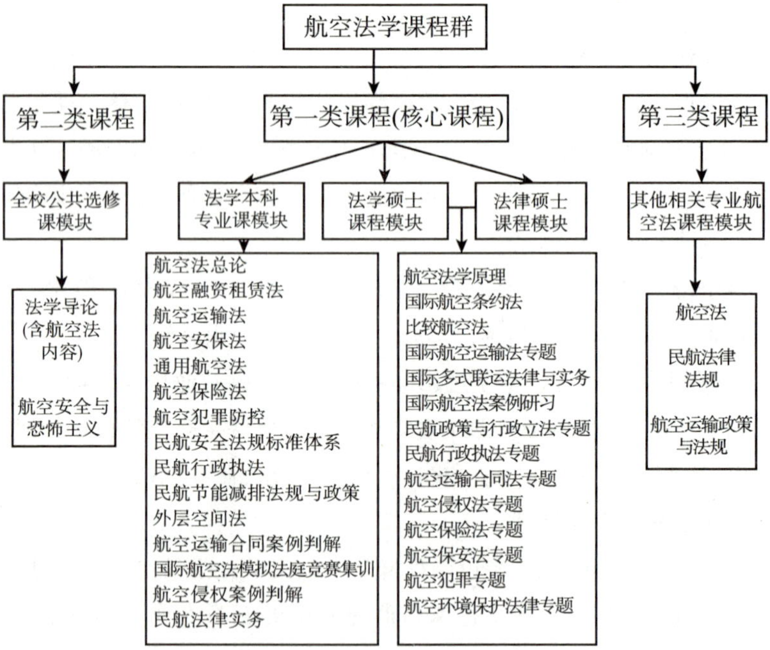

图 1　航空法学课程群

通过上述本硕两级培养方案和教学计划的课程设计，中国民航大学重点解决了“法学教育与民航实务结合不紧密、教学体系不能切合民航实际需求、办学特色不够突出的问题”。⑩

3. 建构公共课程体系，注重突出教学内容的政治性、综合性和适应性

为满足航空法治人才的人文素质知识和航空知识需求，法学专业培养方案设计有公共课程体系（包括必修课和任选课两类），公共课须修满55.0学分，占总学分的31%，其中课堂教学环节须修满49.5学分/948（792）总（讲授）学时。必修公共课包括大学英语、大学计算机、民航概论、数学基础、形势与政策、思想道德修养及实践、军事理论、心理健康教育、大学生健康教育、体育、素质拓展、中国近现代史纲要及实践、毛泽东思想和中国特色社会主义理论体系概论、马克思主义基本原理概论及实践等。

本着有益于学生了解各学科最基本的知识领域和思维方法，促进不同学科的交叉渗透，有益于提高学生的思想道德水平、身体和心理素质，有益于引导学生了解学科前沿发展的新成果、新趋势、新信息，特别是民航科技、管理、法规的新技术、新理念，有益于提高学生的人文素质、实践能力和创新能力等任选课设置原则⑪，公共选修课（全校类任选课）设置了自然科学类、人文社科类、经济管理类、工程技术类、艺术体育类、学科导论类、创新创业类等7类。⑫ 这些全校任选课程分别来自17个不同学院（中心）的31个本科专业，覆盖了民航主要业务领域，其中每个专业都至少有一门学科导论类课程供学生选择。由教师自主开发课程、专业教学计划中允许全校学生跨专业修读的课程、学校认可并购置的网络教育

---

⑩ 牛军：《民航卓越法务人才培养路径刍议——以中国民航大学法学院为例》，载《中国民航飞行学院学报》2016年第2期。

⑪ 参见《中国民航大学全校性选修课管理办法》。

⑫ 其中自然科学类简称自然类，涉及数学、物理、化学、生物、环境等学科领域；人文社科类简称人文类，涉及文学、历史、哲学、政治学、社会学、语言学、法学、心理学等学科领域；经济管理类简称经管类，涵盖经济学、管理学、金融学等领域；工程技术类简称技术类，涉及工程技术等领域；艺术体育类简称艺体类，涉及艺术、美学、体育等领域；学科导论类简称导论类，以学科专业通识性知识概述为主要内容；创新创业类简称创业类，涉及创新创业知识、能力、方法等素养教育。

平台课程等组成的任选课课程库,学生可自由选择,修满8学分方可毕业。任选课的考核,以进程性考核和终结性考核相结合方式,注重对学生学习过程质量的评价,结课考试占总成绩比例不超过50%。近年来,为强化学生实践能力的培养,增加创新创业类课程为必选类,其他类别根据学生个人兴趣修读,为学生提供多样化的选择空间。

在航空法治人才培养进程中,注重把社会主义核心价值观融入法治人才教育教学全过程,坚持用马克思主义法学思想和中国特色社会主义法治理论全方位占领法学教育阵地,全面落实“马工程”教材的使用;课堂教学强化社会主义法治理念和法律职业伦理教育,注重人才法治思维和法治方式的涵养形成。

(四)加强教材规划与建设,着力打造特色“校本教材”

教材是体现教学内容和教学方法的知识载体,是进行教学的基本工具,是学科建设和课程建设成果的凝结和体现。因此,加强教材规划与建设是提高教学质量的基础性工作,是培养卓越航空法治人才的重要保证。多年来,中国民航大学为有效实现专业特色化发展,围绕应用型航空法治人才需求特点,以学校为本位,自我设计开发和确定了大量突显航空法特色的“校本课程”,意在通过“校本课程”教学实现专业人才培养目标。团队在法学专业教材使用和建设上坚持“外选和自编相结合”原则,公共课和专业基础课教材以国家级规划教材(要求的“马工程”系列教材)为主,航空法特色课程群和实践课程群,以自编教材或讲义为主。

教学团队以专业课程为“抓手”,完成了“航空法评论”、“航空法案例教程(辅助教材)”、“航空法特色教材”和“航空法特色专著”四个系列的出版规划。任课教师积极开展对航空法教学内容的研究,有计划地推进分层分类、立体化的特色教材建设,开发和编撰“校本课程”实施的媒介——“校本教材”,其中《航空法学原理与实例》、《航空运输合同法》、《航空保险法》和《航空恐怖主义犯罪的防范与控制》等教材,已在教学中投入使用,获得良好效果和较大反响。为进一步促进中国民航大学航空法案例教学的发展,特别组织开展《航空法案例教程》系列丛书的编写,统一规划和设计案例教程的体系和内容,强化案例教材建设的过程性管理。

(五)构建"三个层次协同、四个课堂贯通"的实践育人体系,强化实践教学环节

法学教育不是一种封闭的学识教育,而是一种以法律实践应用能力为核心和导向的法律职业教育。法律职业的一些素养的养成,如法治信仰的塑成、法律语言的掌握、法律思维的形成、法律论证与解释能力的具备都需要一个培育、积累和训练的实践过程。法律职业的一些技能如沟通能力、法律文书写作能力、证据鉴别和运用能力等,都需通过严格的实践训练才能习得和提升。诚如有学者所言,卓越法律人才培养应当以法律实践应用能力为核心和导向,树立正确的实践教学观念,构建与理论教学相辅相成而又具有相对独立性的完整的法学实践教学体系。⑬

围绕民航强国战略和科学技术领域变革提出的新要求,中国民航大学站在全员、全过程、全方位育人的角度,整体规划"四个课堂",总体优化教学的时间空间,形成课内外、校内外、线上线下一体化的人才培养体系。法学专业经长期探索,多次修订培养方案,增加法学实践学时与学分,形成了流程完整、层次多样、内容丰富的立体实践教学体系(见图2)。

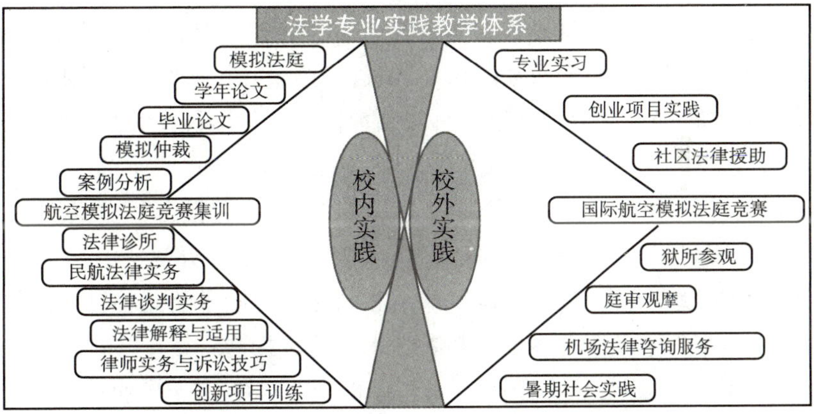

图2 法学专业实践教学体系

⑬ 参见李麒、王继军:《实践教学与卓越法律人才培养》,载《中国高等教育》2012年第24期。

在做“精”第一课堂的基础上,中国民航大学统筹规划,通过做“精”第一课堂、做“细”第二课堂、做“实”第三课堂、做“新”第四课堂,发挥四个课堂协同育人作用,着力提升学生综合素养、着力加强学生能力培养、着力提高学生历史使命感和社会责任心、着力创新网络教育新手段。每学期邀请学界知名学者和实务专家深入课堂、进校讲座20人次以上。注重国家法律职业资格考试内容与能力培养,对重点考核的民法、刑法等课程,设置多学期、多阶段课程体系。增加实验实践考核内容和进程性考核方式,减少终结性考核占比,提升学生参加国家法律职业资格考试的应试能力。坚持健全模拟法庭(仲裁庭)、法律咨询等实训场所,设置专门的法学期刊阅览室,积极与实践部门合作建立校外实践实习基地,使学生有充足学时的校外实习机会,致力于培养学生学以致用的精神与能力。通过不断丰富的4个课堂和15门实践课程群,着力加强学生系统思维能力、工程实践能力、法律思维能力、法律实务操作能力和团队协作能力的培养,不断强化办学特色。

(六)建构教学质量保障体系,确保人才培养质量

中国民航大学不断完善机制提升质量,保障“崇尚严实、致能致用”办学特色。为保证人才培养目标的实现和办学特色的传承发展,中国民航大学深入研究影响教学质量的核心要素,参照国际民航组织和中国民航局行业标准,导入质量管理思想,以教育部2005年本科教学水平评估为契机,建立了“多形式收集、多参数分析、多层面反馈”的“三回路”教学质量监控体系,2015年进一步发展形成“全员参与、全程覆盖、全因素管理”的教学质量保障体系,有效保障“崇尚严实、致能致用”办学特色。

校院两级多元教学质量监控体系和制度规范的不断完善,保证了法学专业本科教学秩序有序推进和教学水平稳步提升。每月以编制《法学院教学信息通报》为抓手,通过学院与系部结合、学院与企事业单位结合、专兼职教师结合、师生结合的路径,对教、管、学各个环节进行监控与管理。学生、同行等多元评教与年终绩效挂钩机制和师生座谈会推动教师工作重心向本科教学强力回归,教学相长和谐氛围不断显现。

(七)坚持以评促建、以评促改,不断提升专业人才培养能力

多年来,法学专业与法学学科坚持不断地自我建设、自我改革、自我评估或接受校外评估。如2005年共同参与学校的教育部本科教学工作水平评估;2013～2015年,启动并完成校级专业综合改革项目和验收;2014年开展专业自评;2015年参加天津市本科专业综合评价,法学硕士学位授权点通过合格评估;2016年参与学校的教育部本科教学工作审核评估;2017年航空法律与政策研究中心(天津市重点人文社科研究基地)通过评估,天津市“十三五”综合投资规划专业建设项目获批立项;2018年航空法学实验教学示范中心(天津市级)通过验收,法律硕士授权点通过合格评估。法学专业学科历经各种自评与他评的“把脉”问诊、立项与整改总结工作后,进一步明确了以行业需求为导向的航空法治应用型人才培养模式的重要地位和作用。通过“以评促建、以评促改”,法学专业提升了教学水平,强化了学科特色,积累了坚实的发展基础和平台,获得较高的社会认可。

五、卓越航空法治人才“精准”培养的成效

18年来,中国民航大学通过各种举措,竭力推进卓越航空法治人才的“精准”培养,在学生就业、实践应用能力和特色科研教学成果等方面,获得较大成效。

(一)学生就业率较高、民航就业有较大占比

中国民航大学法学专业开设18年来,累计培养法学本科毕业生800余人,硕士研究生近80人。中国民航大学近四年法科学生一次性就业率年均50.68%,其中民航类单位就业率年均72.44%,契合了专业人才培养目标。

(二)航空法实践教学成果丰富、实效强

法学专业学生通过模拟法庭、模拟仲裁、辩论赛、读书会、研讨会、社会调查等实践方式,开展丰富的课内外、校内外实践教学活动,累计完成实践教学卷宗250余部,85%为航班延误、航班超售、航空旅客黑名单等专题纠纷。学生完成科技立项30项、创新创业项目106项,95%为航空

法项目,获批经费计 44.67 万元,参与学生年均占在校生的 23%。学生发表航空法特色论文 122 篇,其中项目和发表的论文 90% 都是航空法方向选题。法学专业本科毕业论文近 30% 和研究生毕业论文 100% 为航空法方向选题。年均有 50% 在校生完成校外实习实训。学生参与法律实践活动的积极性和水平不断提高,社会反响很好。如法学专业学生为天津广播电台《天津生活广播》栏目制作四期航空法知识宣传广播剧,对航班延误热点问题阐析,获广播剧收听率排行首位。

(三)对外航空法培训和咨询服务有较大示范效应

在各种激励和培育措施下,专业教师积极开展航空法学术研究,完成各级航空法科研立项 53 项,坚持学术研究成果向教学的持续转化,完成特色教材专著 30 余部、各级教研立项 40 多项、获教学奖近 30 项、发表教研科研论文 100 余篇,团队教学水平稳步提升。专业教师参与国家航空法立法和民航法修订、民航规章起草工作,《航空法立法草案建议稿》获民航局、中国航协等高度认同;民航立法技术研究、航班正常管理规定、无人机管理立法等研究成果和咨询意见,成为民航立法决策的蓝本。团队先后为马航 MH370 航班失联事件工作组、民航公安法制员开展专题培训累计 800 余人次。部分教师多次做客《航家讲坛》、"央视《新闻 1+1》",就航班时刻、通航补贴政策等专题接受记者专访,解答航空法热难点问题。团队出版的《航空保险法》、《航空运输合同法》和《航空法学原理与实例》(获天津市第十三届社会科学优秀成果奖三等奖)等特色教材,成为航空法教学选用教材。中国民航大学航空法实践教学示范中心是我国民航公安法制员受训的重要服务基地,近 4 年来,专业教师在航空模拟法庭为民航公安法制员培训授课,针对民航行政诉讼实务进行案例研讨与模拟开庭,已有 300 余名民航公安干警在中心受训完毕。

Exploration and Practice in“Precise” Cultivation of Excellent Aviation Legal Talent

Hao Xiuhui   Guo Qiannan

Abstract: The cultivation of excellent legal talent for aviation law is the upgraded version of the outstanding legal talent training program. The question of how to “precisely” cultivate the outstanding rule-of-law legal talent in aviation law is a major issue that Civil Aviation University of China has been trying to explore in its 18 years of legal education. After plenty of years' practice, the concept and training standards for excellent legal talent in aviation have been clarified, and the two-level education mode of “undergraduate + postgraduate” has developed steadily. The top-level design of the legal talent cultivation in Civil Aviation University of China is the starting point. It focuses on the construction of the teaching staff, the development of the curriculum materials, the implementation of practical teaching, the improvement of the teaching quality evaluation, etc., to strengthen the connotation construction of the aviation law major. Great progress has been made in the employment rate, great achievements in practical teaching and the social demonstration effects.

Key Words: aviation law, legal education, cultivation plan, professional teaching quality standards, practical teaching

公安应用型人才培养中默会知识转移机制构建*

——以某部属公安院校“双千计划”为视角

武西锋**

摘　要：默会知识属于技能知识，很大程度上只可意会不可言传，比较难于编码、转移和测量，它在应用型人才培养中具有不可替代的价值。公安高等院校本质上是应用型的，以培养能够满足公安实战需要的应用型人才为目的，重在“学以致用”。为了增强学生的实战技能，国家弥补院校教师实战经验不足而实施了“双千计划”，该计划教师具有丰富的实战经验，他们的知识本质上是一种默会知识，有效传递这种知识对于学生实战技能的提高具有至关重要的作用。本文通过对默会知识内涵及转移机理的分析，试图构建公安“双千计划”默会知识转移机制模型，即激励保障机制、价值认同机制、转移平台机制和知识内化机制，以提高“双千计划”教师默会知

---

* 本文为国家“2011 计划”司法文明协同创新中心研究成果，中国刑事警察学院 2017 年度中央高校基本科研项目重大培育计划（社会科学类）“诉讼制度改革的价值冲突与选择”，辽宁省教育科学“十三五”规划课题“制度分析理论视角下的高校办学自主权变迁研究”（项目编号：JG16DB481）成果之一。

** 武西锋，吉林大学国家“2011 计划”司法文明协同创新中心博士研究生，中国刑事警察学院讲师。研究方向：司法文明、公安学。

识转移的效能，实现培养具有较强实战能力的公安专门人才的目标。

关键词：默会知识　应用型人才培养　“双千计划”　转移机制

建设一支专兼结合的公安师资队伍是深化公安专业人才培养制度改革的需要，是推动公安队伍正规化、专业化、职业化建设的重要举措。《公安高等教育发展规划纲要（2015～2020年）》明确提出：“以公安院校与公安业务部门人员互派‘双千计划’为牵引，引导各地推进公安院校优秀教师与公安实战部门业务骨干互派交流、深度融合、形成常态。”根据公安部《关于实施全国公安院校与公安业务部门人员互派“双千计划”的通知》，“双千计划”是指在全国范围内公安实战部门和公安院校分批次进行人员互派，遴选1000名具有丰富实战经验的公安业务骨干到公安院校担任教官，遴选1000名教师到公安机关参加实战锻炼，目的是提高公安应用型人才培养质量。公安院校整体上属于教学型大学，在中国高等教育多元化发展的布局中，以培养能够满足公安机关需要的应用型人才为主要目标，集中体现了职业教育的应用型本质。目前，全国公安院校正在大力推进“双千计划”，深刻认识“双千计划”教师的知识属性，自觉构建默会知识转移机制不仅是“双千计划”本身的应有之义，更是应用型人才的内在需要。基于此，本文在厘清默会知识理论框架的基础上，以某部属公安院校实施“双千计划”的情况为视角，凝练默会知识转移机制，推动实现应用型人才培养目标。

一、默会知识的内涵

（一）默会知识的概念

知识是人类社会进步的动力，是人类在认识世界和改造世界的过程中积累的重要资本。知识是主观与客观的统一，就它所反映的内容而言，是客观事物的属性与联系的反映，是客观世界在人脑中的主观映象。①

① 参见阎亚军：《知识教学与学生发展》，华东师范大学教育科学学院教育学系2006年博士学位论文，第4页。

皮亚杰(Jean Piaget)认为:"知识是主体与环境或思维与客体相互交换而导致的知觉建构,知识不是客体的副本,也不是由主体决定的先验意识。"[②]亚里士多德把知识分为理论之学、实用之学和创造之学三大类。这种知识分类方式一直沿袭到 15 世纪。英国哲学家培根(Francis Bacon)根据人的心智能力,把知识分为记忆的知识、想象的知识和理智的知识及神圣知识。西方工业革命之后,随着生产力的突飞猛进和生产方式的进步,自然科学与社会科学逐渐摆脱哲学的束缚,在学科框架内将知识分为人文科学、社会科学和自然科学。第二次世界大战之后,"默会知识"以"反叛"的面目出现,"向源远流长、根深蒂固的理论的知识传统提出了挑战"。[③] 1958 年,英国物理化学家和哲学家迈克尔·波兰尼(Michal Polany)提出默会知识(tacit knowledge)的概念,他把人类的知识分为两种:能够以书面文字、图表和数学公式加以表述的,称为显性知识(explicit knowledge)或明言知识(articulated knowledge);在人的行动过程中形成的不方便表达或者无法表达清楚的知识,称为默会知识或缄默知识(inarticulate knowledge)。[④] 默会知识理论是波兰尼对哲学的最大贡献,其宗旨在于"证明默会知识在人类知识中的决定性作用"。[⑤] 在波兰尼看来,默会知识比显性知识更重要,"一切知识要么是默会的,要么源于默会"。[⑥] 默会知识概念的提出,使人们认识到自己所知道或者所掌握的知识比能说出来的知识要多。波兰尼举例说明,我们虽然能够顺利地骑自行车,但是无法准确告知他人遵循的具体规则,别人要想骑自行车,必须亲自实践才能学会。这蕴含其中而又无法言明的知识,就是默

---

② Margaret E. Bell, Gredler, *Learning and Instruetion*: *Theory into Practice*, Ohio, New Jersey Columbus, 1986, p. 191. 转引自皮连生主编:《教育心理学》(第 3 版),上海教育出版社 2004 年版,第 23 页。

③ 郁振华:《对西方传统主流知识观的挑战——从默会知识论看 phronesis》,载《学术月刊》2003 年第 12 期。

④ See Michael Polanyi, *The Study of Man*, Chicago, University of Chicago Press, 1958, p. 12.

⑤ 郁振华:《波兰尼的默会知识论》,载《自然辩证法研究》2001 年第 8 期。

⑥ 王增鹏、洪伟:《科学社会学视野下的默会知识转移——科林斯默会知识转移理论解析》,载《科学学研究》2014 年第 5 期。

会知识。波兰尼对默会知识的洞见,对推动默会知识转移机制研究具有重大意义。默会知识是客观存在的,虽然不好表达,但是并不代表完全不能被表述。这表明默会知识也是可以被转移的,为默会知识转移机制研究提供了理论基础。此后,默会知识在全球范围内得到高度重视。

(二)默会知识的当代发展

1996年,国际经济合作与发展组织(Organisation for Economic Co-operation and Development, OECD)出版的《知识经济》(*The Knowledge-based Economy*)将知识分为四类:知道什么的知识(know-what),即关于事实的知识;知道为什么的知识(know-why),即关于法则与原理的知识;知道怎么做的知识(know- how),即关于技能的知识;知道是谁的知识(know-who),即关于谁知道什么,以及知道做什么的知识。⑦ 前两类知识一般是客观的,属于显性知识,可以通过编码用语言的形式表达清楚;后两类知识需要人运用创新能力进行处理,只可意会不可言传,属于默会知识。⑧ 日本知识管理大师野中郁次郎认为,显性知识可以用正式的系统化语言表达,能够以数据、科学公式、说明书、手册等形式加以共享,默会知识是高度个人化的、难以形式化,植根于行动、过程、习惯、承诺之中。⑨ 自波兰尼提出默会知识的概念至今,默会知识的理论体系日趋完善。

(三)默会知识的基本结构

波兰尼默会知识的基本结构以“两种意识”为基点,即辅助意识(subsidiary awareness)与集中意识(focal awareness)。⑩ 辅助意识也叫近侧向,是知识的来源,体现的是知识根源性。集中意识也叫远侧向,体现

---

⑦ 参见刘荣:《关于知识经济概念发展的理论文献脉络》,载《图书馆理论与实践》2001年第3期。

⑧ 参见方文敏、方运本、魏华飞:《浅析知识经济时代默会知识教育的重要性》,载《教育探索》2004年第12期。

⑨ See Ikujiro Nonaka, Ryoko Toyama and Noboru Konno, “SECI, Ba and Leadership: A Unified Model of Dynamic Knowledge Creation”, *Long Range Planning*, 33, 2000, p. 5.

⑩ See Michael Polanyi, *Knowing and Being*, Chicago, University of Chicago Press, 1969, p. 144.

的是知识显化性。前者是需要依赖的东西（rely on），后者是关注的焦点（attend to）。两种意识的区别不在于有没有意识及意识的程度，而在于意识的功能。在用锤子钉钉子的例子中，集中意识是对钉子的意识，辅助意识是掌握锤子的手部的意识。在此动作中，辅助意识通过主体的作用融入钉钉子的集中意识中。默会知识的基本结构就是建立在“两种意识”基础上的一种从（from）辅助意识到（to）集中意识的（from-to）动态结构。⑪在此结构中，近侧向中的各种细节和线索是模糊的，通过知识拥有者的整理，并结合自身知识基础，使模糊的知识逐渐明晰化。⑫

二、默会知识转移在公安应用型人才培养中的价值

（一）默会知识在公安应用型人才培养中具有不可替代的作用

1. 公安高等教育应用型本质属性的认识

关于公安高等教育应用型本质属性的认识，经历了一个理论论证到实践尝试，再到国家政策认可，最终到理论与实践融合统一的过程。很长一段时期内，很少有人从本质属性上对职业教育进行考察，而是简单地将教育本质属性与办学层次对应，只在专科以下办学层次探讨应用型教育属性。本质是指事物固有的，决定事物性质、面貌和发展的根本属性，是事物之间的根本区别。高等职业教育致力于将已发现的规律、定理应用于经济社会发展，重在培养学生的实践能力。因此，应用型是高等职业教育的本质属性。⑬ 本科以上办学层次的院校可以开展职业教育的主张，不仅得到了理论论证，而且得到了教育政策文件的支持。《专业学位设置审批暂行办法》明确规定，专业学位是具有职业背景的一种学位，为培养特定职业高层次专门人才而设置，分为学士、硕士和博士三级。此后，高等

---

⑪ 参见郁振华：《波兰尼的默会认识论》，载《自然辩证法研究》2001年第8期。

⑫ 参见贺斌：《默会知识研究：概述与启示》，载《全球教育展望》2013年第5期。

⑬ 参见袁广林：《高等职业教育本质属性的再认识》，载《职业技术教育》2010年第4期。

职业教育不受办学层次限制的认识,迅速上升到国家教育发展战略层面,并通过政策性文件予以确认。由此可见,高等职业教育是高等教育的一种类型,应用型是高等职业教育的本质属性。

2. 默会知识在公安应用型人才培养中的独特作用

根据教育部2018年6月公布的《全国普通高等学校名单》,全国有1243所本科院校(其中公办本科学校817所、民办本科学校417所、中外合作办学学校7所、内地与港澳台地区合作办学学校2所)。[14] 中国校友会网提出的"中国大学分类新标准"把中国高校划分为研究型、应用研究型、应用型和技术型,其中研究型大学分为研究型和特色研究型,应用研究型大学分为区域研究型和区域特色研究型。[15] 截至目前,全国公安院校共计36所,其中本科院校25所。部属院校与地方院校之间差异较大,部属院校办学历史时间长、师资力量雄厚、学科建设基础强,而大部分省属本科公安院校是近年来由专科院校改制而成,基础较为薄弱。但是部属院校并不是真正意义上的研究型大学,只是公安教育系统内部的研究型大学。[16] 同时,公安院校又具有行业教育性质,主要面向公安机关培养公安警务人才。由此决定了公安院校的人才培养目标是培养一大批满足公安业务需要的应用型人才。[17] 研究型大学以培养研究型人才为目标,师资队伍充满了浓厚的研究气息。与此相比,应用型人才培养目标要求师资队伍必须具备较强实践业务能力。"双千计划"能够密切衔接公安机关实践业务和公安院校教学活动,是应用型教育本质属性在公安教育领域的

---

⑭ 参见《2018全国本科院校名单》,载高三网:http://www.gaosan.com/gaokao/150460.html,最后访问日期:2018年10月9日。

⑮ 参见《校友会2018中国研究型大学排行榜发布》,载新浪教育网:http://edu.sina.com.cn/gaokao/2017-12-26/doc-ifypyuvc1729397.shtml.,最后访问日期:2018年10月9日。

⑯ 参见袁广林:《公安高校章程的功能与实施策略》,载《公安教育》2015年第12期。

⑰ 《中国刑事警察学院章程》第4条规定:"学校坚持社会主义办学方向,坚持人才培养中心地位,坚持围绕实战、融入实战、服务实战、引领实战,突出忠诚警魂培育,强化纪律作风养成,全面培养政治坚定、作风过硬、业务精通、素质优良的应用创新型高级公安专业人才……"载中国刑事警察学院官网:http://www.cipuc.edu.cn/info/2632/1071.htm,最后访问日期:2018年10月9日。

体现,为实现公安应用型人才培养目标提供重要智力支持。

(二)公安“双千计划”为默会知识转移提供可靠保证

1.“双千计划”有效弥补公安教育默会知识的不足

长期以来,公安院校的课堂教学内容跟不上实践需要,存在不同程度的理论与实践脱节问题,人才培养质量面临着来自公安教育研究者和公安业务部门的双重质疑。首先,教学工作始终处于理论的困顿和追赶实践的疲惫之中,受过公安专业教育的学生依然对公安工作缺乏理解。其次,公安实务部门认为公安院校培养的学生动手能力低下,不能满足实战工作的需求。最后,在校学习期间的学生也对教学内容不满意,认为授课内容与实践严重脱节,内容枯燥乏味,经常以逃课、睡觉等行为表达不满,个别学生认为实习期的收获远远大于在校期间的课堂教学收获。[18] 基于公安院校教学活动存在的现实问题,很多公安教育工作者尝试从不同角度为公安院校教学活动把脉问诊并开出良方。有人从公安院校教师实践锻炼存在的问题出发提出了加强教师社会实践效果的建议。[19] 有人主张公安教育要面向公安改革需要,提出公安院校“实战化”教学改革的思路。[20] 上述建议角度不同,对提高教学质量都具有重要启示意义。但是整体上来讲,目前理论认知尚停留在较浅层次,对原因的揭示不够准确和深刻,没有从默会知识的角度思考问题,没有深刻认识到默会知识的功能和价值,也没有积极构建默会知识转移机制来推动实现公安应用型人才培养目标。

2.“双千计划”为公安院校默会知识转移提供保证

公安“双千计划”的制定和实施,也是在总结多年来普通高校“双师”政策成功经验的基础上,在公安院校的大胆移植和创新。1995年,国家教育委员会《关于开展建设示范性职业大学工作的通知》提出要有一支结构

---

⑱ 参见陈如超、杨海:《侦查学的知识分类及其学生培养》,载《四川警察学院学报》2015年第2期。

⑲ 参见李侠:《关于提高公安院校教师社会实践效果的思考》,载《公安教育》2015年第3期。

⑳ 参见谢军、陈俊豪:《关于推进公安院校“实战化”教学的思考》,载《公安教育》2016年第1期。

合理、专兼结合、素质较高的师资队伍，专业教师要具备一定的专业实践能力，这是“双师”政策在文件中的最早体现。1998年2月16日，国家教育委员会印发的《面向二十一世纪深化职业教育教学改革的原则意见》提出，要从企事业单位引进具有实践经验的教师，加强“双师”教师的培养。2002年，教育部办公厅又印发了《关于加强高等职业（高专）院校师资队伍建设的意见》，再次要求提高师资队伍“双师”素质，引进一批既有实践工作经验，又有扎实理论学识的业务骨干充实师资队伍。2006年，教育部发布的《关于全面提高高等职业教育教学质量的若干意见》提出，要注重师资队伍的“双师”结构，加强专兼结合的师资队伍建设。2014年6月，国务院印发了《关于加快发展现代职业教育的决定》，从加强教师实践能力等方面提出了关于“双师”的设想。与此同时，全国职业教育工作会议在北京召开，会议明确提出职业教育是国民教育体系的重要组成部分，肩负着培养多样化人才、传承技术技能、促进就业创业的重要职责，必须高度重视、加快发展。[21] 从“双师”政策第一次在教育文件中被提出，“双师”政策一直指向职业院校的师资队伍建设。在此过程中，虽然大部分公安院校办学都在专科以下层次，但是很多人认为公安院校不属于职业学校，不需要培养“双师”教师。[22] 因此，在相当长的一段时间内，公安教育未对“双师”政策做出正面回应。但是公安应用型人才目标决定了公安教育必须注重师资队伍的实践能力建设。2002年3月30日，公安部、政治部印发了《关于公安院校教师参加公安业务实践和选聘公安机关业务骨干到公安院校任教的暂行办法》，该办法比较全面系统地规定了公安院校师资队伍实践能力的相关要求。在普通高校探索“双师”建设期间，为提高法律人才培养质量，教育部等六部门在政法类高校与法律实务部门之间率先开始实施“双千计划”，探索建立人员互聘制度，于2013年下发了《关于实施高等学校与法律实务部门人员互聘“双千计划”的通知》。继教育部

㉑ 参见《全国职业教育工作会议在京召开》，载教育部网：http://www.moe.gov.cn/jyb_sjzl/moe_364/moe_1588/moe_1618/tnull_25620.html，最后访问日期：2018年6月12日。

㉒ 参见施发笔：《公安院校“双师型”教师的现实价值、核心能力与培养策略》，载《公安教育》2016年第4期。

之后,公安部于 2015 年制定下发了《关于实施全国公安院校与公安业务部门人员互派“双千计划”的通知》,方案提出分批次从公安院校选派 1000 名骨干教师到公安实战部门挂职锻炼,从公安实战部门选聘 1000 名业务骨干到公安院校兼职任教,加强人员互派交流、深度融合,提高公安院校人才培养质量,全面推进教学与实践紧密结合、互促互赢。有人认为,这与六部委的“双千计划”一脉相承,秉持卓越警务人才培养目标,体现出“全国公安一盘棋”的体制优势和公安特色。㉓ 至此,高等职业教育中的“双师”政策与公安教育的应用型人才培养目标,通过“双千计划”在政策文件层面最终汇聚在一起。

三、建立公安“双千计划”默会知识转移机制,提升公安应用型人才培养质量

(一)公安“双千计划”默会知识转移机制模型

美国沃顿商学院教授 Szulanski 等人认为,知识转移是在一定的情境中从知识的拥有者到接受者的信息传播过程。㉔ 人是社会实践的主体,知识转移就是知识在作为社会主体的人之间的转移过程。知识转移机制则是指为了对知识进行系统的集成、传播和扩散所使用的策略、渠道、结构和流程等的统称。㉕ 基于默会知识的本质特点和基本结构,默会知识通过社会化(socialization)、外在化(externalization)、组合化(combination)、内

㉓ 参见王彦学:《“双千计划”实施与侦查学专业转型发展的功能耦合及启示》,载《公安教育》2016 年第 5 期。

㉔ See Szulanski G. ,“Exploring Internal Stickiness: Impediments to the Transfer of Best Practice Within the Firm”, *Strategic Management Journal*, 2, 1996, p. 43.

㉕ 参见李子叶、冯根福:《组织内部知识转移机制、组织结构与创新绩效的关系》,载《经济管理》2013 年第 1 期。

在化(internalization)(以下简称 SECI 理论)四种基本类型[26]在动态中实现转移,最终实现知识创新的目的。默会知识转移机制就是为了实现默会知识在不同社会主体之间的转移,根据 SECI 转移机理而采取的一系列具体措施、制度、做法的统称。默会知识转移机制是一个系统集合体,由激励保障机制、价值认同机制、转移平台机制和知识内化机制四种具体机制构成。

激励保障机制是外部机制,指向对象是默会知识的拥有者,即“双千计划”人员。激励保障机制本身并不直接实现知识转移,但是其功能在于为默会知识转移提供外部动力,通过外部刺激提高默会知识拥有者转移知识的积极性,提高默会知识社会化、外在化的程度,实践中往往表现为管理制度和办法、薪酬奖励等激励保障措施。价值认同机制的指向对象虽然也是默会知识的拥有者,但是相对于激励保障机制而言它是内部机制,旨在通过塑造共同的价值理念解决默会知识拥有者的主观意愿,为知识转移提供源自主体内心的“源动力”。价值认同机制的心理基础是信任,其载体和形式可能是多样的,经常表现为默会知识拥有者和接受者共享某种价值理念,具有相同或者相似的职业背景或地域背景。转移平台机制指向默会知识的接受者,即公安院校的师生,对默会知识接受者而言它是外部机制,旨在解决默会知识接受者的硬件建设,实践中经常表现为便于知识转移而设置的岗位或者平台等。知识内化机制是实现默会知识转移的关键和最终落脚点,是构建转移机制体系的核心,是一种内部机制。其他三种转移机制的最终目的是实现知识内化。默会知识显现出来之后,经过拥有者系统的组合,将零碎的知识整理出来,在激励保障机制的外在保障下,经过价值认同的内在推动,通过合适的转移平台,将知识转移至接受者,并且内化为接受

---

[26] 社会化(socialization),是指人们在共同实践过程中,默会知识在不同主体之间的转移。外在化(externalization),是指个人通过某种方式将头脑中的默会知识转化为能够表达的明言知识。组合化(combination),是指通过整理零散的显性知识,使之系统化和有序化,从而方便知识在不同主体之间进行转移。内在化(internalization),是指通过实验、训练等实践方式,将显性知识内化成默会知识。上述“四化”简称 SECI 理论。See Nonaka,“A Dynamic Theory of Organizational Knowledge Creation”,*Organization Science*,5,1994,p. 14.

者的默会知识,从而实现知识创新,由此也形成了一个完整的默会知识转移闭环链条(见图 1)。

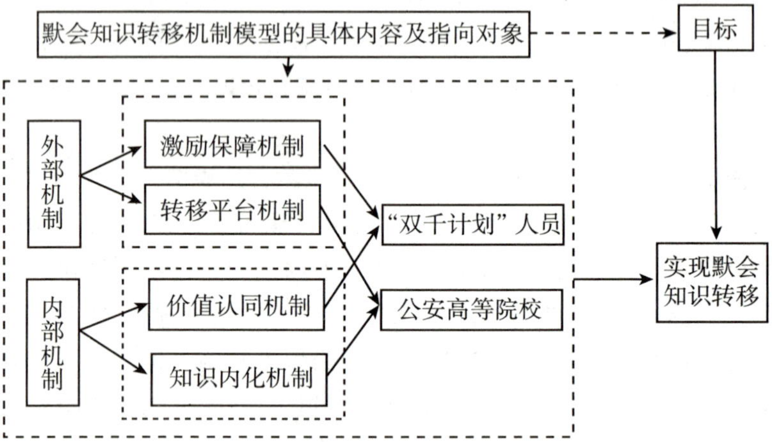

图 1　默会知识转移机制模型

(二)公安“双千计划”默会知识转移机制在公安应用型人才培养中的验证

默会知识转移机制模型作为一种理论构建模型,需要接受实践的检验。只有不被实践经验证伪的理论,才能表明尚可被人们接受。默会知识转移机制作为一种理论模型,是对经验的概括和抽象,源于公安“双千计划”的具体实践经验,体现在公安院校落实“双千计划”的具体方案、措施、做法之中。调查中发现,省属公安院校在执行公安部“双千计划”统一性要求的同时,同步参照了部属院校的做法,因此省属院校与部属院校的“双千计划”执行具有同质性。比如,在激励保障机制中,省属公安院校采取了与部属公安院校同种类的做法,区别仅仅在于薪酬多少等量的方面。但是在落实“双千计划”中,部属公安院校比省属院校具有资源上的优势,更全面地体现了“双千计划”要求,可以成为分析和检验默会知识转移机制模型的样本。因此,下文以特定部属公安院校执行“双千计划”的具体经验和做法为例,检验默会知识转移机制模型,阐明默会知识在公安应用型人才中的重要价值和功能。

1. 激励保障机制

激励保障机制为默会知识转移提供外部的、制度性基础，具体表现为计划实施方案、人员调动计划、接受方案、薪酬补贴等。

“双千计划”激励保障机制的文件构成如表 1 所示：

表 1 “双千计划”激励保障机制的文件构成

发布主体	文件名称	实施主体	任务
教育部、公安部、司法部等六部门	《关于实施高等学校与法律实务部门人员互聘“双千计划”的通知》(教高〔2013〕8号)	教育部等六部门与全国高等政法院校	指导落实全国范围内的“双千计划”工作
公安部	《关于实施全国公安院校与公安业务部门人员互派“双千计划”的通知》(公政治〔2015〕105 号)	公安部、省级公安机关及全国公安院校	指导落实公安教育领域中的“双千计划”工作
省级公安机关	××省公安机关实施“双千计划”方案 ××省警察学院“双千计划”第×批工作实施方案	省级公安机关	做好本省公安机关与本地公安院校之间的“双千计划”落实工作
公安院校	××大学(学院)关于“双千计划”的工作方案 ××大学(学院)关于“双千计划”人员任职的决定 ××大学(学院)关于“双千计划”人员保障工作的决定	公安院校	做好本校“双千计划”人员的接受、工作安排、职务任免、薪酬待遇、工作保障等落实工作

从表 1 可以看出，公安院校自 2015 年以来，为落实教育部的意见，在全国公安教育范围开展了“双千计划”实施工作。从发布主体来看，激励保障机制全面涵盖了公安部、省级公安机关和公安院校。[27] 其中公安院校

㉗ 调查中发现，公安部为进一步推进“双千计划”，在执行过程中又多次向全国省级公安机关下发通知，要求省级公安机关在管辖范围内做好具体落实工作，务必将“双千计划”的精神传达到全国基层公安机关和民警。

分为部属公安院校和省属公安院校两大类别。在办学层次上,无论是将自身定位于研究型大学的中国人民公安大学还是其他应用型本科院校,以及部分专科学历教育层次的省属公安院校,无一例外地执行和开展了“双千计划”工作。同时,深入观察不难看出,公安部作为全国公安应用型教育的主管部门,仅仅提出保障激励的原则,而激励保障机制的具体构建与落实主要由各公安院校完成,具体包括“双千计划”人员的入驻、薪酬、职务安排、工作物质保障等。实践调查发现,激励保障机制的具体构造如表2所示:

表2　激励保障机制的具体构造

构成	具体内容
任职	根据“双千计划”人员原有职称、职务及从事的公安业务,聘任相应专业的教学岗位及教学管理工作岗位
办公设备	提供办公桌椅、教学设备等
教学保障	赋予“双千计划”人员与本校正式教职工同等的教学资源使用权利
食宿	提供与校内教职工同等的用餐标准和餐补,灵活安排临时性教师公寓
薪酬	保留原单位薪酬待遇不变的前提下,公安院校根据自身校内教职工教学、科研薪酬标准发放课时、科研薪酬
其他补贴	参照校内标准,根据任职职务和岗位,提供岗位津贴和交通补贴等

从表2可以看出,激励保障机制包括了任职、办公设备、教学保障、食宿、薪酬及其他补贴。但是进一步调查中发现,由于各公安院校资源基础不同,具体标准上存在一定差异,但是这种差异是量的差异,而非种差(见表3)。

表3　某部属公安院校与某省属公安院校在激励保障机制内容上的差异㉘

事项	某部属院校	某省属院校
任职	34名“双千计划”全部聘为相应教学单位的教学副主任（副处级），聘为正高级技术职务人员（不占用本单位岗位指标）	25名“双千计划”全部聘为相应教学单位的教学副主任（正科级），其中包括10名正高级技术职务人员、15名副高级技术职务人员（不占用本单位岗位指标）
办公设备	提供独立的办公桌椅、教学设备、临时性笔记本一台等	提供独立的办公桌椅、教学设备等
教学保障	赋予“双千计划”人员与本校正式教职工同等的教学资源使用权利	赋予“双千计划”人员与本校正式教职工同等的教学资源使用权利
食宿	每月提供午餐补助240元，安排50～65平方米临时性独立公寓一套	每月提供午餐补助140元，安排双人间标准住宿
薪酬	保留原单位薪酬待遇不变的前提下，课时费标准为80元/节、科研薪酬执行校内标准	保留原单位薪酬待遇不变的前提下，在完成基本课时之外，课时费标准为45元/节、科研薪酬执行校内标准
其他补贴	参照校内标准，每月发放2450元岗位津贴和630元交通补贴等	参照校内标准，每月发放800～1500元岗位津贴和450～550元交通补贴等

表3反映出，基于院校资源差异，激励保障机制虽然在构造上基本一致，但是具体内容存在差异。其主要体现在部属院校聘任的技术岗位和行政岗位级别高，住房条件良好，餐补、课时和科研薪酬标准高，岗位津贴和其他补贴高，省属院校各项指标均有所降低。跟踪调查发现，调查对象中的部属院校“双千计划”人员薪酬基本上每月在6500元以上，而省属院

㉘　出于保密需要，隐去了两所院校的具体名称。同时为了比较的方便，在省属院校选择了经济基础较为薄弱的西部某省公安院校。

校仅仅在 3500～5000 元。

2. 价值认同机制

价值认同机制重在塑造默会知识拥有者的价值理念和精神信仰,为默会知识转移提供内在动力。一个拥有共同价值观的群体,默会知识拥有者就会自发地分享知识,努力促进默会知识显性化。与激励保障机制相比,价值认同机制是一种内在机制,知识拥有者不是被动地遵守和执行强制性命令,工作更加高效。在价值认同机制中,信任是核心,只有默会知识拥有者对接受者产生信任,才会传递自己的默会知识。[29] 价值认同机制可以通过"双千计划"的人员来源、特定职务和公认的技能等体现(见图 2、图 3、图 4)。

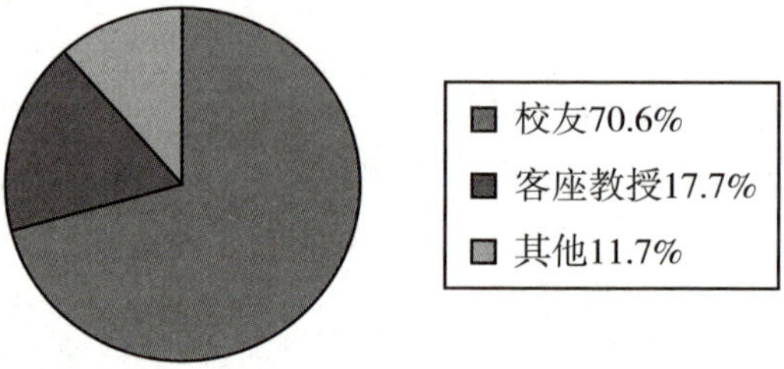

图 2　某部属院校 34 名"双千计划"人员来源[30]

某部属院校近 3 年来聘任的 34 名"双千计划"人员,24 名为本校校友,6 名为本校已经聘任的客座教授,4 人为其他。从图 2 结果来看,该部属院校"双千计划"人员中,校友占了绝大部分,其次为客座教授。校友占据绝大多数的事实表明,默会知识拥有者对该校应用型人才培养目标的价值认同,二者之间具有天然的信任关系。已经被聘为客座教授的人员

[29] 参见杨丽丽:《师徒模式下个体技能型隐性知识的转移机制探析》,载《华东经济管理》2010 年第 6 期。

[30] 地方公安院校"双千计划"人员来源通常按照警种或者部门进行统计,涵盖了指挥中心、特警、刑警、交警、法制、派出所等警种或部门。虽然统计标准存在差异,但是由于地方公安院校隶属于地方省级公安机关,其"双千计划"人员对省属公安院校也具有天然的认同感。参见《"双千"这三年》,载四川警察学院微信公众号:https://mp. weixin. qq. com/s? __biz = MzAwMDA4NDc1Mg% 3D% 3D&idx = 2&mid = 2649951292&sn = a780d367992185439f64119fce355583.1,最后访问日期:2018 年 10 月 9 日。

也成为“双千计划”的重要来源,也能够表明这一点。

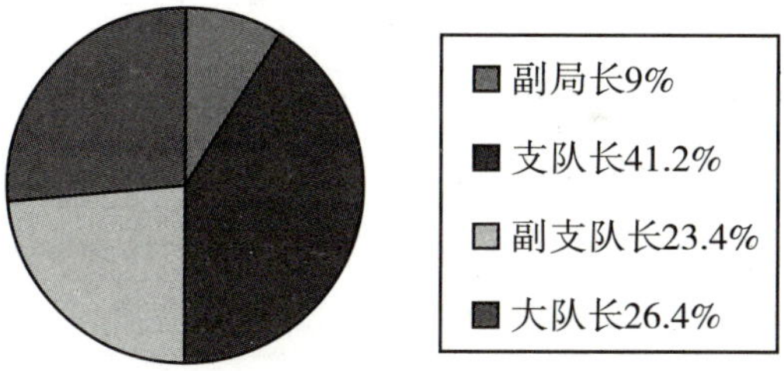

图 3　某部属院校 34 名“双千计划”实际职务

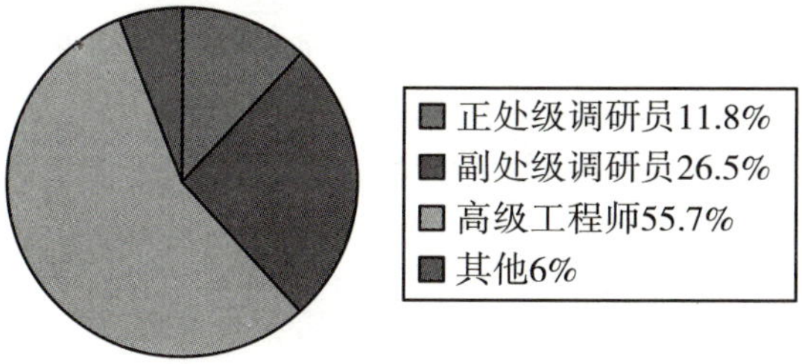

图 4　某部属院校 34 名“双千计划”技术职称和级别

图 3 和图 4 共同显示,担任一定领导职务、具有高级职称或者较高级别的人员是“双千计划”的主要人员来源。出于对知识群体的尊重,这种人员分布客观上也有利于在默会知识拥有者和接受者之间建立信任关系,更加有利于建立价值认同机制。

3. 转移平台机制

平台在不同学科具有不同定义。理工类学科从技术的角度界定“平台”,将平台定位于协作规则或服务。[31] 经济学从市场交换的角度,将平台定义为因交易而提供的空间或者场所。[32]平台最基本的含义是提供一种交互的“域”,在特定的“域”内,信息能够得到交流和分享。默会知识转移平台机制是指以知识转移为目标,默会知识拥有者和接受者进行信息

㉛　参见庄恩贵:《基于平台思想的多单元系统构筑法》,载《软件世界》2005 年第 7 期。

㉜　参见徐晋:《平台经济学——平台竞争的理论与实践》,上海交通大学出版社 2007 年版,第 132 页。

交流和分享的场所或空间等载体。

某部属院校部分“双千计划”岗位分布如表 4 所示:

表 4　某部属院校部分“双千计划”岗位分布

职务	具体工作职责描述	“双千计划”工作岗位
副局长	分管禁毒、出入境管理工作	禁毒系副主任,讲授禁毒实务工作
副局长	分管刑侦、大要案侦破工作	侦查系副主任,讲授刑事案件侦查
副局长	分管交通管理工作	痕迹检验技术系副主任,主讲交通事故处理
支队长	负责刑侦、涉黑除恶工作	侦查系副主任,主讲刑事专项案件
支队长	负责经济犯罪侦查工作	经济犯罪侦查系副主任,主讲偷税漏税案件侦查
支队长	负责治安管理工作	治安系副主任,主讲治安部门管辖刑事案件侦破
支队长	负责刑事侦查、技术鉴定工作	文件检验系副主任,主讲中国书法的司法鉴定
支队长	负责刑事侦查、技术鉴定工作	法医系副主任,主讲人体医学鉴定
支队长	负责网络安全工作	网络犯罪侦查系主任,主讲网络安全犯罪案件中的电子取证技术
支队长	负责刑事案件侦破工作	侦查系副主任,主讲现场勘查
支队长	负责危爆物品管理工作	治安系副主任,主讲治安管理领域中的危爆物品管理
支队长	负责出入境管理工作	公安情报学系副主任,主讲出入境人口与证件管理
支队长	负责刑事案件侦破工作	法化学系副主任,主讲微量物证分析
支队长	负责刑事案件侦破工作	声像资料检验技术系副主任,主讲图像分析与处理技术

续表

职务	具体工作职责描述	“双千计划”工作岗位
支队长	负责物证鉴定中心工作	痕迹检验技术系副主任,主讲痕迹鉴定
支队长	负责特警巡警工作	警察技能战术训练部副主任,主讲警务技战术

通过表4的工作岗位分布,可以看出该部属院校为“双千计划”人员提供了较好的平台。该平台的岗位职责最大限度地体现了人员原工作岗位与新工作岗位的衔接性,有效缩减了默会知识转移中的知识差距。知识距离是指默会知识的拥有者与接受者之间在知识背景上的相似程度。哈默尔(Hamel)认为,为了实现有效的知识转移,知识双方的知识距离不能够太大,否则知识转移将无法顺利进行。[33]“双千计划”人员来自公安实战部门,公安院校是公安人才培养和公安知识传播的主要阵地,虽然二者具有天然的内在紧密联系,但是理论与实践的差异必然导致二者知识属性上存在一些差异。这种差异在默会知识上表现明显,“双千计划”默会知识恰恰是公安院校知识的短板所在。因此,公安院校为“双千计划”提供的平台对默会知识转移及应用型人才培养目标的实现尤为重要。上述表4的岗位平台,能够缩短知识差异,是一种良好的转移平台机制设计。

4. 知识内化机制

知识内化是默会知识转移的最后关键环节。知识内化后,知识遗忘曲线接近水平线,会保持较长时间的记忆,在运用过程中也不再拘泥于具体的操作步骤和形式,而是达到“物我两忘”的灵活境界。拥有内化知识的社会主体在观察和判断事物时,能够迅速捕捉到事物的本质,抓住关键,而不被复杂的现象所迷惑。知识内化要求在知识拥有者与知识接受者之间建立灵活有效的策略和办法,这一系列策略和办法的固化就是知

㉝ See Hamel G, "Competition for Competence and Inter-partner Learning within International Strategic Alliances", *Strategic Management Journal*, 12, 1991, p. 83.

识内化机制。这一机制由情境教学、对话教学、团队教学及反思教学等构成(见图5)。

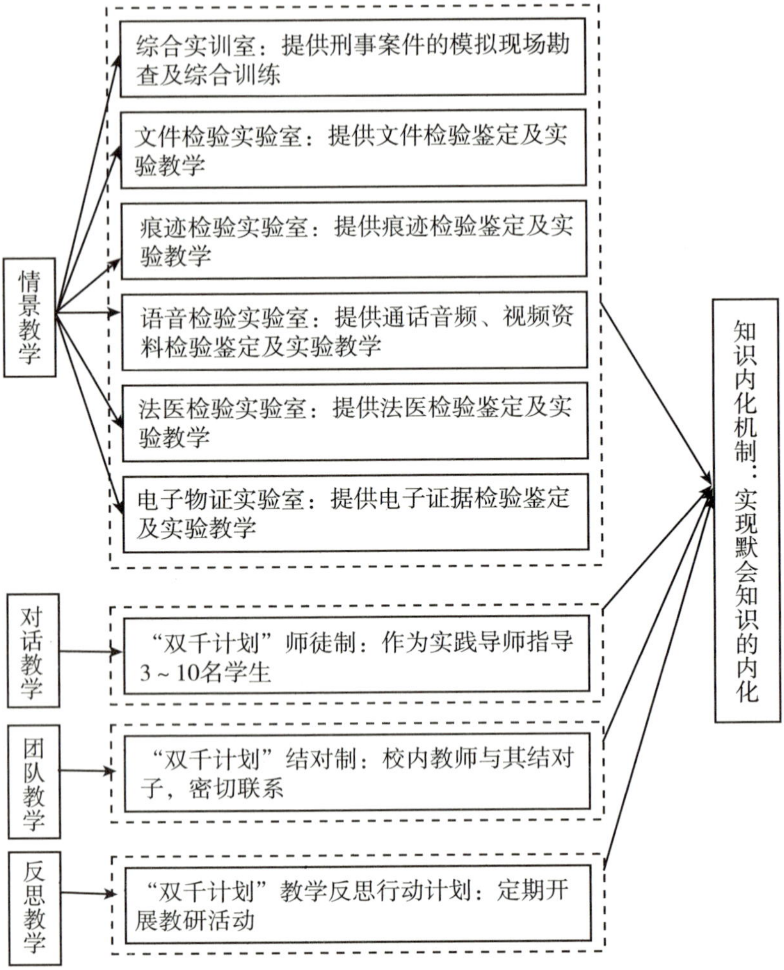

图5　某部属院校知识内化机制构成

图5显示,公安院校在落实"双千计划"中,采取了一系列的制度措施,建立了默会知识内化转移机制。显性知识可以通过课堂讲授方式等"批量"传授,但是默会知识转移更加依赖特定的模拟情境。"双千计划"人员在多年实践工作中积累的业务技能,属于解决"怎么做"的技能知识,

需要营造特定的情境,学生在情境中把握体会并掌握默会知识。[34] 美国学者朱克曼(Michael Zuckerman)通过对科学界精英的跟踪研究,发现很多诺贝尔奖获得者之间存在师徒关系,此种现象被称为科学研究的“近亲相传”。[35] 朱克曼认为,诺贝尔奖获得者从老师身上学到的知识大部分都不是显性知识,而是思维方式、工作方法等不方便表达的隐性知识。学徒制作为一种作坊式教育方式,在习惯性认知中往往被认为是与生产力低下相联系的一种落后教育方式。但是现代研究发现,学徒制教学方式在现代教育中不仅没有消失,反而显示出强劲的生命力,特别是在需要一些高技能的教育领域得到高度重视,并逐渐发展为现代学徒制理论。传统学徒制强调“像师傅那样做”,现代学徒制强调“像专家那样思考”。[36] 公安院校以“双千计划”业务骨干为牵引组建学习团队,通过“结对子”的方式吸纳相关专业的教师参加,营造活跃的互动氛围,全体成员充分融入团队,增加成员之间的交流与分享。“双千计划”人员虽然具有丰富的实战工作经验,但是缺乏从事公安院校教学的工作经验,需要积极反思教学活动,不断改善思维方式,在反思过程中发现知识转移存在的问题,并积极寻求解决方案,努力提升默会知识转移程度。

㉞ 参见杨林生、牟惠康:《默会知识视阈下的高职院校有效教学研究》,载《现代大学教育》2008 年第 4 期。

㉟ 参见肖广岭:《隐性知识、隐性认识和科学研究》,载《自然辩证法研究》1999 年第 8 期。

㊱ 参见赵健:《默会知识、内隐学习与学习的组织》,载《全球教育展望》2003 年第 9 期。

On the Construction of Tacit Knowledge Transfer Mechanism in the Cultivation of the Applied Talent for Public Security Major

—From the Perspective of the study on "Double Thousand Talents Plan" of a Public Security Academy

Wu Xifeng

Abstract: Tacit knowledge belongs to the skill category, and it can only be said to be unspeakable to a large extent, and it is difficult to encode, transfer and measure. But tacit knowledge has irreplaceable value in the cultivation of applied talents. Public security academies are essentially application-oriented educational institutions. It aims at cultivating application-oriented talent that can meet the needs of the public security, and focuses on "learning to use". In order to enhance the students´ practical skills, the state has implemented the "Double Thousand Talents Plan" to make up for the inexperience of academy teachers. The teachers who are included in the Plan have rich practical experience, and their knowledge is essentially a kind of tacit knowledge. Effectively transmitting this knowledge is vitally important to the improvement of students' practical skills. Through the analysis of the connotation and transfer mechanism of tacit knowledge, this paper attempts to construct the model of the tacit knowledge transfer mechanism of "Double Thousand Talents Plan" for public security academies, which includes incentive guarantee mechanism, value identification mechanism, transfer platform mechanism and knowledge internalization mechanism to improve the effectiveness of tacit knowledge transfer made by the teachers and achieve the goal of cultivating qualified public security talent with strong practical capabilities.

Key Words: Tacit knowledge, applied talent cultivation, " Double Thousand Talents Plan", Transfer Mechanism

从边缘走向中心：法学院中的犯罪学本科教学*

刘　涛**

摘　要：犯罪学在当下法学院本科教学中处于较为边缘的地位，法解释学及其法理依据成为法学教学的中心。但是，我国现代化进程中的刑事法治展开不仅涉及狭义的法律适用，也包括犯罪治理的多重智识资源与实践方法，法学本科毕业生应当拥有与多学科相结合的法律操作能力。犯罪学的方法与知识体系在一定程度上能够弥补刑事法治法理在司法之外领域的缺席，从而也应当成为法学本科教学核心内容。在具体犯罪学课程的设置上，应当将理论犯罪学与“实做”的犯罪学方法训练有机结合起来，并将两种教学内容适当分配比例。

关键词：犯罪学教学　刑事法治　本科教学　实证主义

---

* 基金项目：本文为南京师范大学法学专业主干课程教学团队建设（项目编号：1812200015102）的阶段性成果。

** 刘涛，南京师范大学法学院讲师，中国法治现代化研究院研究员。研究方向：刑法学、犯罪学。

一、犯罪学课程在本科教学中的现状及其不足

当前,在我国大学的学科设置上,犯罪学是属于刑法学这个二级学科下的三级学科,作为刑法学研究的一个方向。无论是政法类院校,还是综合型大学的法学院,在当下的本科教学体系中,基本都根据刑事法学教学的目标、计划与内容,设置了相应的犯罪学课程。有些法学院还将广义的犯罪学,即包含犯罪心理学、刑事执行(矫正)学等内容的课程纳入本科教学中。① 在课程类别上,除去个别政法院校由于成立了独立的刑事(司)法学院,从而将犯罪学设立为专业必修课程,在多数综合型大学的法学院中,犯罪学被设置为专业选修,乃至校级公选(自主发展)课程。笔者搜索各综合性大学法学院网站公布的近年的本科课程设置与培养方案,可以看出这一现实(见表1)。

表1　犯罪学课程开设情况

院校名称	开设课程名称	课程类别
北京大学法学院	犯罪学	专业限制选修课
人民大学法学院	无	无
清华大学法学院	犯罪学(2006 年培养方案,已废止)	选修课
上海交通大学法学院	无	无
南京师范大学法学院	犯罪学	专业自主发展课

可以说,犯罪学除在多数法学院中处于核心课程之外,并不被普遍视为法学院本科教学中具有突出与支配地位的课程。我国犯罪学教学虽然在改革开放之后取得长足发展,但是在实践中,其始终面临在法学院教学

① 本文仅在狭义的犯罪学范畴中探讨其教学实践问题。从狭义犯罪学与其他具有行为科学、社会科学取向的广义犯罪学内容均具有的学科属性、研究方法与问题导向的相似性上来看,本文对狭义犯罪学(也可以认为其是一种偏重于理论的犯罪学)教学问题的探讨,在很大程度上也适用于广义犯罪学教学。

中“尴尬”甚至“边缘化”的地位,甚至不能被称为合格的、刑法学的“辅助学科”。② 犯罪学研究的发展大大领先于犯罪学教学的进步,研究没有回馈教学现象突出。犯罪学课程设置现状,在一定程度上反映了犯罪学本科教学在法学院中的现状和地位,也凸显出法学院本科教学的重点与偏好。

法学院的本科教学,以传授较为全面、多样的法学知识论为主。而这种知识源于我国社会主义法律体系,即法律规范。围绕法律规范,法学院本科教科书与课程的设置关注基本法理与具体法条,两者在理想状态下呈现交融。最终落脚点,乃是对我国法律规范建立体系性的认知,并在此基础上,产生“释法”的能力。法教义学及其背后的“法理”知识,成为支撑和满足这种教学目标与培养计划的知识体系。

在法学知识论范式支撑下的法学院课程设置,对培养对象即法科学生的合理定位,也必然围绕在今后法律实践中长期从事“释法”工作的职业者身上。在当下社会现实中,上述培养对象就被“角色化”——律师、检察官与法官的形象,成为法学院本科教学目标的具体指向。通过“释法”能力培养,或者说,通过对“释法”能力的不断强调,法学知识论与法律实践的具体形象紧密地结合在一起。通过外部制度,特别是法律执业的准入考试即司法执业资格考试的颁行,法学知识论体系、课程设置与法科毕业生职业前景形成了有机的联动。而在“释法”能力这一关键指引下,犯罪学知识体系牵引下的训练过程与未来职业可能,成为法学院教学系统中的边缘。

不可否认,法治在我国的践行,在很大程度上需要乃至依赖大批具有法学知识论与“释法”能力的法科毕业生。这些法科人才将不断充实我国政法战线,特别是司法部门,从而通过法律职业体系的新老更替,完成或者说至少在一定程度上改善我国司法实践的水平与格局。事实证明,以释法能力作为主线的法学本科教育,已经并将持续为我国法治事业提供可靠与坚实的人才保障,并通过人才输出,将法学知识论汇入法律实践,

---

② 参见[法]卡斯东·斯特法尼:《法国刑法总论精义》,罗结珍译,中国政法大学出版社 1998 年版,第 46 页、第 55~56 页。

乃至社会生活的方方面面。可以期待，社会治理的法治形态，法学院特别是法学院本科教育是其中应有之义。

不过，法治实践中的行动者，并非全部来自法学院。许多通过法律治理社会的执业者，毕业于其他专业，具有其他学科背景与实践经验。比如与法律治理密切相关的公安部门、司法行政部门乃至其他社会子领域中的工作人员，并不一定全部甚至大部分并不具有法学专业背景。从另外一个角度来看，这也说明法治的践行，并非仅仅需要和期待具有释法能力的职业者。正是因为法治实践的综合性、多元性及复杂性，适用法律，通过法律治理社会与规范行为的活动，也必然需要不同类型的人才、机制与知识。

当然，专业的公安院校及综合大学中其他专业的人才培养，能够在很大程度上满足法律治理的复杂性，并为与法律相关的多元化社会机制、服务与体系的运作提供智识资源。具体到刑事法治中，相对于参与释法工作的司法人员、律师等，公安院校、刑事侦查、社会学、社会工作等专业的毕业生，也在相应的岗位上承载了刑事法律制度运作的功能。事实上，大量基层与具体的刑事法律执行工作是由非法学院甚至非本科院校的毕业生承担的。因此，从刑事法律的治理现状来看，在释法工作之外，存在相当广阔的制度空间与人才需求，并且长期以来，这些制度运作所需要的知识与人力资源由非法学院校的专业及其培养的毕业生提供。

在这些专业中，无论是公安刑侦，还是社会学、社会工作等专业，也基本开设了犯罪学课程，并且正如前述，有些公安专业院校还将其设置为必修课程。但是，由于这些专业的人才培养目标，并非直接针对刑事法律，或者说，其专业人才的就业预期长久以来并没有将自身今后可能从事的工作与刑事法治形成固定的联系，从而即使犯罪学课程在这些院校和专业中并非阙如，却也并不是教学计划与学生研修的重点。换句话说，大量从事严格意义上释法工作之外的刑事法律治理社会功能的工作人员，也并没有全面系统地接受过犯罪学的教育，对犯罪学的知识与方法训练处于初级阶段。也可以认为，犯罪学不仅在法学院法科学生培养计划中处于边缘，在整体性的大学人文社会科学培养体系中，特别是与刑事法律治理有关的专业中,犯罪学也是边缘学科。

上述现状并非没有疑问,或者说,从现状,至少从前述现状的描述中,可以进一步提出的问题是:如何理解当下刑事法律治理的内涵与需求?现有本科教学格局能否承载这种内涵与需求?由法学院的本科教学体系,还是其他大学院系来承担这种内涵与需求更为恰切?犯罪学是否及在多大程度上与刑事法治的理念、实践相勾连?由此,犯罪学的边缘学科地位是否需要做出调整,以及如何调整?

本文后述将从上述现状出发,试图分步回答上述几个问题。本文的基本观点是,刑事法治的内涵与需求,不仅包括严格与狭义上的法律适用,即前述中法律执业者的释法能力,也包括现代犯罪治理的多重智识资源与实践方法,后者都是现代刑事法治的应有之义。因此,法律执业者并不等同于司法执业者。进一步而言,与犯罪治理相关的行业、领域及社会功能带,在准入门槛与实际工作需求上,也越来越重视多样化的法律专业背景与多学科相结合的法律操作能力。正如近代中国法学教育的先行者燕树棠先生指出,所谓的法律思维或“法律头脑”的意义在于学习法规之外必须得到一种法学的精神,如此才能超越机械的法学知识,成为具备活学活用知识能力的法律人才。多学科教育应当进入法学教育科目设置,成为必修课,以便使学生对于整个社会、全部的人生问题,得到相当的认识。③

从这一点上来说,一方面,在现有大学专业设置不发生重大变化的前提下,法学院本科专业人才的培养必然需要多元化;另一方面,其他与犯罪治理相关的领域和专业,也必然需要法学知识的支撑与扩展。前者相对于后者,具有更好的发展潜力,即通过扩展法科学生的知识与实践操作能力,将法学院的人才培养向司法领域之外延伸。在延伸的过程中,至少对于犯罪治理的法治化,也就是刑事法治的组成部分而言,犯罪学具有重要功能。应当将犯罪学作为培养法学本科生,至少是一部分有志于从事刑事法治的本科生专业知识学习与专业能力训练的核心内容。在具体犯罪学课程的设置上,应当将理论犯罪学与“实做”的犯罪学方法训练有机

---

③ 参见陈新宇:《寻找法律史上的失踪者》,广西师范大学出版社 2015 年版,第 120 页。

结合起来，并将两种教学内容适当分配比例，有条件的法学院，还应当分列“理论犯罪学”与“犯罪学实践操作”课程。

二、刑事法治的“法理”：超越司法

现代社会的刑事法治，针对犯罪治理而言，简单来说，意味着将犯罪治理的各环节纳入法治的轨道。也就是说，对犯罪嫌疑人的处理，以及经过审判的犯罪人的处遇，都应当在法律规范之下与法律制度范围内运作。对于前者而言，刑事诉讼法律及刑事实体法律体系已有相对完整的规定与完善的操作流程；而后者即犯罪人的处遇，也基本被纳入广义上的刑事法律规范系统中。

问题是，犯罪治理的各种层次、流程及内容被纳入法律规范的轨道，这一要求或者说这一制度表征，应当被视为一种形式体现，而非犯罪治理法治化的实质内涵。例如，在刑事实体法律规范设置与运作中，罪刑法定原则的价值内涵就不仅仅体现为有关犯罪行为构成的规定都以成文法、法典化乃至统一的刑法典之形式展现，也和甚至主要和罪刑法定的实质内涵相对应。而实质内涵，不但与法律操作者的规范解释即释法能力相关，更重要的是与立法机关（立法者，即人民）的时代诉求、司法部门具体实践者对危害社会行为的具体认知与价值判断紧密相连。后者牵涉社会常识、公共利益、人的观念等法理知识。而法理知识本身则成为连接狭义上的法学知识论，即解释学知识与法学之外的知识与价值体系的媒介。就这一点而言，对法理知识的掌握与理解，又必然需要超越基本法律原则、理念与价值表达本身，回溯到或者说返回社会认识与实践本身。因此，在法学知识论学习框架刑事实体法，必然基于刑事法治的实质要求，不断往返于法条与事实之间。而事实问题，并非简单地认知与观察，而是理解，是带着理论视角对社会常识的认识、分析与重述。作为一种意义的载体和符号，法律的文化解释也必须关注在不同时间、地点、人物对这种符号所赋予的意义，从而建立一种法律的文化解释进路，以沟通法律的主观与客观两面。[④] 只有经过这样实质化的理解过程,刑事实体法的立法实践、针对刑事实体法的释法过程,才可能弥合所谓规范与事实之间的鸿沟。法律话语,特别是释法中使用的专业话语体系,才可能在充分理解社会生活的基础上,调整社会秩序,真正发挥法律的规范性期待功能。[⑤]

多数法理学家早已注意到这一点。麦考密克(Neil MacCormick)就曾指出,法治秩序尽管与其他社会秩序有所区隔,但是并不意味着法治秩序能够自足。法治秩序也仅仅是一种规范性的秩序(normative order)。[⑥] 法律规范及其适用背后的实质理由,即法理原则不仅对于刑事实体法的立法和司法活动具有指导意义,也是所谓刑法教义学理论体系大厦的根基。这也是法理学知识体系与课程被没有疑问地视为法学知识论的组成甚至是核心部分的原因。法理学在一定程度上可以被视为包括刑法在内的法的本体论。

因此,法理学在应然意义上具有综合属性,即关于法的本体论之论述不仅应当借鉴各种人文社会科学,而且在研究对象上应当涵括法之生成与运行的各个环节。具体到刑事法律中,则不仅应当包括支撑释法知识的理论体系,而且应当包括指导与引领刑事法律运行各个领域和层次的本体知识。刑事法治的实质要求,必然包括这种综合性的本体知识论。

然而,当下法理学(包括通常所说的刑法哲学)将主要的精力投入有关刑法司法,即狭义的释法活动中,刑法司法活动的本体知识构建成为不同理论来源的法理学学派与学说的共同关注点。尽管这些法理学研究借鉴了哲学、政治哲学、社会学等知识,但是这些不同研究路径与方法均将视角大量投入司法领域,并未从刑事一体化的角度,对刑事法律运作的各

---

④ 参见梁治平编:《法律的文化解释》,生活·读书·新知三联书店 1994 年版,第 59 页。

⑤ 规范性期待意味着法律规范不会随着具体事实的变更,而发生变化。人们对法律的期待,由于法律不随事实变动的特点,而得到维持。参见 Nobles,Richard and David Schiff, *A Sociology of Jurisprudence*,New York,Bloomsbury Publishing,2006,p. 157。

⑥ See Neil MacCormick,*Institutions of Law: An Essay in Legal Theory*,Oxford,Oxford University Press,2007. p. 20.

方面投入足够的关注度。[7] 因此，法理学研究无法为刑事法治实践与理论提供充分的实质根据。

刑事法治实质根据的缺失，在一定程度上并不能归结为学科知识构建的忽视。犯罪治理的法治化，最先从司法实践中展开，并逐步扩展到其他领域和过程中。也就是说，对整体刑事法治的法理关注有待于犯罪治理各领域和各阶段的法治化进程。在司法活动之外的犯罪治理活动尚未完全纳入国家法律体系之中的情况下，无法或者说不能对理论研究与学科设置提出超越现实的要求。此外，即使从刑事司法理论与实践中发现司法之外的犯罪治理议题，基于制度范畴与研究视域，研究者也很难将基于司法活动脉络的理论与方法移植到其他犯罪治理过程与模式中。即使有所尝试，针对此类问题的研究成果也仅仅具备有限的指导意义。这种区隔，川岛武宜将其理解为法律学与教义的法律学的区别：前者试图通过对法的内容、关系、结构、功能、安定、变迁等进行理性的分析和综合，为正确的立法、司法及行政提供有实用性的科学根据或基础；后者则主要表现为关于法和审判的正当性的诠释和说服的技术。[8]

在此意义上，刑事法治的实质根据，即刑事法治的法理无法通过法理学及传统的刑法哲学研究得到全面的表达。甚至在一定程度上，基于特定犯罪治理领域的法理研究，也并不需要完全涵括在法理学科之下。在现代社会功能分化中，不仅刑事法律的运作具有多面向，犯罪法律治理的实质根据也应当体现多元的色彩。犯罪学与传统刑法学即教义学的关系问题被严重忽视。[9] 这种忽视不仅仅体现在从事刑事制裁（执行）的职业

---

⑦ 根据储槐植老师的解读，刑事一体化的内涵是刑法和刑法运行的内外协调，即刑法内部结构合理横向协调与刑法运行前后制约纵向协调。他指出，刑法不会自我推动向前迈进，它总是受到犯罪态势和行刑效果的两头制约和影响。参见储槐植：《建立刑事一体化思想》，载《中外法学》1991 年第 1 期。从当下法理学的研究来看，刑事执法的“法理学”，即刑事一体化研究并非主流，也并未形成刑事法规范解释与刑事法运行机制的内外协调。而执法的法理学，或者说对执法运作与执法者的法律解释的研究与教学，必然不同于狭义的法解释学与立法法理学。

⑧ 参见[日]川岛武宜：《现代化与法》，王志安等译，中国政法大学出版社 1994 年版，第 9 页。

⑨ 参见闵征：《犯罪学研究对象的深化与扩展》，载赵国玲等主编：《中国犯罪学年会论文集》（2011 年度），中国人民公安大学出版社 2011 年版，第 591 页。

者中,也反映在传统意义上的司法实践领域。特别是在刑事司法过程中,由解释学构成的刑法教义学体系渐渐深入新一代司法职业者思维,但是这种体系性思维中融合的,以及由此牵涉的体系与刑事政策(犯罪学)关系问题,往往没有得到法律教学与职业共同体及社会大众的广泛认同。但是,由这种忽视所产生的司法实践中的负面效果却较为凸显:第一,如何正确看待和运用各种刑事专业意见(证据)。这一问题显然牵涉刑事法学中新派的观点,即对犯罪嫌疑人人格、行为倾向和认知能力的判断。这种实证科学的判断标准之建立,在很大程度上依赖于犯罪学对刑法教义学的深刻影响。司法职业者对于刑事司法中出现的专家证言问题往往应对不足。第二,量刑规范化。如果说犯罪论体系主要关注定罪问题,那么刑罚论的问题则主要研究量刑的规范化。在教义学逐渐得到接受的情况下,量刑实践的科学化水平在我国依然急需理论支持。量刑问题中的责任刑与预防刑的划分,情节要素的合理分类等问题,都需要借助犯罪学的知识。第三,未成年人刑事司法的特殊程序。作为《刑事诉讼法》规定的特殊程序,未成年人犯罪审判在目标、原则与程序规则上均和普通刑事审判存在较大差异。在我国,特别是在东部地区,基层检察院与基层法院的未成年人检察与审判工作积累了相当丰富的实践经验,但是在理论和审判经验的体系化上,由于缺乏犯罪学知识的支撑,并不能完全转化为普遍性的审判指导规范,也会在实践中产生一些无法让民众接受的司法处理结果。

由此,需要继续予以回答的问题是,犯罪学是否能够担此重任,至少在一定程度上,成为刑事法治实质根据的知识源泉,从而成为刑事法律知识体系的必要组成?

三、犯罪学知识体系与刑事法治

犯罪学的主要内容为以科学的方法研究犯罪的定义、规律与犯罪治理对策。正如学者所言,犯罪学具有认识犯罪原因、发现犯罪规律、完善犯罪防控、促进刑事立法等功能,是一门重要的基础性学科。⑩ 对其研究方法和主要议题进行分析可以发现,犯罪学能够成为刑事法治实质根据的组成部分。犯罪学是一门"整合的"(integrated)学科,强调信息的交流、范式的互通。⑪ 这也就意味着犯罪学应当成为法学本体知识的有机成分。

首先,实证的研究方法是观察、认知与理解社会犯罪现象的重要工具。在实证方法研究下,犯罪的形象不再呈现道德、伦理或神学的意涵。⑫ 任何实证研究方法检验下的犯罪学理论,都必须以信度(reliability)和效度(validity)⑬进行衡量。任何抽象的理论言说,在实证研究方法下,都必须得到合理的量度(measurement),即任何理论本身需要进行量化,从而变得可计算、可比较。从而也就意味着犯罪学知识结构中始终存在反思性,任何理论的信度与效度,都取决于其他与其竞争的理论及其量度是否可被很好地验证。实证研究方法是波普尔(Karl Popper)的科学伪证法和库恩(Thomas Kuhn)科学范式的理想例证。多数犯罪学学派对其研究现象采取实证研究方法,能够形成理论的长期竞争与流动,并且在一定程度上以相同和形似的标准衡量理论的优劣,从而让理论的解释力不断增强。甚至"在某种意义上可以讲,所有的现代犯罪学,在基本阐述上都是实证

---

⑩ 参见刘可道:《犯罪学应归于法学学科》,载《中国社会科学报》2013 年 9 月 23 日,第 A08 版。

⑪ 参见魏平雄等:《犯罪学》,中国政法大学出版社 2008 年版,第 17 页。

⑫ 当然,这并不是说道德秩序,或者说道德承载的规范性秩序在现代社会消失了,恰恰相反,正如前述,法治理论与实践的法理,正在于现代社会规范性秩序的多元,以及由此形成的法治秩序从外部其他规范性秩序中得到养分。参见 Neil MacCormick, *Institutions of Law: An Essay in Legal Theory*. Oxford, Oxford University Press, 2007。也正如川岛武宜所言,因为法律价值体系是为赋予构筑社会秩序的行为以动机而存在的,所以它必然拥有统一协调(均衡)并维护其存在与发展的力量(在此意义上才可称为"秩序")。法律就是这种统一的社会力量的一种表现形式。参见[日]川岛武宜:《现代化与法》,王志安等译,中国政法大学出版社 1994 年版,第 248 页。此问题本身就应当成为犯罪学研究的子领域,因为刑法的内容与道德秩序相关性,相较于其他法律更为紧密。厘清价值的过程,并非客观性的对立面,而是它的前提。

⑬ 理论效度是可批判的,对一种理论的效度之批判,必然需要给出理由(justification)。参见 Baxter, *Habermas: The Discourse Theory of Law and Democracy*, Stanford, Stanford University Press, Chapter 3。

主义的,也就是说,大部分犯罪学者在某种意义上都是实证主义者”。[14]对于刑事法治知识体系而言,实证研究方法能够克服以释法知识为基础的法教义学对法律规范可能缺乏反思的弱点,为新的司法论证与解释方法提供科学的依据。

其次,犯罪学有关犯罪的定义,在一定程度上超越实定法,成为刑事立法与司法知识创新的源泉。《刑法》所规定的以“犯罪”为元概念的一系列有关犯罪现象及其对策的概念,是犯罪学研究对象的基本内容,但绝不是犯罪学研究的全部内容。刑法学下、行为构成意义上的“犯罪”概念也不一定是犯罪学研究的对象。[15] 在犯罪学中,对犯罪的定义基于对社会现象的观察与检验。犯罪定义问题与犯罪统计问题相结合,也就是说,犯罪定义依赖量化的数据。而犯罪统计,主要可以分为官方的犯罪统计与非官方的自陈性报告。[16] 前者与刑事法规范具有较高的重合度;后者则对现实社会中的犯罪/越轨现象做出超越实定法的统计和理解。前者能够反映刑事实体法与程序法中规定内容的执行情况,发现具体犯罪的发生率、破案率与起诉率之间的关系,以及实质立法与象征性[17]立法之间的差异、犯罪而非犯罪治理的“供给侧”[18]等问题,从而对司法环节与立法环节[19]做出反

---

⑭ 郑牧民:《犯罪学实践教学方法研究三题——理论依据、具体方法与条件保障》,载《吉首大学学报》(社会科学版)2008年第4期。

⑮ 参见闵征:《犯罪学研究对象的深化与扩展》,载赵国玲等主编:《中国犯罪学年会论文集》(2011年度),中国人民公安大学出版社2011年版,第595页。

⑯ 参见刘涛:《犯罪统计:刑事政策定量研究的基础——兼评美国两大犯罪统计模式》,载《福建警察学院学报》2012年第4期。

⑰ 参见古承宗:《风险社会与现代刑法的象征性》,载《科技法学评论》2013年第1期。

⑱ 即从犯罪学的角度,思考刑事立法的自我检疫机制和必要的退出机制,经常性地对刑事立法的正当性进行推敲和提炼,积极推进刑事立法中的非罪化和非刑罚化进程,进一步扭转刑法补充修改过程中的不断扩充和趋重的运行现象。参见杨兴培:《犯罪“供给侧”》,载燕大元照微信公众号:https://mp.weixin.qq.com/s/0SzsuebwkS6cHhenzUfyYw,最后访问日期:2018年5月11日。

⑲ 特别是对我国特有的“法律试行”阶段提供有益的评估。在学者看来,法律试行不仅是科学主义的产物,也是一种被承认的程序。其不采取自笛卡儿主客二元论以来的科学哲学的立场,规范制定的标准不取决于一次性的决定行为,而存在于多元竞争不断反馈的法律实验之中。换言之,法律在作为可变更之物被社会反复体验的过程或者程序之中获得其正当性认可。参见季卫东:《法治秩序的建构》(增补版),法律出版社2014年版,第143页以下。但是,这并不妨碍运用犯罪学实证的方法,对法律试行的前景与效果进行评估。

馈与反思;后者则对现实社会中存在的“被害”问题做出实证考察,不仅能够发现“犯罪黑数”现象的具体表征,也能够对未来刑事立法与执行的方向做出预判,成为“刑事立法的法理学”的实证基础,实现“立法的科学”。例如,有学者就指出,刑法学中对“社会危害性”实质内涵的研究,在一定程度上,就是犯罪学思维嵌入刑法学本体研究的例证。[20] 美国刑法学者胡萨克(Douglas Husak)也指出,有关刑事法的研究近年来也变得越来越专门化,即研究领域之间的分化趋势凸显。在犯罪化即刑事立法的领域的研究中,学者越来越依赖最近的犯罪学统计和研究。[21] 菲利在百年前对立法的讽刺在一定程度上变为历史,也在很大程度上鞭策着立法者运用实证科学研究方法遵循科学立法的指向:“由于对统计学、生物学、人种学、人类学资料印象模糊,并且仍然抱着社会和政治可以人为地创造旧的偏见,今天的立法者一开始就急于成为十足的立法癖,似乎每一个新发现的社会现象都需要一部专门的法律、规则或一个刑法条文。”[22]甚至是刑事执行的实证研究,也会对量刑规范的设置,即法定刑种类与梯度的立法规定产生反制效果。[23]

再次,犯罪学对犯罪规律的假设与验证,能够对罪刑设置提出有利的支撑或回应。犯罪学知识体系的核心在于对犯罪规律问题的研究,即建立在因果律(也可称为概率论)基础上对促发犯罪的具体原因形成自变量与因变量的假设与实证检验,并从统计原理上总结一般规律。[24] 犯罪规律研究中的各种理论与学派从生理、心理、法律规范运作、社会微观宏观结构等各方面,对犯罪现象的产生和延续做出理论假设,并通过量度的设计,检验理论假设的效度。其中,广义上的刑事法律的运作,即包括立法、司法与执法等多环节的犯罪治理的法治化过程,既可能成为自变量,影响

---

[20] 参见赵宝成:《犯罪学与刑法学的关系——兼谈犯罪学的性质与特点》,载王牧主编:《犯罪学论丛》(第1卷),中国检察出版社2003年版,第77页。

[21] See Douglas Husak, *Overcriminalization : The Limits of the Criminal Law*, Oxford, Oxford University Press, 2007.

[22] [意]菲利:《实证犯罪学》,郭建安译,中国政法大学出版社1987年版,第100页。

[23] See Lochner, *Individual Perceptions of the Criminal Justice System*, National Bureau of Economic Research, 2003, p. 483.

[24] 有关概率与统计学、个体现象与普遍现象之间的关系可参见 Gregory Bateson, *Mind and Nature: A Necessary Unity*, New York, Dutton, 1979, pp. 40 infra。

犯罪发生的原因,也可能作为因变量,考察其他因素对刑事治理的影响。犯罪学意义上的犯罪规律,虽然不是刑事立法与司法裁量的决定要素,但是这些研究所形成的知识体系,毫无疑问对刑事法律运作具有支撑或回应功能。也就是说,刑事立法的合理性、刑事司法的定罪量刑标准,以及刑事执行中的风险评估,都可与犯罪规律的研究进行对比,以此对现实的做法与理论的假定做出反思。㉕ 刑事法律的运作具备规范性,即法律沟通始终存在不同价值判断的竞争。刑法学的构建不可能是一种价值中立的实证科学。价值回避的态度,就是将价值判断转换为事实认知。

但是,价值与事实之间并非无法产生互动。甚至在社会结构剧烈变动期间,这种价值之间的规范性竞争,需要通过参照事实科学的研究成果,产生互相理解与共识。犯罪学知识体系,特别是犯罪学中对犯罪本体(概念)的构建,也可以通过对规范性问题的融合,使其更加符合法学方法与实践的需求。在此基础上形成的法律决策,也更可能与社会现实匹配,即社会的常识与公众的认知相符。

最后,犯罪学对犯罪治理对策的研究,能够直接回馈刑事执行问题,并间接对刑事责任根据问题贡献根据或提出挑战。犯罪学对犯罪治理对策的研究一般被视为犯罪预防研究。从理论的出发点就可以看出,现代意义上的犯罪学并不主张或者说并不赞同刑事法学本体知识体系中对刑事责任的"报应论"主张。这主要是基于现代实证犯罪学长久以来对刑事法律之报应效果的检验结果。与此相对应,犯罪学依据犯罪统计的实证数据、犯罪定义的科学划分,以及犯罪规律的多重假设(及其检验),发现刑事执行乃至刑事责任的根据以预防为主。在这种理论共识的基础上,犯罪学研究还针对不同的犯罪与犯罪人类型,将犯罪治理的对策研究深化,从而在很大程度上促成了现代刑事法律体系中犯罪处遇的多元化格局,甚至在一定程度上破除了古典刑法学派对刑罚与犯罪之间关系的乐观想象。也就是说,犯罪学

㉕ 比如对于"激情杀人",美国立法和《美国联邦量刑指南》借鉴了犯罪学的研究成果,不仅承认这一情节的法律意义,而且对具体的量刑指标进行了测定和分类。参见闵征:《犯罪学研究对象的深化与扩展》,载赵国玲等主编:《中国犯罪学年会论文集》(2011年度),中国人民公安大学出版社2011年版,第592页。

对犯罪治理对策的研究,目标并非消除犯罪现象。㉖ 刑事制裁(执行)理论的演进,在潜移默化中大量吸收了犯罪学的研究成果。㉗ 犯罪学也持续地通过对现实犯罪对策、刑事制裁手段及执行过程的实证研究,对其效果进行评估,从而形成了法律规范中效力与效率的量刑互动。

从以上四个方面来看,犯罪学的知识体系不仅与以司法为中心的刑事法学本体论之间具有研究/教学方法与内容上的差异,并且更为重要的是,犯罪学的研究方法与理论体系能够成为支撑刑事法学的实质根据。犯罪学的知识应当成为刑事法学知识体系的必要组成部分。

在此基础上,值得进一步研究的是,法学院是否适合作为犯罪学本科教学的教育组织?如果答案是肯定的,那么如何调整与改革当下犯罪学的教学计划与内容,从而与法治社会刑事法律运作的需求匹配?

四、法学院中的犯罪学本科教学改革

如前所述,法治秩序的构建依赖于法律规范的颁行和运作,而这离不开一大批对法律规范具有全面认知的人才队伍。此种人才队伍的培养,在很大程度上依赖法学院的本科教学。

具体到犯罪治理的法治化上,法学院依然是刑事法治人才培养的主要载体。党的十八届四中全会明确提出"创新法治人才培养机制",也正如某些学者所言,"法治人才比法律人才的适应性更强,要求实践性更强"。㉘ 虽然前述中指出,犯罪治理的环节不限于严格意义上的释法活动,但是对犯罪治理各环节执业者的要求,在法治秩序中,先决条件便是认知法律并理解基本的法律适用原理与方法。很难想象没有接受过法学

㉖ See Gregory Bateson, *Mind and Nature: A Necessary Unity*, New York, Dutton, 1979, p. 115.

㉗ 对此,可参见西原春夫对日本刑法修正中保安处分规定研究和犯罪学特别是犯罪心理学研究之间关系的论述:[日]西原春夫:《我的刑法研究》,曹菲译,北京大学出版社2016年版,第185~191页。

㉘ 徐显明等:《改革开放四十年的中国法学教育》,载《中国法律评论》2018年第3期。

课程训练的公安人员、社区矫正人员、狱警等,将如何展开具体的犯罪侦查与矫治工作。例如,侦查人员对立案和证据审查标准的认知,至少在我国,直接影响到刑事审判的最终结果,很难想象对刑事实体与程序法未加学习的办案人员能够做出合乎法治要求的刑事侦查。因此,即使犯罪学的知识体系与传统法学知识存在差异,犯罪治理的多元化溢出传统法律适用领域,犯罪治理的法治化要求也必然倾向于将犯罪学的智识资源与方法策略纳入法治运行的轨道,而不是相反。也就是说,犯罪学可能为现代犯罪治理提供的理论、官方与非官方的制度理念,以及具体实践办法,应当在法律规范及其运作中予以体现。

进一步而言,也只有通过法律规范的确认,犯罪学对犯罪现象的认知及对社会中存在的犯罪治理经验的理论阐述,才可能有的放矢。而这种确认的过程,在社会正式制度运作中,体现为立法、司法与执法活动,在高等教育的进程中,则体现为法学教育的组成部分、法学院课程设置与学生培养计划的有机内容。

明确了犯罪学知识应用的载体,即具有法学背景的法科毕业生,确认了犯罪学教学的教育组织,即法学院,接下来需要考察的是如何设置,在当前法学本科教育课程体系中,即如何调整与改革犯罪学教学。

正如前一部分所述,犯罪学的研究方法和知识体系与传统法学本体论存在差异,这在一定程度上说明独立设置犯罪学课程的功能与意义。在当下的法学院本科教学体系中,这也是现实情况。但是,前文所述也论证了犯罪学作为法学本体论,特别是刑事法律学科实质根据的原因,从而也就表明,单独设置犯罪学并不意味着犯罪学的知识体系会自动融入现有的法学教育核心内容,法科学生也不会自然地养成运用犯罪学知识分析犯罪治理问题的心智。申言之,受制于思维方式的影响,法学研究者天然地缺乏数理统计的“基因”。[29] 现有犯罪学教学内容如果不做出针对犯罪治理法治化需求的相应调整,那么也不会直接形成犯罪学对刑事法律整体教学格局、内容与效果的影响,“犯罪学思维”融入“法律人思维”的

---

[29] 参见雷鑫洪:《方法论演进视野下的中国法律实证研究》,载《法学研究》2017 年第 4 期。

前景也就不可期待。

因此,调整必须在现有基础上做出,改革也成为势在必行之举。

首先,应当将犯罪学方法作为独立的课程。犯罪学与传统刑事法学知识体系的差异,并不完全体现为研究对象、实质内容与观点的不同,而是体现为方法的差异。现代犯罪学的方法是科学实证方法,而刑事法学的研究是解释学。前者是事实科学,后者是价值科学;前者关注理论假说的量度及其验证,即理论言说与研究者的分离,后者考察解释的是可理解性,即诠释哲学中价值的主体间性;㉚前者注重在描述事实的基础上,设计理论结构,具有分析的特点,后者注重对结论的可接受性,在解释规则的构建中,关注综合思维的运用。犯罪学方法的独特性,及其所依托的现代社会科学“价值中立”的范式,在一定程度上佐证了法学与社会科学的差异,从而也说明理解验证犯罪学理论的实证方法,㉛对于促进传统释法问

㉚ 当然,两者也并非完全分离,理解社会学的观点就认为,由于观察者和被观察对象之间可能存在“移情作用”,因此实证研究者不仅可以记录他所观察的社会行为和态度,也能理解社会行为者的动机并弄懂该行为对行为者的意义。正是由于观察者和被观察对象之间的共通性,前者能合乎情理地在纯观察之外作进一步解释,能够或应该设法从他们的观点出发去理解社会现象。参见[英]罗杰·科特威尔:《法律社会学导论》,彭小龙译,中国政法大学出版社2015年版。也正如持“制度法”观点的麦考密克所言,我们对世界的价值评判,并非简单地由纯粹的物理现象及其关系构成,而是以一种对上述现象和关系理解的方式、从对人类有意义的角度展开的。科学哲学的研究者也曾指出,科学研究中存在的价值取向无论是从文本阐释还是从地方性实践的区别角度来看,都是难以自圆其说的,一些看似中立的概念和实践手段都被包裹了解释者和行为者的意图和目的,而这些选择性地适用语言、文本和操作规则的方式使那些自称进行客观实证研究的学者无法解释研究中产生的巨大偏差。也正是在这里,我们应该从哲学的角度反思这些看似价值中立和客观的研究范式。反思的目的不是抛弃和否定,而是时刻保持警觉。可以说,这些法理学理论的新进展,在一定程度上为作为事实科学的犯罪学进入法学教学提供了强有力的支撑。

㉛ 在教育学理论中,也有学者认为,应当提倡一种“激进构建论”,强调学习者乃主动创造知识,反对制式、“填鸭式”的教育,而实证研究方法的教学与实做在一定程度上是反对“创造知识”的,或者说,必须在特定的程式中确定知识创造的效力。完全放弃“客观真理”的标准,将严重伤害学生学习的积极性,甚至可能压抑(一切尊重“追求真理”的学术研究所需要的)批评与辩论。此外,激进构建所蕴含的相对主义,也容易让学生“没有能力、没有意愿学习如何检验真理”。其实,卢曼对实证研究方法的反对,更多针对的是通过实证研究从而产生政策制定上的计划和预测,以及实证方法本身对于认知而言的功能,其并非持完全的排斥态度。参见万毓泽:《让卢曼的系统论(重新)成为问题:一个本黑式的视角》,载《社会理论学报》2009年第1期。这也就是说,实证主义方法对学生而言仍然具有知识启迪的重要意义。科学构建的事实虽然具有不确定性,但是并非意味着,有证据表明,科学研究所具有的预测作用是存在的。

题即教义学的学习与研究,比运用犯罪学得出的结论更加关键。甚至可以说,只有理解了犯罪学研究所运用的实证方法,才可能恰如其分地将其对犯罪现象的事实考察融汇到刑事法律解释学的学习与实践中。

其次,应当在犯罪学课程课时安排上,大量增加实践操作环节。实证研究方法当然具有哲学前提与理论预判,但是犯罪学的教与学很大程度上需要通过教师指导下的学生"实做"完成教学计划。实做导向的教学计划,与传统的实证犯罪学教学还存在一定差异,特别是放在法学院本科教学方案中,需要注意的是法学院所能承载的内容和教学的目的。较为典型和传统的实证犯罪学教学,是"立法学"或政策学导向的犯罪实证方法学习和应用,也就是说,这些教学环节培养的人才和运用的领域主要供给立法部门和社会政策机构。而对于法学院而言,特别是针对刑事法治而言,则需要紧扣司法导向。这就需要结合现有的案例(大)数据,涉及量度,特别是在量刑问题上,实做的内容还需要和现行的量刑规范(司法解释)紧密结合。也就是说,这里的实做是指与司法实践紧密关联的实践操作设计与教授。

实证方法是无法仅仅通过"阅读"与"讲授"环节完成的。在课程的课时安排上,至少需要有接近一半的课时量,用来指导学生的实践操作环节。这也就意味着教师需要承担相应的课程作业布置与课后指导,课程讲授的环节,则主要讨论学生的实践操作流程与结果。当然,作为本科阶段的犯罪学课程,实做环节的设计与实证研究方法的实训,并不需要严格按照犯罪学研究的学术标准实施,甚至与公安院校犯罪学课程中的实训环节相比,也可以相对简化。[32] 在课程作业乃至课程考核中,可以设置单元性的实践环节,也可以设置过程性的课题作业,方式与内容并无定式。但是,教师需要掌握作业难易程度,循序渐进。比如,在课程开始阶段设置的实践操作,可以以广义的"文献研究法/二手资料法"为牵引,指导指引学生通过对现有犯罪统计资料和新闻报道的实证分析,对现有的理论观点进行初步验证。在此基础上,在课程的中后段,可以根据学生的学习

---

[32] 参见严明:《实训教学法在犯罪学教学中的运用研究》,载《云南警官学院学报》2017 年第 3 期。

情况及操作可行性，适当展开以"问卷调查"与"质性访谈"为主要方法的犯罪学实践操作，㉝并在相应阶段对学生在实证调研中所应遵循的基本学术伦理与学术规范进行说明与指导。对于较有难度的实证调研，可以指导学生成立课题小组，共同协力完成。还可以利用法学院的实践教学基地，鼓励学者参与法律援助与志愿活动。另外，需要注意的是，实做型课程与课时安排，应当放在方法论课程之后。㉞ 还需要注意的是，实践操作不等于学者所说的犯罪学案例教学，㉟后者并没有凸显犯罪学这门学科的内在品质与操作方法。

再次，对于犯罪学中"理论犯罪学"的教学，教师应当重视对理论假设的量度之说明。正如前述，现代实证方法下的犯罪学知识体系，各种学说与学派，即通常意义上所称的理论犯罪学，必然被各种量度所环绕。对理论假说的验证，依赖于量度的设计与检验。在教学中，教师不仅需要阐明不同犯罪学理论假说的来源，比如其哲学根据、社会成因与历史演进，还需要重点介绍不同流派与学者对理论假说验证所使用的量度及其效度。在对量度的教学中，教师要善于运用表格，并作比较分析，从而更为直观地展示同一理论假设下不同学者的量度使用及其运用逻辑。进一步而言，对量度及其效度的阐述，可以在更为直观的层面上，让学生理解犯罪学理论演进的过程。理论犯罪学的量度问题教学，也与课程中的实践操作环节紧密、自然地结合，通过讲授现有研究中量度设置的优劣，让学生产生类比思维，调整课程实训中量度的设计。

最后，应当将犯罪学课程与刑事法（主要是刑法学）课程放在同一或至少紧密接续的课程时间中。课程时间上的此种设置，虽然在一定程度

㉝ 调查问卷基于量化研究，访谈则采取定性研究。在有些学者看来，两者在研究范式上存在较大差异，哲学基础与方法论完全不同。参见雷鑫洪：《方法论演进视野下的中国法律实证研究》，载《法学研究》2017 年第 4 期。从犯罪学教学上来看，两者的区分虽然需要言明，但不必在学生操作实践环节中，将其欲使用的方法限定在量化研究中。

㉞ 笔者在所任职的法学院中开设犯罪学课程，就将实际操作放在方法论的讲解之后，并通过一些实例，揭示现有研究的不足，主要是从犯罪学方法上，指出在理论假设与实际验证之间存在的诸种缺陷。

㉟ 参见刘广平：《案例教学法在犯罪学教学中的运用研究》，载《山东行政学院学报》2012 年第 6 期。

上具有风险,即前述两者间研究方法与知识体系生成流程上的差异会集中暴露出来,但是这种设置的优势却更为明显。因为随着对刑事法律规范认知与诠释能力的加深,学生在面对犯罪学课程中的学习对象——现实社会中犯罪现象及其定义、规律与对策,将会更为频繁地将之相互勾连起来,在规范阐释与事实认知间产生互动。更佳的状态是,学生在这种学科体系与研究方法的碰撞中,产生大量的问题,并试图根据掌握的法学背景,思考这些问题,向老师提出这些问题,在同伴中探讨这些问题。这也许是促使学生在今后形成深刻的刑事法治思维的开端与“捷径”,也是打破现有刑事法治思维局限性的必由之路。

五、结语

值得庆幸的是,本文对犯罪学教学及其背后的犯罪学知识体系与法学院教学及其背后的法学本体论之间关系的阐释,不仅在一定程度上符合我国社会法治化进程的趋势,而且在具体的本科教学领域,也能够找到现实的依据。教育部高校教指委于 2018 年 4 月 9 日公布了新修订的《普通高等学校法学类本科专业教学质量国家标准》,在法学专业类别之下,设置了监狱学的适用标准,在监狱学的专业核心课程中,设置了犯罪学,以及广义上可以被称为犯罪学的矫正教育学、矫治心理学等课程,并大大加强了实践教学、实验、实训和专业实习在本科法学专业培养中的比重。学者的期冀得到响应:“犯罪学课程建设需要一场自上而下的革命,有了这根导火索,将对犯罪学学科地位提升形成燎原之势。”[36]这一指导性文件印证了本文的基本假设:犯罪学教学应当成为法学专业本科教学的核心课程,犯罪学对法治实践的贡献,也必须通过法学院培养的法学人才输出。

另外,本文通过分析犯罪学学科在新时代社会治理特别是犯罪治理

---

[36] 刘可道:《加强犯罪学学科建设应当着力解决五大问题》,载《犯罪研究》2013 年第 5 期。

中的功能,结合社会实证科学对法学特别是刑法学研究的意义,能够在一定程度上描述、展现并反思犯罪学在法学院培养模式中“边缘化”的原因及其改革路径。分析现代犯罪学,特别是实证犯罪学派对犯罪现象观察角度的重大意义,能够在一定程度上明确犯罪学教学在刑事法教学中的核心地位。合理设置“理论”与“操作”环节在犯罪学课程中的课时安排,能够改变现有法学院培养模式下犯罪学教学与法科学生知识背景脱节的困境。这在一定程度上也说明,笔者并不认同犯罪学应当独立于法学,成立独立的犯罪学系之观点。[37]

当然,本文尚没有探讨与法学院本科犯罪学教学紧密相关的一个问题:师资建设,即犯罪学教师的选任与培养。可以说,这一问题直接关系到上述假设与论证的说服力。本文没有对此进行阐述,并不是认为此问题无关紧要,而恰恰是由于事关紧要,无法在这样一篇探讨犯罪学知识与教学体系的文章中对其予以充分顾及。相关论述与笔者的观点,需要独立成文,而不可能在此一并解决。

From Periphery to Center: Criminology in Law School Undergraduate Education

Liu Tao

Abstract: Criminology is in a relatively marginal position in the current law school undergraduate education. Legal hermeneutics and its legal basis are the center of current domestic legal education. However, the modernization of criminal rule-of-law in our country involves not only the narrow application of law but also includes multiple intellectual resources and practices in

---

[37] 参见靳高风:《中国犯罪学学科建设和发展方向探讨》,载《中国人民公安大学学报》(社会科学版)2007 年第 5 期。

criminal law and criminal procedure law. Law school undergraduates should have practical and cross-disciplinary legal skills. The methods and knowledge system of criminology can, to a certain extent, make up for the absence of criminal rule of law and its relevant jurisprudence outside the field of judiciary. Thus, it should become the core content of law school undergraduate education. In the specific curriculum of criminology, the theoretical criminology should be organically integrated with the "pragmatic" criminological method education, and the two teaching contents should be appropriately proportioned.

Key Words: criminology education, rule-of-aw crime governance, undergraduate education, positivism

论校外导师介入法学研究生培养模式的问题及梳理*

陈　伟**　黄梦圆***

摘　要:在全面依法治国时代背景下,法治建设对未来法律工作者的理论素养和职业技能都提出了更高要求。法学研究生作为国家法治建设的后备人才,从理论知识储备向实践转化的能力严重欠缺,因而各大高校设置法学研究生双导师培养模式以适应法学实践教育之所需。然而在教学过程中,由于缺少常态化监管和激励机制,存在主体间性不充分、培养目标不契合、教学评估不客观等问题,严重减损法学研究生双导师制度的功能发挥。与此相对应,应从强化校内外导师链接力、完善遴选和激励机制、注重实践教学开展、健全多元评估体系等方面予以制度构建,从而使校内外导师对研究生培养模式的现有路径予以现实优化。

---

* 基金项目:本文系重庆市高等教育学会高等教育科学研究课题项目“法学研究生双导师培养模式的问题与对策研究”(项目编号:CQGJ17002A)、重庆市教育科学“十三五”规划课题“法律硕士双导师制度的困境及出路研究”(项目编号:2017-GX-121)的阶段性研究成果。

** 陈伟,西南政法大学教授,博士生导师。研究方向:刑法学。

*** 黄梦圆,西南政法大学青少年犯罪研究中心研究人员。研究方向:刑法学。

关键词: 法学研究生　双导师制　校外导师　培养模式

对绝大多数法学研究生来说,法律市场竞争激烈是公认事实,随着全面推进依法治国的展开,法律行业精英化趋势日益明显,准入标准更为严苛,"当前法学教育以课堂和教材为中心的传统模式根本无法实现锻造法治人才的初衷"。① 顺应国家"卓越法律人才培养计划"和"双千计划",法学院校普遍设置法学研究生双导师培养模式以弥补校内导师实践的短板和课堂教育的实践性不足,进而锻造高素质法律职业人才。校外导师是研究生发掘实务问题和完成职业角色转化的重要推手,在双导师培养模式中的角色定位尤为受到关注,理论上需要对双导师培养模式应然和实然状态展开探讨。本文以校外导师在研究生培养模式中的角色定位为切入点,明确双导师责任分工及校外导师角色偏差及成因,提出完善校外导师培养模式的具体路径,以期有利于法学实践教育和卓越法律人才培养。

一、法学专业校外导师的角色定位

"导师制"的优势在于密切师生联系,明确工作责任。法学专业校外导师是实务部门优秀的法律工作者,在专业理论讲授方面可能较校内导师稍为逊色,但长期从事法律实践活动,具备丰富阅历和职业经验,能够在实践教育中为研究生提供多方面的指导,弥补职业教育的缺失。

(一)实践课程的教导者

法学是一门理论与实践并重的学科,法规范为人们实践活动提供具体指引,对法规范的研习离不开对实践问题的研究,长期从事法律实务的校外导师是法学研究生实践教学的天然教导者,与校内导师在双导师培养模式中具有同等地位。纯粹的课堂理论教育只能增长研究生的间接经

① 陈伟:《面向实践性的法学教育改革路径探讨——"动态法学实习基地"的积极提倡》,载《海峡法学》2014年第3期。

验和知识储备,研究生往往书卷气有余而发现和解决实际问题的能力不足。一方面,校内导师长期从事理论教学工作,受法教义学浸染,倾向于法学规范层面研究;另一方面,高校与实务部门合作缺失,校内导师难以接触实践素材,不能有效挖掘实务问题。

而校外导师通常是从法官、检察官或律师等法律实务工作者中选聘而来,具备丰富的司法实务经验,能带来丰富的实践素材和全新的认知角度,全面培养研究生理论和实践相互转化的能力。同时,实践中会产生新问题,新问题往往是人们对实践及理论问题产生的困惑,校外导师引导研究生对问题的探索能激发问题意识,培养研究生主动探究问题和解决问题的实际能力。

(二)职业道路的引导者

服务实践是理论知识学习的出发点和落脚点,研究生就业指导课程在法学院校并未得到广泛开展。从法学研究生毕业抉择去向来看,公检法、律师事务所是其首要考量,校外导师能够根据研究生在实习中的表现提供针对性的引导,强化研究生自我认知、实习岗位认知,进而明确职业道路选择。

"根据2007~2014年的《中国大学生就业报告》,法学每年被列入十大就业红牌警告专业,这其中显示法学人才培养模式的弊端。"[②]虽然法学教育以培养理论研究型和实际应用型人才为目标,但是法学人才培养长期侧重素质教育而忽略职业教育,离开校园庇护,法学研究生在职业选择和职场规则的冲击下容易迷失方向,会逐渐产生不敢、不愿就业的逃避情绪,极大影响就业稳定性。因此,理论研究型人才培养的最终归宿是服务于法治事业建设,无论是理论研究型还是实际应用型人才的培养都应该与职业教育相结合,发挥校外导师在研究生专业实习中的就业指导作用能有效弥补当前职业教育的不足。

(三)职业习惯的培养者

法律工作是一门精细的学问,具有严谨性和规范性,校外导师是研究

---

② 王欣、张萍萍、廖家纶、朱鹏飞、丁晶晶:《法学实验班专业实习现状和对策研究——兼论法学院校与实务部门合作》,载《法制与经济》2017年第2期。

生职业习惯的最佳培养者。为具体规范社会生活,法律对其适用和操作都做了非常细致的规定,法律职业日益呈现出精细化、规范化、流程化的特点,法学研究生应当养成良好的职业习惯。“遵守规范是一种实践,如果必须想要怎样才能遵守规范,那已经不是遵守规范,而是习惯。”③习惯一旦养成将很难改变,职业习惯对初次接触法律实务的研究生来说尤为重要,良好的职业习惯有利于职业技能的学习,培养严谨求实的法律人格魅力。

校外导师是在相关领域中做出杰出贡献和成就的法律人,具有严谨的工作品质和良好的职业素养,“善于从众多信息中筛选出有价值的信息点,进而确定法律解决方案和思路,并付诸实施,形成证据链条,有理有据,充分展示法律职业工作者的风采”。④ 校外导师在言传身教中潜移默化地影响着研究生的职业习惯,规范研究生司法文书撰写、法律文件检索、证据材料处理,培养研究生有理有据的职业品格,提高纠纷解决效率,践行以事实为依据、以法律为准绳的基本原则。

(四)法律困惑的开导者

情与理、公正与效率的对立统一是法学理论研究的重要命题,更是法学实践无法回避的基本问题。经验是法律的生命,法律不外乎伦理,在法律实务中,法之情与法之理的对立性更加明显,法学理论教育的应然层面与法律实践的实然层面并非一一对应,实然层面的偏差未免会让长期接受理论教育的研究生感到困惑、失落。

校外导师作为法治运行过程的亲历者,深谙法治运行规律,能够在实践技能指导之外提供心理疏导,让研究生在坚持法律底线的同时具有灵活性。随着全面推进依法治国的展开,在理念上,法治思想深入人心,但在经济不发达地区,行政化的管理体制依然阻碍着司法的公平正义;立法并未完全指导司法,司法面对执法常常妥协,法治的无奈挑战着法律的尊

---

③ 余涛:《我们需要何种法律教育——从法律职业伦理困境谈起》,载《法学教育研究》2011年第1期。

④ 张铭真:《法律职业群体应重视行为习惯养成》,载《检察日报》2016年6月14日,第3版。

严，有时会动摇研究生的职业憧憬和法治信仰。校外导师必须以案说法，指导研究生在正确适用法律的基础上学会运用多元化的纠纷解决方式，客观分析社会现实以深入理解立法的局限性，普及法律常识并培育法治信仰，在个案正义中积累研究生对法律的理性认识，提高法律职业认同感。

二、校外导师培养模式存在的问题揭示

校外导师在法学研究生培养中扮演着多重角色，是法学实践教育改革和卓越法律人才培养的前提条件和重要保证。从法学研究生双导师培养模式来看，校外导师并未完全符合应有角色定位，面临以下困境和不足。

（一）师生主体间性不充分

在教育学领域，主体间性强调主体间的平等性和互动性，在教学活动中，注重师生多向型互动的主体关系以促进教学相长，而非单向型知识传授的主客体关系。在双导师培养模式中，校外导师和研究生的主体性未能得到充分发挥，校内外导师对研究生的联合培养限于理论教学，校外导师通常作为理论教学和论文指导的辅助角色而出现，研究生往往被作为教学客体，被动接受来自理论和实务的既成观点，不能与导师形成互动，课程参与感不强，主动发现问题和研究学习的积极性不高。“这种仅仅围绕知识的传授而形成的师生关系容易导致师生间话语霸权、等级压制等现象，使整个师生关系单方面地依附于教师，阻碍师生更深层次的交往。”⑤不仅“导师制”在密切师生联系方面的应有优势未能得到发挥，而且双导师培养模式在连接理论教育与实践教育中的重要作用也会受到严重减损。

再则，校外导师遴选和课外活动中师生互动缺失。其一，校外导师是

---

⑤ 刘梦华：《主体间性视域下现代师生关系的建构》，载《教学研究》2018年第2期。

高校指定而非研究生自主选择的结果。学校善意“越俎代庖”导致培养模式主体间信息难以畅通,校外导师难以专业对口、因材施教、挖掘特长,研究生难以培养对实务的热情和信心。其二,双导师培养模式的顺利实施依赖于师生互动和重视,校外导师在对学生兴趣爱好、专业特长、职业规划疏于了解的前提下盲目开展教学活动对实践教学过程中的因材施教极为不利。其三,校外导师在学校没有相应办公场所,课后要回单位处理本职工作,研究生在课外活动中无法通过平等途径与校外导师沟通交流,“校外导师往往能给学生提供更多的学习资源,但其自身事务繁杂,假如学生不主动请教,则导致校外导师的指导频率偏低”。⑥ 在师生缺乏平等沟通的前提下,校外导师很难落实在法学研究生双导师培养模式中的角色定位。

(二)双导师培养目标不契合

“研究生培养目标定位是研究生教育的基本出发点,也是研究生教育的目标归宿。”⑦法学教育以培养理论研究型人才与实际应用型人才为目标,法律硕士教育更倾向于实际应用人才培养。由于理论研究与实际应用能力的培养概念模糊和缺乏可操作性,校内外导师基于不同视域,在人才联合培养中不能有效分工协作,校外导师极有可能陷于“两不管”的弊病。

一方面,校外导师不能指导研究生从法律实务中挖掘有价值的理论问题。从二者分工来看,校外导师倾向于研究生实务经验技能和实务问题意识培养,校内导师倾向于指导研究生检视理论在实务中的运用。然而理论研究与实务有一定差距,实务中的突出问题也全非理论问题。理论追求的是普适性的结论,而在立法大前提与事实小前提都已确定的前提下,对法律理解的不同,结论往往千差万别。在校外导师与校内导师缺乏合作交流的前提下,校外导师对实务问题的挖掘有可能只是实践操作

---

⑥ 陈淳、张争胜:《全日制教育硕士校外导师指导质量问题分析与提升途径》,载《嘉应学院学报》(哲学社会科学)2016 年第 4 期。

⑦ 杨忠孝:《法学硕士研究生培养目标定位多元化的思考》,载《法学教育研究》2016 年第 1 期。

性难题而非有理论价值的实务疑难问题。

另一方面，实务问题意识挖掘培养与理论科学研究未能充分结合，校外导师也不能对具有理论价值的实务问题予以解释论上的说明。由于校内外导师链接力不足，在分工的基础上难以形成合力，校外导师对实务疑难问题缺乏专门性的理论研究，校内导师也没有途径提供专业性的理论帮助和指导，尤其在研究生论文选题过程中，校内外导师意见很难统一，进而不利于研究生问题意识的形成和理论与实践相互转化能力的培养。

（三）双导师与职业教育不衔接

我国法学教育与职业教育联系不密切，基于校外导师在双导师培养模式中的角色定位，校外导师应当发挥其在职业教育缺失中的补位作用。受学生数量和本职工作限制，校外导师在实践教学和弥补研究生职业教育缺失中的角色定位难以具体实施。

在实践课程设置方面，职业教育注重职业技能和职业伦理培养，传统的理论知识传授并非法律职业的必修课，而法律诊所和法律职业伦理等课程却被设置为选修课，并且担任课程的校内导师往往没有实务经历。虽然校内导师引入案例教学方法，但规范层面的案例分析难以满足研究生职业技能需求，“中国式的案例分析侧重的是解释法律规则或加深对法律规则的理解，而美国式的案例教学法则是注重学生的法律思维的训练”。⑧ 脱离实践活动的纯粹理论教学难以实现研究生职业教育的培养目标。

在专业实习设置方面，校外导师数量与高校扩招未能成正比，校外导师在完成本单位繁重业务的同时又要指导众多研究生，实习生自然而然成为校外导师的办案工具。“实习学生往往被当作实习单位廉价甚至免费劳动力，主要负责打扫卫生、阻挡上访者、收发法律文书、整理档案、装订案卷、校对文件等简单工作，使之变异为法律实务的‘旁观者’而非实际

---

⑧ 王隆文：《中美法律职业教育的比较及启示》，载《教育与教学研究》2013 年第 11 期。

'操作者'。"[9]此外,一旦确定校外导师将不得自由调换。在具体的个案中,通常一个案件要花费半年甚至一年,受实习时间限制,研究生在实习中主要从事卷宗档案整理、受案当事人接待、庭审会议记录、法律文书送达等边缘性法律事务,很少直接参与案件起诉和审理。甚至有的实习单位出于安全性和保密性考量,不让研究生接触具体案件和相关文书材料,校外导师只让研究生从事与法律关联性不大的行政性事务。研究生由于缺乏岗位认知和职业规划,只是被动完成校外导师布置的任务,加之实习过程中师生互动缺失,导致专业实习得不到正向引导,错误职业习惯得不到及时纠正,职业困惑得不到理性解答,长此以往校外导师很难扮演职业引导者的角色。

(四)教学评估考核不客观

以应试教育和学生评教为依托的教学评估不具有客观公正性,不能客观反映双导师培养效果,还会减损评估考核的激励作用,从而使评估考核制度失去实质意义。校外导师与研究生接触较少,对研究生的管理具有很大恣意性,对校外导师管理和考核的缺失容易滋养人的惰性,让师生产生应付态度。

从评估主体来看,师生双方具有利益关系,具有牵连关系的主体很难做出中立的教学评价。校内导师要遵循高校教学管理制度,而没有制度约束的校外导师对研究生的指导全凭责任心:其一,校外导师不是正式教师,与高校不存在管理与被管理关系,不受约束的同时也不享有高校提供的教学便利条件;其二,虽然部分实务部门与高校建立人才合作培养基地,但是并未设立相关机构和负责人,高校和实务部门并不存在必然的合作制约关系,人才合作培养很少取得实质意义上的进展;其三,实务部门的规章制度能有效约束相关部门的校外导师,但规章制度只对单位业务范围以内的职务行为发挥作用,校外导师的教学行为属于本单位职务之外的行为,实务部门的规章制度自然鞭长莫及。

从评估形式来看,应试教育和学生评教容易使评估考核流于形式。

---

⑨ 白丽:《法学专业实习教育实践的困境与出路》,载《忻州师范学院学报》2016年第1期。

目前,研究生教育没有升学率的压力,以考试成绩作为研究生学习效果的评估标准会产生一种倾向,研究生仅仅在考试之前背诵知识点以获取高分,学习的过程和方法反而被搁置在次要位置。学生评教也会使部分导师为获得好评而刻意提高学生书面成绩,进一步减损应试教育的客观性。基于此,建立在应试教育和学生评教基础上的教学评估考核制度被架空,研究生培养异化为单纯获得书面成绩,评估考核越来越形式化甚至会走向制度反面,不仅违背制度设计的初衷,而且让研究生对教学关系的认知产生误解。

三、校外导师介入研究生培养模式的优化路径

没有制度约束的人心是不可控也是不可靠的,针对校外导师介入研究生培养模式的角色偏差和问题揭示,需要在校外导师遴选、教学、激励、评估等方面构建常态化制度管控,以强化校外导师责任意识,明确培养目标,并以此发挥双导师制度的优越性。

(一)师资力量:完善遴选和师生双向互选

研究生的培养离不开校外导师的悉心指导,"一定要让更多的优秀人才加入导师队伍中来,也需要让这些优秀的导师能够发挥他们的作用,给他们提供事业发展的平台"。[10] 首先,扩大校外导师遴选范围。法学调整的社会关系具有广泛性的特点,遴选范围要尽量覆盖不同行业和领域,以改善导师数量有限和资源单一的尴尬局面。为保证校外导师有精力根据研究生不同研究兴趣和职业规划实施针对性教学,"每位校外导师指导师范生的名额应当有一个合理的限定,在条件允许的情况下,尽可能降低生师比"。[11] 其次,遴选标准的制定应避免资历和行政职务优先的错误倾

---

⑩ 杨忠孝:《法学硕士研究生培养目标定位多元化的思考》,载《法学教育研究》2016年第1期。

⑪ 朱顺东:《基于"双导师"制的校外教育实践存在的问题及思考——以丽水学院小教专业为例》,载《丽水学院学报》2014年第6期。

向,兼顾校外导师多重角色定位,德法兼备的法律工作者才是遴选的第一考量。

同时,积极组建网上校外导师库并完善入库和退出机制。对遴选出的实务工作者进行短期培训后纳入网上导师库并登名造册,在网络上公开校外导师信息,为研究生与校外导师双向互选奠定基础。如果实务导师与高校有合作项目,便于沟通和管理,更善于从实务中挖掘突出问题,可以优先纳入校外导师库。对工作懈怠的校外导师应提出改进建议,必要时予以强制退出。

在此基础上,搭建师生双向选择平台,加强师生互动。师生双向选择平台包括虚拟平台和线下平台,高校应完善网上导师库建设,建立师生互选专用 QQ 群、微信群等官方虚拟平台。校外导师提前在虚拟平台上发布指导意向、指导方案、预期指导效果等教学信息,研究生可以在虚拟平台总体了解校外导师和教学概况。与此同时,举办正式的师生见面会、学术沙龙或者各类文体活动,为师生面对面交流互选创造条件。只有在相互了解的基础上才能相互理解、相互尊重,实现师生相互满足,方便后期实践教学的顺利开展,改变学校包办视阈下教与学积极性不高的沉疴。

(二)目标设定:案例教学和科研能力培养

"'科研能力''业务能力''技术能力'构成了完整的专业实践能力,其中,'科研能力'是研究生区别于本科生的核心所在。"⑫法学研究生双导师培养模式正是要通过理论与实践的交锋,从法律实务中挖掘理论问题,为科研提供实践素材和明确问题导向。鉴于理论与实践并非一一对应,"在这两者间要形成内在一致的关联,需要两大主体能在交互的过程中实现一定的转化和贯通"。⑬ 因此,在教学过程中要搭建互动交流平台,积极创造条件培养校外导师、校内导师、研究生三方共同视域,促进理论与实践相互转化能力的提升。

---

⑫ 胡沈明:《新闻与传播专业硕士"双导师制"实施的困境与出路》,载《教育传媒研究》2018 年第 2 期。

⑬ 严孟帅:《交互参与:论教育理论与实践的过程之维》,载《教育理论与实践》2018 年第 13 期。

校内外导师要增进沟通，将实务问题意识培养与理论教学科研相结合，提高研究生对具有理论价值的实务问题的鉴别能力。虽然校外导师与校内导师所处的领域不同，在研究生培养中的教学方法和手段方面存在分歧，但二者都是为了实现法学实践人才培养目标。案例教学是契合学科特点、联系理论与实践、实现主体交互的重要途径，要积极开发“双师同堂”或“多师同堂”等疑难案例探究课程，注重学生法律思维能力训练，强化师生多向型教学互动以取长补短。校内导师负责选取校外导师收集的实务疑难案例形成课程资源，校内外导师分别从理论和实务角度出发予以探讨，在此基础上形成课题，对于校内外导师共同申报的课题项目在评审时可予以适当放宽，研究生通过实习予以实证研究，确保研究的针对性和实践性，达成实践教学和理论教学的统一。

（三）教学创新：导师轮岗和深化校企合作

受制于本职工作，校外导师难以对研究生实习提供全程性指导，导师轮岗旨在使研究生完成阶段性实习任务的前提下获得更换其他校外导师的机会。“通过此种轮流或交叉实习机制，让学生充分接触不同的校外导师与实习岗位，获得多样化的实践技能，并通过实习活动的对比了解不同法律实践部门的运行现状。”⑭在丰富实习资源的同时使研究生潜能得到充分挖掘。

从域外培养目标确立来看，“法国在培养法律人才的过程中，注重培养的目的性，对择业目标定位于科研、教学类工作的学生和从事法律实务工作的学生采取不同的引导方式，各有侧重”。⑮ 法学硕士以“培养学术型、研究型人才为主要目标”，⑯实习中积累的实践素材能够为学术研究提供问题导向和事实依据，而丰富实践素材的积累以教学资源多样性为依托，轮流实习能够使研究生接触不同实务部门进而获得多元化实习经

---

⑭ 陈伟：《论职业化能力提升目标下的法学实习基地改革——基于实证调研的现实考察》，载《海峡法学》2015 年第 4 期。

⑮ 张莉：《道器一体、学以致用——法国法学高等教育模式研究》，载《中国法学教育研究》2010 年第 1 辑。

⑯ 冀祥德等：《中国法学教育现状与发展趋势》，中国社会科学出版社 2008 年版，第 74 页。

验和实践素材。相应地,轮流实习也应当受到严格限制,只有获得“双导师”许可,研究生才能获得更换校外导师资格,防止研究生以更换校外导师为名行逃避实习之实。

校企合作旨在建立产学研基地。传统的专业实习无法深度衔接实践教学和职业教育,校企合作使校内外导师联系更为密切,实践教学贯穿于研究生培养全过程,不仅能够积累最新实践教学素材和深化研究生职业岗位认知,而且借助企业平台,科研成果能直接转化,有利于激发师生实践教学热情。“企业一方不但能够为大学生提供就业、创业的机会,还能为高校科研人员提供广阔的技术成果推广平台”,⑰有利于产学研良性互动,实现多方互利共赢。

(四)内部激励:重构兼职兼薪和学术休假

校外导师身份的特殊性带来监管真空,对研究生的培养全凭责任心,需要创设内部激励来激发校外导师工作的积极性。内部激励具体体现为目标激励、薪酬激励、发展激励。

目标激励表现在制定法学研究生实践能力评估考核表,细化实践能力考核目标和评分标准,把研究生的实践能力和科研能力与校内外导师绩效考核挂钩,激励校内外导师不断提高工作绩效,从而使符合法学研究生培养目标的行为得到强化。

薪酬激励最直接的方式就是加大校外导师培养模式的经费投入,鼓励校内外导师兼职兼薪。高校要为校外导师提供物质保障,发放固定津贴,提供免费的工作餐并报销相应的交通费,对于考核优秀的校外导师应发放特殊津贴并邀请其担任校内职务。对优秀的校内导师也要适当予以政策倾斜,鼓励校内导师去实务部门挂职交流以冲抵校内课时量,充分调动校内外导师的工作热情。“这种形式的兼职兼薪将教师的各种角色融合起来,将角色冲突降低到最低水平。”⑱在创设薪酬激励的同时融合双

---

⑰ 曹海莹、赵大海、王鼎:《基于校企合作共容利益机制的案例库与专利库建设研究》,载《教学研究》2018 年第 1 期。

⑱ 吴合文:《高校教师兼职兼薪的角色冲突与制度设计》,载《教育研究》2017 年第 12 期。

师角色,强化双导师制度的功能发挥。

发展激励表现在满足校内外导师成就发展需要。借鉴国外学术休假制度,为部分符合一定条件的教师提供专门开展学习科研的机会,在一定程度上能够激励教师努力实现自身未曾满足的需要,培养与发展教师的成就需要。[19] 高校应当为考核优秀的校内外导师提供外出交流和出国访学的机会,在满足校内外导师成就需要的同时增强师资力量和提高教学水平。

(五)效果评估:实践汇报和引入第三方评估

以应试教育和学生评教为依托的评估考核具有局限性,如前所述,师生难以客观检视教学成效,校外导师游走于制度之外,不能有效纳入评估体系。法学研究生教学效果评估机制的构建应当既能客观反映实习成效又能为实践教学改进提供方向指引。

一方面,将实践教学和职业教育纳入必修课的教学计划,规定学时和学分,强化研究生的重视程度和校内外导师的实践教学意识。建立实践汇报制度,缩短考评周期,校内外导师和研究生每个月进行实践教学内容和成果汇报答辩,通过评估及时反馈实习效果,为后期实践教学的针对性改进提供新举措和新进展。

另一方面,引入第三方评估主体,提供必要的外部制衡机制。作为教学评估考核的第三方主体应当具有独立性,不能隶属于高校或者实习单位,可以是研究机构或专业的评估组织。评估的对象应当具有多样性,不仅包括研究生的实践技能和科研产出评估,而且包括校内外导师的指导情况和合作力评估。评估的参与应当具有全程性,应当涉及实践教学的各个环节和阶段,不能局限于考试结果。评估的手段应当具有先进性,顺应“互联网 +”大数据发展潮流,应当“提供全面专业的人才质量研究生实习情况检测系统,挖掘人才培养基础数据,推动和促进我国政法类人才

---

⑲ 参见范明、杨小楠:《高校教师学术休假制度的构建与完善》,载《北京工业大学学报》(社会科学版)2016 年第 2 期。

培养与职业发展的深度衔接”。[20] 利用大数据精准分析研究生职业能力和职业兴趣,匹配最佳的职业规划。评估的结果应当具有权威性,以第三方评估结果作为教学考核的唯一标准。

四、结语

教育不是注满一桶水而是点燃一把火,为了充分发挥校外导师培养模式在法学研究生实践教学中的引导作用,就应当对症下药,厘清校外导师在双导师培养模式中的角色定位、明确实践教育培养目标、完善实习评估考核方式。校外导师不仅能挖掘实务问题和传授实务经验技能,更能从职业教育层面教导研究生在坚守法律底线的同时具有灵活性,以此强化研究生职业信仰。科研能力培养是研究生教育的核心之所在,是契合双导师培养目标的上位概念,案例教学能提供多向型教学互动,是培养研究生问题意识和法律思维、强化师生主体间性和校内外导师链接力的重要途径;校企合作旨在建立产学研基地,是促使实践教学与理论科研相结合、推动研究生实践教学与职业教育深度衔接的最佳选择。实践汇报和第三方评估的建立能够客观公正评估教学成效,正向引导师生拾起社会责任和法律担当,发挥导师效用,践行职业使命,促进双导师制度现实价值的真正发挥。

[20] 付子堂:《多维度协同创新,立体推动法学人才培养改革——以西南政法大学深化人才培养改革创新为例》,载《法学教育研究》2016年第1期。

On the Problems and Solutions of the Cultivation Model of Law School Graduates with the Participation of Extramural Supervisors

Chen Wei　Huang Mengyuan

Abstract: Under the background of the comprehensive development of rule of law, the construction of the rule of law has put forward higher requirements for the theoretical literacy and professional skills of future legal talent. As the future majority for the rule-of-law construction in the country, law school graduates' ability to transform from theoretical knowledge to practice is seriously lacking. Therefore, each university and college has set up a double supervisor training model for law school graduates to meet the needs of legal practice education. However, in the process of teaching, due to the lack of normalized supervision and incentive mechanism, there are problems such as insufficient inter-subjectivity, incompatible training objectives, and subjective teaching evaluation, which seriously detract from the function of the double supervisor system of law school graduates. The authors believe that the system should be constructed from the perspective of strengthening the link between the on-campus and off-campus supervisors, improving the selection and incentive mechanism, focusing on the implementation of practical teaching, and improving the multi-evaluation system, so that both on-campus and off-campus supervisors can optimize the existing cultivation model for aw school graduates.

Key Words: law school graduates, double supervisor system, extramural supervisors, cultivation model

劳动法方向研究生培养模式改革与创新*

战东升**　胡瀚月***

摘　要：当下我国社会急需劳动法专业的法律人才，但在全国范围内，大多数高校的劳动法方向的研究生，被放在经济法或民商法专业下培养，这种培养模式导致劳动法方向研究生的培养未能充分体现劳动法的特色，不利于劳动法方向研究生专业素养的养成。近些年，我国劳动法在学科建设和理论研究方面取得了长足进展，劳动法在整个法律体系中的地位变得日益重要。为保障和提高劳动法方向研究生的培养质量，我们可以从确立"独立化"的培养目标、建设"体系化"的课程内容、运用"特色化"的教学手段等方面着手改革与创新。

---

* 基金项目：本文系笔者主持的西南政法大学 2016 年度研究生教育教学改革研究项目"劳动法方向研究生培养模式改革与创新"（项目编号：YJG201609），重庆市 2017 年度研究生教育教学改革研究项目"劳动法方向研究生培养模式改革与创新"（项目编号：YJG173016）的阶段成果。

** 战东升，西南政法大学经济法学院副教授，法学博士。研究方向：社会法学。

*** 胡瀚月，西南政法大学经济法学院 2017 级硕士研究生。研究方向：社会法学。

关键词：劳动法　研究生　培养模式　教育改革

近些年，我国的研究生教育在经历了规模扩张型发展后，正逐步向质量提高和资源整合型发展模式转化，研究生教育体制改革与创新人才培养模式正成为现阶段我国教育改革深化的关键。2013 年 3 月教育部、国家发展改革委、财政部联合下发了《关于深化研究生教育改革的意见》，对创新人才培养模式提出具体意见。2015 年 1 月教育部发布《关于改进和加强研究生课程建设的意见》，要求不断加强课程建设、教学改革和管理，提高研究生培养质量。为贯彻落实上述文件，笔者所在的西南政法大学等高校近些年也陆续出台了《深化研究生教育改革实施方案》、《学术学位研究生课程建设试点工作方案》以及《研究生课程教学改革办法（试点）》等相关文件，研究生教育改革逐步推进。

改革和创新劳动法方向研究生培养模式，重塑新时代背景下劳动法培养模式的制度体系对于培养高素质、高层次的劳动法方向研究生具有重要意义。目前，虽然国内多所高校已在法学研究生培养中开设劳动法方向，各教学研究团队在劳动法方向的学术研究、教学改革和教材建设等方面取得了一定成果，但是我国高校多数是在法学二级学科经济法学或民商法学下设立劳动法研究方向，导致我国在劳动法方向研究生的培养方面仍存在培养定位模糊、课程设置空泛、培养方式落后等现象。本文旨在立足我国劳动法方向研究生培养模式的现状，通过分析现阶段培养模式存在的困境，重塑新时代背景下劳动法方向研究生的培养体系，以期对我国劳动法方向研究生培养模式的改革与创新有所助益。

一、劳动法方向研究生培养模式的现状考察

笔者考察了在中国法学教育界具有重要地位的“五院四系”，即中国政法大学、西南政法大学、华东政法大学、中南财经政法大学、西北政法大

学、北京大学、中国人民大学、武汉大学、吉林大学,共 9 所高校。除此之外,还考察了目前国内只有极少数设立有“社会法学”硕士点的高校——华南师范大学。笔者将这 10 所高校分为两类:第一类是目前设立有“社会法学”或“劳动与社会保障法学”硕士点的高校,包括中国政法大学、华东政法大学、西北政法大学、中国人民大学、华南师范大学 5 所高校;第二类是目前尚未设立“社会法学”或“劳动与社会保障法学”专业硕士点的高校,包括西南政法大学、中南财经政法大学、北京大学、武汉大学、吉林大学 5 所高校。

(一)设立有“社会法学”或“劳动与社会保障法学”硕士点的高校

按劳动法所“寄养”的专业,第一类高校又可以分为两类:一是在设立“社会法学”或“劳动与社会保障法学”硕士点之前,劳动法方向的研究生被放置于经济法专业进行培养的高校,包括中国政法大学、华东政法大学、西北政法大学;二是在设立“社会法学”或“劳动与社会保障法学”硕士点之前,劳动法方向的研究生被放置于民商法专业进行培养的高校,包括中国人民大学、华南师范大学。

1. 劳动法方向研究生曾被放置于经济法专业培养的高校

2009 年,华东政法大学设立了“社会法学”硕士点,是最早设立“社会法学”硕士点的高校,在设立独立的硕士点之前其劳动法方向的研究生被放置于经济法学院的经济法专业进行培养。该校在 2009 年建立全国第一个社会法学专业硕士点,2012 年建立社会法学专业博士点。① 华东政法大学不仅明确了研究生的培养目标,还制定了专门的社会法学专业研究生培养方案。在其社会法学专业攻读硕士学位研究生培养方案中,既设置了劳动法专题研究、社会保障法专题研究、社会法前沿问题研究等专业必修课,又设置了外国劳动与社会保障法等专业选修课。②

---

① 参见华东政法大学社会发展学院:《社会法学学科及研究生导师介绍》,载华东政法大学社会发展学院官网:http://www. shfz. ecupl. edu. cn/s/326/t/118/6b/56/info27478. htm,最后访问日期:2018 年 5 月 10 日。

② 参见华东政法大学研究生教育院:《2018 社会法学硕士生培养方案》,载华东政法大学研究生教育院官网:http://gsms. ecupl. edu. cn/gsapp/sys/pyfacxapp/ * default/index. do #/pyfacxlb/2018/经济法学院/all/020200,最后访问日期:2018 年 5 月 10 日。

2016年,中国政法大学设立了“社会法学”硕士点,在设立独立的硕士点之前其劳动法方向的研究生被放置于民商经济法学院的经济法专业进行培养。2016年年初,中国政法大学民商经济法学院社会法研究所申报“社会法学”为自主设置目录外二级学科获得成功,从此获得了二级学科硕士点和博士点的学科发展平台。③

西北政法大学是目前国内唯一设立了“劳动与社会保障法学”硕士点的高校,在设立独立的硕士点之前其劳动法方向的研究生被放置于经济法学院的经济法专业进行培养。该校经济法学院的官网介绍,经济法学院现设立经济法学、环境与资源保护法学、知识产权法学、劳动与社会保障法学四个硕士学位点。④

2. 劳动法方向研究生曾被放置于民商法专业培养的高校

2010年,华南师范大学设立了“社会法学”硕士点,在设立独立的硕士点之前其劳动法方向的研究生被放置于法学院的民商法专业进行培养。其法学院于2010年获批法学一级学科硕士学位授权点,招收民商法、经济法、社会法等专业研究生。并在“社会法”硕士点下设立了社会保险法、劳动法、社会救助法、社会慈善与福利法四个研究方向。在其社会法学专业研究生的培养方案中,既设置了社会法总论研究、劳动法专题研究、社会保险法专题研究、社会救助法专题研究等专业必修课,又设置了社会保障国际比较专题研究、社会慈善与福利法专题研究、特殊群体权益保障法专题研究等专业选修课。⑤

---

③ 参见赵廉慧:《中国政法大学第一届社会法学专业硕士研究生招生》,载赵廉慧的新浪博客:http://blog. sina. com. cn/s/blog_4c9062ff0102wim2. html,最后访问日期:2018年5月10日。

④ 参见西北政法大学经济法学院:《经济法学院概况》,载西北政法大学经济法学院官网:http://jjfxy. nwupl. edu. cn/show. asp? id = 135,最后访问日期:2018年5月10日。

⑤ 参见华南师范大学法学院:《华南师范大学学术型硕士学位研究生培养方案》,载华南师范大学法学院官网:http://fxy. scnu. edu. cn/a/20160301/563. html,最后访问日期:2018年5月10日。

2017年,中国人民大学法学院社会法专业从民商法分离出来,并计划从2018年开始,以独立的二级学科专业招收硕士、博士研究生。中国人民大学法学院社会法二级学科设立后,将设立社会法基础理论、劳动法学、社会保障法学、残疾人保障法学等方向。⑥

(二)未设立“社会法学”或“劳动与社会保障法学”硕士点的高校

在笔者调查的范围内,目前属于该类高校的劳动法方向的研究生均被放置于经济法专业进行培养,包括西南政法大学、中南财经政法大学、北京大学、武汉大学、吉林大学。西南政法大学将劳动法类课程设置于其经济法学院的经济法专业,其经济法专业设立了一门劳动法类必修课——社会法专题研究(但是该必修课其实是可以选择的,因此严格意义上此门劳动法课程并非必修课)和两门劳动法类选修课——劳动法专题研究、劳动合同法专题研究。⑦ 中南财经政法大学在其法学院的经济法专业下设置了经济法学、商法学、社会法学三个方向,并在其经济法专业的课程中设置了一门劳动法类必修课——劳动与社会保障法前沿。⑧ 北京大学将劳动法类课程设置于法学院的经济法专业,其经济法专业设立了一门劳动法类必修课——劳动与社会保障法专题研究,以及一门劳动法类选修课——社会法学专题研究。⑨

我国高校劳动法方向研究生培养模式的现状如表1所示:

---

⑥ 参见中国人民大学法学院:《“社会法的基本范畴与学科建设”研讨会暨中国人民大学法学院社会法二级学科设立仪式成功举办》,载中国人民大学法学院官网:http://www.law.ruc.edu.cn/article/?52565.html,最后访问日期:2018年5月10日。

⑦ 笔者收集了西南政法大学经济法学院经济法专业研究生的培养方案。

⑧ 参见中南财经政法大学研究生院:《2016级研究生培养方案》,载中南财经政法大学研究生院官网:http://yjsy.zuel.edu.cn/2016/0818/c3406a73106/page.htm,最后访问日期:2018年9月10日。

⑨ 参见北京大学法学院:《北京大学法学院法学硕士培养方案》,载北京大学法学院官网:http://www.law.pku.edu.cn/jx/jxpy/pyfa/12174.htm,最后访问日期:2018年5月10日。

表 1　我国高校劳动法方向研究生培养模式的现状⑩

独立劳动法硕士点	学校	独立后的硕士点名称	独立前所属的专业	劳动法类必修课数量	劳动法类选修课数量
有	中国政法大学	社会法	经济法	△	△
	华东政法大学			3	1
	西北政法大学	劳动与社会保障法		△	△
	中国人民大学	社会法	民商法	△	△
	华南师范大学			4	3
无	西南政法大学	无	经济法	1	2
	中南财经政法大学			1	0
	北京大学			1	1
	武汉大学			△	△
	吉林大学			△	△

总之,从全国范围来看,目前仅有少数几所高校设立了“社会法学”或“劳动与社会保障法学”硕士点,而绝大多数高校对劳动法方向研究生培养的重视程度还不高,仍将劳动法方向研究生的培养放在经济法或民商法等专业之下,导致无独立的培养目标和培养方案、专业课程设置数量少等问题比较突出。而且尽管有的高校已经设立了“社会法学”硕士点,但是从其培养方案来看,其在课程设置上仍然不够科学、完备,有待进一步改善。

基于以上现状和问题,笔者认为我国劳动法方向研究生培养模式的

---

⑩ “△”表示未收集到该数据。另外,如前所述,目前国内各高校对于劳动法方向研究生的培养模式均有所不同,而且对劳动法、劳动与社会保障法,尤其是社会法的概念指向有所不明。对此,笔者作如下界定。首先,劳动法有广义和狭义之理解,狭义的劳动法仅指劳动法,而广义的劳动法还包括社会保障法。其次,社会法也有多种不同的理解,狭义的社会法通常仅指社会保障法,中义的社会法仅包括劳动法与社会保障法,广义的社会法则在劳动法与社会保障法之外,还将环境法、教育法等也纳入其中。对此,笔者将本文主题所探讨的“劳动法方向”限定为狭义的劳动法,不包括社会保障法;而社会法则属于劳动法的上位概念。

改革与创新,主要可以从培养目标、课程设置、教学方式三个方面进行。其中,培养目标是培养模式改革与创新的灵魂,具有宏观的指导作用,课程设置、教学方式都应当服从培养目标,才能按正确的方向进行;课程设置主要解决"教什么"的问题,教学方式主要解决"如何教"的问题。[11] 以下,本文将从培养目标、课程设置、教学方式这三个角度来分析如何完善我国劳动法方向研究生的培养模式。

二、现有劳动法方向研究生培养模式的问题及成因分析

(一)"依附式"的培养目标与劳动法学科地位的不匹配

如前所述,现阶段我国绝大多数高校劳动法方向的研究生的培养基本上都"寄养"于民商法或者经济法专业,导致培养目标也大多依附于民商法或者经济法。之所以出现如此情况,笔者认为主要源于以下三个方面的原因:第一,劳动法与民法、经济法学科具有密切联系。首先,就劳动法与民法的关系而言,从劳动法的产生历史来看,劳动法本就源自民法。[12] 劳动法属于民法或特别民法的观点在我国非常通行。其次,就劳动法与经济法的关系而言,有观点认为劳动法同经济法一样是国家干预的法律手段,都兼有公法和私法的性质,劳动法的调整对象包括在经济法的调整对象之内,都应由经济法统一调整。所以,劳动法属于经济法的一部分。[13] 第二,劳动法学科自身发展还不够成熟。我国自 20 世纪 20 年代引入劳动法以来,时至今日发展了不到一百年的时间。作为一个新兴的法学学科,其基础理论研究还比较薄弱,学科体系还不够成熟,在劳动法(社会法)的性质特征、功能定位、价值原则及法律机制等基本理论问题上尚未

---

⑪ 参见陈新民:《应用型本科的课程改革:培养目标、课程体系与教学方法》,载《中国大学教学》2011 年第 7 期。

⑫ 参见林嘉:《劳动法和社会保障法》,中国人民大学出版社 2016 年版,第 29 页。

⑬ 关于这一观点的介绍可参见王全兴:《劳动法》(第 4 版),法律出版社 2017 年版,第 44 页。

达成共识。[14] 第三,劳动法的学科地位长期没有得到足够重视。典型的例证是,1997 年国务院学位委员会、国家教育委员会在《授予博士、硕士学位和培养研究生的学科、专业目录》中将劳动法作为法学的三级学科,设置在法学二级学科中的民法学之下,使我国的劳动法学学科建设在相当长的一段时间内受到了严重限制。[15]

值得注意的是,近些年我国的劳动法学科已经取得了长足发展。早在 2001 年,全国人大常委会就将社会法列为七大法律部门之一,成为与宪法、民商法、刑法等并列的独立法律部门,[16]社会法在法律体系中的地位变得日益重要。我国劳动法的理论和研究亦取得了重要进展,劳动法的学科地位得到了显著提升。在这样大的社会背景下,如果我国劳动法方向研究生的培养仍然"寄养"于民商法或者经济法专业,已经有些不合时宜,有必要尽快做出调整。林嘉教授认为,社会法应当从其他学科中独立出来,才能与其重要地位相匹配,才能适应经济社会发展对社会法学术研究与人才培养的迫切需求。[17] 目前,社会对劳动法专业法律人才的需求日益增多,然而法学院输出的这种人才却远远满足不了市场的需要,一个很重要的原因就是劳动法方向研究生的培养在量上和质上都存在不足。因此,若要扩大劳动法方向研究生的招生数量,提高劳动法方向研究生的培养质量,必然要求将劳动法从民商法、经济法学科中独立出来,并作为"社会法学"的一个重要方向,设立特定的培养目标及培养方案。

(二)"碎片化"的课程设置与劳动法内容体系的脱节

贺卫方教授指出,"高层次的法律教育通过系统的课程安排,通过对法律知识传统的深入领悟,通过对各部门法的各种概念的精确理解,通过

---

⑭ 参见肖金明、相焕伟:《加快建设和发展社会法学科》,载《江淮论坛》2015 年第 5 期。

⑮ 参见朱茂林:《论我国劳动法学学科的构建》,首都师范大学 2007 年硕士学位论文,第 20 页。

⑯ 参见《法制连线:专家解读法律体系,七大体系特色鲜明》,载《检察日报》2003 年 3 月 12 日,第 3 版。

⑰ 参见中国人民大学法学院:《"社会法的基本范畴与学科建设"研讨会暨中国人民大学法学院社会法二级学科设立仪式成功举办》,载中国人民大学法学院官网:http://www.law.ruc.edu.cn/article/? 52565.html,最后访问日期:2018 年 5 月 10 日。

对司法程序的技术与理念的严格掌握,以及通过教师们的言传身教,从而使进入法律院校的一代一代年轻人不断地由不懂法律为何物的外行变成合格的法律人”。[18] 由此来看,系统、合理的课程设置是培养优秀法律人才的重要先决条件。目前,国内多数高校虽然已在法学研究生培养中开设劳动法方向,但是这些学校大多将劳动法专业设立在民商法或者经济法下,而且这些专业的培养方案中与劳动法相关的课程设置较少,并没有形成一套完整的课程体系。很多高校开设的与劳动法相关的课程只有两三门,即使在已经设立了“社会法学”专业硕士点的高校,其设置的与劳动法相关的课程也不多,如华东政法大学设置的与劳动法相关的课程也只有四门。劳动法专业的课程设置较少,远未体现劳动法专业的特色,一方面,可能导致劳动法方向研究生主要学习的都是民商法或者经济法的课程,课程博而不专,专业能力无法得到提升;另一方面,还可能导致劳动法方向的研究生难以对劳动法产生兴趣甚至转移兴趣,转而选择其他方向。

研究生与本科生的一个重要区别就是研究生有专业方向的划分,而本科生是不分方向地学习各学科的基础知识,研究生与本科教育应当呈现“阶梯式”。研究生专业方向的划分是为了让研究生在某领域实现纵向发展,从而形成专业特长,因此高校在研究生专业方向做出划分之后,还应当设置与之配套的专业课程体系。课程体系的不同应当是劳动法区别于其他专业方向的最大不同之处,为此,高校需要依据劳动法内容体系开设体系化的课程,引导学生全面深入地学习劳动法知识,真正养成劳动法专业的特长。也只有这样,学生步入社会之后,才能有能力去解决与劳动法有关的问题,满足社会的需求。

(三)“同质化”的教学方式与劳动法教学要求的背离

目前,我国法学学科的教学方法主要沿袭大陆法系的教学方法,通过老师教义式或法条阐释型的讲授,来传授系统、抽象的理论知识,而忽视

[18] 贺卫方:《新世纪经济社会发展与民主法治建设对法律教育的要求》,载 http://61.135.132.62/education/html/article - 1373716.html,最后访问日期:2006年3月10日。转引自刘永光:《我国法学研究生教育现状之检讨——以中日课程设置及教学方式为中心》,载《厦门大学法律评论》2006年第1期。

了学生能力和素质的培养,因此一直备受质疑。[19] 具体而言,法学硕士的课程比本科生少,主要是根据专业方向开设一些课程,但教学方式没有变,依旧是和本科一样的教义式或法条阐释型的讲授;法律硕士的课程,与本科生相比更少,但是与本科生的课程体系非常近似,只是增加了为数不多的实践性课程,而且这类课程在实施中往往由于各种原因而无法达到理想的效果,导致法律硕士的培养模式和本科生几乎相同。[20] 因此,法学硕士和法律硕士与本科生相比,不仅课程更少,而且教学方式几乎和本科生相同,都主要是理论知识的灌输,其他教学方式由于不受重视、形同虚设,几乎没有起到其应有的效果,导致法学本科生、法学硕士、法律硕士三者的教学方式呈"同质化"倾向。此外,因为劳动法方向研究生的独立培养在我国尚未受到重视,其教学方式与民商法、经济法等专业的研究生也呈"同质化"倾向。

一方面,法律学科与其他学科相比,有其特殊之处——法学具有二重性。杨仁寿先生认为:"法学非理论科学,而系应用科学,非徒凭纯粹的理论认识,即足济事,而应统合理论与实践,通过法律的应用,始足满足吾人社会需求,达到社会统制目的。"[21]因此,法学是实践性与理论性相结合的一门学科。为了契合法学的二重性,法学教学需要兼具"向上"的有理性和"向下"的有用性。[22] 首先,法科学生需要学习现有的规则和判决,来掌握从事法律职业的工作技能;其次,法科学生还需要学习法律理论,来完善立法和司法,能够区分正义和非正义而不致成为机械的法律操作工。[23] 因为法学是实践性与理论性的结合,脱离了任何一种性质,都会造成质变,所以劳动法作为法律学科,同样具有实践性与理论性,其教学应当培

---

⑲ 参见王晨光:《法学教育改革现状与宏观制度设计——日韩经验教训反思与中国改革刍议》,载《法学》2016 年第 8 期。

⑳ 参见蒋志如:《试论法学院的法律职业人才和法学学术人才的培养》,载《河北法学》2016 年第 7 期。

㉑ 杨仁寿:《法学方法论》,中国政法大学出版社 1999 年版,第 38 页。

㉒ 参见冯彦君:《推进劳动法案例教学的几个关键性问题》,载《法治研究》2014 年第 2 期。

㉓ 参见周汉华:《法律教育的双重性与中国法律教育改革》,载《比较法研究》2000 年第 4 期。

养具有双重能力的学生。另一方面,劳动法属于法律学科中的社会法,社会法与其他部门法相比,社会性是其最大的特色。黎建飞教授认为,社会法最独特之处在于其具有社会性,具体体现为调整对象的社会性、立法目的的社会性、调整方法的社会性、救济方式的社会性。[24] 社会法关注与劳动关系相关的社会问题,是对社会问题的回应,所以有极强的社会回应性。总体来看,目前我国劳动法方向研究生的培养,在教学方式上主要还是同本科生一样进行较纯粹的理论知识的灌输,对劳动法的社会性未予充分重视,导致其与民商法、经济法等专业研究生的培养并无根本上的差异,所以远未达到劳动法的教学要求。

三、劳动法方向研究生培养模式的改革路径

(一)确立"独立化"的培养目标

如前所述,目前我国绝大多数高校劳动法方向的研究生仍被放置在民商法或者经济法专业下进行培养。这种模式尽管在现阶段有一定的合理性,但是从长远发展来看,仍有将其进行"独立化"的必要。除前述我国劳动法学科已经取得了长足发展之外,另有其他几方面的原因:第一,劳动法学科有其独特性。虽然劳动法与民法、经济法具有一定的联系,但是其在调整对象、基本原则等方面,与民法、经济法存在很大的差异。[25] 第二,有利于更好地实现对学生的培养。劳动法学科的独立不仅可以形成一套有劳动法特色的课程体系,而且可以帮助学生确立更加明确的发展方向,使学生在课程选择或平时的学习中更加注重自己对劳动法专业特长的培养。第三,有利于满足社会对劳动法人才培养的需求。2007年以来,随着《劳动合同法》《就业促进法》《劳动争议调解仲裁法》等法律的陆

---

[24] 参见中国人民大学法学院:《"社会法的基本范畴与学科建设"研讨会暨中国人民大学法学院社会法二级学科设立仪式成功举办》,载中国人民大学法学院官网:http://www.law.ruc.edu.cn/article/?52565.html,最后访问日期:2018年5月10日。

[25] 参见王全兴:《劳动法》(第4版),法律出版社2017年版,第46~47页。

续出台，直接唤醒了劳动者对自身利益维护的意识，劳动纠纷案件呈现出井喷之势，案件数量大幅增加。然而，我国高校所培养的劳动法人才，却远远不能满足社会上的需求。第四，有利于促进劳动法学科未来更好地发展。劳动法学科的独立不仅可以提高劳动法（社会法）学在整个法学学科中的地位，扩大其在社会中的知名度和影响力，还可以获得更多的办学资源来支撑和优化劳动法方向研究生的培养，从而吸引更多优秀的学生选择劳动法作为自己的研究方向和将来的职业选择。

为了确立劳动法方向研究生"独立化"的培养目标，有条件设立社会法学专业硕士点的高校应当尽快整合资源，争取申请"社会法学"硕士点，并将劳动法作为"社会法学"的一个重要方向；暂时不具备设立"社会法学"硕士点条件的高校，可以在"经济法学"或"民商法学"下对各方向的培养方案作进一步细化，明确劳动法方向研究生特定的培养目标。暂不具备条件的高校不应当忽视劳动法方向研究生的培养，否则劳动法方向将会近乎虚设，导致劳动法方向研究生无法系统地学习劳动法专业知识。高校应当明确劳动法方向研究生特定的培养目标、培养方式及考核模式，起到引导学生进行专业化学习的作用。

总而言之，在人才培养模式的改革与创新中，培养目标是培养模式的灵魂，具有宏观的指导作用，培养模式中的课程设置、教学方式都应当服从人才培养目标。[26] 因此，劳动法方向研究生的培养，只有确立了"独立化"的培养目标，接下来才能形成劳动法所独有的、符合劳动法特色的课程设置和教学方式，最终从整体上形成具有专业特色的劳动法方向研究生培养模式。

（二）建设"体系化"的课程内容

1. 增加课程数量、细化课程内容，开设体系化的专业课程

法学的各个领域具有较强的交叉综合性，研究生难以做到同时深入

---

[26] 参见陈新民：《应用型本科的课程改革：培养目标、课程体系与教学方法》，载《中国大学教学》2011 年第 7 期。

研究各个领域,因此应选择一个具体的方向来研究。[27] 对劳动法进行纵深性学习应当是劳动法专业研究生培养的必由之路,只有这样才能形成劳动法方向研究生的专业特长和优势,而体系化的劳动法课程的设置则是研究生能够达到这一目标的重要前提。

大多数法学本科生在本科期间都只学习过《劳动与社会保障法》这一门课程,由于知识点较多,加之课时量较少等,学生对该门课程的学习效果并不理想。而且劳动法领域的知识远非《劳动与社会保障法》这一门课程所能涵盖,因而劳动法方向的研究生要想系统掌握劳动法,还需要更全面、更精细地学习劳动法的各部分内容。各高校可根据劳动法的主要内容体系来设置课程,尽量覆盖劳动法领域的所有内容;同时,为了防止学科壁垒的形成,以及培养学生扎实的基本功,还应开设一定数量的其他法学课程,从而形成体系化的课程设置。首先,对于劳动法类课程的设置而言,可以将《劳动法专题研究》《劳动合同法专题研究》《社会保障法专题研究》等作为必修课程,同时可以将《劳动关系发展史》《比较劳动法研究》《社会保险法专题研究》等作为选修课程。只有通过对这些必修课和选修课的学习,劳动法专业的研究生才能在劳动法领域形成较为宏观的视野,同时更精细地掌握劳动法的各部分内容。其次,对于劳动法以外的其他法学课程的设置而言,可以参照其他专业的课程设置,比如经济法专业除经济法类课程外,通常还设置《法理学》《民法学》等基础性法学课程作为必修课。同时,这些课程还应当设置适当的课时和学分,让劳动法类课程的设置与其他法学课程的设置保持一定的平衡。只有对课程进行科学的、体系化的设置,才有可能培养出既拥有劳动法专业特长,又具备扎实的法学功底的劳动法专业研究生。

2. 针对法学硕士,开设管理学、经济学、社会学等相关理论课程

劳动法有一个特点,就是其具有综合性。劳动法律科学是综合性科学,是法律科学、劳动科学和自然科学的集合体,需要把社会学、经济学、

---

[27] 参见杨东、臧俊恒:《领域法学视野下经济法学培养模式之重构》,载《中国大学教学》2017 年第 10 期。

数理化学、医学、生理学等科学作为基础。[28] 首先,劳动法的学习需要其他部门法知识的支撑。目前,我国法学学科体系已经比较成熟,形成了二级学科、三级学科。部门法学就是通过清晰的学科界限划分,将同一性质的规范进行集合,培养出专精于某一学科的人才。[29] 但是,社会生活中不存在纯粹的"部门法学问题",一个问题往往涉及多个部门法,甚至多个学科。[30] 伴随社会经济的发展,各部门法交织得也越来越紧密,很难通过单一的部门法来完成对社会关系的调整,部门法的类型化思维可能会造成"跨界"领域的研究盲区。[31] 其次,劳动法的学习还需要法律以外的其他学科知识的支撑。法律理论知识可以分为两种:一是法律的内在方面,指法律的概念、术语、规则与技术;二是法律的外在方面,指法律与外部世界如社会、科技、经济、伦理、政治等的关联。[32] 有学者提出领域法学的概念,指出"领域法学是以问题为导向,以特定经济社会领域全部与法律有关的现象为研究对象,融经济学、政治学和社会学等多种研究范式于一体的交叉性、开放性、应用性和整合性的新型法学学科体系、学术体系和话语体系"。[33] 领域法学在社会法等公私交融之法中最为明显,因为领域法学主要是以问题为导向,而公私交融之法的产生也正是为了解决社会生活中产生的新问题。

因此,法学硕士作为专门进行学术研究的人才,应当具有跨部门法和跨学科的综合知识,与实践型硕士相比,不仅应具有更充足的理论知识储备和更为宏观的视野,而且要求具有更高的理论分析能力和解决问题能

㉘ 参见杨燕绥:《新劳动法概论》,清华大学出版社2008年版,第89页。

㉙ 参见杨东、臧俊恒:《领域法学视野下经济法学培养模式之重构》,载《中国大学教学》2017年第10期。

㉚ 参见梁文永:《一场静悄悄的革命:从部门法学到领域法学》,载《政法论丛》2016年第6期。

㉛ 参见侯利阳:《垄断行为类型化中的跨界行为——以联合抵制为视角》,载《中外法学》2016年第4期。

㉜ 参见汪习根:《美国法学教育的最新改革及其启示——以哈佛大学法学院为样本》,载《高等教育评论》2017年第1期。

㉝ 刘剑文:《论领域法学:一种立足新兴交叉领域的法学研究范式》,载《政法论丛》2016年第5期。

力。劳动法的调整对象——劳动关系及与劳动关系密切联系的其他社会关系,本身是用人单位在管理劳动者的活动中形成的关系,因而劳动法与管理学联系十分紧密;同时,劳动法对劳动者利益的保护影响着企业的人力资源成本,因此劳动法与经济学联系十分密切;此外,劳动者与用人单位利益的平衡也是一个非常重要的社会问题,因此劳动法与社会学也联系密切。由此来看,在法学硕士的课程设置中,很有必要开设管理学、经济学、社会学等相关课程。

3. 针对法律硕士,增加劳动争议案件处理等实践性较强的课程

社会需求这一根源性的因素影响着整个中国的法学教育,中国对真正具备实践能力的法律人才有极大的需求,但始终未得到满足。[34] 多年以前,我国开始了从以培养学术型人才为主向以培养应用型人才为主的战略性转变。然而,十几年后,我国的法律硕士教育一直没有实现其目标,反而其声誉有江河日下之虞,一个重要原因就是对法律硕士的实践能力的培养明显不够。[35] 我国劳动法方向的法律硕士教育也存在同样的问题。

劳动争议案件有其特殊之处,所以劳动法方向的法律硕士需要接受专门的训练,才能够妥善处理劳动争议案件。劳动争议案件的特殊之处体现在:第一,劳动争议案件因其社会性,有着不同于一般民法案件的思维方式,处理劳动争议案件的法律人员需要进行专门的劳动法思维方式的训练。第二,从案件的处理程序上看,劳动争议案件有强制性的仲裁前置程序,仲裁在劳动争议案件的处理中起着尤为重要的作用。但是,法科学生在学习其他部门法的知识时,一般只学习诉讼程序,因此对仲裁程序的了解比较少。对此,劳动法教学可以适当增加《劳动疑难案件的裁判与思维》《劳动争议调解与仲裁模拟实训》等实务性较强的课程。[36]

---

[34] 参见冀祥德:《论中国法科研究生培养模式转型之必要——从以培养法学硕士为主转向以法律硕士为主》,载《环球法律评论》2012年第5期。

[35] 同上。

[36] 参见冯彦君:《推进劳动法案例教学的几个关键性问题》,载《法治研究》2014年第2期。

(三)运用“特色化”的教学手段

1. 改革“填鸭式”为主导的教学模式,推广多样化的教学方式

法律学科具有二重性,劳动法又具有极强的社会回应性,因此我国劳动法方向的法学教学应当更加重视培养具有理论和实践双重能力的学生。培养律师的实践能力和培养学者的研究能力,不是矛盾的,而是并行不悖。[37] 笔者认为,研究性学习可以很好地解决劳动法具有实践性和极强的社会回应性的问题,同时培养学生的理论功底和实践能力,从而提升学生的思维能力、创新能力和实践应用能力。研究性学习是以问题研究为前提、以创新能力培养为归宿,在社会现实情境中,通过教师的指导,进行自主探究,在思考、研究与实践的过程中体验与感知知识并自主获得知识的学习活动。研究性学习要求改变讲授式教学模式一统天下的格局,加大研究性课程的比重,建立一个包括讲授性教学、讨论性教学、专题研究性教学、实践性教学在内的全新的教学系统。[38]

我们可以压缩一定比例的传统式讲授性教学,引进新型案例式教学方法和其他创新式教学方法,如讨论性教学、专题研究性教学、模拟法庭等。传统的普通法的案例教学法曾经风靡全球,但因其主要以法院判决为学习素材和教学方法的模式使学生仅仅关注法律文本的分析,而忽略了培养法律实践应具备的其他素质和能力,因此受到一定的批评。[39] 鉴于此缺陷,德国很多法学院对大陆法系传统的案例教学法进行了改革,在保留大课堂的理论性讲座课的同时,开创了与之配套的小组案例讨论课。大课一般有几百人,主讲人是教授;小组讨论课,一般以 10 ~ 20 人为一组。每次大课上完以后,在小组讨论课上,学生参照老师讲授的内容来分析相应的案例。德国的这种教学模式,结合了德国潘泰克顿学派的传统

---

[37] 参见汪习根:《美国法学教育的最新改革及其启示——以哈佛大学法学院为样本》,载《高等教育评论》2017 年第 1 期。

[38] 参见汪习根:《论中国法学教育改革的目标模式、机制与方法——基于“研究性学习”新视角的分析》,载《法学杂志》2011 年第 5 期。

[39] 参见[美]杰罗姆·弗兰克:《如何打造优秀的法学教育》,王晨光译,载《法学杂志》2012 年第 5 期。

教学法与普通法的案例教学法,产生了良好的教学效果,非常值得我国借鉴。[40] 案例教学是一种形式灵活、低成本、便于法律解释与适用的实践教学方式,加之劳动法本身又是一门实用性非常强的法律学科,因此,在劳动法领域的教学,案例式教学方法应当被重点强调。[41]

2. 对于法学硕士,鼓励参与相关课题研究,提高研究能力

课题研究,即创新项目研究方法可以分为参与式和自主式两类。参与式科研项目方法指吸收学生参与教师的科研课题,在教师的主持下,慢慢从科研助手到直接进行科研活动。自主式专项课题研究是指学生自己主持的科研课题,但是教师可以对其进行指导。[42] 劳动法作为一个新兴学科,有很多需要人们投入大量精力研究的问题。劳动法方向的研究生一方面通过亲自参与体验课题研究的过程,可以更加了解劳动法,提高自身的研究能力;另一方面通过专注于劳动法某项课题的研究,还可以实现在劳动法专业知识上的纵深性学习,同时激发对劳动法的兴趣。

劳动法的一个重要特点是与企业联系十分密切,劳动法领域的课题研究往往需要到企业中进行调研。因此,实践中教师可以与博士生或硕士生组成调研团队,到有代表性的企业进行深入调研,了解企业在适用劳动法时所面临的困惑和问题,收集企业发生的与劳动法相关的案例。[43] 通过企业调研可以让学生更加了解劳动法在实际生活中的应用,同时还有利于学生寻找值得研究的劳动法素材,增强劳动法学术研究的现实导向性和现实适用性。

3. 对于法律硕士,引入诊所法律教育并增加实务部门的资源,提升实践能力

一方面,我们可以在法律硕士教育中引入诊所法律教育。诊所法律

---

[40] 参见王晨光:《卓越法律人才培养计划的实施——法学教育目标设定、课程设计与教学安排刍议》,载《中国大学教学》2013年第3期。

[41] 参见冯彦君:《推进劳动法案例教学的几个关键性问题》,载《法治研究》2014年第2期。

[42] 参见汪习根:《论中国法学教育改革的目标模式、机制与方法——基于“研究性学习”新视角的分析》,载《法学杂志》2011年第5期。

[43] 参见冯彦君:《推进劳动法案例教学的几个关键性问题》,载《法治研究》2014年第2期。

教育起源于美国，现已成为美国法学院除课堂以外最重要的教学方式。诊所教育主要是受美国法律现实主义思想的影响，是让学生通过接触真实的法律案例，在导师的帮助下，为有需要法律咨询和法律帮助的人提供切实可行的法律方案，以解决现实的法律问题。[44] 案例教学法通常只关注法官判决的依据，但是字面规定不等于“真实规则”，因为法官判决还受字面规定之外的其他社会因素的影响，因此仅仅通过判例教学，无法让学生了解司法真相。[45] 于是，美国法学院通过诊所法律教育来弥补案例教学的不足。诊所法律教育不同于案例教学法，其最突出的特征就是具有极强的实践性，有助于帮助学生将学到的知识与法律实践结合起来，让学生更加了解司法真相。诊所法律教育在培养和提高法科学生实践能力方面，已经被证明是一种较为行之有效的方式。[46] 鉴于诊所法律教育在法律硕士教育中产生的良好效果，其应成为我国法律硕士培养制度改革的基本方向。[47]

另一方面，我们还可以在法律硕士教育中增加实务部门资源的引入。法学院的老师大都专于学术研究，实践经验相对较少，因此高校可以聘请实践经验丰富的校外人员来辅助教学，以此弥补实践教学的不足。在中国人民大学法学院社会法二级学科设立仪式上，中华全国总工会法律工作部法规处处长关祥坤就提出了提高实践教学在教学中的比重，将实务部门的优势资源引入教学资源的建议。[48] 对此，学校可以聘请那些在劳动法领域工作经验丰富的法律工作人员作为兼职老师并且提高其为学生授课的课程比重；同时，还可以特别聘请那些具有较高理论水平和丰富实践

---

[44] 参见袁志玲、徐宁：《法学教学引入诊所法律教育的思考》，载《中国教育学刊》2017年第7期。

[45] 参见孟涛：《美国法学教育模式的反思》，载《中国政法大学学报》2017年第4期。

[46] 参见冀祥德：《论中国法科研究生培养模式转型之必要——从以培养法学硕士为主转向以法律硕士为主》，载《环球法律评论》2012年第5期。

[47] 参见冀祥德、李庆明：《诊所法律教育：中国法律硕士培养制度改革的基本方向》，载《法学杂志》2011年第2期。

[48] 参见中国人民大学法学院：《“社会法的基本范畴与学科建设”研讨会暨中国人民大学法学院社会法二级学科设立仪式成功举办》，载中国人民大学法学院官网：http://www.law.ruc.edu.cn/article/?52565.html，最后访问日期：2018年5月10日。

经验的劳动仲裁员、劳动案件审判法官、劳动法律师作为第二导师来指导其学习。在劳动法方向法律硕士的培养中,通过增加实务部门引入的资源量,加强校外导师的作用,让学生在校内外导师的共同指导和帮助下学习,可以让学生的实践能力得到切实提升。

四、结语

当下我国社会急需劳动法专业的法律人才,而劳动法在法律体系中的地位也变得日益重要,各大高校开始逐步改革以往的劳动法方向研究生培养模式,向独立化的劳动法方向研究生培养模式迈进。为了培养出高素质、高层次的劳动法方向研究生,我们有必要探究如何改革和创新劳动法方向研究生培养模式。首先,对劳动法方向研究生应当尽快确立"独立化"的培养目标,有条件设立"社会法学"硕士点的高校应当尽快整合资源,争取申请"社会法学"硕士点,并将劳动法作为"社会法学"的一个重要方向;暂时不具备设立"社会法学"硕士点条件的学校,可以在"经济法学"或"民商法学"专业下对各方向的培养方案进行进一步细化,明确劳动法方向研究生特定的培养目标、培养方式、考核模式。其次,对劳动法方向研究生应当建设"体系化"的课程内容:增加课程数量、细化课程内容,开设体系化的专业课程;针对法学硕士,可增加管理学、劳动经济学、社会学等相关理论课程;针对法律硕士,增加劳动争议案件处理等实践性较强的课程。最后,对劳动法方向研究生应当运用"特色化"的教学手段:改革"填鸭式"为主导的教学模式,推广案例式教学、讨论式教学,切实提升学生的思维能力、创新能力和实践应用能力;对于法学硕士,鼓励参与相关的课题研究,提高其研究能力;对于法律硕士,应当引入诊所式教学方法,同时聘请实践经验丰富的校外人员为学生进行授课,鼓励校外导师带领学生进行实践学习并给予指导。我们相信,通过以上的改革和创新措施,我国劳动法方向研究生的培养模式一定会得到优化,培养质量将会得到进一步提升,所培养的研究生也将进一步满足社会的需求。

The Reform and Innovation of the Cultivation Model of Labor Law Graduates

Zhan Dongsheng Hu Hanyue

Abstract: At present, our society needs labor law talent urgently. However, in the whole country, most labor law graduates are enrolled and educated under such disciplines as economic law or civil and commercial law. This cultivation model leads to the loss of the characteristics of labor law as a discipline and it hinders the cultivation of professionalism for the labor law graduates. In recent years, China's labor law has made great progress in discipline construction and theoretical research, and the status of labor law in the entire legal system has become increasingly important. In order to guarantee and improve the quality of graduate students in the labor law, we need reforms and innovations for this phenomenon. The authors of this paper suggest that it can start from the establishment of the goal of construction labor law as an "independent" discipline, the construction of "systematic" curriculum, and the application of "characteristic" teaching methods.

Key Words: labor law, postgraduate, cultivation model, educational reform

比较研究

何谓好的法律教育*

[美]杰罗姆·弗兰克** 著 姚 远*** 译

摘 要:首创于哈佛法学院的兰德尔教学法,在法律教育领域风行数十年,沾染了兰德尔本人的古怪个性,主张图书馆是法学院的心脏,主张法科师生必须全神贯注于馆藏书籍,忽视律师事务所的工作经历或者对于庭审活动的出席观摩。这种教学法对于一流法学院的人才培养产生了广泛的负面影响,令美国法律教育死气沉沉。庞德所谓"行动中的法律"不过是隔靴搔痒的漂亮说辞,哈佛法学院充其量是在关注图书馆里的"行动中的法律"。法学院应该类似于一种得到升华的律师事务所,应该转变为律师学院,应该直面律师生活的实情,应该关注近在咫

---

* 译自:Jerome Frank, " What Constitutes a Good Legal Education ?", *American Bar Association Journal*, 19, 1933, pp. 723 – 728。基金项目:本译文是国家社科基金重大专项项目"核心价值观融入法治建设研究:以公正司法为中心的考察"(项目编号:17VHJ007)和南京师范大学教改项目"西方法律思想史教材改革研究"的阶段性成果,并得到国家司法文明协同创新中心和江苏高校品牌专业建设工程资助项目的支持。

** 杰罗姆·弗兰克,美国著名法学家、法官,耶鲁大学法学院副研究员。

*** 姚远,南京师范大学法学院副教授,中国法治现代化研究院研究员,法学博士。研究方向:马克思主义法理学、西方法律思想史。

尺的法律实验室亦即周围的法院,应该恢复古老的学徒制传统,应该要求法学教师具有一定年限的实务经验,以便培养出能够适应经济危机时代的职业法律人才。

关键词:法律教育　兰德尔教学法　哈佛法学院　学徒制　律师学院

让我来谈何谓好的法律教育,真是愧不敢当。我不知道谁曾受过好的法律教育,反正我本人肯定没有这福分。要是我真的受过好的法律教育,我无疑可在新政的公务人员工作时间(早八点到晚十二点)之外的数小时里,轻松草就一篇关于该主题的漂亮文章。现在的情况是,我不得不向大家简明扼要地谈几点看法,由于发言时间所限,我不得不纵情于讨厌的第一人称叙述。

我首先总结一下我在新近发表的一篇文章提出的观点。我在那篇文章里呼吁重新发掘学徒制的律师教学方法。我提出,由于"兰德尔—哈佛教学法"(Langdell-Harvard system)在过去半个世纪的风行,学徒制教学法已经丧失威信。兰德尔—哈佛教学法的种种特征,在我看来源自其创始人兰德尔(Christopher Columbus Langdell)的古怪个性。他不谙人情世故,书生气十足,满脑子都是图书馆。他的教育理想能够直接追溯到他的个性。他在求学期间就出没于图书馆,饱览《法律年鉴》(Year Books);据说他曾为自己没有生在金雀花王朝时代而深表遗憾。他在16年的执业生涯里与世无争,甚少接待客户,多数时间泡在法律图书馆里为其他律师撰写辩论摘要(briefs)和起草诉讼文书。他的一位传记作家这样描写他的生活:"他的大部分工作完成于他那近乎与世隔绝的办公室,完成于法律学院的图书馆。他极少社交。"回到哈佛出任法学教师之后,据说他曾援引过"一份相对晚近的判例,而该判例竟然还是出自大法官哈德威克(Hardwicke)之手的"。

他的教育理论反映了他的为人处世。律师在事务所与客户打交道的经验,以及律师在法庭上的经验,在兰德尔看来都不是法科师生的恰当研习素材,须对之视而不见。法科师生必须全神贯注于图书馆里可以找到的材料。兰德尔这样表述自己教育哲学的要旨:“第一,法律是一门科学;第二,这门科学所有可资利用的材料都包含在印制出来的判例典籍中。”

据说,这第二条命题“意在排除借助于律所工作或者出席庭审的传统法律教学方法”。①

这样的法律教育哲学,出自一位因“与世隔绝”而怡然自得的人士。与世隔绝,留恋无人问津的老古董,栖身于静谧的图书馆,对律所和法庭上发生的、[尼采所谓]太过人之常情的(all-too-human)人际纷争置若罔闻,完全立足于书本材料建立一套伪科学的法学体系——兰德尔就用这些东西攒出“兰德尔方法”。

我在文中指出,兰德尔的性格在我国一流法学院多年来的教育方法上留下烙印。于是乎,在那些法学院执教的老师,大都没有积极投身于法律实务,或者更要命的是,就算他们曾有此类经验,一旦他们远离实务、转入教学,就得屈从于法学院的现有氛围,即认为实务经验是晦暗的、不真切的。

我在文中指出,法律教学一直在奋力挣脱误入歧途的兰德尔方法,但这番斗争始终面临重重阻力,因为兰德尔打心眼里厌恶积极的实务工作,而这样的态度依然支配着一流法学院。我于是提议直击要害,即彻底摒弃兰德尔的核心目标,并回归更为精致老到的学徒制教学法。这项提议至少意味着四点要求,我逐一复述如下:

第一,全套课程会围绕法院正在处理和即将处理的问题展开。要把司法准则首先视为须用于公共场合的、有威严的正式表述。(我深知,在公开场合发言时,正确的措辞至关紧要。但是,理解必须始终优先于表达。可以说,法言法语应成为研究更根本法律问题的辅助物。)

法学院将类似于一种得到升华的律师事务所。大部分教师将会积极投身于法律实务,尽管某些律师将会以一种或多或少更为超脱的方

---

① Harvard Law School Association, *Centennial History of the Harvard Law School*, Cambridge, 1918, p. 231.

式,研究如何解决“法律”所处理的政务问题、工商业问题和社会问题。[②] 学生将作为教授们的助理或学徒。源自律师事务所、企业组织、社会和“改革”机构及政府本身的问题,将会扑面而来。在法学院求学之人,将会“实干”而非单纯地“求知”。

第二,大多数教师将拥有不少于 5 年的、异彩纷呈的积极法律实务经验。

第三,当前所谓案例教学法(case system)的作用将相对限缩;案例教科书将主要收录完整卷宗,从基层法院立案到最高法院终审意见全程覆盖。

第四,要确立新的案例教学法,它会把所记录的法律问题和政务问题交由其他社会技艺解决,包括历史学、伦理学、经济学、政治学、心理学和人类学。单纯在这些领域开设前法学(pre-legal)课程,而不涉及当前人们法律活动的生动素材,这样的努力已被证明无效;我们需要通过追踪某一现实制度的各种社会分支而实现整合。作为例证,我在文中援引了沃尔顿·汉密尔顿(Walton Hamilton)和马克斯·雷丁(Max Radin)的精湛著作。

为节省大家的时间,我提请通过援引来融合我所总结的那篇文章的内容;如果大家对那篇文章感兴趣,请查阅 1933 年 6 月那一期《宾夕法尼亚法律评论》(Pennsylvania Law Review)。[③]

那篇文章并不打算集中抨击现在的哈佛法学院,而是在抨击兰德尔教学法,以及它对包括哈佛法学院在内的几乎全部高校法学院造成的恶果。不过,对文中的抨击提出的批评意见,主要来自哈佛。我想谈谈这些批评意见的性质。这些批评意见不得要害,于是反而凸显要害。看不到该要害,表明存在盲点,而该盲点的存在正是兰德尔教学法的主要缺陷。

---

② 关于“法律”一词那不幸的、有误导作用的含糊性参见 Jerome Frank,“What Courts Do in Fact”, *Illinois Law Review*, 26, 1931 – 1932, p. 645 et seq; Jerome Frank,“Are Judges Human?”, *University of Pennsylvania Law Review*, 80, 1931 – 1932, p. 17 et seq, p. 233 et seq。

③ See Jerome Frank,“Why Not a Clinical Lawyer-School?”, *University of Pennsylvania Law Review*, 81, 1932 – 1933, p. 907.

有鉴于此,我提请大家关注我近期收到的一封信,这封信出自哈佛一位鼎鼎大名的老资格教师之手。他首先批评了我的如下叙述,即兰德尔据说曾援引过“一份相对晚近的判例,而该判例竟然还是出自大法官哈德威克之手的”。这位教授说,我的叙述似在贬低伟人的记忆力。他声称,兰德尔所援引的晚近判例,出自大法官埃尔登(Eldon)而非大法官哈德威克之手。这里的差别或许很重要吧,但在我看来都是细枝末节之事,恰恰表明这位教授的反驳孱弱无力。可假如那差别真的至关重要,假如兰德尔对哈德威克的引证有失伟大法律教育家的风范,那么诸位参阅哈佛法学院院友会 1918 年出版的《哈佛法学院的百年峥嵘》(*The Centennial History of the Harvard Law School*),其中提到兰德尔“谈起‘一份相对晚近的判例,而该判例竟然还是出自大法官哈德威克之手的’”,并接着提到兰德尔“据说对于现代判例不屑一顾。就他当时负责讲授的《衡平法》和《保证关系》这两门课而言,人们可从他给出的判例列表推知:大法官埃尔登仍在执掌英国上议院,美国在法律上还不见踪影”。

还是在那封信里,那位教授反驳了我的如下说法:“难道艾略特校长(Eliot)不曾吹嘘说,哈佛法学院之所以具有革命性,正因为它的全体教师由‘从未担任法官或律师的一群人’构成?”那位教授宣称:艾略特校长绝不可能说过那样的话,当年哈佛的许多法学教师都曾身为执业律师,如今在岗的许多哈佛法学院教授都有司法实务经验。

必须承认,我在援引艾略特校长的言论时不够慎重,因为我不小心改变了时态(tenses)。艾略特校长是在 1888 年谈到 1873 年任命埃姆斯(Ames)为院长的事情。大家还记得,埃姆斯没有实务经验。遥想当年关于埃姆斯任命事宜的各路反对声音,艾略特如是说:“此一大胆创举最终将造成何种结果呢?按照正常的进展,不用很多年美国就会培养出一批法律领域的饱学之士,他们从未担任法官也从未做过律师,却将作为法学教师,作为[法律的]阐释者、体系化者和史学家而占据显赫位置。我敢预测,这将成为我国法律职业共同体迄今为止影响最为深远的变革之一。”④

---

④ Harvard Law School Association, *Centennial History of the Harvard Law School*, Cambridge, 1918, p. 31.

我对自己的错误引证感到惭愧。我大可摆出一堆说辞,解释事情的来龙去脉,但错误的引证毕竟还摆在那里无从抹灭。由于改变了时态,我确实在叙述艾略特校长的言论时不够慎重,说得好像他是在描述既成事实似的,而实际上他是在预测未来注定发生的事情。

但我认为,来信的教授在强调我的这一失误时,没有看到艾略特校长的预测最终大抵算是准确的。首先必须澄清的是,我没有说过哈佛既往的和当前的法学教授全都没有实务经验。相反,我明确提到兰德尔教授本人执业 16 年,提到格雷教授和卡莱斯(Kales)教授是任教之余继续从事实务工作的表率,提到弗兰克福特(Frankfurter)教授和摩尔根(Morgan)教授都有跟法院、律师和客户打交道的直接实际经验。

我当时在文中主张并且现在加以重申的观点是:兰德尔精神抹杀或者贬抑法律实务工作者的教学价值,哪怕他们是行家里手;兰德尔的理想令美国的法律教育者和法律教育死气沉沉。艾略特校长当年的预测,其精神(而非具体文字)已化为现实,并且(如果说不在字面上)至少在精神层面已达到令人忧心的程度,而在分布全美各地的某些法学院尤其如此,因为它们对哈佛理想的热忱甚至超过哈佛本身。

《哈佛法学院的百年峥嵘》里面指出:兰德尔相信法律是一门科学,"要掌握这门科学,一如掌握任何其他科学那样,学生必须寻求源头活水,即必须泡在构成他学习主题的材料里"。兰德尔说:"图书馆之于我们,犹如实验室之于化学家或物理学家,博物馆之于博物学者。"他坚信:"在概观上与我所了解的其他一切学院相比,(哈佛)法学院的最本质特点就在于它的图书馆……若没有图书馆,法学院将丧失它最重要的特征,而且事实上将丧失它的身份认同。"艾略特校长依照同样的精神评论道,"学校承认图书馆是法学院的心脏",并且《哈佛法学院的百年峥嵘》里面写道:"若是假定应将法律作为一门科学并按照科学的精神来讲授,那么就既不必有前期的实务经验,也不必在开始教学之后继续搞实务。"

此种精神窒息了法律教育的活力。它迫使经验丰富的执业者在转为教师之后,轻视自己的律师从业经验。它迫使经验丰富的执业者首先看重图书馆,并把馆藏视为法学院的心脏。我们不难想象,以图书馆作为心脏的法学院是什么样子。在那里执教的人们,无论曾对律所和法庭的现实情况抱有多么浓厚的兴趣,都不得看重那些现实情况。图书才是实事。真正重要的是语词而非行为,或者说只是那些作为言语的或用语词记录下来的行为。可以说,言语行为居于核心,其余一切位列边缘。

在这样的学院里,未刊印于书本的材料就变成"不科学的"材料,它可能包含真理,但只是不甚紧要的真理、相对而言不实在的真理;只有当事实在书本上印制呈报出来的时候才能据之获知真正的实在。诚然,庞德院长(Dean Pound)多年前谈过"行动中的法律",唤起诸多憧憬。可是,哈佛法学院有给自己的学生展示过"行动中的法律"吗?学生有机会通过阅读书本和法律评论文章,了解行动中之法律的某些极为有限的方面。但这也并不构成对于行动中的法律的直接观察或参与,充其量算是图书馆里面的行动中的法律(law in action in the library)。

在庞德院长执掌的哈佛法学院,学生们修习有关证据、程序和诉讼文书的各种课程。近在咫尺的各家法院正在运转着。人们能在那里观察到行动中的证据、行动中的程序、行动中的诉讼文书、行动中的侵权法、行动中的财产法。学生们被要求经常出席庭审吗?他们在法院那里度过许多时光吗?他们的教授会陪同他们去法院旁听,并且随后就观察到的事情给出评论吗?学生们是否熟悉那些法院里面的案件发展?假如下一步动向的结果取决于先见之明和技巧(而非事后诸葛),他们被允许揣度下一步的动向吗?教授们是把诉讼的各种程序可能性及实体法规则一并教给学生呢,还是将二者割裂为单独进行的课程?我提到了哈佛,我同样可以谈及几乎任何一所顶尖法学院。他们有没有致力于观察、描述和解释行动中的法院?

当年,"行动中的法律"这一提法很是漂亮。诚然,其中包含着"法律"这个含混到令人苦不堪言的词语。⑤ 但前述提法是一种指针或路标,似乎指示着崭新的方向。可是,有哪所大学的法学院是按照该指针前行的?"行动中的法律"这一提法,终究还只是个提法;无论如何,至

---

⑤ See citations, note 2 supra; Jerome Frank, *Law and the Modern Mind*, New York, 1930, Brentano's, passim.

少就法律教育而言,该提法没有产生多少实际的结果。人们开始怀疑,从心理学上讲,该提法的妙用就是以一番说辞取代改正的行为,“新瓶装旧酒”罢了。我们不禁记起吉尔伯特和沙利文的合作歌剧(Gilbert and Sullivan opera)里面有这样一幕:警察们绕着舞台兜圈子,向心烦意乱的父亲承诺一定会去搭救他那被海盗劫持的宝贝女儿。警察们一边继续兜圈子一边呼喊着:“我们就去,我们就去。”那位父亲绝望悲戚地高叫道:“但他们没去。”

诉讼是律师的终极关切。所谓的法律权利和法律义务,说到底不过相当于诉讼的成与败。⑥ 对诉讼过程不够熟悉的律师,是不称职的律师。若非某种传统蒙蔽了我们的眼睛,我们岂能看不出如下做法的荒谬:一座座诉讼实验室(法院)明明近在咫尺,法学院竟让自己的学生局限于书本上的诉讼知识!如果医学院仅仅根据绘制的图本向学生传授外科手术的要义,我们当如何评价呢?

但如果说诉讼是律师的终极关切,诉讼却并不是律师生活的全部。公司董事会议、产权交割(title closing)、担任客户的顾问、调解纠纷等,同样是法律实务的组成部分。诉讼中的公司、诉讼中的信托、诉讼中的遗嘱等,也是法科学子应当观察的对象。这些全都是“行动中的法律”(如果我们必须使用“法律”一词的话)的基本组成部分。

而这些全都跟兰德尔精神格格不入。我得说该精神其实已在一定程度上弱化。原汁原味的兰德尔诸原则,如今到处受到诟病。但这些原则依然是法律教育学的根基,因而无论跟别的什么东西杂糅在一起,其底色还是兰德尔那一套。我们的一流法学院仍旧是立足图书馆的法学院、立足书本的法学院,还没变成它们应当成为的样子,即律师学院。

绝不要把我以上所言理解为,我不相信语言有着正面或负面的实际效果。一个人只要对心理学略知皮毛,就肯定看得出书面语言或口头语言的威力。语言是人类不可或缺的工具,而且常常(唉)变成我们的主

---

⑥ See citations, note 2 supra.

宰。[7] 律师确实需要充分了解语言及其用法，尤其是律师和法官的语言及其用法。[8] 但这些不是律师生活的主要元素。

我必须承认，我钟情于书籍、沉溺于语言。我曾在一本医学词典里面读到“影幻视”(aphose)这个词条，词典把它定义为“对于影像的主观体认”。由于相信语言的实际运行效果，我自此力图把“影幻视”一词引入交谈内容。我记不得那是什么时候的事情了，但它跟当下场合相关。我们不妨认为，兰德尔式的教师是在兜售影幻视；他传授给学生的是一种影幻视，即对于律师现实生活影像的主观体认。

若是这位教师是个颇具想象力的天才，他或许能把影像讲解得鲜活生动。但这位教师为何偏偏兜售影像呢？除非万不得已，谁也不会在传授高尔夫球技巧时，让教师对着未来的球手纸上谈兵，并让未来的球手阅读高尔夫球专题著作。传授足尖舞、游泳、汽车驾驶、理发或者烘制威尔士干酪土司的技巧时，亦复如此。法律实务是更简单的东西吗？法学教师及其学生为何竟要比高尔夫球教师及其学生多些曲折？要是哪位高尔夫球教练只是猫在更衣室里，洋洋自得地分析报纸上关于别人多年之前的重要高尔夫球比赛的报道，谁会跟这样的教练学球？法学教师为何竟要成为汤姆林逊(Tomlinsons)式的人物呢？“他说，我在书里读到过这个，有人给我讲过那个，我也曾想过别人会想到莫斯科公国的君主。”

法律实务是一门技艺，一门很难掌握的技艺。为何要把法律教育弄得比高尔夫球教学更加拐弯抹角、步步维艰？可兰德尔教学法就是这么干的。

这样一来法律教育怎么也不会轻而易举的。兰德尔教学法平添了困难，令法学教师的任务变得要多艰巨有多艰巨。就算天资卓越的教师也只能望洋兴叹。当我在法学院念书的时候，我身边坐着一个中国留学

---

[7] See Jerome Frank, *Law and the Modern Mind*, New York, 1930, Brentano's, p. 57 et seq, p. 84 et seq.

[8] See Cf. Jerome Frank, "What Courts Do in Fact", *Illinois Law Review*, 26, pp. 764 – 768.

生,他的英语是在西班牙学的。于是乎,他在记录美国教授们的讲课内容时,用的是西班牙语。经过询问了解之后,我确定他其实是用汉语思考讲课内容的。当今大学的法律教育过程也是大同小异。它本该教给人们未来在法庭上和律所里的事务,但它却尽可能地远离法庭和律所。学生所见到的,是法庭和律所实况的粗糙镜像的二次粗糙镜像(a reflection in a badly made mirror of a reflection in a badly made mirror of what is going on in courtrooms and law office)。何不砸碎镜子?何不让学生直接观察他们的研究对象,而教师仅担当观察结果的开明点拨者呢?

会有人告诉我(而且确实已经有人告诉我),法学院只有短短 3 年时间来训练律师,何况这 3 年的安排十分紧凑,学生根本没有时间接触前述一手素材。我对此类关于 3 年短暂时光的说辞不以为意;在多数大学的法学院中,这 3 年主要用于教授一种相对简单的技术,即分析上级法院的判决意见书、"区分判例"、建构或修正或批判法律准则。

在此项工作上耗费 3 年时间委实奢侈。脑瓜灵光之人可在大约 6 个月内学会这门辩证技术。我亲眼见证过他们做到这一点,你们也一定可以。只要教给他们适用于一两个领域的辩证策略,他们就能不费力气地将之转用到其他领域。但法学院的 3 年学业时光,大都白白浪费在联系一堆主题反复适用上述技术,如侵权、契约、公司、信托、保证关系、流通票据、证据、诉讼文书等。当然,就算花上 3 年甚至 33 年,我们也别想把我们所谓"法律"的全部分支课程统统修一遍。

如果你们对照律师在一般实务中将会遇到的全部事项,衡量 3 年时间能够覆盖的有限课程,那么 3 年确实显得稍纵即逝。但关键在于,精干的律师一旦掌握一两个领域的辩证技术,旋即能够游刃有余地应对形形色色的领域。只要教会一个人在所谓契约法和信托法方面玩起遵循先例的游戏,他就会轻而易举在公司、保险及诸如此类的领域玩起那种游戏。

(我不妨顺带说一句,是时候质疑是否存在所谓的契约"法"、侵权"法"、保险"法"、诉讼文书"法"、证据"法"了;但我无意在此讨论这一问题。)

兰德尔赞赏远离律师生活的实情。他说:“一个人从事法律教育的资格,不是来自律所的工作经验,不是来自人际交往的经验,也不是来自案件审理或诉辩的经验……”如前所言,为兰德尔作传的一个人曾提到:将“借助于律所工作或者出席庭审的法律学习方法”排除在外,乃是兰德尔教学法的题中应有之义。

当前法律教育学的缺陷尽在于此,它尚未大大超越兰德尔教学法。兰德尔方法在哪里蔚然成风,法律教学就在哪里一塌糊涂;兰德尔方法在哪里斯文扫地,法律教学就在哪里蒸蒸日上。我们来比较一下哈佛和耶鲁。我不认为耶鲁的法学师资强于哈佛的法学师资。没准事实恰好相反。但我的确认为,哈佛的法律教学要做到跟耶鲁一样有声有色,哈佛的教师就得有耶鲁教师的双倍才智,因为他们得克服双倍的障碍。兰德尔的迷雾尚未在纽黑文(耶鲁所在地)完全消散,但相比于哈佛,迷雾在那里仅有一半的窒息力和蒙蔽力。

我以最近的一件事作为例证。哈佛大学的商学院素有盛名,那里对工商企业经济学展开细致入微的实地研究。那些研究跟许多律师的工作有着显而易见的联系。我得知,哈佛商学院的教师曾经建议跟哈佛法学院的教师开展合作。我们有理由相信,哈佛法学院的某些教职员工基本上摆脱了兰德尔的习气,会拥护此项合作尝试。可是,哈佛法学院官方显然不以为然。在哈佛法学院课程设置的主管人士眼里,“行动中的法律”无论可能是指别的什么东西,反正似乎并不意味着关乎工商企业的“行动中的法律”。

但耶鲁看到了此类契机。如今,耶鲁法学院和哈佛商学院的师生即将开展合作。诚然,兰德尔的阴影将会颤动,但受益于此项合作的学生们能够开始领略我们当下经济系统的法律维度。

我相信,我对该合作项目前景的热忱足以消除如下印象,即我所倡导的法律教育计划只会培养单纯的法律技工(legal technicians)。我们务必培养出远超法律技工的律师。我们当前的经济萧条,可在一定程度上归咎于我们的职业人士未能把握工商企业的本质,未能加以批判反思,未能向客户指明工商企业的缺陷及其修正可能性。在新政时期做得风生水起的律师,正是那些由于因缘际会而深明工商企业之要义的人物。

可话又说回来,单纯的社会洞察力无论对于律师来说,抑或对于工程师或护士来说,都不是足够趁手的配置。而且无论律师需要何种其他知识,他必须是法律实务的行家里手,必须是堪当其任的法律技工。法科学子应在法学院中习得法律实践技艺。为此,各所法学院应当大刀阔斧而非扭扭捏捏地摒弃兰德尔的错误教条。他们必须提倡兰德尔所否定的东西;他们必须决心采纳"借助于律所工作或者出席庭审的法律学习方法",而不是像兰德尔那样对其嗤之以鼻;他们必须洗心革面,并说:"一个人从事法律教育的资格,正是来自律师事务所的工作经验,正是来自人际交往的经验,正是来自案件审理或诉辩的经验";他们必须抛弃下述荒唐观念,即法学院的心脏在于它的图书馆,各所法学院之间的区别在于馆藏书籍的数量和种类,律师的"源头活水"在于白纸黑字的僵死资料;他们必须学着认识到,图书馆和书籍居于律师相关事务的外围,而各色人等的行为居于中心,包括客户、证人、法官、陪审团、立法委员会、公司总裁、农场主,以及其他法律人。我们身处社会之中,统治我们的是人而不是法,⑨律师必须了解和应对这些人的言行方式。

约莫20年前,我念书的法学院具有推行兰德尔教学法的得天独厚优势。它的首任代理院长是比尔(Beale)教授,一位令人钦佩的兰德尔主义者。那里的多数教师都算得上哈佛最才华横溢的毕业生。兰德尔是神,而埃姆斯是他的先知。那里法律教育学的根基所在,乃是上级法院判决意见的分析技巧,以及阐明经过精审制定的法律准则。

我当时全神贯注于此种类型的学习。那时的思想氛围有一种明显的味道。它确实是耽于思想层面的。我在本科阶段钻研的经济学、政治学和历史学这三门没有章法的学科,似乎渐行渐远。

到了求学的第三个年头,我崇拜起一位另辟蹊径的教师。他出身于

---

⑨ See Jerome Frank, "Mr. Justice Holmes and Non-Euclidean Legal Thinking", *Cornell Law Quarterly*, 17, p. 568; *Law and the Modern Mind*, New York, Brentano's, 1930, passim.

哈佛,实为哈佛法学院最机敏的毕业生之一,也是埃姆斯的一位得意门生,曾协助创办《哈佛法律评论》。他侃侃谈起埃姆斯的各种理论,比如“衡平法对人施用”(equity acting in personam);实际上,有个比较笨的学生买来一套埃姆斯讲义作为应付课业的“小抄”(trot or pony)。但这位教师曾做过执业律师,当时正在担任法官。他大谈特谈客户如何把未经雕琢的难题径直扔给律师,或者律师如何把未经雕琢的难题径直扔给法官。我们开始明白,一旦我们通过律师资格考试,迎接我们的将是多么不合逻辑、变幻莫测、杂乱无章、飘忽不定、人情十足、了无头绪的事物。那门课本身零碎松散。学生里面的可怜虫叫苦不迭,他们的笔记凌乱不堪,无法整合为有条理的东西。例外情形简直比规则还要多。你永远搞不清楚自己的确切方位,周围飘荡着“具体情况具体分析”的刺激性气息。我不确定我们那位教师是否完全洞悉自己教学技术的本质。他自以为在向我们传授陈旧而精良的埃姆斯学说,其实他在传授实务中的法律。

担任教职的朱利安·麦克法官(Judge Julian Mack),是最早设法叛离兰德尔传统的教授之一。他或多或少是在不经意间完成此一工作的,这大概使其叛离活动更加行之有效。

自此之后,我一直认为麦克法官在引领着正确方向。他那条路的最终归宿是学徒训练。他是在重新回归我国许久之前基本抛弃掉的一种教学方法。我们有必要复兴和改进该方法。

其结果将是缔造跟我国一流医学院殊途同归的法学院;弗莱克斯纳(Flexner)告诉我们:在医学院中“医学的实践和学习是同时完成的——教师和学生在这两种活动中自由而自然地交流……从训练的角度看,‘具体问题具体分析’若起着恰到好处的促成作用,倒比相反情况来得可取,因为医学院并不旨在培养出智周万事的医师,而是旨在训练学生的方法和技术,所以合乎逻辑地致力于悉心研究相对少数的患者,而不是跟许多患者广泛联系……学生必须敏锐地感知到断裂、漏洞和疑难的存在。我们希望学生自己鲜明地认识到人类知识和人类记忆的有限性,认识到有待凭借才智和耐心来解答的紧迫谜题”。以上看法值得法学院思忖再三。

我要重申,我所呼吁建立的是以律师事务所为中心的法学院。它可不仅仅是律师事务所,因为执业律师将执掌教职,而且普通律师事务所见不到的问题也会成为法学院的教学内容。但其中的教师大都活跃于实务第一线。这样我们将会拥有一所律师学院而不是法学院。

哈佛的一位教授写信告诉我,他对于"多数法学教师应当拥有5~10年的多样化实务经验"这一建议心存疑虑。他在信中提到,许多实例表明,执业律师当不了好老师。这话没错。丰富的实务经验可能是(成为好老师的)必要条件,但还不是充分条件。担当优秀的法学教授,所需要的不只是若干年的实务经验。因此,我的意思肯定不是说,谁一旦拥有那样的经验,必将成为好老师。如果有人说,贮存未满5年的威士忌算不得上好威士忌,那么我们显然不应把他的意思理解为,贮存已满5年的任何液体都是上好威士忌或者值得畅饮。

要制造上好威士忌相对容易。要造就优秀法学教师则基本无望;优秀的法学教师是天生的,不是造就的。而法学教师若是具备一定的必要天才火花,将在实务的历练中更上一层楼,或者由于缺乏实务经验而变得才疏学浅。有的人虽无长期实务经验,仍然算得上优秀法学教师。但这类人凤毛麟角;种种障碍不容小觑。(以上评论不适用于汉密尔顿和雷丁这样的人物,他们的使命是整合法学与其他学科。)

肯定有人迫不及待地反驳我的前述看法,说那些效仿兰德尔的法学院已经培养出我国最"成功的"律师。我还可以顺带补充一点:目前我的法务同事里面最出色的人物,大多出身于哈佛。但是(容我重申别处发表过的观点)这种情况的存在与哈佛的教学方法形成鲜明对照,且与哈佛的教学方法没有因果关系。该实验算不上一项核对实验(controlled experiment)。因为到高校法学院(如哈佛法学院)念书的学生,往往是人中龙凤。他们不仅是脑筋最灵光的学生,而且家境最殷实、人脉最广泛,反正是左右逢源。此外,到哈佛法学院这样的高校法学院求学,也为他们笼罩着一道光环。事实上,在大约30年间,人们几乎没可能在一所不遵循兰德尔精神的法学院获得法律教育。兰德尔教学法居于主流,多数律师都必定是被这种方法培养出来的，无论他们迟钝或者愚笨、成功或者不成功。如今大多数成功律师都不蓄髯，但几乎无可争辩的是，打理面部毛须的流行习惯解释了他们的成就；同理，兰德尔训练法和法律事业成功之间可能只有偶然的相关性。在现代法学院勃兴之前的岁月，人们可以认为："大多数成功律师接受的都是学徒制教育，即在律师事务所里读解法律卷宗。"问题在于，这两套法律教育体制从未在处理同类学生读物时齐头并进。

我并不持有单纯否定的意见，不认为只要背离兰德尔主义就万事大吉。（我可能会觉得最好别在肉里放蒜，但同时并不认为只要肉里没蒜就会确保美美地吃上一顿；我可能讨厌某座城市，但同时并不认为居住在其他随便哪座城市就会幸福惬意。）抛弃兰德尔教育学是不够的，我们必须找到令人满意的替代方案。我此前勾勒的替代方案在我看来还算称心如意，但我是以谦恭的试探态度提出建议的。我想我的建议值得一试。我正在呼吁展开试点。

我的建议会催生好的法律教育吗？要对此作答就必须定义这里的"好"。由于今天发言时间有限，我不便在此从事这项定义工作。但我可用如下追问切入相关讨论：我所建议的那套教学方法，会不会培养出我国所需要的那类有助于应对当前经济危机的律师？我想答案大概是肯定的。而由于我持有这种观点，那么我就可以说，我多么希望前二三十年里存在的是我所建议的那套法律教育体制呀！

What Constitutes a Good Legal Education?

Jerome Frank　Translated by　Yao Yuan

Abstract: The Langdellian system which arose from Harvard Law School and dominated American legal education for several decades, comes out of the peculiar personality of Langdell himself. It argues that library is the heart of a law school, that teachers and students therein must place primary emphasis on the books, that they may ignore the work in a lawyer's office and the attendance upon the proceedings of courts. Such a system has produced extensive and blighting effects on the leading law schools in America. Pound's so called "law in the action" is just a happy phrase, and Harvard at best is focusing on "law in the action" in the library. Our law school should resemble a sort of sublimated law office, should transform into lawyer school, should face directly the actualities of lawyer's life, should pay attention to the near-by law laboratories (i. e. courts around us), should revive the old apprentice system, should have teachers with practical experience of no less than five years, in order to produce legal professionals meeting the current economic crisis.

Key Words: legal education, Langdellian system, Harvard Law School, apprentice system, lawyer school

诊所法律教育的耶鲁标本及其启示意义*

——评《法庭风暴:美国耶鲁师生诉战总统》

韩桂君**　吴　欢***

摘　要:诊所法律教育已经在我国法学教育中实现了“入主流”的目标,法学院教师需要对诊所法律教育有所了解并尝试实践。《法庭风暴》一书以耶鲁大学法律诊所师生团队处理的海地难民人权诉讼案为线索,用文学手法形神兼备地展示了包括诊所法律教育理念、诊所法律教育方法、诊所学生与诊所教师角色定位,以及诊所法律教育所需的硬件设施和内外条件等诊所法律教育的核心内容,同时真实地描述了耶鲁大学法律诊所师生在为海地难民提供法律援助过程中的情感变化、悲喜忧愁及其对诊所学生毕业后职业选择的影响,令人感同身受。该书

---

* 基金项目:本文系南京师范大学2017年度教改研究课题立项项目“诊所法律教育教学指导方案研究”的阶段性成果,并获得江苏高校品牌专业建设工程资助。谨以此文纪念我国诊所法律教育先行者、中国法学教育研究会诊所法律教育专业委员会副主任委员、《法庭风暴》主要中译者、中山大学法学院蔡彦敏教授逝世两周年暨《法庭风暴》出版十周年。

** 韩桂君,中南财经政法大学法学院教授法学博士。研究方向:诊所法律教育、劳动法学研究。

*** 吴欢,南京师范大学法学院副教授,中国法治现代化研究院研究员,法学博士。研究方向:宪法与行政法学、法律史学研究。

是一本不可多得且生动形象的诊所法律教育全景介绍文献,集中呈现和展示了诊所法律教育的耶鲁标本,值得所有对诊所法律教育感兴趣的读者仔细阅读,同时对我国正在和即将从事诊所法律教育的法律人具有较强的参考价值和启示意义。

关键词:《法庭风暴》 诊所法律教育 诊所法律教育方法 耶鲁标本

引 言

诊所法律教育在我国已经开展了近20年,取得了可喜的成就。目前中国法学会法学教育研究会诊所法律教育专业委员会已经有成员200余人,①法律诊所教育项目已经成为我国卓越法治人才培养体系的重要组成部分,基本实现了诊所法律教育专业委员会主任、中国人民大学法学院教授龙翼飞所提出的"入主流"目标,法律诊所课程日益成为各高校最受法学院学生欢迎的课程之一。然而,由于诊所法律教育教学方法本身的特点,如要求小课堂、②有类似律师事务所的办公场所与办公设备、诊所教师与诊所学生密切互动、有真实的当事人、学生独立全程办理真实案件、教师全程督导等,我国高校法学院大多数学子无法真正领略法律诊所课程的魅力,社会大众更是缺乏合适途径了解诊所法律教育。③ 幸而,近10年来,由我国诊所法律教育的先行者、中国法学会法学教育研究会诊所法律教育专业委员会副主任委员、中山大学法学院蔡彦敏教授主持翻译的《法

---

① 2017年3月,中国诊所法律教育专业委员会常委会批准云南师范大学哲学与政法学院成为中国法学教育研究会诊所法律教育专业委员会(CCCLE)第202位会员单位,近2年来还有新加入者。资料来自中国诊所法律教育网:http://www.cliniclaw.cn,最后访问日期:2018年1月10日。

② 美国一般诊所课堂不超过8名学生,我国目前各法学院诊所课堂一般在20~30人。

③ 笔者曾撰文总结我们实践多年的"前后内外"诊所课堂教学实施方案,试图在教学方式方法上有所创新,以便为更多学生提供诊所学习的宝贵机会。参见吴欢、韩桂君:《诊所法律教育教学实施方案研究》,载《法学教育研究》2017年第2期。

庭风暴:美国耶鲁师生诉战总统》(以下简称《法庭风暴》)一书,[④]在学界和坊间广为流传,一度洛阳纸贵,非常及时地以通俗易懂的方式弥补了前述缺憾。可以说,该书是笔者自接触、了解、掌握、运用诊所法律教育方法以来,所读到的最鲜活、最全面、最立体地展示诊所法律教育理念及其方法精髓的书籍。该书尤其系统地展示了美国耶鲁大学诊所法律教育的成功实践,为诊所法律教育的传播发展树立了"耶鲁标本",富有重要的现实启示意义,特别值得阅读并能够引人深思,故作此书评以向学界内外同仁郑重推介。

一、《法庭风暴》其书及其作者、译者

让我们把视线拉回《法庭风暴》故事发生的具体时空。20 世纪 90 年代初,正是两极格局瓦解、冷战走向结束的时代,当时世界范围内兴起了一系列反对极权、争取人权的思潮和运动。苏联解体、东欧剧变固然历史评价不一,终究宣告了苏式极权的终结,而发生在遥远海地的推翻民选总统阿里斯蒂德的军事政变,则不仅是一场逆潮民主流而动的历史杂音,更是对大量普通海地人民人权的赤裸裸践踏。剧变时代的小国政变,也许并不被今人所熟悉,但对于身处其中的普通人而言,则几乎是灭顶之灾。政变发生后,大量海地难民涌向周边国家,美国无疑是很多难民避难的首选,"难民数量在持续增加……事态已发展到了难以收拾的地步"。[⑤] 而就在此时,自诩为"民主灯塔"并以"世界警察"自居的美国政府,却公然违背国际法和《美国移民法》关于"政治难民不遣返"的原则规定,[⑥]持续将难民们搜捕、关押在关塔那摩海军基地,以便将其遣返海地。[⑦]

---

④ [美]勃兰特·戈尔茨坦:《法庭风暴:美国耶鲁师生诉战总统》,蔡彦敏、汪玉译,法律出版社 2008 年版。

⑤ 同上书,第 4 页。

⑥ 同上书,第 22 页。

⑦ 美国政府司法部官员认为,美国法律不适用于生活在美国海外军事基地的外国人,因而将难民关押在关塔那摩基地,可以不用受《美国移民法》约束。

毋庸讳言,海地难民一旦被遣返,其安全必然堪忧。甚至即便是被关押在关塔那摩美国海军基地,海地难民能否享有人道主义待遇,也颇令人怀疑。可以说,一场严重的人权危机正在酝酿。值此之际,在美国社会上,一大批有影响力的公益律师和商业律师事务所或通过身体力行,或提供资金支持,或积极出谋划策,广泛投入到为海地难民争取人权的斗争中;在美国大学中,自由派教授和学生也旗帜鲜明地表达着自己对海地难民遭遇的同情和对政府侵犯人权的批评;更令人赞赏的是,在耶鲁大学法学院,有这么一批法律诊所师生,直接而决绝地通过提起诉讼的方式,向侵犯海地难民人权的美国政府和两任美国总统"宣战"!

《法庭风暴》就是对这场惊心动魄的诉讼"战役"的全记录。该书的原作者勃兰特·戈尔茨坦(Brandt Goldstein),1992 年毕业于耶鲁大学法学院。作为该书主人公哈罗德·高教授的学生和诊所学生的同窗,他亲眼见证了这场由耶鲁法学院师生主导的诉讼之战。勃兰特毕业后担任《华盛顿邮报》、《芝加哥论坛报》及网上电子杂志《Slate》的撰稿人,为《华尔街日报》在线撰写每月特稿,是纽约城市大学法学院的访问教授。原作者如此丰富的媒体经历,极大地保证了作品的可读性。

《法庭风暴》中译本的译者是中国法学会法学教育研究会诊所法律教育专业委员会副主任委员、中山大学法学院法律诊所创建人和资深指导老师蔡彦敏及其诊所学生汪玉。蔡彦敏教授长期积极组织和参加培训全国高校新进诊所教师,曾在《环球法律评论》2005 年第 3 期主持推出"诊所法律教育"专题论文,较为集中地传播了诊所法律教育理念,推进了相关研究。蔡彦敏教授还多次代表诊所法律教育专业委员会,在美国、柬埔寨、阿根廷等地举办的国际会议上作关于诊所法律教育与社会正义的主题报告,有力地推动了中外诊所法律教育交流。汪玉则是蔡彦敏教授指导的优秀诊所课堂学生,理论与实务素养较为扎实。

显而易见,原作者的诉战见证人身份和资深媒体人经历,以及中译者的诊所教师和学生身份,使《法庭风暴》成为读者了解那场一波三折的诉讼和那段波澜壮阔的历史的最佳资料。同时,该书也是中国读者了解美国法学院诊所法律教育的一面生动镜鉴。对于那些从未接触过诊所法律教育的读者而言,《法庭风暴》则是深刻领会诊所法律教育理念和方法的形神兼备的重要文献。

二、诊所法律教育在美国:风暴的场域

为了帮助读者更好地理解这场耶鲁师生诉战美国总统的“法庭风暴”的产生缘由,尤其是为什么这场“法庭风暴”由耶鲁大学法学院法律诊所的师生掀起,我们有必要对当代美国诊所法律教育的基本情况加以介绍。当然,即便不了解这些,也并不妨碍读者阅读上的酣畅淋漓和感受上的身临其境。

首先,美国法学(J. D.)教育属于后本科阶段的研究生教育。美国本科教育属于博雅教育(通识教育),一般称为文理学院,亦即美国大学在本科阶段不开设法学专业。美国法学院在规模上“小而精”,进入法学院研习法律的学生,必须有其他专业本科学习的经历,所以他们的心智、眼界与阅历都较本科生成熟与丰富。这一点,在《法庭风暴》的几位学生主人公身上得到了很好的体现。他们中有的具备国际关系与国际政治专业背景,有的有着强大的交际能力,有的有公益组织和公共管理的经验。尤其值得一提的共同点是,他们有着强烈的公益热情、鲜明的人权立场、悲悯的人文情怀,以及不畏艰难的行动力!

其次,美国法学院以培养优秀律师为核心目标,教学内容主要包括法律规则、法律推理、职业伦理和职业技能。美国法学院大多数课程都以具有法律规则效力的判例为素材,采用“苏格拉底教学法”,即启发式教学法,促使学生掌握有效的规则发现能力、逻辑推理能力、独立思考能力和文书撰写能力。在此过程中,尤其注重培养学生真实案件操作能力,即律师职业技能,并多采用法律诊所的教学—实践模式。诊所法律教育是指借用医科教育中医学院学生在医院或者诊所中学习处理真实病患的教育模式,通过让学生在具有法律实务能力的诊所教师督导下承办真实案件,面对真实的客户和真实的当事人,使学生掌握办理法律案件的技巧和技

能，使学生了解什么是法律人的责任心和敬业精神，学会怎样涵养法律人的职业伦理道德，从而为将来成为优秀的法律职业人奠定基础。

最后，诊所法律教育需要社会各系统的同情理解和大力支持。对此《法庭风暴》书中有着详尽的描述。从耶鲁师生团队在诉讼中与一些公益律师、商业律师事务所、人权组织、黑人团体、新闻媒体、政府机构等进行的良好互动与合作中，我们可以感受到美国诊所法律教育已经从传统的以课堂教学为主转变到以指导学生在办理真实案件中学习为主，同时注重引导学生在与各种社会机构合作中了解社会，进而掌握实现法律上公平正义的能力。这表明诊所法律教育必须社会化，才能获得可持续发展。否则，单凭几个诊所师生的能力和资源，连诉讼中的差旅费都无法负担，更不用说调动巨大的社会资源帮助诉讼和实现正义。

三、奇妙的阅读想象与严肃的法律运作

回到《法庭风暴》故事本身。故事其实很简单，也很励志：一个看上去不可能完成的任务，竟然奇迹般地被完成了——耶鲁大学法律诊所师生团队告赢了前后两任美国总统。绝大多数读者在阅读《法庭风暴》时，大概都会产生类似的联想：《法庭风暴》所讲述的故事，听上去很像一个蚂蚁试图绊倒大象的神话——一只蚂蚁把腿伸向路边，说等会儿大象来了我要把它绊倒。只是在《法庭风暴》中，“蚂蚁”最终绊倒了“象”，还捎带着绊倒了一只“驴”。[⑧] 真是太不可思议了！

与不可思议的故事情节相映成趣的是，书中描述的整个“诉战”过程，也是对严肃真实的美国法律运作机制的形象呈现。

总体而言，《法庭风暴》以纪实文学的形式，记录了20世纪90年代初一群耶鲁大学法学院法律诊所学生，在法律诊所课堂指导教师、民事诉讼法教授哈罗德·高的带领下，在一些公益律师和商业律师事务所的支持

---

⑧ “驴”和“象”分别指代前后两任美国总统，他们分别是来自共和党的老布什和来自民主党的克林顿。

与参与下,为维护被关押在关塔那摩海军基地的海地难民的人权,而对美国政府提起诉讼,并且最终赢得诉讼,告倒美国两任总统(老布什和克林顿)的整个过程。在该书中,作者通过全景描述"耶鲁师生诉战美国总统"这一典型案件,从接待当事人的目的和任务、法律研究、管辖选择到诉讼策略等分章节娓娓道来,真实而详细地向读者呈现了美国法律和诉讼的具体运作过程。同时,该书在诉讼过程的每一个环节,都强调了法律人综合能力的重要性,这些综合能力包括但不限于阅读能力、思考能力、表达能力、写作能力、合作能力、情绪控制能力等。

我们一直认为,一本真正的好书,值得读者不断从各种层面解读它的意蕴。就好像一部《红楼梦》,自问世以来,引发了多少才子佳人痴人说梦似的呓语,又衍生出多少版本的解读解构!甚至还在国内外发展出专门研究《红楼梦》的所谓"红学",由此产生了许多"红学"研究的副产品,同时养活了不少以此为业的文人墨客和出版社。这部《法庭风暴》其实也很值得读者细细品味。我们认为,至少可以从三个不同的角度,把这本书当作三部好书来品读。

四、一部惊险刺激的涉法纪实文学

如果有些读者并不具备法学专业背景,对繁杂枯燥的法律程序和抽象难解的法律术语不感兴趣,只想借看书消磨时间并获得阅读快感,那么,这类读者完全可以把《法庭风暴》当作一本惊险刺激的涉法纪实文学来看。

首先,书的标题就很刺激。中译书名《法庭风暴:美国耶鲁师生诉战总统》就很是抓人眼球。英文原文更刺激,*Storming the Court:How a Band of Law Students Fought the President,and Won*——"风暴"法庭,充满动感,令人震撼。一群乳臭未干的法学院学生,敢状告美国总统,这是很多人想都没想过的事情,而且还告赢了,这怎么可能?很想看看到底是怎么回事吧!

其次,以纪实手法展现惊险曲折的故事情节。一部好的文学作品,就像一部好的电影,应该讲述一个引人入胜的故事(Tell a good story),而且这个故事要足够"抓人",抓住读者的思路与情绪。《法庭风暴》就很好地做到了这一点。一方面,海地难民的苦难经历令人感同身受,引起读者高度关注,不忍罢手;另一方面,维护海地难民人权的诉讼过程一波三折,柳暗花明。海地难民人权诉讼在耶鲁团队介入之前,就有公益律师提起过,但是以败诉告终。初生牛犊不怕虎的耶鲁法学院诊所学生,鼓动了哈罗德·高教授再次以不同理由提出新的诉讼。提出新诉讼后,如果还在原来保守派占主导地位的法院起诉,又会面临败诉的结局,于是又有了选择自由派法院和法官的可能性问题。选择好了法院和法官,临近起诉,当值法官却意外生病住院,案件转由老布什总统提名的所谓保守派法官审理。正当众人绝望之际,突然发现这位法官是位可能同情海地难民的黑人,于是新诉讼得以启动。在此之后,耶鲁团队又接连面对政府律师的威胁恐吓、海地难民的怀疑抗拒、政治人物的背信弃义、学生团队的新老交接、最高法院的保守判决等困难,但最终还是跨过坎坷,走向胜利。其间的起起落落、峰回路转、跌宕起伏、惊心动魄,实在"抓人",能让读者跟随情节的发展和人物(包括难民和诊所师生)的喜悲一起紧张、一起激动。真是好久没有这样欣喜的阅读感觉了。

再次,借鉴电影表现手法,很有艺术性。在作者和译者的引领下,读者的视线不断在海地、关塔那摩难民营、耶鲁大学、美国政府部门之间切换,很有"平行蒙太奇"的感觉。《法庭风暴》的叙事"花开两朵",一条主线是一位参加海地民主运动的妇女在海地政变发生后,受政变当局迫害,被迫逃离祖国成为难民,被美国政府以保护之名关押在关塔那摩基地的难民营,并在难民营中组织展开绝食等抗议活动,为尊严而斗争、为人权而斗争的故事。另一条主线则是耶鲁法律诊所师生团队诉讼的过程。两条主线同步发展、并行不悖,直到过了全书将近1/2的篇幅,两条主线才得以相遇。这种写作手法确实十分引人入胜。

最后,译文流畅,融诊所法律教育方法和美国法律及司法制度术语于故事发生发展过程之中,毫无违和感。《法庭风暴》虽然是英译汉,但是译者的语言风格没有艰涩的长短句嵌套,没有故作深沉地引经据典,没有空洞的道德号召,而是通过平常但绝不平淡的语言、细致入微又不琐碎的细节,以及敏锐的洞察力展示事件发生发展进程,体现人物性格特点,甚至于细微处臧否人物。我们爱不释手地读下来,感觉真实可信。如前所述,该书译者是我国高校最早开设法律诊所课程的资深诊所教师蔡彦敏教授和她的学生,所以译文不仅语言流畅、可读性强,而且对原书公益精神的领会和专业知识的把握都很到位,堪称壮士名马、鲜花美人、佳作佳译,相得益彰,称其达到翻译“信、达、雅”的高标准[9]并不为过。

五、一部生动细致的司法运作实录

如果读者是法科学子,憧憬着为实现社会公平与正义而“铁肩担道义”,那么,这本书会告诉年轻的读者,“即使在一向以法治发达自傲的美国,司法公正也并非理所当然的存在”。[10] 耶鲁诊所学生们一开始也是抱着极大的热情、信念和正义感而发起和推动诉讼,但是随着诉讼的进行,“法律人的力量与法律人的无力、骄傲的荣誉感和无奈的挫败感”[11]始终矛盾地并存着。正如中译序所称,《法庭风暴》会带给读者关于“如何运用司法体制以推动自由、法治和社会正义,如何理解政治体制对司法权力运作的影响,如何确保司法权的独立性但同时又使之受到有效的监督,如何确保法官的中立性并为之提供制度保障,如何确保即使一方是代表着强大国家机关另一方只是身陷囹圄的难民也能在诉讼中拥有平等的地位和法律的保障”[12]的启示。由此,读者们能够深刻体会到法治文明作为更高级的公共治理机制,需要每一个人坚守法治信念并身体力行,从而为自己、

---

⑨ 严复在《天演论》的“译例言”中讲:“译事三难:信、达、雅。求其信已大难矣,顾信矣不达,虽译犹不译也,则达尚焉。”

⑩ [美]勃兰特·戈尔茨坦:《法庭风暴:美国耶鲁师生诉战总统》,蔡彦敏、汪玉译,法律出版社2008年版,中译本序言,第5页。

⑪ 同上书,中译本序言,第5页。

⑫ 同上。

为每一个人的自由、尊严和追求幸福的权利创造公共的制度环境。并且相关制度的良性运行,还需要以具有公共精神的公民行动作为监督和保障。

如果读者还对美国法律制度感兴趣,想了解其独特的司法制度和诉讼程序,但又不堪忍受大部头专业学术著作的艰深晦涩,那么,《法庭风暴》更是一个不错的选择。这本书通俗易懂地阐释了美国属于英美法系的判例法特色、联邦与各州双轨并行的法院管辖制度、律师充分的调查权、三权分立甚至多权分立的庭审机制、[13]庄重严谨的庭审程序规则等。在神游于海地、关塔那摩和耶鲁大学,以及醉心于扣人心弦的故事情节的同时,读者会真切感受到《法庭风暴》作者用心良苦地“勾勒出了美国诉讼制度的基本轮廓,呈现了美国特有的诉讼文化”,从而让人犹如“亲历了一次完整而又惊心动魄的美国诉讼程序”。[14]

与此同时,《法庭风暴》在精彩紧张的叙事中,巧妙地穿插讲解了一些通常较为枯燥抽象的法学理论、法律条文和法律术语。例如,伴随着耶鲁诊所师生团队处理海地难民人权案件的取证、开庭审理等活动,作者形象而又简洁明了地解释了既判力、[15]穷尽行政救济原则、[16]轻率诉讼、[17]管辖、[18]选择法院、[19]选择法官、[20]正当程序、[21]直接询问、[22]交叉

---

⑬ 关于美国法庭的三权分立机制这种表述,是作者学习、研究美国法律制度并观摩其庭审过程之后,独立思考后慎重地总结出来的。至少在本人的阅读范围内,尚没有看到类似的表述。具体而言,它是法官、律师、案件事实公民裁决团(通常所谓的“陪审团”)的三权分立。顺便说一下,常见的将The Jury中译为“陪审团”,其实是不妥当的。在美国法庭上,The Jury的功能是在双方律师展示证据、询问证人的基础上,对案件事实做出判断。因此,将The Jury译为“案件事实公民裁决团”(简称“民决团”)才是准确的。

⑭ [美]勃兰特·戈尔茨坦:《法庭风暴:美国耶鲁师生诉战总统》,蔡彦敏、汪玉译,法律出版社2008年版,中译本序言,第5页。

⑮ 同上书,第54页。

⑯ 同上书,第57页。

⑰ 同上书,第93页。

⑱ 同上书,第9页。

⑲ 同上书,第9、43页。

⑳ 同上书,第71~101页。

㉑ 同上书,第331页。

㉒ 同上书,第279页。直接询问是指律师在法庭上询问本方证人以证明本方所主张的案件事实的活动。

询问、[23]传闻证据[24]等法律术语的含义及其在诉讼中的理解、运用及效果。此外,"对于各种法庭动议、审前准备、证据开示、询问录取证言、听审和庭审等复杂精细的程序制度的具体操作等",[25]《法庭风暴》都有立体、生动和形象的展示。可以说,即使完全没有法律背景的读者,也能够通过阅读,基本明白其特定内涵而不至于发生阅读障碍。

六、一部鲜活的诊所法律教育教科书

如果读者是法科学子,而且有志于从事律师实务工作,想要了解诊所法律教育是如何培养既具有法律理论和法律知识又具有基本律师职业技能的学生,或者读者已经是法律诊所课堂学生,想要更好地参与诊所课堂,更好地与其他同学及诊所教师互动,那么,《法庭风暴》将是一部活生生的法律诊所教育案例教学教科书,诊所学生与诊所教师都可以从中揣摩出自己的角色及其要求。当然,这里的"教科书"是要打引号的,因为它毕竟没有按照教科书体例编写。然而,对于愿意细心思考和揣摩的读者来说,该书确实具有教科书的功能。

首先,读者在生动的情节中能够深刻领会诊所法律教育的价值理念。诊所法律教育的价值理念是多元的,主要包括让法学专业学生"在实践中学习"和"通过公益服务而学习",并以培养兼具法律实践能力、社会正义与社会责任感的法学院学生为目标。在《法庭风暴》所呈现的耶鲁大学法律诊所学生团队处理案件的过程中,集中反映了他们对于案件当事人的责任感、及时调整策略的应变能力、团队合作的能力、独立思考和与教授平等交流的能力、法律文书写作的能力,以及进行反思性总结和自我完善的能力。事实上,诊所法律教育不仅仅是律师职业能力的训练,更有超越

㉓ 同上书,第279、283、287页。交叉询问,是指律师在法庭上询问对方证人以否定或者削弱其证明力的活动。

㉔ 同上书,第124~125页。

㉕ 同上书,中译本序言,第5页。

技能的道德境界追求,旨在关注人的尊严和人本身的价值,推己及人的同理心培养等。正如《法庭风暴》中诊所教师高教授在若干年后重返耶鲁执教并执掌耶鲁法学院之后所确立的目标——他不希望耶鲁法学院只是一个专门培养职业律师的学校,而是希望能树立更高的道德目标,培养学生为服务社会而学习,㉖别让耶鲁法学院学生的技巧胜过他的品德。㉗ 在法律诊所处理案件的经历和体验,对诊所学生毕业后的人生选择产生了巨大的影响。㉘

其次,读者能够全面了解法律诊所课堂的教学方法。诊所法律教育方法归纳为一句话,就是体验式、互动式、参与式教学法,主要包括启发式教学、讲演教学、头脑风暴、小组讨论、示范观摩、对谈点评、模拟训练、角色扮演、个案分析、个别指导、录像回放、自我反思及全程反馈等。㉙ 其中最重要的一种教学方法是启发式教学法,又称为"苏格拉底教学法",㉚是指指导老师通过不断地启发式提问和提示,让学生自己提出问题、自己思考问题、自己寻找解决方案并对各个方案利弊进行对比分析做出选择,诊所学生自己实施行动方案、自己找到答案,最后对方案实施的后果进行反思性评估。任何一个诊所学生都要体验一场真实案件处理过程中的"头脑风暴"(storming the brain),㉛体验角色扮演、小组讨论、在行动中学习等教学方法的魅力。当然,实现教学效果的前提是每个诊所学生全身心投入和积极主动发挥创造性作用。所有的诊所教学方法集中指向让学生

㉖ 同上书,第341页。

㉗ 参见[美]哈罗德·高:《别让你的技巧胜过你的品德》,或题"耶鲁法学院院长迎新致辞(2009年3月16日)",载新浪博客网:http://blog.sina.com.cn/s/blog_5e6353430100dio2.html,最后访问日期:2017年12月9日。

㉘ [美]勃兰特·戈尔茨坦:《法庭风暴:美国耶鲁师生诉战总统》,蔡彦敏、汪玉译,法律出版社2008年版,第336~338页。

㉙ 参见甄贞:《诊所法律教育在中国》,法律出版社2002年版,第149~181页。

㉚ 苏格拉底作为教师不采用教导式而采用启发式教学方法。他常常用提问的方式引导学生自己发现问题的答案,一连串启发性问题刺激学生去思考并做出回答,直到学生找到正确答案为止。所以,苏格拉底自称"真理的助产士"。参见[古希腊]色诺芬:《回忆苏格拉底》,吴永泉译,商务印书馆1984年版。另外,从柏拉图《理想国》和《柏拉图对话录》等著作中也可以看出来"苏格拉底教学法"的运用。

㉛ 《法庭风暴》这一传神的中译名,也许正是从"头脑风暴"的表述中借鉴而来。

学会动脑筋、学会动手、学会自己处理问题、学会与人有礼有节地交流、学会克服困难和障碍的方法，最终形成指引自己人生的基于良知的信念。

耶鲁法学院诊所师生“诉战”总统的过程就是诊所法律教育方法的全面展示和运用，充分体现了学生在案件处理过程中的能动作用。例如，对于能否提出一场新的诉讼，怎样避开既判力，怎样选择有利的管辖法院，怎样选择有利的法官等问题，指导老师高教授都没有直接告诉学生答案，而是通过提问、相互讨论、研讨判例、实地调查等让学生自己去独立思考、发现答案和采取行动。在行动过程中，诊所学生与教授、当事人、法官、对方律师、政府部门、社会公益组织进行直接接触和互动交往，有时非常顺利，有时非常困难，有时遇到难以化解的冲突等，这些都有助于丰富学生对社会的认识，使其明白法律如何通过诉讼参与者的行动而被具体运用，而这些切身体验和感受正是传统课堂所无法提供的。

最后，耶鲁诊所团队与所援助的当事人之间相互影响的过程值得揣摩，令人感叹。阅读本书，对于笔者而言，印象最深的情节是耶鲁诊所学生团队到关塔那摩去会见当事人，第一次正面接触海地难民的情形。[32] 会见当事人是诊所学生有机会处理真实案件的前提环节，也是诊所法律教育的重要内容。耶鲁团队能否见到远在关塔那摩的海地难民、见到难民后能否有效会见、能否取得难民的信任、会见后是如何处理难民们所面临的各种法律问题和生活现实问题的、诊所团队内部是否有分歧及如何解决分歧等，其中每个环节都有可能遭遇到失败而导致法律援助活动的戛然而止。因此，当诊所学生第一次接触当事人，到底应该以什么样的心态对待所要援助的对象，这是诊所法律教育过程中要引导学生思考和解答的基本问题。亦即如何摆正自己和当事人的位置，如何设定自己的角色并按照这个角色去行动的问题。诚然，诊所学生与教授精通法律，为不懂法律不知道如何运用法律程序的社会弱者提供免费法律援助，但是诊所团队不是救世主，提供法律援助不是对弱者的施舍；当事人不是软弱无力

---

[32] ［美］勃兰特·戈尔茨坦：《法庭风暴：美国耶鲁师生诉战总统》，蔡彦敏、汪玉译，法律出版社2008年版，第171～190页。

的乞讨者,而是应受尊重、有人格尊严的个体;不应伤害当事人,而应以尊重的态度对待当事人的需求。因而,在诊所课堂上,当涉及当事人利益时,应该遵循“当事人中心主义”。

在法律援助活动中,诊所学生往往会产生一种人道主义的情感变化。[33]《法庭风暴》书中借女学生托莉之口进行了反思。托莉在参与案件的过程中,曾经日渐产生了一种用她的话来说就是“拯救可怜的海地人”的情绪,觉得如果没有她的帮助,那些受援者将失去希望。但是海地难民在关塔那摩惨烈的为争取自由和尊严的斗争让她感到震撼——“他们看起来是那么地有组织性和纪律性”,她因此而产生新的想法,“尽管我们是要为他们打一场法律之战,但这并不意味着他们本身是软弱无力”。[34] 这就体现了诊所法律教育的真谛——多元文化之间的认知,[35]以及加强人与人之间的理解。这就要求诊所学生在与当事人的互动中,能够体会到自己固有认知的狭隘性,认识到当事人在纠纷处理中的重要作用,从而纠正其褊狭的思维,增强其思想的包容性。这种跨文化、跨阶层认知和理解是构建和谐社会的重要基础,是任何间接学习方式所无法实现的教学目标。

会见中的一个重要任务是取得当事人的信任,这也是诊所学生面临的巨大挑战。[36] 被关押在关塔那摩的难民情绪非常微妙,由于生活在与世隔绝的环境中,他们高度警惕又渴望获得帮助。耶鲁诊所师生团队该如何取得他们的信任?刚开始,难民怀疑耶鲁师生是为政府效力,或者只是为了沽名钓誉,或者是借机发财,甚至认为他们之所以免费服务是因为他们是差劲的律师。高教授和他的学生都很难获得难民的信任,[37]直到后来,他们的美籍海地裔翻译冒着巨大危险化装成难民,混入隔离区,给难

---

[33] 参见杨欣欣主编:《法学教育与诊所式教学方法》,法律出版社2002年版,第160~164页。

[34] [美]勃兰特·戈尔茨坦:《法庭风暴:美国耶鲁师生诉战总统》,蔡彦敏、汪玉译,法律出版社2008年版,第181页。

[35] 参见杨欣欣主编:《法学教育与诊所式教学方法》,法律出版社2002年版,第120页。

[36] 参见李傲:《互动教学法——诊所式法律教育》,法律出版社2004年版,第120页。

[37] [美]勃兰特·戈尔茨坦:《法庭风暴:美国耶鲁师生诉战总统》,蔡彦敏、汪玉译,法律出版社2008年版,第182~188页。

民们检查身体，才帮助他们逐渐赢得难民的信任与配合。

还有一个诊所学生必须解决的难题——怎样识别当事人提供信息的真实可信性？当事人出于可以理解的原因，在陈述事实时往往做出有利于自己的夸张和限缩，以及选择性地隐瞒和披露。怎样不受当事人左右，追索当事人陈述背后的事实，以及客观事实背后的法律事实，是诊所法律教育的重点也是难点问题。在《法庭风暴》中就有这样一个典型的例子，有些海地难民急于脱困，对耶鲁团队做了夸张和虚假的陈述，差一点使第二场诉讼败诉——幸亏有备用方案。

诊所学生基于当事人的不同需求，会产生对法律援助的再认识。在很多人印象中，法律援助就是义务帮助符合援助条件当事人打官司，即帮助其处理法律专业问题，如分析案件、出具法律文书、协助和解、参与调解和谈判，甚至起诉并代理出庭等律师职业活动。耶鲁团队大多数诊所学生一开始也是这种想法。但是，当部分海地难民进入美国接受治疗，需要团队为他们安排食宿、日常用品的时候，有的人不耐烦了，认为自己参加团队是来干大事的，不是来当保姆的，于是退出了。有的人也怀疑过并开始思考，一个律师所能提供的帮助到底是什么？“法律（援助）工作”的定义是什么？但最后他们想通了，认为这些并不重要，唯一重要的是，难民们生活在痛苦悲惨的世界里，需要他们的帮助。“如果把洗发水寄到巴克利营地能给难民们带去快乐的话，她（萨拉）何乐而不为？”这说明诊所法律教育对学生的培养和影响是全方位的。至于“愿意给海地人提供这种非法律帮助的几乎都是女生”，[38]这一点也非常有意思，值得深思。

七、“耶鲁标本”对中国同行的启示意义

由于《法庭风暴》具有前述“三合一”的阅读维度及其体验，我们可以说，《法庭风暴》形象地呈现了美国诊所法律教育的基本理念、基本内容与

[38] 同上书，第194页。

基本体系,并且生动地诠释了美国诊所法律教育的“耶鲁标本”乃至“耶鲁标杆”。尽管在美国并非只有耶鲁法学院一家开设诊所课程,也并非只有耶鲁诊所师生团队在法律援助中取得骄人战绩,但毋庸讳言,耶鲁诊所师生团队在海地难民案中的表现,足以让他们载入诊所法律教育史册。对于将要参加诊所课堂的中国学生来说,了解《法庭风暴》中的有关内容并提前做好心理准备,安排好自己的各项事务,腾出相应充裕的时间,为顺利参加诊所课堂做好准备是非常重要的。更重要的是,《法庭风暴》中呈现的“耶鲁标本”和树立的“耶鲁标杆”,还为中国诊所教师组织和管理诊所、运用诊所法律教育方法、开展诊所课程提供了典型示范,具有重要启示意义。

首先,法律诊所的开办与运行,需要领袖式的诊所教师的无私奉献,更需要系统的软硬件支撑。《法庭风暴》中主持哈佛法律诊所并全程指导诊所学生处理海地难民案件的哈罗德·高教授,为作为诊所教师或者希望成为诊所教师的中国法学院教授提供了一个良好的示范。运行一个法律诊所,就好比是将一个律师事务所与一个大学课堂有效地结合起来,[39]这也就是高教授所期待的,把诊所工作与教育学生良好地结合起来。正如书中所述,组建并管理一个法律诊所,需要场地和办公设施、经费和工作人员、有符合诊所课堂所要求条件的学生、一整套诊所管理和运作制度、学校对诊所法律教育的支持和从事诊所教育的教师劳动量的肯定、国家对诊所学生出庭身份的认可等内外部条件。

其次,法律诊所顺利开展教学,需要诊所教师明了诊所法律教育的价值理念,并从内心认同这种价值理念且愿意开展诊所法律教育,进而有兴趣和能力掌握和运用这种教学方法。高教授无疑具备这个条件。政治难民家庭出身的他,具备为难民的人权保护而努力的内在动力,有追求社会公平正义的信念。同时,他精通《美国宪法》及人权领域的法律制度,熟练掌握了苏格拉底式教学法等诊所法律教育方法。如果没有对诊所法律教育高度认同并真正掌握诊所法律教育方法的诊所教师,诊所法律教育就

㊴ 同上书,第48页。

无法开展。这也是中国诊所法律教育专业委员会近20年来坚持持续进行诊所教师培训的根本原因。每个教师都可以从高教授的教学活动中获得启示,并尝试将其教学方法运用到自己的诊所教学活动中。从总体上看,诊所指导教师工作职责繁重,既要全面负责诊所的行政管理工作,又要耐心细致地指导诊所学生处理案件,每一个环节都不能松懈,冒着各种风险,[40]承受来自家庭和社会的多重压力,遇到无法控制的事态和人员时非常无奈,有时也会受到来自诊所学生的挑战和不满,甚至默默承受无意的伤害。因此,诊所法律教育是一个充满挑战与风险的事业,对教师也是一个不断地自我反思和提高的过程。

再次,诊所教师在诊所法律教育实践中是苦乐交集的,要妥善处理好与诊所学生细致微妙的情感关系与认识冲突。这里不妨分享《法庭风暴》中高教授所经历的苦与乐。哈罗德·高教授深受耶鲁学生们的爱戴与尊重,在指导诊所学生办案的过程中,每一次学生的进步,每一个障碍的克服,诉讼所追求目标的实现,都令高教授欣喜异常。但是书中还是多次描述了作为诊所指导老师的高教授与学生之间所发生的大大小小的冲突。这些冲突产生原因各异,但的确反映了在诊所法律教育中师生关系及互动方面的多元性和复杂性,需要教师与学生能够互相谅解并及时化解误会和矛盾。例如,要不要介入难民诉讼?一开始高教授是非常犹豫的,因为该案件已经有公益律师提起过诉讼且败诉了。如果耶鲁诊所团队介入,败诉的风险非常大。但他被学生的热情感染,深思熟虑后毅然加入其中。接着是选择怎样的切入口提起诉讼,学生有主张直接诉诸原则性的宪法“平等保护条款”,哈罗德·高则主张强调具体的程序上的对(难民)“律师会见权”的侵犯。高教授说服学生接受后者。[41] 当然,随着诉讼的发展,前者也最终提上了法庭。这体现了诊所课堂上教师与学生之间特殊的指导与合作关系。再接着是在关塔那摩会见当事人时,有学生当着

---

[40] 同上书,第93页。由于诊所团队学生没有律师资格,不能向法庭提交文书,因此所有法律文书上都是高教授的签名,一旦法院对其做出提起“轻率诉讼”认定并施以制裁,高教授将以个人财产承担责任。

[41] 同上书,第48~67页。

难民的面提出与高教授不同的诉讼策略,挑战了高教授的权威,损害了团队的整体性,破坏了好不容易建立起来的难民们对团队的信任,高教授这次狠狠地发了脾气,这是最严重的一次,[42]也是该书情节上的精彩张力所在。

诊所学生对教师的误解或者基于不同原因而产生的偏见,是人们之间经常发生的认识误区。高教授就曾被他的诊所学生认为他偏心,在分配工作任务时不征求大家意见,而是根据他自己的意愿,把工作分配给他认为合适的人,从而引起诊所学生的抗议。例如,在诉讼期间,高教授为了保证工作效率,根据学生以前的工作经验给他们分配任务,结果有的学生一直担任后勤财会工作,有的学生一直担任知识性、学术性较强的法律文书写作工作,这就造成了学生心理不平衡,一些学生公开表达了对他的不满。还有女生抗议高教授总是把关键的法律工作分配给男生,却把琐碎的日常采购工作留给女生。又如,在诉讼进行到最困难的阶段,即要不要发起第二场针对克林顿政府的诉讼之际,正值耶鲁团队新老交替,在这个高教授最需要学生支持和帮助的时刻,那些日常教学和诉讼活动中总是围在他身边的"得意门生"们,却纷纷选择了回避,这一点也深深地刺伤了高教授的心。[43] 高教授后来反思,自己没有把诊所工作和教育学生很好地结合起来,是一个失败。[44] 此外,由于案件审理耗费时日,不同年级的诊所学生之间如何衔接问题,如何较好地解决人员更替的过渡期问题,以及学生寒暑假时案件处理问题等,都是诊所法律教育常常要克服的障碍。耶鲁诊所团队同样面临这些问题,并通过选拔新的成员组成新的团队以克服困难。[45] 书中这些细节描述对于诊所教师来说,具有较大的参考价值,揣摩这些冲突产生、发展、化解的过程,有助于多侧面理解诊所教师的角色和面临的困难,进而在自己的诊所课堂教学实践中加以克服。

最后,尽管有多重困难,但耶鲁诊所师生团队执著追求社会正义的坚

---

[42] 同上书,第190~192页。
[43] 同上书,第146页。
[44] 同上书,第208~210页。
[45] 同上书,第200页。

定信念和百折不挠的坚强意志能够感染每一个人，令人充满勇气和希望，激励所有法律人以强烈的责任心和使命感为实现司法正义而积极行动。我们相信，这也是《法庭风暴》一书最能打动和激励中国同行的要害所在。

结　语

总之，《法庭风暴》是一部叙事精彩而令人回味无穷的好书，记录了一场蚂蚁绊倒大象的诉讼；是一部情节紧凑而让人激动紧张的好书，讲述了海地难民曲折避难和耶鲁师生艰难诉讼的经历；是一部惊险刺激的涉法文学作品，呈现了人们平常看不到的世界本相；是一部生动细致的关于法律信仰和美国诉讼及司法制度的参考书，纠正或消除了许多读者对一些法律术语和法律程序的误解；是一部鲜活灵动的诊所法律教育的案例教学教科书，解答了诸多关于诊所法律教育的疑问；是一部诊所教师和诊所学生可以共同阅读、共同分享的好书，丰富了诊所法律教育文献资源，激励了诊所教师从事诊所法律教育事业的信念。

西人有云，有时候上帝这样爱我们——我们向上帝祈求力量，他却给我们困难；我们克服了困难，就拥有了力量。谨以此语，结束我们对《法庭风暴》的介绍和评述，诚愿所有追求社会公平正义的人们拥有力量。

The Yale Specimens of Clinical Legal Education and Its Implications

—A Review of *Storming the Court*

Han Guijun　Wu Huan

Abstract: Clinical legal education has achieved the goal of "entering the mainstream" in China's legal education, while law school teachers need to know about clinic legal education and try to practice it. The book, *Storming the Court* skillfully takes how the Yale legal clinic team deal with Haitian refugees' human rights lawsuit as the clue, using literature methods with the unity of form and gist, to introduce the education idea and the education methodology, student ' s teacher ' s roles and positions in clinical legal education, the hardware facilities and the internal and external conditions for clinical legal education. At the same time, this book truly describes the emotional change of Yale legal clinic team in the process of providing their legal aid to Haitian refugees, as their feeling of sorrow and happy, and its influence on students' career choices after graduation, which share a huge amount of information with readers. The book is a rare and vivid image and panoramic view of clinical legal education, which focuses on present and shows the Yale specimens of clinical legal education, and worthy of all readers interested in clinical legal education to reading it carefully. At the same time, in China, it has strong reference value and significance and to those who are engaged in and will be engaged in the clinical legal education.

Key Words: *Storming the Court*, clinical legal education, clinical legal education method, Yale specimens

管理经纬

陕西省普通高校本科教学工作审核评估的实践与思考

陆根书[*]　李珍艳[**]　牛梦虎[***]　贾小娟[****]

摘　要：陕西省在对本省地方属高校开展审核评估的过程中，结合本省高等教育发展的阶段性特征，在评估范围和指标、评估操作规程、评估管理信息系统等方面逐渐形成了具有地方特色的做法。主要包括：组建高水平的评估专家队伍，专家进校考察校领导、学院、部门全覆盖，专家反馈直面学校问题，建立审核评估整改的三环节检查与反馈机制，并将学校整改工作绩效与陕西省"四个一流"建设项目等资源配置机制挂钩。总结陕西省评估实践，各高校普遍存在的一些共性问题与整改建议主要有：学校办学定位的内涵与特色需要进一步明确，人才培养目标的表述需要进一步明晰，人才培养质量标准建设有待进一步加强，师资队伍建设有待进一步强化，

* 陆根书，西安交通大学中国西部高等教育评估中心主任，教授。研究方向：教育经济学、高等教育学。

** 李珍艳，西安交通大学中国西部高等教育评估中心博士生，助理研究员。研究方向：高等教育评估理论与实践。

*** 牛梦虎，西安交通大学中国西部高等教育评估中心助理研究员，博士。研究方向：研究生教育评估理论与实践。

**** 贾小娟，西安交通大学中国西部高等教育评估中心助理研究员，博士。研究方向：创造力测量与评价。

专业动态调整和结构优化机制有待完善,状态数据和动态数据有待进一步整合,分类指导与横向比较的需要有待进一步满足等,这些也将成为陕西省本科教学改革和人才培养质量进一步提升的重要抓手。

关键词:本科教学　审核评估　人才培养　陕西省

2013年12月,教育部下发《关于开展普通高等学校本科教学工作审核评估的通知》,决定从2014~2018年开展高校本科教学工作审核评估。这也是自2008年第一轮本科教学评估结束后,由教育主管部门主导的第二轮大规模普通高校本科教学工作评估。根据教育部对普通高校本科教学工作审核评估的总体部署,2016年陕西省教育厅按照“管办评”分离原则,委托西安交通大学中国西部高等教育评估中心(以下简称西部评估中心)负责陕西省22所省属普通高校本科教学工作审核评估的具体组织与实施。在推进审核评估的过程中,陕西省在制度设计、流程优化、专家遴选、持续改进等方面做了一些探索,形成了一些经验和特色。

一、陕西开展审核评估的总体状况

(一)形成了具有陕西特色的评估范围和指标

根据《教育部关于开展普通高等学校本科教学工作审核评估的通知》等相关文件精神要求,陕西省教育厅决定全面开展本科教学工作审核评估,并把审核评估作为“十三五”陕西省高等教育的重点工作,以及“一流大学、一流学科,一流学院、一流专业”建设的重要基础。为此,陕西省教育厅制订了《陕西省普通高等学校本科教学工作审核评估实施办法》《陕西省普通高等学校本科教学工作审核评估范围》《陕西省普通高等学校本科教学工作审核评估引导性问题》等审核评估文件。[①] 根据世界高等教

① 参见陕西省教育厅:《关于开展普通高等学校本科教学工作审核评估的通知》(陕教高办〔2016〕32号),载陕西省教育厅官方网:http://www.snedu.gov.cn/news/jiaoyutingwenjian/201607/08/10912.html,最后访问日期:2017年12月25日。

育改革发展趋势和陕西省的发展实际，陕西省审核评估实施方案以“以评促建、以评促改、以评促管、评建结合、提高质量”为方针，突出内涵发展，突出特色发展，强化学校办学合理定位，强化人才培养中心地位，强化质量保障体系建设，强化创新创业教育工作，实施方案设计坚持高校办学的主体性原则、办学定位的目标性原则、人才培养的多样性原则、办学质量的发展性原则和审核评估的实证性原则，对高校人才培养目标与培养效果的实现状况进行全面评估。在教育部文件的基础上，陕西省对审核评估范围进行了补充、完善，率先提出了“创新创业教育”要素，并增加了 16 个审核要点，涉及学校鼓励教师安心热心从教政策举措、教学名师培养作用发挥、实验室建设及设备改造、在线开放课程建设、教学改革研究项目和教学成果奖培育、学生转专业、选修、小班化教学及分层分类教学制度、创新创业教育等不同方面，为学生自主选择、发展和优秀教师成长提供更大空间。

(二)坚持以第三方评估为根本，积极落实“管办评”分离机制

陕西省教育厅委托西安交通大学西部评估中心负责陕西省 22 所省属普通高校本科教学工作审核评估的具体组织与实施。西部评估中心具有 30 多年的高等教育研究基础，目前已逐渐发展成为具有较高专业化水平的专门评估机构。

由高水平的第三方专业机构组织实施审核评估，在以下三个方面体现出了明显的优势：第一，落实“管办评”分离的原则，地方教育行政部门主要起指导与协调作用，依据国家标准，主动履行对所辖高校本科教学质量评估工作的规划、指导、协调和监督的职能；第三方评估机构具体组织实施审核评估工作；学校根据审核评估范围和要求，组织开展自评工作，并完成审核评估自评报告。地方教育行政部门、评估机构和学校的职责分工明确，各司其职，有效避免了政府主管部门“既是运动员又是裁判员还兼评论员”的质疑。第二，第三方专业评估机构和专业人员在评估过程中更加注重实证研究、专业规范和常态化制度建设，遵守独立性、权威性、保密性和透明性要求，更加强调评估者和被评高校的平等互动和深入交流，使评估工作能够在更加公开、公正、公平的环境下开展。第三，审核评估的综合和叠加效应逐步得到发挥。第三方评估机构在组织审核评估的同时,往往还是省内高校本科专业评估、专业认证等工作的组织者,几项评估同步运行,既有利于充分发挥高水平评估专家的作用,也可以将不同评估项目的评估数据和评估结果进行相互印证和对照,对保证学校填报数据的准确性、评估专家结论的客观性具有积极的保障作用。

(三)制定了具有陕西特色的审核评估操作规程

根据陕西省普通高校本科教学工作审核评估安排,西部评估中心先后制定了《陕西省普通高等学校本科教学工作审核评估操作规程(试行)》《陕西省普通高等学校本科教学工作审核评估工作指南》《陕西省审核评估管理信息系统专家操作指南》等文件,对学校工作任务、专家组工作程序及任务、专家组秘书与项目管理员工作内容和职责做了详细说明,明确了审核评估工作流程、管理信息系统操作流程,以及评估纪律等。

(四)自主研发了陕西省本科教学工作审核评估管理信息系统

为开展审核评估工作,教育部高等教育教学评估中心研发了审核评估管理系统和高校教学基本状态数据库系统,建立了相应的数据采集网络,利用现代信息技术服务审核评估工作。为进一步推动和提升陕西省普通高校本科教学工作审核评估的信息化水平,西部评估中心联合陕西省高等教育数据中心,结合教育部审核评估范围和陕西省特色审核要素、要点,设计并开发了“陕西省本科教学工作审核评估管理信息系统”。该系统在教育部本科教学基本状态数据库的基础上,针对陕西省新增的“创新创业教育”审核要素和16个审核要点,补充设计了18张数据表,总共96个数据项,完善了高校教学过程数据的采集和状态数据分析报告的内容,为评估专家提供了更加详尽的数据支撑。在专家进校考察过程中,技术支持人员全程驻扎现场,解决专家在使用中遇到的各类问题,并及时总结系统问题,持续进行系统功能及操作体验的升级与改进。经过一年半的试用和不断完善,该系统的稳定性有了很大提升,评估系统界面友好,受到了大多数审核评估专家的好评,为提高审核评估工作效率提供了有力支撑。

(五)陕西本科教学工作审核评估的具体进展

2013年,西安理工大学参加了教育部审核评估试点。在试点的基础上,从2016年下半年开始,陕西省全面开展本科教学工作审核评估,截至2017年年底,已完成所有学校的审核评估专家进校考察工作,并按照陕西省教育厅统一部署,专家组进校考察工作结束满半年的高校需进行审核评估整改中期检查,满一年后需进行整改回访检查。目前已完成22所高校的整改中期检查和整改一年回访检查。通过审核评估,强化了本科教学的中心地位,推进和深化了学校综合改革,提升了学校的教育教学质量,对扭转高校办学思路功利化、学科设置同质化、管理方式行政化等方面的突出问题也起到了积极的推动作用。陕西省的一系列做法受到了来自各省的评估专家和参评高校的高度赞誉和认可。

原长春工业大学校长、教育部审核评估专家张德江评价:“陕西省政府对此次审核评估高度重视,西部评估中心组织实施认真严密,是我了解的所有省份中效果最好的。”原华中师范大学副校长、教育部审核评估专家李向农如此评价:“陕西省委省政府和教育厅以及西部评估中心对于审核评估工作高度重视,成效显著。亮点之一是组织22所参评高校省内统一培训,有利于参评高校进一步领会精神,加深认识,明确要求;之二是对工作进度统一规划;之三是审核评估方案在教育部高等教育评估中心的方案基础上因地制宜,形成《陕西省普通高等学校本科教学工作审核评估实施办法》《陕西省普通高等学校本科教学工作审核评估范围》(增加了审核评估范围评估要素和评估要点共计16个)等;之四是教育厅提出参评高校审核评估整改方案形成之后,在半年后和一年后安排两次‘回头看’,强化了整改的实效性。”

多所参评高校接受评估后总结到,“西部评估中心组织的审核评估管理流程合理、顺畅,专家组人员构成学科覆盖面广、水平高,评估专家、秘书和联络员认真负责、工作敬业”。“为了让各学校更了解评估方案及评估流程,西部评估中心多次组织培训,解读评估方案、评估流程等,使整个审核评估的过程顺利、有序”。“西部评估中心组织的审核评估整改检查工作,高效推动了我校本科教学工作整改落实,切实推动了我校人才培养工作的内涵建设”。

二、陕西开展审核评估的做法与特点

(一)组建高水平的审核评估专家队伍

为确保审核评估的客观性、针对性、科学性和权威性,参加陕西高校审核评估的专家全部是从教育部审核评估专家库中遴选的外省专家。遴选的专家队伍具有以下主要特点:一是经验丰富,指导性强。绝大多数专家多次参加审核评估工作,有68%的专家为现任或曾任学校领导,长期负责学校教学等工作,具有丰富的教育教学管理经验。二是层次高。近47%的专家来自985工程和211工程高校。三是针对性强。结合学校的办学特点,以及强势、优势专业,聘请具有相关专业背景的专家构成专家组。四是注重陕西后备专家培养和学校之间的交流学习。聘请陕西省属高校高等教育研究所所长和教务处长担任审核评估专家组秘书,一方面为培养陕西省高等教育评估专家积蓄人才,另一方面也为学校之间的相互借鉴和学习提供了平台。

陕西省根据学校类型、办学定位、办学规模、专业设置、主干院系、办学特色等多种情况综合考量,为参评院校量身打造"最优组合"的高水平专家队伍,为审核评估进校考察提供人力资源保障。水平高、来源广的专家组不仅提升了审核评估的权威性、客观性、规范性,也为陕西省和各高校充分汲取外省高等教育改革发展的成功经验和各位专家的智慧提供了平台,为本科教学的省际交流与相互借鉴提供了可能。

(二)坚持专家进校考察能够覆盖到所有校领导、学院和各职能部门

为了全面了解、掌握学校的情况,也为了促进学校各单位重视、支持本科教学工作,调动学校各单位参与本科教学工作的主动性与积极性,我们要求专家组进校考察时,对所有校级领导进行深入的访谈,对学校所有职能部门和二级学院进行走访、访谈,以便充分了解学校领导对本科教学工作的认识、思考和重视程度,以及所开展的相关工作,了解各职能部门和学院如何开展或支持本科教学工作,在开展相关工作的过程中,有哪些

好的做法和措施，有哪些需要改进的地方。

（三）要求专家直面学校问题，讲深、讲透、讲到位，并及时将意见反馈给学校

发现问题，提出相应的改进意见和建议，是审核评估的重要目的之一。陕西在组织审核评估过程中，要求专家在审读材料和考察过程中，能够精确把握学校存在的问题，在反馈意见时，除组长代表专家组宣读总体印象及值得肯定之处外，每位专家个人反馈意见时，不讲客气话，只讲学校存在的问题，以及自己的意见与建议，而且对学校的问题要能够讲深、讲透、讲到位，切实达到诊断、改进本科教学工作的目的。学校则要及时整理专家提出的问题与建议，本着求真务实、真抓实干的精神，逐条对照提出整改措施，建立台账，立行立改。

通过“陕西省本科教学工作审核评估管理信息系统”，每所参评高校可以实时了解专家进校前的个人审读意见、专家进校后的考察计划与调阅材料清单、专家离校后的个人审核评估意见、专家组审核评估报告、每位专家对专家组评估报告的修改意见等。

（四）建立审核评估整改的“三环节”检查与反馈机制

专家进校评估不是结束，只是学校持续改进的开始。专家组进行评估之后的整改提高是学校持续改进、提升人才培养质量的重要一环。陕西省为了强化学校整改力度，建立了“整改方案审查—整改中期检查——一年回访检查”的“三环节”整改检查与反馈机制，扎实推进审核评估专家进校考察后的学校整改及检查工作，全力督促学校整改提高，促进陕西高校本科教学的内涵发展。这种整改模式的创新之举，得到了教育部高等教育教学评估中心、兄弟省市、参评高校和有关专家的高度赞誉和认同。

为了扎实推进整改工作，督促高校切实整改、补齐短板，确保成效，提高整改工作水平和质量，根据省教育厅的总体部署，西部评估中心分别制定了《陕西省高校审核评估整改方案审查工作方案》《陕西省高校审核评估整改中期检查工作方案》《陕西省高校审核评估整改一年回访检查工作方案》，落实“三环节”整改检查反馈机制。

整改方案审查。在学校提交整改方案后，西部评估中心组织专家对学校整改方案的完整性、可行性及合理性进行审查,审查内容包括整改工作思路、组织机构、问题梳理、任务分解,整改进度计划安排,以及整改考核绩效指标等,对照审核评估专家反馈意见及审核评估报告,审核学校整改方案是否完整地反映了专家指出的整改问题、是否切实可行、措施是否有力、是否存在不合理或者缺失的内容。对整改方案存在问题的学校,要求根据检查结果修订、完善整改方案,报教育厅再审核通过后展开相应的整改工作。

整改中期检查。西部评估中心于专家进校考察结束满 6 个月后,对学校的整改工作进行中期检查。中期检查由西部评估中心聘请 3 人专家小组进行,专家在查阅学校的《审核评估整改中期进展报告》和相关支撑材料的基础上,进校一天对学校中期整改情况进行检查。专家组从整改方案吻合度、组织机构保障度、查摆问题扎实度、整改措施有效度、整改方案落实度、整体印象等方面对学校整改工作进行综合评议,督促和帮助学校进一步厘清整改思路,按照整改时间表和路线扎实推进整改工作,切实将评估整改工作落到实处。高校根据专家反馈的问题及建议,进一步采取积极有效措施推进整改工作。

一年回访检查。西部评估中心于审核评估进校考察结束满一年后组织一年回访检查专家组进行为期一天时间的进校检查。学校撰写《审核评估整改工作总结报告》,回访检查专家组通过材料审阅和进校考察,从整改目标达成度、必须整改工作的完成度、“评建结合”思想的落实度、本科教学水平的提升度等方面对学校审核评估整改工作进行综合评议,并指导学校进一步持续推进整改,推动教学质量提升,促进学校发展。

(五)学校整改工作绩效与“四个一流”建设项目等挂钩

为了督促学校切实将评估专家组的反馈意见落到实处,促进学校可持续发展,陕西省将学校整改工作绩效与“四个一流”建设等挂钩,对整改效果好的,在“四个一流”建设经费、项目等方面给予政策倾斜和重点支持,充分发挥了审核评估对学校本科教学工作和综合改革的推动作用和效果。

经过一年的整改工作,陕西有关高校在定位与目标、师资队伍、教学资源、培养过程、学生发展、质量保障和特色发展等方面都取得了显著成效。例如,在整改工作的顶层设计与组织实施方面,西安邮电大学从整改措施、整改内容、整改目标等方面就整改工作进行了全面系统的部署,建立起了整改的总台账,制订了详细的整改推进计划,细化了任务分解,落实了责任单位,建立起有效的工作机制。自整改以来,学校每个月定期召开审核评估整改工作推进会,并组织学校专家组先后8次深入各单位,对照整改工作计划检查任务完成情况,督促整改进度,解决整改中存在的问题,确保工作不留空当,高效开展。陕西科技大学在一年多的整改过程中,以人才培养为根本,以落实审核评估专家组反馈的意见和建议为导向,将整改工作与学校"四个一流"建设和"三步走"发展战略相结合,围绕"转变教育观念,提升教学理念,深化教育教学改革"的主题,从学校、学院、教师、学生四个层面开展了16个专题的教育思想大讨论,全校上下统一了思想、凝聚了共识,进一步明确了办学定位,加强学校顶层设计,提出了实施"三步走"的长远发展战略。学校坚持人才强校战略,以师资队伍建设为突破口,在2017年拿出1亿元实施高层次人才工程项目和专任教师队伍增长计划,形成师资队伍建设、学科发展和创新人才培养的良性互动,师资队伍建设取得了明显效果。西安工程大学在整改过程中,根据专家反馈的意见和建议,重新定位了两个校区的功能布局,实施了8个学院和相关专业的整合、优化,调整、新建了3个学院,停招3个专业,预警3个专业,将专业总数调整到55个,优化了专业结构和布局,有效提高了资源利用效率。通过整改,各校普遍完善了质量监控组织体系,规范了质量监控管理办法,推进了教学管理的规范化、精细化,实现本科教学质量保障持续改进。

三、审核评估中发现的普遍性问题及改进建议

截至2017年12月底,陕西省已经完成了22所高等院校本科教学工作的审核评估。从评估情况看,总体上各学校重视人才培养工作,重视师

资队伍建设,不断丰富教学资源,加强学生培养过程管理,不断强化内部质量保障体系建设,人才培养质量不断提高。但也发现了一些具有普遍意义的共性问题,值得学校和教育行政部门高度重视。

(一)学校办学定位的内涵与特色需要进一步明确

引导高校合理定位,促进内涵发展和特色发展,为国家产业结构升级和科技创新培养多样化人才,是本轮审核评估的指导思想。从陕西参加本次审核评估的22所高校看,不少高校的办学定位中都有国内一流、高水平、特色鲜明等提法,但其内涵是什么,需要进一步明确。在确定办学定位时,对陕西省乃至西北地区社会经济发展的需求反映不充分,对学校办学历史资源的深入挖掘着力不够,对学校面临的现实资源约束条件分析不足。学校对特色项目的挖掘、提炼还有待加强。不少学校在提炼特色项目时常会出现一些偏差,要么是将自身的行业优势当作特色,要么是将学校的学科或科研优势当作特色,或者将某些二级院系的特色项目当成学校的特色项目。因此,如何提炼学校特色项目,促进学校特色发展,是本科教学工作审核评估需要进一步解决的一个重要问题。

(二)人才培养目标的表述需要进一步明晰

培养目标是本科教学工作中具有先决性的核心问题,直接决定了培养什么人的问题,规定着人才培养的规格和质量标准。目前,不少高校的培养方案对培养目标和专业培养规格的表述比较笼统,对学校培养什么人,毕业生应该具备怎样的知识、技能、能力、品德、价值观、心理素质等比较模糊,缺乏可操作性,这些不仅给课程安排和组织实施带来较大困难,而且不利于对培养目标的达成度进行有效的评价。

(三)人才培养质量标准建设有待进一步加强

到目前为止,我国已经形成的与本科教学工作直接相关的高等教育质量标准主要有:学校设置标准、专业设置标准等,专业人才培养质量建设还有待进一步加强。但即使有这类标准,也是国家层面制定的最低质量标准。仅有最低质量标准还不够,我们还需要有高于国家标准的行业标准,以及带有学校特色的引领性和高峰性的学校标准,即除国标之外,还需要有行标、校标,这些标准对人才培养的质量保障和提升具有直接的导向作用。

（四）师资队伍建设有待进一步强化

在审核评估中我们发现，陕西省属高校普遍存在高层次人才短缺、专任教师队伍总量不足、不同专业之间师资队伍建设不够协调的问题。这种现象表明，各高校在提升师资队伍水平、优化师资队伍结构和促进师资队伍协调发展方面还有很多工作要做，特别是在引育并举、系统培训和提升教师的教学科研能力方面，有很多工作亟待完善。

（五）专业动态调整和结构优化机制有待完善

在审核评估中我们发现，很多学校的专业数量偏多，专业动态调整与结构优化机制有待进一步完善，还缺乏比较规范的对不必要开设专业的淘汰与退出机制。审核评估进入整改阶段以后，一些高校开始以专业认证工作为契机，积极推进专业内涵建设，修订人才培养方案，改革人才培养模式，优化课程体系，促进创新创业教育与专业教育的有机融合，并注意建立健全与学校发展定位和目标相适应的人才培养体系。

（六）状态数据和动态数据有待进一步整合

审核评估采用的主要是本科教学工作的状态数据，但反映教师教学和学生学习行为的即时动态数据较少。在评估过程中，要对以学生学习与发展为中心的理念落实情况进行审核评估还有一些困难，缺乏相应的数据支撑。专家进校后，虽然会通过听课、观课，召开教师或学生座谈会等形式，了解教师的教和学生的学，但是它们在多大程度上能够反映出以学生为中心的教与学的特征，目前还缺乏相应的审核要点和指标给予必要的支持。如果在本科教学评估中，能够将状态数据与学校教师的教和学生的学的动态数据结合起来，将可以进一步增强审核评估的效果与效力，有利于学校建立更加健全的质量保障体系和运行机制。

（七）分类指导、横向比较的需要有待进一步满足

为避免千校一面等趋同现象的蔓延，审核评估强调以自己的尺子量自己，这不仅有利于促进学校的多样化发展，也有利于学生考察自身的纵向发展情况。但对省级教育管理部门和高校而言，也需要和希望能够通过审核评估，把本省高校与外省同类学校的本科教学工作水平进行一个横向比较,不仅便于教育管理部门进行分类指导,也便于高校在比较的基础上更深入地发现自身的不足和短处,进一步明晰追赶超越的具体目标,通过相互借鉴、模仿和学习,形成一种良性互动与竞争的发展格局。这也是本科教学工作评估的重要价值目标之一。然而,本轮审核评估对所有高校采用相同的审核评估范围和评估要素,还没有能够根据不同类型、功能、层次和定位细化不同评估指标体系。② 因此,如何更好地满足教育管理部门进行分类指导、更好地满足高校进行横向比较和实现追赶超越的目标,仍然需要进一步深入研究和完善。

The Practice and Thoughts of the Examination and Evaluation of Undergraduate Teaching in Shaanxi Universities and Colleges

Lu Genshu　Li Zhenyan　Niu Menghu　Jia Xiaojuan

Abstract: In the process of examining and evaluating Shaanxi universities and colleges, the relevant administrative department has gradually formed approach with local characteristics in terms of evaluation of scope and indicators, operational procedures, and management information systems in combination with the staged characteristics of higher education development in the province. It mainly includes: Setting up a high-level evaluation expert team, experts' entering into the university to inspect the leaders, schools, departments with the full coverage of every sections in the university, experts' feedback to confront the university's problems, establishing a

② 参见刘振天:《我国新一轮高校本科教学评估总体设计与制度创新》,载《高等教育研究》2012 年第 3 期。

"triple-check" and feedback mechanism for review and evaluation, and the performance of school rectification work and Shaanxi province's "four first-class" construction projects and other resource allocation mechanisms. With the summarization of the universities' teaching evaluation in Shaanxi, some common problems and rectification suggestions in colleges and universities mainly include: the connotation and characteristics of the university's education orientation need to be further clarified, the formulation of talent training objectives needs to be further clarified, and the quality standard of talent training needs to be further strengthened. The building of the team needs to be further strengthened. The professional dynamic adjustment and structural optimization mechanism needs to be improved. The state data and dynamic data need to be further integrated. The need for classification guidance and horizontal comparison needs to be further satisfied. All those future improvements will also become the objectives of the teaching reform of the undergraduate education and the training quality in Shaanxi Province.

Key Words: undergraduate teaching, examination and assessment, talent cultivation, Shaanxi province

高校实务型法学教师队伍建设的职称问题及完善*

叶正国**

摘　要：随着法学教育和研究的理论型和实务型分野，有关部门和高校采取了一系列制度措施推动实务型法学教师建设，但仍然面临着很多问题。其中，最为关键的是，以职称为抓手的激励机制，难以改变科研主导型的职称评价机制和打通高校与实务界的职称衔接机制。对此，亟须通过健全岗位主要职责的指标体系制度、建立尽职激励合约的职务聘任制度和构建敬业激励合约的动态评议制度等措施予以完善。

关键词：法学教授　职称　法学研究　法学教育　实务型

随着经济社会不断发展，实务型法律人才的需求不断增高，法学教育和研究的应用性不断显现。

---

* 基金项目：本文是2016年教育部重大课题攻关项目"法律制度实施效果评估体系研究"（项目编号：16JZD011）的阶段性成果；受中央高校基本科研业务费专项资金资助项目（413000028）的资助。

** 叶正国，法学博士，武汉大学人文社会科学研究院副研究员。研究方向：行政法、网络法与海洋法。

这要求不断强化法律实践教育和研究,加强实务型法学教师队伍建设。习近平总书记于2017年5月3日考察中国政法大学时指出:“法学学科是实践性很强的学科,法学教育要处理好知识教学和实践教学关系。要打破高校和社会之间的体制壁垒,将实际工作部门的优质实践教学资源引进高校,加强法学教育、法学研究工作者和法治实际工作者之间的交流。”2018年10月11日教育部和中央政法委发布的《关于坚持德法兼修 实施卓越法治人才教育培养计划2.0的意见》也提出探索在高校设立实务教师岗位。然而,很多高等院校却鲜有实务型法学教师,或者其实务素养要进一步提升,有效供给难以满足现实需求,亟须进行供给侧改革。当然,这面临着多重矛盾与困境,其中职称问题是关键。实务型法学教师队伍建设只有破除职称评价的体制机制障碍,才能提高法律实践教育和应用研究水平。

一、实务型法学教师队伍建设的内在需求与实践落差

目前,法学教育和法学研究应兼备知识水平和实践能力,但存在理论与实践脱节、学校与社会脱节,以及培养与需求脱节等问题。对此,一方面,教育部等部门和各高校积极采取措施推动法学教学和研究的应用型转向;另一方面,各高校的实务型法学教师仍然不能满足需要,高校和实务界的双向交流机制不健全,其正规化、职业化和专业化仍然任重道远。

(一)实务型法学教师队伍建设的内在需求

法学是实践之学、经验和应用之学。法律受到社会的影响,无论规范语言还是法律方法,都具有深厚的实践背景。换言之,法学知识来源于实践、服务于实践,并经实践检验。法律教育必须重视理论与实践相结合,培养学生提出优良的方案解决问题的能力,既要传授法学知识,更要提升法律素养和职业能力。这需要建立实用型的法学课程结构和教学体系。“当一个法律人面对某个没有其他人加工的、带有大量有关甚至无关信息原生态案件时,他必须能够快速地发现其中可能涉及的法律问题,并据此

确定其中决定当事人权利义务关系和胜败结果的关键事实。”[①]据此,法学教育具有专业性、技术性和实践性等特点,必须处理好知识教学和实践教学的关系,在教学内容和方法上注重通识教育与职业教育相结合、理论与实际相结合、书本知识与社会知识相结合。“法学教育固有属性要求它与法律职业紧密联系在一起,建立法学教育和法律职业的联系应当是制度建设的出发点。”[②]2015 年,中共中央办公厅、国务院办公厅发布的《关于完善国家统一法律职业资格制度的意见》对进一步深化法学教育综合改革提出了新的要求,竭力解决法学教育目标重叠、结构嵌套、类型不明、规模失控等问题。目前,法学本科有案例教学、诊所教育、模拟法庭或仲裁庭等实践教学形式,或者实务界人士到校兼任教师等方式。法学专业研究生培养模式也逐渐多元化,包括法律硕士(法学)、法律硕士(非法学)、在职法律硕士、政法干警法律硕士等。[③] 这些虽然达到了一定的效果,但还存在很多不足,其中重要原因之一就在于教师的实务素质亟须提升。

法学研究总体可以分为理论研究和实务研究,抑或基础性研究和对策性研究,二者的思维和问题意识并不相同。前者主要是以揭示法律的规律和原理为任务,而后者乃是立足真实的生活,基于一定的法律社会价值和政治立场,直接服务于法治实践。当然,即使法学理论研究也具有浓厚的实践属性,这是法律实践作为研究对象决定的。对此,清华大学法学院张卫平教授指出:“对于从事任何理论研究的学者而言,研究的规范性要求就是理论联系实践。”[④]随着我国现代化建设的推进,很多实践问题逐渐转化为法律问题,亟须提出有针对性的政策措施。法学研究的实践

---

① 肖永平:《“五 I 学习法”:学习法律的有效方法》,载《中国大学教学》2008 年第 2 期。

② 方流芳:《追问法学教育》,载《中国法学》2008 年第 6 期。

③ 《法律硕士专业学位研究生指导性培养方案(适用于法学专业毕业生)》设置的培养目标:“培养立司、司法、行政执法和法律服务领域德才兼备的高层次的专门型、应用型法律人才。”《法律硕士专业学位研究生指导性培养方案(适用于非法学专业毕业生)》设置的培养目标:“培养立法、司法、行政执法和法律服务以及各行业领域德才兼备的高层次的复合型、应用型法律人才。”

④ 张卫平:《对民事诉讼法学贫困化的思索》,载《清华法学》2014 年第 2 期。

性、应用性和对策性需求不断提升，必须超越逻辑推演、概念界定和体系建构。“法律作为调整社会关系的规范，法治作为社会有序运行的机制，决定了以法律和法治为研究对象的法学是一门实践性极强的学科，决定了法学研究的根本目的是服务于法律和法治实践。”⑤目前，我国法学研究必须逐渐从重理论建构转向法治对策研究，从单纯的案例研究转向实证研究，从立法研究转向解释研究，从法律制度的逻辑批评转向效果评估。⑥

应用型法律教学和研究必须重视法律实践操作训练，主要包括职业伦理、专业技能和思维方式，提高运用专业知识分析和解决具体法律问题的能力。这对传统法学教育和研究都提出了诸多挑战，必须有目的、有计划、有组织创新人才培养模式、强化对策研究和推进教学方法改革。⑦ 欲实现该目标固然需要系统性的配套制度变革，但最为根本的还是加强实务法学教师队伍建设。换言之，一支数量充足、实践丰富的教师队伍是推进法学教育和研究的应用型转向的根本保障，唯此才能最终落实课程体系、教材体系和培养体系等改革，提升对策性或应用型法学研究质量。实务型法学教师必须既具有理论积累又有实践经验，否则法律技能教育徒有其表，应用型法学研究成为空谈。基于法学教育和法学研究的应用型、复合型转向，法学教师也势必趋向二元化：一种是专门型的法学学术研究人才，就是能专门从事特定法学领域的理论教学与研究工作的学者；另一种是实务型法律人才，即精通某一专门领域，作为专家具有相应的实务经验和专业知识，进行实践教学或应用研究。⑧

（二）实务型法学教师队伍建设的实践落差

只有建设一批理论水平高和实践能力强的实务型法学教师，才能够

---

⑤ 夏勇：《法学研究的类型对法学教育的引领》，载《法学研究》2011 年第 6 期。

⑥ 参见张广兴：《中国法学研究之转型：以民法学研究为例》，载《法学研究》2011 年第 6 期。

⑦ 参见黄进：《卓越法律人才培养的目标、观念、模式与机制》，载《法学教育研究》2012 年第 1 期。

⑧ 参见曾令良：《统一司法考试与我国法学教育发展的定位——我国多层次兴办法学教育的反思》，载《法学评论》2002 年第 1 期。

满足法学教育和研究的需要，推进法学学科体系、学术体系、课程体系和教材体系等方面的建设。这要求教师不断参加法律实践，提升法律实务能力。我国法学教育和研究亟须素质优良、相对稳定的实务型教师，能够培养学生的法律实践操作能力，或者对当前经济社会发展的重大法律问题进行针对性研究。现在大多数高校的法学教师偏重理论，缺少实践经验，具有实务经验的法学教师非常少，越是年轻教师越缺少，难以实现从粗放型向质量型的转变，从法学知识教育向法律职业教育转变。“一些高校的法学教师往往是从法律院校毕业后直接走上大学讲台，从课堂到课堂，由学生直接转化为教师，他们往往长于法学理论研究，而弱于对司法实务的感知和了解，特别是在传授司法技能和经验方面更显不足。”⑨

国家和有关部门非常重视法学教育和研究的实践难题，教育部联合相关部门不断完善实务型法律人才培养机制，试图打破法学教师和法律职业间的壁垒，构建分工协作机制。中共十八届四中全会发布的《中共中央关于全面推进依法治国若干重大问题的决定》明确指出：“健全政法部门和法学院校、法学研究机构人员双向交流机制，实施高校和法治工作部门人员互聘计划。”教育部随后颁布的《高等法学教育贯彻十八届四中全会精神的教学指导意见》明确指出：“健全政法部门与法学院校、法学研究机构人员双向交流机制，实施互聘计划……选派专业骨干教师到法治工作部门兼职或挂职，邀请有较高理论水平和丰富实践经验的法治工作部门专家来校任教，打造专兼职结合的法学专业教学团队。”其中，最有针对性的是2011年12月23日，教育部和中央政法委联合发文《关于实施卓越法律人才教育培养计划的若干意见》，强调构建与实务部门在联合培养人才过程中的常态化、规范化体制机制，加强法学师资队伍建设，努力建设一支专兼结合的“双师型”法学师资队伍。最高人民法院于2012年7月22日发布的《关于建立人民法院与法学院校双向交流机制的指导意见》提出建立“加强人员相互交流，互派人员讲学授课，建立教育培养基地，建设实践教学基地，共同开展专题调研，联合开展在职教育”的6种交

---

⑨ 徐清宇：《法学教育供给与司法职业需求的不对称及其校正——中国大学法学本科教育改革的基本出发点》，载《政法论坛》2008年第2期。

流机制。2013年,教育部会同中央政法委、最高人民法院、最高人民检察院、公安部、司法部联合启动实施高等学校与法律实务部门人员互聘“双千计划”。此外,协同创新中心或国家高端智库需要应用型研究。它是指以高校或科研单位为主导,带动政府、企业、科研机构等主体,开展跨行业、跨学科和跨高校的积极合作,对重大理论和实践问题进行对策性研究。其中,法学占有非常大的比重。这就要求很多法学教师既要有研究能力又要有实务经验,否则难以提出有建设性的意见。

目前,很多高校开始注重法律教学方法的创新和法学应用研究的转向,出台了相关规划、计划、培养目标等方案,甚至建立实务型或跨界教师的选聘、培训、待遇、考核制度。[⑩] 其中,很多高校建立了卓越法律人才培养试点基地、高端法学人才培养基地和实务基地,推动互聘双签计划。西北政法大学派出法学教师到法律实践部门挂职或者兼职,并聘请具有丰富实务经验的专家型领导担任客座教授或兼职教授,同时规定1975年1月1日以后出生的人员参加工作以来应有一年以上相关领域实务工作部门挂职经历作为评副高或正高职称的条件之一;中国政法大学与最高人民法院和最高人民检察院共同设立应用型法学博士研究生培养项目;中南财经政法大学主要推行“青年教师挂职锻炼计划”与“双千计划”两大培养计划,鼓励教师在法律实务机关工作,推动实务部门律师兼职任教;华东政法大学2012年发布的《教师和其他高级专业技术职务聘任实施细则》规定:“从事应用类、实务类课程教学的教师晋升高级职务前,一般须有实际部门工作或实践经历,其中35岁及以下青年教师晋升高级职务必须有累计一年及以上的践习时间。”这些创新模式对提高法学教师的实务素质起到非常重要的作用,但多是停留在互挂互派与合作交流关系上,并没有形成长期承担具体实践教学或研究任务的长效机制。

虽然有关部门和高校出台了很多政策推进,但并没有从根本上改变供需矛盾。一个重要原因是没有调动教师的积极性,究其根本还是整体考核评价机制没有改变,各高校仍然依据理论水平和学术产出作为选拔

---

⑩ 参见蒋后强、章晓明:《应用型、复合型卓越法律人才教育培养的理论与实践——以西南政法大学为例》,载《西南政法大学学报》2015年第1期。

和考核教师的重要标准。从各高校的课程体系来看,无论本科教育还是研究生教育都是轻技能培养、轻实践培训、轻素质提高。有的高校强化实践教学环节,但教学质量由于没有高素质的指导教师而难以发挥应有作用。很多教学改革不仅没有提高学生的实践能力,反而也影响了理论水平的积累,没有消弭社会实践需求与法律人才供给的张力。很多高校法律硕士课程培养方案中只是增加了实习要求,除此之外,在课程设置、教学方法、论文答辩和学术型硕士教育方面没有根本区别,或者在一定程度上是本科教学的延伸,校企、校府、校地、校所合作机制不健全,法检、律师事务所等实务部门参与力度和方式还在探索。目前,各高校的课程体系和教学方法同质化明显,很多课程和研究缺少特色,忽视对学生分析处理实际法律问题的能力训练,即使有相关课程设置,相关师资的素质也跟不上。⑪ 很多制度安排在实践中鲜有高校能够长期有效落实,主要是学校不积极、学院走形式、教师没动力,不能将实务部门的优质实践教学资源引入,没有打破学校与社会、企业、政府部门的体制壁垒。很多"双师型"教师虽然拥有职业资格证,但要么是没有或很少参加执业实践,要么是缺失教学经验。对此,很多高校试图加强和实务部门的联系,通过"走出去"和"请进来"的形式加强法律实务教学和研究,建立学校与实务部门深度融合的教育模式。例如,"双千计划"要求建立法学高校和法律实务部门之间的互聘制度,但实际成效并不乐观,很多时候是追求轰动效应和宣传效应。实务界人士的外聘方式由于缺乏长期稳定的合同关系,没有足够的激励合约,大多只是挂名,所谓授课也是走形式。这导致法学教育供给和就业市场需求存在结构性矛盾,重要原因之一就是缺少充足的实务型法学教师。一方面,有关部门和高校强调要重视选拔高素质的实务型法学教师;另一方面,学科评估与教师招聘时则过于强调法学教师的理论素养和科研成果。这种张力使高校难以真正落实相关制度目标,从根本上加强实务型法学教师队伍建设。

---

⑪ 参见黄进:《法治国家建设呼唤卓越法律人才》,载《中国教育报》2011年3月21日,第5版。

二、职称制度对实务型法学教师队伍建设的目标失范

职称制度是高校教师评价和管理的基本制度，是加强实务型法学教师队伍建设的有效机制。换言之，职称制度是高校教师管理的支撑点，是教师获取工资福利、岗位聘任与职级升迁的基本依据，对加强实务型法学教师队伍建设发挥着先导性、基础性和保障性作用。实务型法学教师队伍建设的实践效果在一定程度上和高校教师管理制度相关，尤其是职称制度。目前，各高校不断推进卓越法律人才培养和应用型法学研究，但相关的职称制度跟进比较慢。

（一）应基于岗位职责的职称制度构建

职称及其相关制度只是作为手段，是为教学和研究目标服务的。职称制度要明确尽职与敬业激励合约的边界，实现聘任制与津贴分配、聘后考核等激励制度相容。高校教师工作难以实施过程监管，必然重视结果导向，尤其是以职称为抓手的管理机制。岗位聘任只能实现尽职激励合约，职称晋升则是敬业激励合约。同时，职称又是岗位聘任的前提，决定工资待遇。这可以称为基于职称的高校教师管理。然而，这也使教师一旦被评上职称则积极性迅速消退，没有有效的方式规制。传统高校的功能比较单一，岗位及其职称制度标准具有统一性；为了确保所谓的统一性和公平性，对所有职称评价标准“一刀切”。目前，由于高校的功能多元化，教学、科研和社会服务是基本，应设置多样化的岗位，不同岗位具有差异性职责，相应的职称晋升标准理应不同。承担不同功能的教职人员的职责并不一样，评价标准必须差异化。换言之，职称应是基于岗位评价而设置的。同时，职称制度最终的目的是让实务型教师能够将心思扑在教学和应用型研究上，而不能仅仅盯着工资待遇，否则就会出现教学和研究没人做，但对职称晋升则挖空心思。

既然由于法学教育和研究的需要设置了实务型法学教师的岗位，实务型法学教师的职称评定必然要重视实践经验和教学能力，或者是应用

性研究。实务型法学教师只有参与法律实践才能发现问题,需要长期积累,很多理论知识必须与实践往返流盼,才能在教学和应用型对策研究方面融会贯通,最终将其转化成法学概念、范畴和命题。职称制度也应进行相应设置,实施差异化的激励机制,尤其是提高实践型教学和应用型研究的评价比重,必要时将具有实务工作经验作为职称评价的基本条件。

(二)职称评价机制的科研主导

综观各高校的职称评定条件,一般可分为基本素质和业务素质,前者主要包括思想政治、学历、外语和计算机水平等,后者则主要包括教学成绩、社会服务与科研成果。⑫ 然而,我国的学科评估、大学排名甚至办学等级的提升呈动态性、指标化和权重化,教学、科研和社会服务是重要内容,但教学和社会服务难以量化,或者很多已经被政策所限定,很难有自我改变的空间。科研则相对容易呈现出差异化,学校具有自主权,除物质激励外,多以职称评定作为抓手进行激励,促使各高校将科研压力主要下放到教师特别是青年教师身上。高校即使政法院校在激烈的学科和高校排名竞争中势必不断提高职称评价中的科研权重,甚至是以科研成果为中心。学术产出之质量保证其实是也只能是学术产品市场的竞争,高校的学术产出市场化的评价和激励机制仍然没有形成。⑬ 虽然有些高校如中国政法大学在现有评价体制中另辟一轨——基于"代表作"的晋升通道,但难以撼动整个以科研为中心的评价机制,"不发表就出局"越来越成为高校教师的魔咒。有些学问需要长期积累和探索,如果过于重视成果的产出,就会迫使教师急功近利,为发表而发表。由于参与法律实务活动没有职级晋升和职称评定的倾向政策,很多教师尤其是青年教师没有积极性。在实践中,很多法学教师将时间、精力花在科研方面,遑论投身法律实践,提高法律技能了。高校为了在学科建设和学校排名竞争中获胜,不断将职称评价标准侧重科研。

---

⑫ 《高等学校教师职务试行条例》第 12 条规定:"教授任职条件是,符合本条例第八条要求,承担 5 年以上副教授职务工作,经考察,表明能胜任和履行教授职责,并具备下列条件:1. 教学成绩卓著;2. 发表、出版过有创见性的科学论文、著作或教科书,或有重大的创造发明;3. 在教学管理或科学研究管理方面具有组织领导能力。"

⑬ 参见苏力:《也许正在发生:转型中国的法学》,法律出版社 2004 年版,第 71 页。

此外,高校职称评价的具体操作机制非常僵化,不同类型的科研成果权重并不一样。这主要体现在以下几个方面:一是重论文轻其他,论文是学术产出的硬通货,尤其是权威期刊,而其他成果类型是可以相互替代的。二是重等级轻实质,学术期刊和出版社是以等级划分,在评定学术水准上面具有最终的决定权,也导致了学术界攀附出版界,按现有的期刊数量远远不能满足科研单位的需求,还有很多版面费和赞助等现象。法学论文所发表的期刊和法学著作所出版的出版社在很大程度上是按地域分割或级别界定的,没有形成全国统一的大市场,发表市场和消费市场基本上是游离的。⑭ 三是重数量轻质量。高校学术评价质量被谈论得多但真正重视的人少,即唯成果论和"数目字管理",代表性成果制度难以落实。我国的论文数量已是世界第一,但质量还有待提升。《2018 科学与工程指标》(2018 Science & Engineering Indicators)报告显示,2016 年中国作者发表科学论文 42.6 万份,首次超过美国成为全球第一。⑮ 四是重国外轻国内。刊登于外国刊物的成果指数要高于国内刊物的成果,尤其是 SSCI (Social Science Citation Index),有些高校就明确规定一篇外文的成果相当于两篇或更多的中文期刊。此外,有些法学院校为了学科建设,过于强调发表特定法学核心刊物。

(三)职称制度的衔接机制不完备

实务型法学课程要选择一批有实务经验的专家指导。2018 年 10 月 11 日教育部和中央政法委发布的《关于坚持德法兼修实施卓越法治人才教育培养计划 2.0 的意见》指出:"健全法学院校和法治实务部门双向交流机制,选聘法治实务部门专家到高校任教,选聘高校法学骨干教师到法治实务部门挂职锻炼。在法学院校探索设立实务教师岗位,吸收法治实务部门专家参与人才培养方案制定、课程体系设计、教材编写、专业教学,不断提升协同育人效果。"这要求更多的实务人员到学校兼职,建立一支专兼结合的专家队伍。实务型法学教师职称应该与其他实务职称之间建立对接机

---

⑭ 同上书,第 93 页。

⑮ 参见江晓原:《解决低端论文问题刻不容缓》,载《光明日报》2018 年 2 月 1 日,第 2 版。

制,尤其是对法律实务中已经取得一定成果的专家人才可以直接转聘,推动法律实务部门深度参与高级法律职业人才培养工作。[16] 法学和医学除了研究对象不一样,在一定程度上有相似性,前者主要研究社会规范,而后者则主要研究人的健康。医学教授必须有医疗实践的经验,医师与教授可以转聘。例如,2017年河南省人民医院发布公告称取得相应职称的医生有资格参与郑州大学职称转评,主任医师转评教授,副主任医师转评副教授;同样,美国法学教授很多具有执业经历,实现了学术与职业教育并重,英国的实务界迄今为止仍然在法律技能教育中占有重要地位。[17] 例如,在我国,一级律师是律师职务中的正高级职称,教授也是教师职务中的正高级职称,二者的条件基本相似,并且具有相似的法学教育背景和相互借鉴的需要;一级律师具有高水平的执业水准,完全有资格成为法学教授。

然而,实务部门主要以实务经验、成绩和能力作为评价的重要指标,教育部门或高校的评价指标侧重科研领域,二者的组织目标带来职称评价指标的差异。法律实务职称和教师职称按照各自的要求分别进行评审,交流衔接不畅,不能发挥比较优势,难以直接转评。虽然这和实务部门的评价标准具有一定相似性,但和高校的主要目标难以匹配。这也是实务职称和高校职称难以通约的症结所在。

三、完善职称制度是加强实务型法学教师建设的必由之路

实务型法学教师既需要法学理论知识渊博,又需要法律实务能力熟练。职称制度应考虑该岗位的特殊性,体现实务教学和应用型研究的中心地位。这要求进一步重视评审标准的科学性、程序的正当性和配套的完备性,明确尽职激励合约与敬业激励合约,完善实务型法学教师的选拔、培训和发展机制,推进高校与法治工作部门协同培养法治人才的新机

⑯ 参见黄进:《世界一流大学建设与一流本科教学的创新——中国政法大学的理念与实践》,载《中国高教研究》2016年第6期。

⑰ 参见聂鑫:《英国法律教育改革管窥》,载《华东政法大学学报》2011年第1期。

制，促进理论与实践的结合、科研与教学的互动、学界与业界的衔接，建立健全双向交流机制。

（一）健全岗位主要职责的指标体系制度

岗位是工作人员承担的职务和责任的统一体，岗位调查、岗位分析、岗位设置和岗位评价要有机统一。岗位设置主要基于社会需要和教育目标。随着现代高校功能的多元化，高校教师的岗位设置应该多样化，在分解具体专业技术职务分类的基础上进行管理，明确职务档次，建立差异化的评价体系。即使作为法学研究，基础研究和应用研究的性质不同，工作内容和成果表现相差甚远，职称评价标准自然不一样。不同岗位的职称评审要有针对性，充分考虑特殊性，不能忽视岗位的差别属性。目前，很多高校设置了多元岗位，但大多只是分为教学岗、科研岗和教学科研并重岗，有的有社会服务岗，但没有进一步细化，并且落实情况也不容乐观。这远远不能满足多渠道、多形式和多层次的人事需要，实务型法学教师与四者似乎都相似，但又都不同。很多高校都建立了专门科研机构，甚至成为协同创新中心和国家高端智库，国家社会科学基金及很多部级课题明确规定要进行应用型研究。这需要大量实务型的教师或研究人员。其中，高校法学教师岗位设置必须兼顾理论和实践，指标体系应反映工作性质、能力和业绩的要求，鼓励法学教师按特长选择不同的职业发展通道。2018 年 1 月发布的《中共中央、国务院关于全面深化新时代教师队伍建设改革的意见》指出："深入推进高等学校教师考核评价制度改革，突出教育教学业绩和师德考核，将教授为本科生上课作为基本制度。"实务型法学教师应该将岗位职责进一步明确，主要是从事实务教学和研究，教学岗应该放开公共课教师的限制，允许实务型法学教师申报。例如，政法院校可以设置所谓讲师制度，岗位职责只负责教学和实践，不考核其科研状况，并给予相应的人事保障。其实，美国的研究型大学也经常从获得博士学位或者相应领域中的最高学位者中聘任讲师，专门从事教学工作，不纳入终身聘用制度轨道管理。⑱ 实务型法学教师岗位职责的评定指标体系要

---

⑱ 参见董天策：《媒体言论的社会认知偏差与非理性表达——以周鼎"自白书"事件中的评论为例》，载《新闻界》2015 年第 4 期。

把握关键指标,突出考核重点,着重教学水平、学生管理和教育教学业绩。这主要包括教学工作量、教学态度、学生评价、教改工作、教学获奖、指导学生等,基本条件设置必须具有实务工作经历。如果是应用型研究岗位,对策性研究成果、学术成果转化和社会服务工作是重要的考核指标。

(二)建立尽职激励合约的职务聘任制度

教授作为职称是运用行政手段管理学术事务,承载了太多额外的功能,如导师评定、科研项目、生活待遇等。职称不仅是对其综合学术能力和成就的认可,也是一种终身待遇,人岗合一,越来越头衔化、身份化和利益化。目前,衡量一个教师成功与否的标准主要就是能否评上教授。然而,"职称"与"职务"的内涵是不同的。"职称"可概括为区别个人专业技术(或学识)水平、能力及工作成就的标志,是一个行政许可,一旦取得终身拥有;职务则是根据实际工作需要设置的,有明确职责、条件和任期,并需要具备专门的业务知识和技术水平才能担负的工作岗位。因而职务就是岗位,岗位不同职务就不同,如一个教授离开了教师岗位就没有教授职务。[19] 20世纪80年代后,职务的重要性逐渐让位于职称,背后的动因主要是高校行政化的加剧,没有将职称的国家化转为大学化。[20] 高校职称和很多职务是挂钩的,一般只有达到某种职称的人才能担任相应的职位/职务。例如,评上副教授才能够任职硕士生导师,评上教授才能够评博士生导师。这在改革开放初期有一定道理,但今日已经没有必要,尤其是实务型硕士生导师完全可以由实务型专家担任。当然,实践中有一些高校也在尝试,如武汉大学法学院就有很多实务型专家作为硕士生导师,但基本只是挂名,学生选择较少,效果不容乐观。职称的根本目的是以评促教师发展、学术进步,当其被附加了额外功能后,激励功能便无形中被弱化甚至消解。[21] 2018年1月发布的《中共中央、国务院关于全面深化新时代教

---

[19] 参见孙启林:《我们怎样当教授:呼吁激发活力的机制》,载《中国教育报》2002年6月21日,第3版。

[20] 如一级律师和教授在《律师职务试行条例》与《高等学校教师职务试行条例》及一些官方文件中被认定为职务。

[21] 参见沈鹏:《不要从一个误区进入另外一个误区——也谈教授终身制》,载《中国教育报》2002年4月12日,第3版。

师队伍建设改革的意见》指出:“推动高等学校教师职称制度改革,将评审权直接下放至高等学校,由高等学校自主组织职称评审、自主评价、按岗聘任。条件不具备、尚不能独立组织评审的高等学校,可采取联合评审的方式。”之前,2017 年 1 月,中共中央办公厅、国务院办公厅印发的《关于深化职称制度改革的意见》提出,改进职称管理服务方式,下放职称评审权限,发挥用人主体在职称评审中的主导作用,推动高校、医院、科研院所……按照管理权限自主开展职称评审。[22] 目前,职称评审权已经下放到各高校。各高校可以区隔职称和职务制度,实施职务聘任制,评聘分开,分类评价,分级管理,前者只要达到相关条件就可以,后者则可以进行竞争,真正由身份管理转向岗位管理。[23] 只要具有相关专业技术职称,一旦高校有实务型法学教师的岗位需要,甚至可以创设不晋升的讲师岗位,可以直接聘用包括法律实务部门的专家。这一方面可以加大专职实务型法学教师队伍的建设,调动教师积极参与法律实践教学的积极性,另一方面也可以将法律实践经验丰富的专业人士引进,只要具有法律职业职称,高校就可以依据岗位需求聘请为教师职务,或兼任、客座或讲习教授等,明确岗位职责和待遇等人事制度保障,从而实现尽职激励合约。这样教育、人力资源社会保障等部门的重心转为加强职称评聘事中事后监管,从审批式管理转向监管式治理,可以直接与实务部门的专业职称序列对接,打开法学教师与法律职业转换的制度通道,建立健全准入、招聘、交流和退出机制,解决外聘人员长远激励的问题,充分发挥实务界人士作用。目前,最高人民检察院正进一步建立“双千计划”激励机制,制定高校教师挂职的职级标准。

---

[22] 2017 年 3 月,教育部等五部门联合印发了《关于深化高等教育领域简政放权放管结合优化服务改革的若干意见》进一步明确提出,要改进高校教师职称评审机制,将高校教师职称评审权直接下放至高校,由高校自主组织职称评审、自主评价、按岗聘用。2017 年 7 月,教育部办公厅发布的《教育部人才工作领导小组 2017 年工作要点》明确 2017 年度将高校教师职称评审权直接下放至高校。2017 年 10 月,教育部、人力资源社会保障部联合印发了《高校教师职称评审监管暂行办法》。

[23] 2001 年以来,中国科学院、北京大学、中山大学等就直接取消职称评审环节,实行全面教师职务聘任制。

(三)构建敬业激励合约的动态评议制度

职称制度也要重视敬业激励合约,避免出现逆向选择或道德风险。职称制度不仅要解决“如何评,怎样聘”的问题,更要关切“如何管,怎样考核”。目前,我国高校岗位编制与职称评审挂钩,岗位不断减少。年轻教师无法获得晋升,成为高校教师管理的制度“瓶颈”,这也使很多高校轻易不会将岗位留给实务型教师。对于评上高级职称的教师只有基本常规考核,后续的激励措施不完善,竞争性职称聘任机制必须逐步破解职称终身制难题,法学教师和法律职业才能跨界流动,实现管理的实效性和来源的多样性。2012 年,国务院发布的《关于加强教师队伍建设的意见》明确规定:“完善教师退出机制。”2018 年 1 月发布的《中共中央、国务院关于全面深化新时代教师队伍建设改革的意见》指出:“推行高等学校教师职务聘任制改革,加强聘期考核,准聘与长聘相结合,做到能上能下、能进能出。”高校教师一般只要通过评审取得职称,即终身不变,而职位有数量的限制。一旦评上高级职称除非自己辞职,没有相应的退出机制。美国的教授终身制只是强调一旦经过特定长度的适用期获得终身教职后,没有正当理由和规定的程序不能随便解雇,但并不能据此认为就没有考核机制。目前,该制度在实践中也遇到了非常大的冲击,逐渐重视聘后评审,抑或辅以合同制。㉔ 中国很多高校教师开始实行全员聘用制,人事管理逐渐多样化,如合同、长聘和终身教授等。然而,职称制度导致年轻教师由于名额的限制难以晋升,而一些人“在其位而不谋其事”,激励作用难以发挥。这需要改善职称评价机制,完善遴选、考核和淘汰机制,建立基于岗位需求的评聘机制。如果不改变现有机制,教师作为理性经济人,一旦努力难以带来相应效值,自然不会和学校间建立敬业合约,而会利用信息不对称降低工作积极性。具体来说,构建针对实务型法学教师的动态评议机制主要有以下三种:一是签订岗位目标或聘任合同,明确任职条件、岗位设置、岗位职责等,及时进行监控、预警、检查和考评,建立动态抽查制度,定期对履职情况进行考核;二是在评聘分开和完善职称聘任岗位评价

㉔ 参见周文霞:《美国教授终身制及其对中国高校教师任用制度改革之启示》,载《中国人民大学学报》2003 年第 5 期。

标准的基础上,只要符合条件的都可以评上相应职称,但以 3 年为一个聘期,在岗位总数范围内进行调整,可以高职低聘或低职高聘;三是适当完善教师的职级制度,只要达到相应任职年限和完成岗位目标就可以晋升,提高薪级工资和绩效工资,淡化职称的捆绑作用。这可增强实务型法学教师在教学方面的积极性和主动性,提高其实践素养,实现敬业激励合约。

四、结语

中共十八届四中全会发布的《中共中央关于全面推进依法治国若干重大问题的决定》明确提出,推进法治专门队伍正规化、专业化、职业化,为加快建设社会主义法治国家提供强有力的人才保障。法学实践教育是法治人才队伍建设的基础,而实务型法学教师的质量是法律教育和研究的关键所在,唯此才能培养符合现代国家治理和新兴领域需要的领军型、复合型和应用型人才。[25] 法学的应用型研究是破解我国经济社会转型时期重大理论和实践法律问题的必然要求。然而,现行"一刀切"的职称制度是悬在实务型法学教师头顶的达摩克利斯之剑,不仅限制了法学教师和法律职业之间的顺利转换,也降低了其他激励机制的实效,难以让其实现获得感、成就感和认同感。所以,加强实务型法学教师队伍建设必须从职称制度着手,真正做到分类设岗、聘任、考核和晋升,遵循法律实践教学和研究的特殊性,提高法学教学研究与社会需求的契合度,完善协同育人机制,构建法治人才培养共同体和法学研究的协同攻关。从更深意义上来说,实务型法学教师职称评定的问题涉及高校管理的行政化和现代大学制度的建立,这是一个庞大的论题,容后续撰文探讨。

㉕ 参见刘坤轮:《我国法学类专业本科课程体系改革的现状与未来——以五大政法院校类院校为例》,载《中国政法大学学报》2017 年第 4 期。

On the Problems and Reform on the Evaluation of Practice-Type Teachers' Professional Titles at Law Schools in Domestic Universities and Colleges

Ye Zhengguo

Abstract: With the theoretical and practical division in domestic legal education and research, relevant administrative departments, colleges and universities have adopted a series of institutional measures to promote the construction of practice-type law teachers, but the result are facing many problems. Among them, the most important is that it is difficult to change the research-oriented evaluation mechanism of teachers' professional titles and the connection mechanism between the university and the law enforcement departments. In this regard, it is urgent to improve the indicators system of the main duties of the job, establishing the due diligence contract in the job appointment system, and constructing the incentive contract in the dynamic evaluation system.

Key Words: law professor, professional title, legal research, legal education, practice type

法学教师兼职律师的角色冲突及其治理研究*

万 江**

摘 要：法学教师与所在单位缔结的并非计件工资合同，也不是计时合同，不能简单认为法学教师只需要完成约定的基本教学、科研工作量即可。作为教师，首要任务是教学、科研，以及人才培养，做兼职律师必然会压缩服务于学校的时间与精力。教师身份和兼职律师身份存在明显的角色冲突。《律师法》两次修改均引发了法学教师能否做兼职律师的激烈争议。2007年《律师法》修改时将法学教师可否做兼职律师这一问题交由所在院校、科研机构决定，一定程度上避免了政策"一刀切"带来的弊端。由此，法学教师所在单位有权准许或者禁止法学教师做兼职律师，并设定法学教师担任兼职律师的时间、程序等限制性条件。

关键词：法学教师　兼职律师　角色冲突　高

---

* 基金项目：本文是重庆市哲学社会科学一般项目（项目编号：2017YBFX122）、西南政法大学两江学者团队项目、西南政法大学"十九大"专项重点项目（项目编号：2017XZZXZD－01）的阶段性成果之一。

** 万江，西南政法大学中国农村经济法制创新研究中心副教授、法学博士。研究方向：经济法、法律的经济分析。

校治理

高校教师从事课外兼职工作的合法性与合理性一直是一个极具争议性的话题,政策设计亦不时调整。法学专业教师因其行业特殊性,能否做兼职律师引发的争议更为激烈。2007 年、2017 年《律师法》的两次修改均引发了法学院校教师可否从事兼职律师活动的激烈争议。① 两次交锋的观点颇为类似。赞成者认为,法学是一门实践学科,让法学教师担任兼职律师有助于实践中出真知,并反馈到教学中去;赞成者还认为,大学教师的工资太低,让法学教师做兼职律师有助于提高收入。但是,反对者针锋相对地指出,律师业务只是脆片化知识,对改进法学教学科研的作用有限。更重要的是,大学教师参与律师实务有损其相对超脱、公正形象,不利于正常教学科研,也可能损及司法公正。上述观点皆有一定道理,但均不具有压倒性的优势。而争议各方的利益高度相关,使相关探讨沦为一种情感宣泄或利益争夺,而非理应进行的严谨学术探讨。本文旧话重提,试图从高校管理的角度重启这一话题。

一、法学教师兼职律师的制度演变

高校教师课外兼职兼薪近年来得到了极大关注,但是我国并没有明确的法律、行政法规规范高校教师课外兼职,而是由国务院、教育部颁布的一系列规范性文件进行调整。就法学教师而言,其课外兼职兼薪最常见的方式是做兼职律师,其法律依据非常明确。尽管如此,法学教师课外兼职律师的争议却未平息。

中国的兼职律师制度始于法律人才供给短缺的 20 世纪 80 年代,当时的制度准许除法官、检察官、公安之外的多数公职人员担任兼职律师。1980 年通过的《律师暂行条例》第 10 条第 1 款规定:“取得律师资格的人

---

① 相关争议参见吴越:《凭什么允许法学教授当律师?》,载《法制资讯》2008 年第 1 期;高扬:《法学教授该不该兼职律师?》,载《检察日报》2017 年 8 月 2 日,第 5 版。

员不能脱离本职的,可以担任兼职律师。兼职律师所在单位应当给予支持。”显然法学教师可以据此兼职律师。随着社会主义市场经济的发展,律师更多的业务是为商品生产者、经营者提供法律服务,不再是国家法律工作者。1996 年制定的《律师法》因而将律师定义为:“为社会提供法律服务的执业人员。”[②]律师身份的转变让国家公职人员继续在本职工作之外做兼职律师就不合时宜了。1996 年《律师法》第 7 条因而将兼职律师限定为“从事法律研究、教学等专业工作并具有高级职称或者具有同等专业水平的人员”。与此同时,“为了保证公务员能够更好地履行自己的职责,做好本职工作,同时防止企事业单位利用国家权力从事各种营利活动,防止公务员利用职务之便获取非法收入,从而保持公务员的廉洁”,[③]2005 年制定的《公务员法》开始限制公务员的兼职活动。2005 年《公务员法》第 53 条规定,严禁公务员“从事或者参与营利性活动,在企业或者其他营利性组织中兼任职务”,同时第 42 条规定,“公务员因工作需要在机关外兼职,应当经有关机关批准,并不得领取兼职报酬”。为此,2007 年修改的《律师法》进一步明确规定,“公务员不得兼任执业律师”。而就高等院校、科研机构中从事法学教育、研究工作的人员,2007 年修改的《律师法》第 12 条则规定,经所在单位同意,依照规定的程序,可以申请兼职律师执业。2017 年《律师法》再次修正时,法学教师可否担任兼职律师又再次引发关注,但全国人大最终并未修正法学教师兼职律师的条款。

显然,尽管法学教师同样要受到《教师法》《高等教育法》等限制,但法学教师课外兼职律师则有明确的法律依据。在有关法学教师可否做兼职律师的探讨中,大多数学者都是从提高教师的教学科研水平、不公平竞争、干扰案件审判的中立等进行论述,唯独没有结合《律师法》第 12 条的规定,考虑所在单位是否同意教师兼职律师的问题。那么,法学教师课外兼职律师需获得所在单位同意的原因是什么?所在单位能否拒绝或者限制法学教师课外兼职律师的申请?

---

② 《中华人民共和国律师法》,载法律图书馆:http://www.law_lib.com/law/low_view.asp?id=315,最后访问日期:2018 年 10 月 15 日。

③ 刘健主编:《中华人民共和国律师法释义》,中国法制出版社 2007 年版,第 38 页。

二、法学教师兼职律师需受限制之原因分析

法学教师作为所在高校、科研机构聘请的工作人员,与其他学科教师并无较大差别,课外兼职兼薪都会带来角色冲突。即法学教师在同时扮演教育工作者、法律服务提供者的不同角色时会产生不协调状态。④ 正因如此,《律师法》第12条规定,法学教师课外做兼职律师需要取得所在高校、科研机构的同意。如果忽视所在单位对聘请人员的管理、控制,有关法学教师能否做兼职律师的探讨就会偏离制度设计的本义。

(一)法学教师兼职律师角色冲突的表现

对高校教师而言,课外兼职能够通过实践检验教学水平和科研能力,收集素材、发现问题、获得灵感,并将之反馈到未来的教学、科研活动中,进而提高教学科研水平。教师所在单位也可以由此获得提高办学水平的收益。如此看来,准许法学教师做兼职律师是应有之义。但是,由于课外兼职扰乱了教师的角色定位,兼职过程中教师具有的大学雇员与兼职单位员工的双重身份会产生角色冲突,可能损害所在单位的利益。⑤

任何人的时间、精力都是有限的,行为人必然面临着资源配置的问题。高校教师课外兼职花费的时间、精力与他们在高校教学、研究上花费的时间、精力存在反向关系。作为理性的法学教师,其必然面临着如下决策:是绞尽脑汁、耗费数个月的精力,争取一年能够发表几篇学术文章;还是认真备课教学,提高课堂教学效果;抑或多从事律师服务增加个人收入。在一定情况下,个别教师很可能选择多做律师业务增加个人收入,减少对教学科研的投入。学者的实证研究显示,校外兼职投入时间源自对科研和管理时间的挤占和压缩。相比非兼职教师,兼职教师每周用于研

---

④ 类似定义参见熊德明:《大学教师角色冲突诱因与调适策略》,载《高等教育管理》2015年第1期。

⑤ 参见吴合文:《高校教师兼职兼薪的角色冲突与制度设计》,载《教育研究》2017年第12期。

究、管理的时间分别减少了2.2个小时和1.5个小时。[⑥] 法学教师课外兼职律师意味着其投入到教学、科研的时间就会减少，削弱了法学教师对所在机构的责任，这显然不利于作为雇主的所在单位。一些论者承认让法学教师担任兼职律师会影响到正常的教学科研，但指出高校完全可以通过加强考核解决法学教师做兼职律师引发的角色冲突。认为强化考核就可以解决角色冲突的观点忽视了高校教师教学科研的特殊性。高校教师对课前备课、课后辅导、数据整理、论文撰写的投入极难监督量化，授课质量、论文质量更缺乏统一的衡量标准。现有的考核通常只会涉及基本的教学工作量和科研论文工作量，是对教师教学科研投入的计件考核，无法测度高校教师实际投入到教学科研活动的时间与精力多少。认为法学教师在完成相关考核指标后即可兼职律师还忽视了设立法学教师教学科研的最低考核指标只具有约束效应，却无法激励、引导法学教师投入更多的精力用于教学科研。[⑦] 一般观念更趋向于认为，教师的本分是教学、科研工作，这些工作都不应当设定上限。

在我国，法学教师通常是在公共财政负担的高等院校、科研机构任职，相比民办高校教师理应受到更多限制。为防止公务员兼职导致的角色冲突，2005年《公务员法》第42条规定，公务员因工作需要在机关外兼职，应当经有关机关批准，并不得领取兼职报酬。虽然法学教师与公务员在行政权力的配置方面有所区别，但其工资都是由国家财政负担的本质并无区别。司法部和财政部于1986年制定的《关于兼职律师酬金的规定》正是对公职人员兼职律师会产生角色冲突的回应。其规定，兼职律师的兼职收入必须通过兼职律师所在单位支付、获取，其个人收入不超过法律顾问处支付给兼职律师所在单位酬金的50%。兼职律师个人全年所得酬金，不得超过本人的3个月标准工资额。尽管该规定早已失效，但其体现出的制度设计逻辑依然值得称道。该规定至少有两方面的经验可供借鉴，一是兼职收入通过单位支付使所在单位能够评估法学教师兼职律师

---

⑥ 参见余荔：《高校教师校外兼职的实证研究》，载《中国高教研究》2018年第8期。

⑦ 参见万江：《指标控制与依法行政：双重治理模式的实证研究》，载《法学家》2017年第1期。

的时间与精力投入;二是设定酬金限额能够防止法学教师过度兼职影响到正常的教学科研。从国外经验来看,多数国家都严禁公立大学法学教师兼职律师。[⑧] 不少论者以极少数国外的个案来论证准许法学教师课外兼职的必要性,但他们显然忽略了国外法学教师可否兼职做律师会因学校性质不同而被禁止或允许制度设计的区别,[⑨]也忽视了国外的多数教师并没有参与有偿兼职法律服务的事实。

(二)规范教师兼职角色冲突的既有经验

无论是大陆法系还是普通法系,为解决高校教师兼职造成的角色冲突,平衡公共利益、高校利益,以及教师合法权益,立法部门、司法部门均积累了大量经验,高等学校也通过教师手册、聘任合同约定等限制课外兼职引发的角色冲突。[⑩] 比如斯坦福大学先后出台了《关于学术性教职人员的责任冲突与利益冲突的政策》《关于教职人员的责任冲突与利益冲突的政策》,用以处理教师兼职引发的角色冲突,并细分为责任冲突与利益冲突。其中责任冲突主要涉及教职工工作时间的分配。其规定,教职员工应当将主要时间及智力投入到教学科研中,当教职员工参与校外咨询超过允许的时间限制就可以认定产生了责任冲突。利益冲突则是教职人员的个人利益与其学校所规定的职责之间产生了分歧。利益冲突主要来自学校鼓励将科研成果转化为商业价值。斯坦福大学认为,教职人员有权通过提供商业性服务获得收益,但不能利用大学的资源、技术或相关项目牟取个人利益。[⑪]

---

⑧ 参见吴晓锋:《法学教授是否应该兼职做律师再掀讨论》,载法制网:http://www.legaldaily.com.cn/index/content/2017-07/05/content_7233274.htm?node=20908,最后访问日期:2018年10月15日。

⑨ 典型如蔡英文在担任台湾政治大学法律系副教授期间因违法兼职律师事务所,违反了我国台湾地区“公务人员惩戒法”,被迫离开台湾政治大学法律系。

⑩ 参见姚荣:《保障与限制之间:高校教师兼职活动的法律规制研究》,载《教育学报》2018年第3期;唐丽萍、梁丽:《美国大学教师兼职活动的规范及其启示》,载《高等教育研究》2015年第6期。

⑪ 参见彭熠:《美国大学教职人员责任冲突与利益冲突的政策分析——以斯坦福大学为案例》,载《大学教育科学》2008年第4期。

在我国,随着经济社会的发展,大学自治几成共识。[⑫] 大学自治意味着外部的立法、行政对大学内部的过度干预不符合大学的法律定位,有悖于大学传统。[⑬] 公立高校教师聘任合同的普遍实施亦使高校与教师的法律关系具有行政法律关系和民事法律关系的双重特色,聘任合同的条款内容是可以由双方协商的。[⑭]《高等教育法》第48条规定,高等学校实行教师聘任制。高等学校教师的聘任,应当遵循双方平等自愿的原则,由高等学校校长与受聘教师签订聘任合同。在简政放权的大背景下,国家教育体制改革领导小组办公室亦曾专门发文要求扩大高校办学自主权,明确指出高校可以自主选聘教职工、管理和使用人才。[⑮] 由此,高等院校当然具有是否准许教师课外兼职的权利,也可以限制教师课外兼职的条件。目前,一些高校已经就教师校外兼职制定了具体的实施细则,这些实施细则理应可以约束其法学院系教师。比如山东大学就明确了教师校外兼职的范围、时间、审批程序等。其中,校外兼职范围分为鼓励、限制、禁止三类。兼职占用的工作时间一般每周不超过1个工作日,全年一般不超过80小时。教职工校外兼职不得使用明显代表学校无形资产的字样、校徽等。此外,如因校外兼职导致考核不合格、侵犯学校知识产权等,均可予以相应处分。[⑯] 基于同样理由,法学教师可否担任兼职律师是高等院校、科研机构的内部自治问题,法律不宜一律禁止,但也不宜直接鼓励,而应当将是否准许、如何规范交由高校自主决定,所在单位有权对法学教师兼职律师的行为说“不”。

---

⑫ 参见郭为禄、冯望:《论政府职能转变对大学自治的回应———以管理与自主间的衡平为切入的研究》,载《行政法学研究》2010年第2期。

⑬ 参见马凤岐:《“依法治校”还是大学自治?》,载《高教探索》2008年第1期。

⑭ 参见杨挺:《论公立学校教师聘任合同的法律性质》,载《中国教育学刊》2007年第4期;刘彦博:《法律视域下的高校教师管理创新》,载《中国高教研究》2013年第Z2期。

⑮ 参见国家教育体制改革领导小组办公室《关于进一步落实和扩大高校办学自主权完善高校内部治理结构的意见》(教改办〔2014〕2号),载教育部网:http://old.moe.gov.cn//publicfiles/business/htmlfiles/moe/s6529/201412/182222.html,最后访问日期:2018年12月16日。

⑯ 参见《山东大学教职工校外兼职管理办法(试行)》,载山东大学网:http://www.pharm.sdu.edu.cn/info/1186/6028.htm,最后访问日期:2018年10月14日。

(三)法学教师兼职律师角色冲突治理的特殊性反思

法学教师做兼职律师必然会引发角色冲突。如果论者要证明必须准许法学教师课外兼职律师,需要证明法学教师做兼职律师不会带来角色冲突,或者能够证明准许法学教师做兼职律师给所在单位带来的收益(比如培养更合格的法律人才)大于引发的角色冲突问题,而提高法学教师收入、执业自由等均不是支持准许法学教师做兼职律师的正当理由。支持法学教师兼职律师的一个最主要的观点是,法学教师兼职律师有助于提升教学科研能力,减少理论与实践的脱节。⑰ 毫无疑问,理论和实践的脱节是一个现实问题。但是,以增加法学教师的实践能力来论证必须准许法学教师做兼职律师并不充分。

首先,对法学实践的了解并不必然来自所从事的律师工作,兼职律师与提高教学科研水平并无必然因果关系。法学教育对接的实践包括立法、执法与司法,法学教师要了解实践的最新发展,完全可以从立法部门、司法部门、行政机构获得。法学教师通过广泛阅读裁判文书、到相关部门挂职、到律师事务所调研、提供法律援助、提起公益诉讼等方式,都可以弥补对实践经验了解的缺失。同时,法学教师在兼职律师时如果不进行抽象、反思,对教学科研的助益很可能是增加了一些逸闻趣事,不一定必然提高教学科研水平。相反,个别教师将多数精力过度用于兼职律师,减少了备课、学生培养、学术研究的投入,反而会降低教学科研水平。由此可见,准许从事兼职律师既不是提高法学教师教学科研水平的必要条件,也不是提高法学教师教学科研水平的充分条件,准许法学教师兼职律师不是提升教学科研能力的唯一路径。

其次,现行法学教师实践能力欠缺的主要原因不在于做兼职律师与否,而是源于法学院校师资招聘标准设计的不科学。稍微翻阅一下美国各大法学院校的教师简介,可以发现这些教师在入职法学院校之前,要么在律师事务所执业多年,要么有过在法院做法官、书记员的经历,他们都是在积累了丰富的实践经验之后才回到高校任职。既然法律实践对法学教学科研水平

---

⑰ 参见吴丹红:《兼职律师制度研究》,载《司法改革论评》2011年第11期。

的提高非常重要,那么法学院校理应改革现有过于侧重论文发表的选才标准,要求新近教师必须具有一定的实务经验,打通法学教师和律师、法官之间的自由流通渠道。但考察现有的法学院校师资配置,发现新近的年轻教师缺乏实践经验却将主要精力用于教学科研,极少从事兼职律师。科研教学水平较高、已获得高级职称的教师则经常校外兼职律师。准许法学教师兼职律师的制度设计目的与制度实际运行出现了严重偏差。

最后,了解实践的需求绝非法学教师所专属。除极少数学科外,多数学科都需要理论与实践的密切联系而非相互割裂。相比法学教师,其他专业的教师则较少认为必须准予课外兼职。一些论者动辄以医学院教师为例来论证法学教师兼职律师的重要性,但是他们忽略了我国医学院教师通常是在医学院附属医院提供医疗服务。这意味着医学院教师提供医疗服务是其与所在学院签订的合同内容的一部分,并不存在一仆事二主的情形,医学院能够直接监督教师的行为。与法学教师的另一区别在于,医学院多数教师指导学生的主要场所是实验室、医院和教室,因而其提供医疗服务与培养学生并不冲突。概言之,医学院教师提供医疗服务引发的角色冲突并不显著。如此,以医学院教师为例来证明必须赋予法学教师兼职律师的自主权利并不妥当。

除此之外,也有论者认为法学教师工资较低,不能够因为情怀而让法学教师陷于清贫。换言之,法学教师课外兼职律师引发的角色冲突是可以容忍的。此种观点更站不住脚。首先,法学教师有充分的职业选择权。法学教师完全可以在教师身份和律师身份之间自由转换,如果律师收入真的足以吸引大学教师转行,那他们完全可轻松地进入律师行业,而不是谋取特权。其次,根据《教师法》第25条的规定,教师的平均工资水平应当不低于或者高于国家公务员的平均工资水平。目前,大学教师与政府公职人员的收入相差并不大。但公务员不能从事营利性活动的规定受到的非议较小,中小学教师课外兼职甚至会受到行政处罚。[18] 给予法学教师

---

⑱ 比如《海南省实施〈中华人民共和国义务教育法〉办法》(2010年修订)第52条规定:"教师违反规定从事兼职或者有偿家教的,由所在学校或者县级人民政府教育行政部门责令改正,退还所收费用;有违法所得的,没收违法所得;情节严重的,给予处分。"

特殊照顾缺乏充足的正当理由。

角色冲突的存在意味着法学教师做兼职律师不应当是无条件的,而需要受到一定限制。有关法学教师可否做兼职律师的探讨多多少少偏离了问题的本质,更未能意识到《律师法》在准许法学教师做兼职律师之同时要求取得所在单位同意之原因所在。

三、法学教师兼职律师角色冲突的治理

由于中央政府近年来开始鼓励高校教师兼职,少数论者遂以此论证准许法学教师兼职律师的正当性。但是,中央政策同样未完全放开高校教师课外兼职,而是确立了"鼓励与约束"并存的公共政策立场。⑲ 比如2013年教育部规定:"鼓励在做好本职工作情况下,从事与教学科研相关,有利于增强学校办学实力、提高学校声誉,且不获取薪酬的兼职活动。"同时要求,"兼职须经学校审批;禁止从事影响教学科研工作的兼职"。⑳ 显然,教育部同样认识到教师课外兼职引发的角色冲突,因而采取了一系列控制措施,包括不能够获得薪酬、需要经过学校审批等。2017年《律师法》最终并未禁止法学教师兼职律师,但"所在单位同意"意味着单位有权拒绝法学教师做兼职律师的申请,也可以限定法学教师兼职律师的条件。

(一)法学院校限制法学教师课外兼职律师之路径

根据《律师法》之规定,法学教师分为科研机构、高等院校所在教师。根据办学性质,法学教师还可分为公办科研机构、公办高等院校所在教师与民办科研机构、民办高等院校所在教师,公办院校法学教师还存在事业编制与合同编制之分,由此导致高校教师聘任合同的法律性质存在行政

---

⑲ 参见姚荣:《保障与限制之间:高校教师兼职活动的法律规制研究》,载《教育学报》2018年第3期。

⑳ 参见教育部《办公厅关于进一步加强和规范高校人才引进工作的若干意见》(教人厅〔2013〕7号),载教育部网:http://old. moe. gov. cn//publicfiles/business/htmlfiles/moe/s7915/201406/169941. html,最后访问日期:2018年12月16日。

合同、劳动合同、雇佣合同,以及兼具行政与民事双重特点的特殊合同等不同观点。[21] 不过,要准确定性法学教师与院校的法律关系并非易事,也不是本文关注的重点。争议较少的是,法学教师与法学院校之间依然存在合同关系。比如,无论是事业编制还是合同编制,都需要与学校签订聘用合同。无论是行政主体还是私人企业,管理、规范员工的行为都是应有之义。法学教师属于法学院校的员工,作为缔约一方的法学院校当然有权利限定被雇佣的教师的工作时间、工作地点等,也可以设定基本的教学工作量、科研工作量。实践中,一些院校会要求教师坐班,从根本上解决教师存在的角色冲突;一些学校则与教师在聘用合同、教师手册里约定教师不得从事的行为。尽管有学者可能认为禁止高校教师兼职律师侵犯了教师的自主权利。[22] 但要注意,根据《高等教育法》的规定,高校具有拟定聘任合同条款的自主权利。多数私营企业不可能准许员工在工作时间有兼职行为,公务员从事营利性活动同样要受到限制。那么,高校当然有权在聘任合同中设定限制教学科研人员课外兼职的条款,教职员工在择业时有自主决策的机会。

既然法学教师与法学院校之间是一种合同关系,那么法律过度干涉当事人之间的合同约定就不合时宜。《律师法》不应当“一刀切”地禁止或者准许法学教师兼职课外律师,而应当将决策权交由法学院校。对公办科研机构、公办高等院校而言,无论是事业编制还是合同编制,教师的工资都来自财政支付,因而不能够将提高法学教师收入作为准许课外兼职律师制度设计的出发点。同时,公办高校决策者、管理者可能存在的利益冲突使其缺乏足够的激励机制去约束教师的兼职活动,[23]由此立法可对公办高校教师课外兼职予以更为严格的限制,不能完全由所在单位自行决定。对民办科研机构、民办高校而言,教师的工资由企业支付,与财政

㉑ 参见祁占勇:《高校教师聘任合同法律性质的论争及其现实路径》,载《高教探索》2009 年第 3 期。

㉒ 有学者认为,禁止在职中小学教师有偿补课侵犯了在职教师的财产权、劳动权、平等权。参见饶龙飞:《在职中小学教师“有偿补课”禁令的合宪性分析——以德国“三阶模式”为思考框架》,载《贵州警官职业学院学报》2017 年第 3 期。

㉓ 公办高校的管理者也希望能够兼职律师活动获得收益。

资金使用无关,法学院校甚至可基于提高教师工资收入的目的准许教师课外兼职律师。民办高校法学教师可否兼职律师,主要取决于所在单位意见,法律、行政法规不应当过度介入。不过,个别地方竟然将兼职律师当作公办高校法学教师的特权,禁止民办高校法学教师兼职律师。[24] 此种制度设计表明,政策制定者缺乏对法学兼职律师负面效应的充分理解,其制度设计背离了兼职律师制度的初衷,不仅违法,也缺乏足够的合理性。

总体来讲,本文更趋向于认为,法学教师可否兼职律师是高校内部决策的问题,应当由双方在聘用合同中自行约定,《律师法》修改不应当着眼于准许还是禁止法学教师兼职律师,而是要规范法学教师兼职律师。现行《律师法》并未无条件准许法学教师课外兼职,而是将决策权给予所在单位。有关法学教师兼职律师应当取得所在单位同意的规定,实质上已将法学教师可否兼职律师这一问题交由法学院校决定。此规定内蕴的逻辑应当得到高度重视。

(二)法学教师兼职律师角色冲突的控制方式

1. 是否准许法学教师校外兼职律师

法学教师课外兼职律师要得到所在单位的同意是为现行《律师法》所明确规定的。对《律师法》的文义解释显然包括,如果所在单位认为法学教师兼职律师纯属于获取个人经济利益,或者认为法学教师课外兼职律师不能提高教学科研水平,自然可以否决相关教师做兼职律师的申请。有待强调的是,所在单位的同意应当定性为组织内部的治理问题,是用工方对员工的管理,不应当将之定性为行政行为进行讨论。如果法学院校不同意法学教师的兼职律师申请,此种决定应当得到理解和认可。

除此之外,为规范管理、节省管理成本,法学院校完全可以在聘用合同中约定可否兼职律师的问题,也可以制定《教职工校外兼职管理办法》规范法学教师兼职律师。国内外实践表明,高校可以规范教师课外兼职的范围,对不同的兼职行为采取鼓励、限制与禁止的处理方法。就法学教师课外兼职律师而言,所在单位完全可以根据自身的资金来源、学科定位

---

[24] 参见赵红:《行政许可中兼职律师法律问题思考——对不允许民办高校法律教师做兼职律师的反思》,载《法制与社会》2009 年第 21 期。

等对法学教师兼职律师采取鼓励、限制或者完全禁止的不同处理方法。

2. 限定法学教师兼职律师的条件

个别支持法学教师兼职律师的论者认可角色冲突之存在。但他们并没有提供成熟的解决方案，而是轻率地认为法学教师所在单位足以把关，但所在单位如何实现有效的控制并不清楚。由于存在角色冲突，如果所在单位对法学教师兼职律师的监管不到位，那么必然出现"一些法学教育或科研人员，将兼职律师当成了本职，而将教学科研当成了兼职，完全背离了这种律师兼职制度的设计初衷"。[25] 基于高校教师课外兼职引发的角色冲突，学术界倾向于认为应当对高校教师的课外兼职进行限制。其包括：对教师兼职兼薪的时间进行限制；要求教师兼职应当取得所在高校的同意，并向所在高校披露兼职的信息；对兼职兼薪的类型做出限制，尤其是限制与学术活动无关的兼职活动；限制高校教师运用学校设施开展外部工作。[26] 2016 年中共中央办公厅与国务院办公厅在鼓励法学教师参与课外兼职时，同样要求高校教学兼职时应当与科研人员约定兼职的权利和义务，实行科研人员兼职公示制度，兼职个人须如实将兼职收入报单位备案。[27] 2017 年《律师法》修正时并未就法学教师课外兼职律师予以限制。在现行的法律制度设计下，法学院校可以采取限制兼职律师的时间、要求定期报告等措施减少法学教师做兼职律师引发的角色冲突。如果所在单位有充分的理由相信法学教师做兼职律师显著降低了教学科研投入，或者认为法学教师兼职律师并不能提高教学科研水平，那么就可以制止相关教师做兼职律师的行为。

首先，建立法学教师兼职律师时间规范制度。法学教师的工作并非以课时量、科研量多少按件计算，而是事先支付的固定工资，因而不能认为授课之外的时间就应当完全由教师自行支配。法学教师兼职律师的时

㉕ 支振锋：《"法学教授"担任兼职律师是真问题吗？》，载《民主与法制周刊》2017 年第 27 期。

㉖ 参见吴合文：《高校教师兼职兼薪的角色冲突与制度设计》，载《教育研究》2017 年第 12 期。

㉗ 参见中共中央办公厅、国务院办公厅：《关于实行以增加知识价值为导向分配政策的若干意见》，载《人民日报》2016 年 11 月 8 日，第 1 版。

间不得挤占正常的工作时间。法学院校完全可以限制法学教师课外兼职的时间。比如,可以规定法学教师兼职律师每周不得超过一天或多少个小时,或者规定法学教师兼职律师一年不得超过多少个小时,或者要求法学教师兼职律师只能够集中在寒暑假。事实上,多数中小学和不少高校都采取了坐班制度,要求教师每天或者每周某几天的固定时间待在办公室,学生在此阶段可以随时来请教。一旦实行了坐班制度,那么法学教师课外兼职律师将会受到极大控制。

其次,建立法学教师兼职律师公示制度与定期报告制度。适当决策依赖于信息的对称、充分。所在单位对教师课外兼职律师兼职效果的评估取决于对兼职情况的掌握。由此,法学教师兼职律师时应当定期向所在单位报告兼职的情况,包括但不限于兼职时间的长度、兼职收入所得、兼职对教学科研的积极影响和可能存在的消极影响、兼职律师过程中可能存在的利益冲突(比如以所在单位名义获取商业机会)等。此外,准许法学教师兼职律师的主要理由是提高教学科研水平,那么建立定期的法学教师兼职律师经验分享制度同样可以尝试。

最后,建立健全对法学教师做兼职律师的考核制度。由于教师与所在单位之间存在严重的信息不对称,《高等教育法》才明确要求各个高校建立起科学的考核机制。尽管不能高估考核的作用,但有考核总比没有任何约束机制去限制法学教师做律师的效果要优。法学院校应当建立有别于一般教师的考核体制,尽量减少法学教师做兼职律师引发的角色冲突。比如,是否定期向学院、同事分享律师兼职活动中发现的新问题,是否减少了对学生培养的投入等。

四、结语

制度设计引发的效应通常是多方面的,而非单一的。法学教师兼职律师存在增加教师收入、鼓励理论与实践相结合等积极效应,但也带来法学教师的角色冲突,可能损害法学院校的正当利益。因而在处理法学教师担任兼职律师的争论时,不能只从法学教师的角度考虑问题,认为做兼职律师必然有益,还需要从用工方即高等院校、科研机构的角度出发,考虑法学教师做兼职律师对单位人事管理的影响,进而设计出适当的制度去减少、防范这些风险的发生。一定程度上,是否准许法学教师兼职律师是用人单位的内部事宜,准许所在单位就法学教师兼职律师申请批准与否的自主权,准许所在单位设定法学教师兼职律师的限定条件,都是可以的。《律师法》没有必要予以“一刀切”。还要注意的是,我国多数高校、科研机构经费均由财政负担,相比民办高校,更应当注意教师课外兼职引发的角色冲突问题,从法律层面鼓励法学教师兼职律师极不妥当。

Research on the Role Conflicts of Law School Teachers as Part-time Lawyers and Its Solutions

Wan Jiang

Abstract: The contract between law school and its teachers is neither a piece-rate wage contract, nor a time-based contract. It cannot be simply assumed that the task of law school teachers is just to complete the basic teaching and scientific research workload. As a teacher, the primary task is teaching, research, and talent cultivation. As part-tie lawyers, law school teachers inevitably compress their time and energy of working for law schools. Therefore, there is a clear role conflict between law school teachers and their part-time lawyer jobs. The two amendments to the *Lawyers Law* have led to fierce controversy over whether law school teachers can be part-time lawyers. When the *Lawyer Law* was amended in 2007, the question of whether a law teacher can be a part-time lawyer was decided by the university or scientific research institution, and to some extent, the drawbacks brought about by the policy were avoided via the revision of the law. Therefore, the working unit where the law school teachers are working for has the right to permit or prohibit the teachers to work as a part-time lawyer, and they also have the power to set the time and procedures for the law school teachers to work part-time

Key Words: law school teachers, part-time lawyers, role conflicts, university governance

教育法制

高校“本降专”规定的合法合理性审视*

——兼论高校校规合法性审查机制

杨向卫** 仵桂荣***

摘　要:高校“本降专”规定与《高校学生管理规定》部分条款相抵触,存在合法性与合理性瑕疵。有必要在尊重高校自主管理权和章程治理权的基础上,修改“上位法”相关条款或通过章程特别授权,此举既能促进高校制度探索与创新,又可保障教育法治的统一性和严肃性。此外,高校也应构建内部合法性审查机制,通过设立专门审查机构、配备专业法务人才、制定审查规则,以及保障民主参与监督等措施,保障校内“立法”质量,提升高校依法依章治理水平。

关键词:本降专　合法性　合理性　大学章程　校规

---

* 基金项目:本文是全国教育科学规划教育部重点课题“大学章程实施追踪评估研究”(项目编号:DIA140301)的阶段性成果。

** 杨向卫,西安邮电大学马克思主义学院讲师。研究方向:教育法学。

*** 仵桂荣,西北工业大学马克思主义学院博士研究生。研究方向:社会主义法治教育。

一流大学需要一流制度,一流制度需要不断探索与创新,而制度探索与创新往往伴随着争议与质疑。华中科技大学的"本降专"规定一经公布,立即引发社会热议;而与此同时,北京大学却废止了实行10年之久的"本降专"规定。面对争议,我们认为,在加快建设法治国家和依法治校的背景下,应该从行政法治的基本原则出发,剖析"本降专"规定是否于法有据,是否具有合法性、合理性基础,从而探求法律解决之道,维护高校制度探索积极性,促进高校规范行使"立法权",保障学生合法权益。

一、"本降专"规定的历史沿革

"本降专"规定最早源于1987年国家教育委员会高校学生管理司转发的《北京市高等教育局对部分高校实行本科转专科、专科升本科有关问题的通知》,①通知指出,为了"加强学籍管理""促进学生奋发向上,努力进取",对"学习不努力,成绩差,但尚未达到退学条件的学生"试行"本科转专科";通知要求,学校必须制定"本科转入专科"的具体条件,"在新生入学时向学生公布,并报教育局备案";学生必须"在专科班按照专科专业的教学计划学习满一年",且成绩达到专科水平,才能取得专科毕业证书。

此后,为了规范实施"本降专"规定,国家教育行政部门采取了一系列的配套措施。如1995年《高校学籍管理情况统计制度》规定,学籍情况分为学籍变动、违纪及处分、退学、死亡四类;学籍变动又分为留降级、跳级、转学、专升本、本降专、停学、退学试读、休学8项。② 2000年《高校学生学籍学历管理信息标准》中的"学籍异动信息"包括"原培养层次、原学籍状态、异动后培养层次、异动后学籍状态"4项,③其中含有"本降专"信息。

然而,由于在实践中存在滥发专科文凭、重点院校取消专科设置等问

---

① 参见教育部高校学生司编:《中国高等教育学生管理规章大全(1950~2006)》,首都师范大学出版社2007年版,第258页。

② 同上书,第424页。

③ 同上书,第511页。

题,1990 年、2005 年和 2017 年颁布的三部《普通高等学校学生管理规定》(以下简称《规定》)均未将“本降专”列入条款。时至今日,“本降专”规定并非一项普遍适用的制度,仅存在于部分高校的学籍管理文件之中,主要包括:

第一,北京大学“本降专”规定。2007 年《北京大学大学生学籍管理细则》④第 31 条规定,“学满二年(含)以上,取得必修课程学分数达到教学计划规定必修总学分数 70% 以上,且取得总学分数达到 70 学分以上者,经本人提出书面申请,院(系)和学校主管领导审核同意,报教育部批准,可按专科毕业离校,颁发专科毕业证书”。该规定取消了 1987 年通知中“学生在专科学习”的限制条件,设置了“报教育部批准”的条件。该规定在 2017 年《北京大学本科生学籍管理办法》中被取消。

第二,清华大学“本降专”规定。2015 年《清华大学本科生学籍管理规定》⑤第 38、40 条规定,学生因课程学习不合格导致一学期(夏季学期及大一秋季学期除外)所取得学分低于 12 学分(含)者,转入试读,试读期为一学年,试读机会仅有一次,期间保留学籍。试读期满,未达到解除试读条件的,转入专科学习或者退学;试读解除之后,再次触发试读条件的,亦转入专科学习或者退学。

第三,华中科技大学“本降专”规定。2016 年《华中科技大学普通本科生学籍管理细则》⑥第 57 条第 5 款规定,“受到红牌警示或受到两次黄牌警示者,须按学校相关规定转入专科学习或作退学处理”。2017 年《华中科技大学普通本科生转专科管理办法(试行)》制定了“本科转专科”规定的配套措施,其中第 3 条规定,“本科生因学业成绩未达到学校要求而受到学籍警示处理,或因其他原因不能坚持正常学习的,可申请转入专科

---

④ 参见《北京大学大学生学籍管理细则》,载北京大学教务部网:http://dean. pku. edu. cn/notice/content. phpmc = 61513&id = 1378261739,最后访问日期:2017 年 8 月 24 日。

⑤ 参见《清华大学本科生学籍管理规定》,载清华大学教务处网:http://www. tsinghua. edu. cn/publish/jwc/657/2010/20101208114910514346636/20101208114910514346636 _. html,最后访问日期:2017 年 8 月 24 日。

⑥ 参见《华中科技大学普通本科生学籍管理细则》,载华中科技大学教务处网:http:// jwc. hust. edu. cn/info/1022/5351. htm,最后访问日期:2017 年 8 月 24 日。

学习,达到专科毕业要求后,按照专科毕业”。

综上可见,“本降专”规定是针对学业成绩不达标或因故而不能坚持学习的学生的一项学籍管理制度。然而,该规定是否与现行法律、法规及规章保持一致,是否具有合法性与合理性基础,我们有必要进行深入剖析。

二、“本降专”规定的合法性瑕疵

合法性原则,即依法行政原则。德国行政法学家奥托·迈耶认为依法行政主要包括两方面:第一,法律优先原则,即法律对于行政权,具有优越地位,行政行为与法律相抵触者不应发生法律效力;第二,法律保留原则,即有关基本权利的限制应当由法律规定。⑦ 法律优先原则强调一切行政行为不得与法律相抵触,根本目的在于禁止违法行政行为,⑧但并不要求所有行政行为都必须具有明确的法律依据,只要不违背现行法律规定即可,被称为消极的依法行政原则。⑨ 法律保留原则,被称为积极的依法行政原则,强调减损基本权利的行政行为必须于法有据,强调“法无规定不行政”“法无授权即禁止”,否则就构成违法行政。

(一)“本降专”规定具有违反上位法条款的情形

“高校依法制定的校纪校规和据此进行的教学管理和违纪处分,必须符合法律、法规和规章的规定”,⑩该原则为最高人民法院指导案例——1998年“田某诉北京某大学拒绝颁发毕业证、学位证案”所确认。“本降专”规定与2017年《规定》第34条相抵触,“学校应当严格按照招生时确定的办学类型和学习形式,以及学生招生录取时填报的个人信息,填写、颁发学历证书、学位证书及其他学业证书”。显然,“本降专”将导致被处

⑦ 参见城仲模:《行政法之基础理论》,台北,三民书局1994年版,第5页。

⑧ 参见黄学贤:《行政法中的法律保留原则研究》,载《中国法学》2004年第5期。

⑨ 参见王名扬:《法国行政法》,中国政法大学出版社1989年版,第196~198页。

⑩ 参见“田某诉北京某大学拒绝颁发毕业证、学位证案”,最高人民法院指导性案例38号。

分学生的学籍信息前后不一致，难以满足法定要件。另外，2017年《规定》第67条也明确要求“学校应当根据本规定制定或修改学校的学生管理规定”。因此，按照上述条款，“本降专”规定应该属于被“修改”的对象。也许正因如此，2017年《北京大学本科生学籍管理办法》取消了“本降专”规定。

（二）“本降专”规定涉嫌超越内部行政职权

法律保留原则依其适用范围，具体可分为“侵害保留说”“全面保留说”“重要事项保留说”等。⑪ 其中，“重要事项保留说”是指涉及人民自由权利的行政领域应适用法律保留原则，“强调法律应当对侵害行政的对象、内容、程序以及相应的法律后果等做出明确规定，以使侵害行政不仅可以预见，而且可以衡量”。而且在给付行政中，凡涉及人民基本权利实现与行使，以及涉及公共利益尤其是影响共同生活的“重要决定”，也应当适用法律保留原则由法律规定，不得委托行政机关行使。“高校教育领域的重要事项是对实现学生受教育权利具有重大意义的事项，如教育内容、学习目标、学科范围、学校组织结构、学生法律地位、学生纪律处分等。”⑫ 这些重要事项都应该有上位法的明确规定，不能由高校机关自行规定。尽管高校实施“本降专”的行政管理行为，没有彻底剥夺学生的受教育权，没有使学生彻底丧失受教育机会，但是从本科降至专科，改变了学生的受教育层次，使学生身份发生重大变化，对学生的未来就业和职业选择产生重大影响，甚至对学生的未来生活产生重大的消极影响，构成“对学生利益的重大减损”。因此，该规定应当属于高等教育领域的重要事项，应该由上位法明确规定或授权。

⑪ 参见陈清秀：《依法行政与法律的适用》，载翁岳生：《行政法》，元照出版社2006年版，第153～154页。

⑫ ［德］哈特穆特·毛雷尔：《行政法学总论》，高家伟译，法律出版社2000年版，第177页。

三、"本降专"规定的合理性瑕疵

在合法性之外,行政机关的活动还要受合理性原则的拘束。合理性原则的核心是比例原则,主要强调手段和目的之间的相称性,手段要适度、合理。1998 年"德弗雷塔斯案"对比例原则提出了三项标准:第一,立法目标是否足够明确,以证立对基本权利的限制;第二,手段能否以理性的方式有助于立法目标的实现;第三,对基本权利的限制不能超过所要达到的目的,必须是必要的。⑬

(一)"本降专"的手段与目的错位

适当性原则,是指行政机关的行政行为能够或有助于实现行政目的,即目的和手段之间必须是适当的。2017 年《规定》第 3、54 条分别确立了"管理与育人相结合""教育与惩戒相结合"的原则,体现了以育人为本的价值取向。依据 1882 年"十字架山案"⑭的原理,警察局以促进民众福祉为由而制定的禁令,未获得法律授权,属于不必要的措施。尽管"本降专"对促进学生学习具有一定的激励作用,但有碍于实现育人目的,因为其考虑更多的是如何严肃校纪、维护学校管理权威。统计近些年关于试读、退学的新闻资料和研究文章,部分原因在于:对专业不感兴趣、转专业又未成功、玩物丧志、沉迷游戏等。面对这些情形,我们必须思考的问题是,这些能够进入像清华大学、华中科技大学这样名校的所谓"学渣",以前都是各个地方的"学霸",哪些因素导致了这些昔日的"学霸"成为如今的"学渣"而面临"降入专科"或退学的窘境?学校在这个过程中应该承担哪些责任?学生应该承担哪些责任?学校有没有改变一些不合时宜的规章制度,如取消"转专业限制",有没有从思想教育、禁绝网瘾、开设课外帮扶班

---

⑬ 参见[德]安德烈亚斯·冯·阿尔诺:《欧洲基本权利保护的理论与方法——以比例原则为例》,刘权译,载《比较法研究》2014 年第 1 期。

⑭ 参见陈新民:《宪法基本权利之基本理论》(上册),台北,元照出版有限公司 1999 年版,第 256 页。

等方面进行补救工作,从根本上解决问题?如果单纯对这些暂时陷入学习困难的学生采取“本降专”措施,是否能收到良好效果,值得商榷。

(二)“本降专”之外还有更多选择

必要性原则,又称最小侵害原则,指立法或行政机关针对同一目的,有多种手段可供选择时,应选择对相对人损害最小的手段。高校应以保障学生权益为立足点,应该在多种同样能达成目的的方法和手段中,选择对学生的合法权益可能造成的损害最小的一种措施来进行规制。对学业不达标学生的惩戒,可供选择的方式包括留级、降级、重修、退学试读、休学等,“本降专”并非最小侵害的措施。

1987 年,国家教育委员会曾提出“退学试读”⑮制度,“对已经退学的学生,经学生本人申请,收费试读一年,期满成绩合格者,转为正式生,不合格者解除试读。试读只能试行一次”。2015 年《清华大学本科生学籍管理规定》第 38 ~ 40 条也引入了“退学试读”规定:“学生因课程学习不合格导致一学期(夏季学期及大一秋季学期除外)所取得学分低于 12 学分(含)者,转入试读,暂保留学籍一年。”“试读期间,春秋两个学期取得的学分总和达到 30 学分(含)以上,且取得夏季学期全部学分者,可以解除试读。”“学生在校学习期间,只能试读一次,试读期为一学年。试读期满,未达到解除试读学分要求者,转入专科学习或者退学。”该制度在“本降专”之前加入了“退学试读”条款,既对学生进行了学业警示,也为学生留有充分的时间去提升学业,可能会更有助于保障学生受教育权益。

另外,2017 年《规定》第 18 条创立了“退学后成绩保留”制度,2017 年《北京大学本科生学籍管理办法》第 15 条细化了该制度,“学生因退学等情况中止学业,学校保留其在校学习期间所修课程成绩及已获得学分。学生重新参加入学考试,五年内再次入学,原已获得学分,经院系审核符合教学计划要求的,可以申请学分认可”。我们认为,通过这些措施,将教育关口前移,强化过程管理,加强精准帮扶,既可以实现对学生教育和惩戒的目的,也能够维护学校的管理秩序。

---

⑮ 教育部高校学生司编:《中国高等教育学生管理规章大全(1950 ~ 2006)》,首都师范大学出版社 2007 年版,第 258 页。

四、"本降专"规定的合法性建构

综上分析,"本降专"规定存在合法性与合理性瑕疵。然而,准确地说,"本降专"规定并非"违法"而是"违规",即并未违背《教育法》《高等教育法》的情形,只是与2017年《规定》相抵触,反映了高校办学自主权与教育行政管理权之间的博弈问题。因此,欲使"本降专"规定通过"法律"之门,可以进行以下探索:

(一)实践运行中以学生权利保障为价值取向

任何一种制度都蕴含着主体对特定问题处理的价值考量。[16] 作为高校校规上位法的教育部规章,2017年《规定》第1条规定:"为规范普通高等学校学生管理行为,维护普通高等学校正常的教育教学秩序和生活秩序,保障学生合法权益,培养德、智、体、美等方面全面发展的社会主义建设者和接班人,依据教育法、高等教育法以及有关法律、法规,制定本规定。"与2005年《规定》相比,2017年《规定》增加了"规范普通高等学校学生管理行为"和"保障学生合法权益"的条款,明确了"规范高校权力"和"保障学生权利"的立法宗旨。2017年《规定》第3条和第5条又重申了这一立法宗旨,明确要求学校"要坚持依法治校,科学管理,健全和完善管理制度,规范管理行为,将管理与育人相结合,不断提高管理和服务水平""实施学生管理,应当尊重和保护学生的合法权利"。这些立法宗旨和原则构成了校内规章制度制定和执行的基本前提和价值标准,为此高校应该自觉约束管理行为,特别是涉及减损学生权利的行为,必须将其局限在法律、法规和规章的范围内,最大限度地保障学生权益。

"本降专"规定也应该体现上位法的立法宗旨和原则,不能一味地追求高校自身的管理效率和秩序,而忽视学生个体的发展需要。在实践运行中,"本降专"规定应该坚持育人目的,以学生为本,注重学生的权益诉

---

⑯ 参见杨向卫、仵桂荣:《高校退学制度的历史演进及价值嬗变》,载《法学教育研究》2018年第2期。

求、情感认知、规则意识、素质提升和行为养成等,应该做到"最小侵害","用尽所有可能的补救措施",如学业警示、不利结果告知、学业帮扶及休学等。高校应使"本降专"规定成为一项人性化的制度选择,通过规范学生的行为,促进学生自我管理、自我教育和自我监督,提升学生的道德品质和法治素养,最终促使学生全面发展。

(二)尊重高校自主管理权,修改《规定》相关条款

当前高等教育领域的综合改革逐步向纵深推进,政府大力实施"简政放权"和"放管服"改革,不断扩大和落实高校办学自主权,为此修订了《教育法》和《高等教育法》,颁布了《关于进一步落实和扩大高校办学自主权完善高校内部治理结构的意见》、《关于深入推进教育管办评分离促进政府职能转变的若干意见》,以及《关于深化高等教育领域简政放权放管结合优化服务改革的若干意见》等一系列法规政策,致力于激发高校办学活力和创造力,聚焦中国特色世界一流大学建设,奋力从高等教育大国向高等教育强国迈进。

从法律上看,高校管理自主权直接源于《教育法》第 29 条、《高等教育法》第 11 条和第 34 条。《教育法》第 29 条第 1 款第 2、4、8 项规定,高校行使"组织实施教育教学活动""对受教育者进行学籍管理,实施奖励或者处分""拒绝任何组织和个人对教育教学活动的非法干涉"等权利。《高等教育法》第 11 条规定:"高等学校应当面向社会,依法自主办学,实行民主管理。"第 34 条规定:"高等学校根据教学需要,自主制订教学计划、选编教材、组织实施教学活动。"高校基于以上条款的行为属于"行使自主管理权利的行为",高校可以依据自主管理权制定"本降专"规定,"要求学业不合格学生转入专科学习"。我们认为,高校作为"法律、法规和规章"的授权性组织,依法行使自主管理权,特别是校规制定权,只要不违背《教育法》和《高等教育法》即可,不必要求教育部《规定》的明确依据或授权。在高等教育管理实践中,如果有效运行的校规与《规定》出现不一致的地方,教育行政部门有必要约束自身权力,尊重高校自主管理权,修改《规定》的相关条款,使高校获得更大的自主权限和内部规章制度的创新空间。

(三)维护章程治理权,通过章程特别授权

随着高校自主管理权的范围不断扩大和完善,需要一些新的制度规范来固化改革的经验和成果,于是一些具有创新性的校内规章制度就应运而生。对于这些新生的制度规范,有些局限于上位法的框架之内,有些已经冲破了上位法的藩篱。为了保障改革在法治道路上运行,使改革措施于法有据,我们认为,在不与法律法规相抵触的前提下,教育主管部门可以通过高校章程范围内的授权来解决校规的“违规”问题,从而为高校制度创新开辟“绿色通道”,使一些具有前瞻性、创新性的制度能够先行先试。

高校章程是连接国家法律、法规及规章和校规校纪之间的桥梁和纽带,是高校依法自主办学、实施管理和履行公共职能的基本准则。《教育法》第29条第1款第1项规定高校“按照章程自主管理”;《高等教育法》第28条列举了章程规定的事项;《高等学校章程制定暂行办法》第3条也明确要求“高等学校应当以章程为依据,制定内部管理制度及规范性文件、实施办学和管理活动、开展社会合作”,第7~15条详细规定了章程的内容。由此可见,高校具有依据章程自主管理的权利,可以依据章程制定校规校纪,当然也可以制定针对学业不合格学生的“本降专”规定。但是,作为高校内部校规,其效力限于学校“内部管理体制”之内,其效力不得违背法规范的规定,在法规范优位的前提下具有自主的有效性,⑰即高校内部规章制定权的边界限于不违背“法律、法规和规章”的规定,唯有如此,才可以保持教育法治内部的统一性和稳定性。

就“本降专”规定而言,可以通过“高校修订章程条款,教育行政部门核准章程条款”的方式,实现在章程范围内授权的目的。采取章程授权的方式,既解决了学校内部规章制度创新的“违规”问题,也促进《规定》与高校校规之间的互联互通,推动教育部规章乃至整个教育法制的丰富和发展,推进高校法治化建设。

---

⑰ 参见朱芒:《高校校规的法律属性研究》,载《中国法学》2018年第4期。

五、构建校规合法性审查机制

面对“本降专”规定所引起的争议,高校应该建立校内“立法”审查机制,主动研究教育立法状况,积极进行制度探索,保障校规的合法性、合理性,提升校内“立法”质量。一方面,要尽快制定校规合法性审查规则,明确审查主体、客体、范围、审查标准、审查程序及问责形式等;另一方面,要突出问题意识,强调问题导向,聚焦当前亟待解决的校规合法性审查问题,如审查意识不强、审查机构建设薄弱、审查人员专业素质不高、审查标准模糊、审查参与性不足、审查结果不透明等。

(一)尽快制定校规合法性审查规则

“没有规则,不成方圆”,制定审查规则是校规合法性判断的核心问题。校规审查规则必须明确审查主体、审查内容、审查方式、审查程序等,以便开展校规制定前及实施后的全过程审查。第一,建立校规制定前合法性审查制度,明确将要制定校规的性质、渊源、“立法目标”、涉及各个主体的利益诉求等,保证校规符合上位法要求和制定程序;第二,建立校规实施后审查制度。随着教育法律法规的不断修订、完善,以及新教育法规的制定,原来合法的校规可能会不符合新的上位法要求,需要及时审查、及时修订和清理;第三,明确校规合法性审查的启动主体。首先,职能部门在执行或适用校规过程中,就所涉及的校规条款,可以提请学校法务机构进行合法性审查,以消除校规的不合法、不合理现象;其次,校内法务机构可以依职权对校规进行合法性审查,以提升校规的“立法”质量,保障校规的运行效率;最后,教师和学生认为校规与上位法相抵触的,可以依申请提起审查。2017 年《规定》第 65 条第 1 款规定,学生认为“学校制定的规章制度与法律法规和本规定抵触的,可以向学校所在地省级教育行政部门投诉”。相对于教育行政机关审查校规合法性问题,赋予校内师生校规合法性审查的启动权,可以预先消除校规的合法性危机,提升依法治校能力,降低学校声誉受损的风险。

(二)重视审查机构与人才建设

孟子曰:"徒善不足以为政,徒法不足以自行。"(《孟子·离娄上》)荀子认为,"法者,治之端也;君子者,治之原也。故有君子,则法虽省,足以遍矣,无君子,则法虽具,失先后之施,不能应事之变,足以乱矣"。(《荀子·君道》第十二)著名法史学家张晋藩也认为,"任法为本,任人为用,本用结合","只有将善法和良吏结合起来,才能发挥法的价值"。⑱ 可见,良法善治离不开健全的机构和专业的人才。为此,高校必须设立专门的校规合法性审查机构,且配备专业的、高素质的法务人才,否则依法治校、依法执教只能是镜中花、水中月而已。

《高等学校章程制定暂行办法》第30条规定,"高等学校应当指定专门机构监督章程的执行情况,依据章程审查学校内部规章制度、规范性文件"。《依法治教实施纲要(2016~2020年)》也要求"高等学校要有机构专门负责法律事务和依法治理工作,要聘任专任的法律顾问"。但是,现实中多数高校并没有设立或指定专门的校规合法性审查机构,而是将此项职权赋予了教职工代表大会、学校办公室或党委办公室等部门兼理和执行。然而,教职工代表大会,通常每年才召开一次,而且会期相对较短,难以有效履行合法性审查职能;学校办公室或党委办公室本身工作任务繁多,对于审查校规的合法性问题,根本无暇顾及。于是一些高校的校规合法性审查"有名无实",根本没有实际运行。

高校校规的合法性审查是一项法律综合素质要求较高的常态化审查工作,覆盖高校依法治理的各个环节。因此,构建一个由专业法务人才运作的专门审查机构是提升高校"立法"质量的当务之急。唯有如此,才能有效开展校规审查,保障"法律规范严格地与其规制的事项保持最大限度地和谐",⑲才能持续监测校规实施效果,根据实践状况,及时修订,从而"避免和预防校规违反上位法,保障校规的合法性及有效实施"。⑳

---

⑱ 张晋藩:《中国古代"治理"的一项重要经验》,载人民网理论版:http://theory.people.com.cn/n1/2017/0925/c40531-29556702.html,最后访问日期:2017年9月29日。

⑲ 关保英:《科学立法科学性之解读》,载《社会科学》2007年第3期。

⑳ 申素平、郝盼盼:《高校开除学籍处分规定的合法性与合理性审视——基于8所"985"大学校规的分析》,载《北京大学教育评论》2017年第2期。

(三)完善民主参与和监督机制

党的十八大以来,“科学立法、严格执法、公正司法、全民守法”的新时代社会主义法治建设原则已经确立,科学立法、民主立法的观念已经深入人心。2017 年《规定》第 6 条规定,学生有权以适当方式参与学校管理,对学校与学生权益相关事务享有知情权、参与权、表达权和监督权。2017 年《高校学生代表大会工作规则》第 9 条规定,学生代表大会具有“征求广大同学对学校工作的意见和建议,合理有序表达和维护同学正当权益”“参与学校治理”等职权。为此,高校校规的合法性审查应该遵循公开、公正、民主、科学的原则,广泛征询意见,凝聚共识,凡涉及师生切身利益或者重大利益的,应实行“开门立法”,采取座谈会、听证会等多种形式,一些重要的校内规章制度的制定还应该提交教职工代表大会或学生代表大会进行讨论审议,以切实关注和回应教职员工、学生的诉求与意愿。

另外,信息的公开透明是校规合法性监督的必备要件。2010 年《高等学校信息公开办法》第 2 条规定,“高等学校在开展办学活动和提供社会公共服务过程中产生、制作、获取的以一定形式记录、保存的信息,应当按照有关法律法规和本办法的规定公开”。第 7 条第 2 项规定,“学校章程以及学校制定的各项规章制度”属于高校应当主动公开的信息范畴。2014 年教育部公布了《高等学校信息公开事项清单》,也将“学校章程以及学校制定的各项规章制度”纳入依法公开的清单行列。因此,高校应当依法主动公开校内“立法”信息,通过教师手册、学生守则、校园网络、报纸、广播等途径广泛宣传与传播,确保校规“立、改、废”信息的公开性和透明性,以保障师生员工及社会公众有效行使知情权、参与权、表达权和监督权。

高校校规建设是一项复杂的系统性工程,需要在不断贯彻落实过程中反馈、修订和补充,才能日趋成熟。[21] 高校师生员工及社会公众的民主参与和监督,既能维护学校管理秩序,又能最大限度地保障师生合法权益,促进高校校规运行的合法性与合理性,不断提升高校依法依章程治理水平。

---

[21] 参见李玲玲、蔡三发:《建设支撑一流大学成长的章程制度体系》,载《中国高等教育》2018 年第 17 期。

On the Legitimacy and Rationality of the Provisions on the Undergraduate Students' Downgrade to Junior College

—On the Construction of Review Legitimacy Mechanism of University Regulations

Yang Xiangwei　Wu Guirong

Abstract: There are some defects of legitimacy and rationality in the *Regulations of Undergraduate Students' Downgrade to Junior College* which are in conflict with some provisions of the *Regulations of College Students Management*. The author of this paper contends that it is necessary to modify the relevant superior provisions or the special authorization of the relevant university statutes on the basis of respecting the self-management power of the university and the governance rights of the relevant university statutes. This kind of practice cannot only promote the exploration and innovation of the university management system, but also guarantee the unity and seriousness of the education rule of law. In addition, colleges and universities should also establish an internal legitimacy review mechanism to ensure the quality of "legislation" within the university and establish the level of governance according to the law by such measures as setting up special review institutions, providing professional legal talents, formulating review rules, and safeguarding democratic participation supervision.

Key Words: undergraduate students' downgrade to junior college, legitimacy, rationality, university statutes, university regulations

《法学教育研究》稿约

《法学教育研究》创办于2009年,是国内较早系统关注法学教育研究的专门性学术出版物,由西北政法大学主办、法律出版社定期出版。自2017年起本书每年出版4卷,现已入选CSSCI收录集刊(2017~2018)目录。

宗旨:本书恪守科学性、实践性、创新性、开放性原则,集中出版法学教育教学研究成果,探索法学教育教学规律,促进法学教育事业的发展。

主要栏目:理论探讨、教学研究、比较研究、教材体系、管理经纬、学问人生、教育法制、法务反哺、法学资讯等栏目。

《法学教育研究》致力于搭建高水平的学术探讨平台,所有来稿均以学术价值为遴选标准。敬请作者来稿时提供:(1)中英文题目及作者姓名,标题尽量确切、简洁;(2)中英文摘要(不超过200字);(3)中英文关键词(3~5个);(4)作者简介(含姓名、工作单位、职称、学历学位、研究方向、通信地址、邮政编码、联系电话、电子邮箱),如果来稿系作者承担的省级以上科研基金项目,请注明项目名称和编号;(5)正文;(6)注释。

注释:是对文内某一特定内容的进一步解释或补充说明。用①、②、③……数字标注序号,采用当页脚注整篇连续编号形式。著作类包括“序号,著者:《书名》,出版社出版年,起止页码”。论文类包括“序号,作者:《题目》,载《报刊名》出版日期或期号”。

声明:《法学教育研究》已许可中国学术期刊(光盘版)电子杂志社在中国知网及其系列数据库产品中以数字化方式复制、汇编、发行、信息网络传播全文;《法学教育研究》已许可北大法宝法学期刊数据库以电子形式对本书进行制作、以不脱离于数据库的形式进行传播和销售;《法学教育研究》被北京万方数据股份有限公司、万方数据电子出版社数据库收录,相关著作权使用费和稿费一并支付;《法学教育研究》已被维普网全文收录。如无特别说明,作者提交文章发表的行为即视为同意上述声明。

本书的微信公众号为 fxjyyj-xfd,定期发布相关信息,敬请关注,官方网站为 http://ler. nwupl. edu. cn/。本书的网络采编系统现已开通,网址为 http://fxjy. cbpt. cnki. net,请您通过网络采编系统投稿。

联系方式:

E-mail: fxjyyj@ 126. com

电话:029 - 88182796

地址:西安市长安区西长安街 558 号

西北政法大学长安校区 80 号信箱　邮编:710122

图书在版编目(CIP)数据

法学教育研究．第二十六卷／杨宗科主编．--北京：法律出版社，2019
ISBN 978-7-5197-3574-6

Ⅰ．①法…　Ⅱ．①杨…　Ⅲ．①法学教育-研究-中国
Ⅳ．①D92-4

中国版本图书馆CIP数据核字(2019)第116069号

法学教育研究(第26卷)
FAXUE JIAOYU YANJIU(DI-26 JUAN)

杨宗科 主编

责任编辑 黄琳佳
装帧设计 李　瞻

出版 法律出版社
总发行 中国法律图书有限公司
经销 新华书店
印刷 三河市龙大印装有限公司
责任校对 杨锦华
责任印制 陶　松

编辑统筹 学术·对外出版分社
开本 710毫米×1000毫米　1/16
印张 27.75
字数 390千
版本 2019年7月第1版
印次 2019年7月第1次印刷

法律出版社／北京市丰台区莲花池西里7号(100073)
网址／www.lawpress.com.cn
投稿邮箱／info@lawpress.com.cn
举报维权邮箱／jbwq@lawpress.com.cn
销售热线／400-660-8393
咨询电话／010-63939796

中国法律图书有限公司／北京市丰台区莲花池西里7号(100073)
全国各地中法图分、子公司销售电话：
统一销售客服／400-660-8393/6393
第一法律书店／010-83938432/8433　西安分公司／029-85330678　重庆分公司／023-67453036
上海分公司／021-62071639/1636　深圳分公司／0755-83072995

书号：ISBN 978-7-5197-3574-6　**定价**：88.00元
(如有缺页或倒装，中国法律图书有限公司负责退换)